MARIA SCHNEIDER

Apollonius von Tyana

»Der Wanderer durch den Sternkreis«

Leben und Werk eines Eingeweihten

DREI EICHEN VERLAG

Das Werk erschien in den ersten zwei Auflagen unter dem meistens mißverstandenen Titel:

DER WANDERER DURCH DEN STERNKREIS

der dem hohen esoterischen Wert dieses Buches nicht gerecht werden konnte. Auf Vorschlag des Präsidiums der »Liga für universale Religio« wurde ab der 3. Auflage die Titelaussage präzisiert und ergänzt, nachdem es von vielen der Leser immer dringender nachbestellt wurde.

Hermann Kissener

ISBN 3-7699-0466-4
Verlagsnummer 466

Umschlagbild Gudrun Stiasny, Kronberg

6. Auflage, 22.–24. Tausend 1997
Gesamtherstellung: Ebner Ulm

INHALT

Alles Dämonische, alles Heilende lebt zwischen Gott und Mensch . . . Der Heiland ist in der Mitte, und er füllt die Kluft zwischen den Unsterblichen und den Sterblichen, und das All ist durch den Heiland gebunden.

Platon

Jeder Seele ihr eigenes Bild von Gott.

Rama Krishna

LEGENDE VON DER GEBURT

Zu Beginn unserer letzten astralen Weltwende, da aus dem Zeitalter des Widders das Zeitalter der Fische gestiegen war, herrschte Rom, wuchtete die finstere Seele des Kaisers Tiberius über Menschen und Ländern.

Rom hatte einen großen Teil der bekannten Erde in Provinzen seiner Macht verwandelt. Rom war das Schicksal, das drohte oder schon hereingebrochen war. Seine Kaiser hatten die Namen gewechselt – Rom, unpersönlich und unwiderstehlich, bestand.

Rom war der sieghafte Westen. Der Orient hatte seine Gewaltigen gehabt, seine Eroberer, seine Herrschergenies, seine Größenwahnsinnigen: Darius, Cyrus, Kambyses und auch seinen ersten Bezwinger aus dem Abendland: Alexander den Großen.

Aber während Rom und seine Legionen in Waffen klirrten und in Festen schwelgten, gebar Asias schweigender Schoß den Meister der hohen Magie, den großen Eingeweihten: Apollonius von Tyana. Und es scheint uns, die wir aufmerksam die Quellen erforschten, die von seinem wundersamen Leben berichten, als stehe auch er an der Wende der Zeiten zum Wahrzeichen eines kosmischen Gesetzes aufgerichtet, kraft dessen neben dem tiefsten Sturz der Menschheit in Materie und Illusion der Warner sich erhebt, der Rufer für den Geist und für das Wesenhafte.

Im Verlauf seines langen Lebens trat Apollonius zu fünf römischen Kaisern in persönliche Berührung, elf aber regierten während dieser Zeit.

Die gebildete Welt seiner Epoche nannte mit Ehrfurcht seinen Namen, sowohl die von Nero und Domitian aus Rom vertriebenen Philosophen, wie auch die Denker und Mystiker Griechenlands, die Priester des sterbenden Ägyptens und die Weisen auf den schneebedeckten Bergen des Himalaja, jenseits des Indus. Im

Volk aber erzählte man sich seine Gesichte, seine Heilungen, seine Wunder und immer wieder die Legende von seiner Geburt. Diese lautet also:

Des Apollonius Eltern waren vornehme Griechen, deren Geschlechter seit langem in Ionien und bald an der Küste, bald im Innern des Landes Häuser, Land oder Warenlager besaßen.

Alkimedon und seine Gattin wohnten in Tyana in der Provinz Kappadozien, als ein prophetischer Traum Atthis auf die Geburt eines ungewöhnlichen, mit seltenen Gaben ausgezeichneten Knaben vorbereitete. In süßer Versunkenheit wartete die werdende Mutter ihrer ersten Entbindung entgegen.

Da gebot ihr ein zweiter Morgentraum — so sagt die Legende —, auf die weiten Wiesen zu gehen, die sich vor den Toren Tyanas ausdehnten. Sie gehorchte und nahm zwei Sklavinnen mit sich.

Draußen aber blühten die Wiesen im Frühlingsüberschwang. Weißflimmernd von Narzissen breiteten sie sich um einen dunkelblauen See. Über den zitternden Spiegel zogen ruhevoll unzählige Schwäne. Die junge Frau erschauerte in Rührung beim Anblick dieses bedeutungsvollen Bildes. Fromm grüßte sie die Vögel des Apollon als glückverheißende Boten.

„Hier will ich ausruhen", sagte sie. „Geht ihr weiter und pflückt Narzissen, viele, viele Narzissen! Ich bin zu müde." Und lächelnd sank sie zwischen die schaukelnden Sterne.

Kaum aber waren die Dienerinnen gegangen und merkwürdig schnell ihren Blicken entschwunden, als die Schwäne sich wandten, in einer langen Kette, einer hinter dem anderen, dem Ufer zuschwammen, an welchem sie lag.

Erstaunt blickte die Blauäugige ihnen entgegen, ohne Furcht, nur erfüllt vom Warten auf ein wundervolles Ereignis.

Die Schwäne stiegen ans Ufer. Dichter und dichter, in einem doppelten Kreis umstanden sie die Lagernde, über die immer unwiderstehlicher schwere Müdigkeit sank.

Die Schwäne richteten ihre Schwingen empor, durch die der Wind in langen Zügen strich. Und als sie wie gehißte Segel senkrecht ragten – oder wie silberne Harfen –, begannen sie in geheimnisvoller Weise zu tönen, sphärischer Musik vergleichbar, feierlich, in langen Intervallen.

Die junge Frau war eingeschlafen. Von aller Welt getrennt, lag sie im weißen Kranz der singenden Flügel, lag zwischen Sternenblumen mit purpurgoldenen Kelchen.

Und ohne daß ein Auge es sah oder eine Hand Hilfe leistete, trat der heliozentrische Mensch ins Leben.

Seine erwachte Mutter hielt in bebenden Armen ein Kind von ernster, frühreifer Schönheit. Sie staunte es an, leise weinend vor Glück.

Die Schwäne legten langsam die Flügel an den Leib. Still tauchten sie in das Wasser – zogen über den See – kreisten und spielten.

Die Dienerinnen kehrten zurück, beladen mit Narzissen. Bestürzt umstanden sie die junge Herrin.

Atthis blickte sie beseligt an, hielt ihnen das Kind entgegen. „Apollonius –" flüsterte sie.

DER KNABE IN TARSUS

I

Von Tyana, das unter Tiberius vier Jahre nach seinem Regierungsantritt römisch geworden war, zogen die Eltern des Apollonius nach Tarsus in Cilicien. Diese Provinz stand noch unter der Scheinherrschaft der Seleuciden. In den Palästen, Bazaren, Tempeln und Lehranstalten rang asiatischer Verfall kraftlos gegen die immer mehr herandrängende, eiserne, unwiderstehliche Umklammerung, die vom Westen kam, aus jenem furchtbaren Rom, das, riesenhafter selbst als Babylon, seine erzstarrenden Krieger mit den glattrasierten, maskenhaften Gesichtern aussandte – Legion auf Legion.

Durch die Straßen von Tarsus zogen noch keine Legionäre in geschlossenen Kohorten, aber Hauptleute aus dem eroberten Kappadozien schlenderten waffenklirrend, drohend und neugierig über die weiten Plätze, und die Einwohner wichen ihnen aus und vermieden es, Händel mit ihnen zu bekommen. Denn die Zukunft auch für Tarsus hieß: Rom.

Wie in Tyana, so besaß der Kaufherr Alkimedon auch hier ein säulengeschmücktes Haus. Auch hier befand sich ein Lager, angefüllt mit Waren, die auf den langen Karawanenstraßen von Kamelen oder Saumtieren herangetragen wurden aus dem Innern von Asien, aus Persien, Indien und Tibet.

Oft nahm der Kaufherr den Knaben Apollonius mit sich in das Lager, wo golddurchwirkte Schleier aus Armenien und Purpurschals aus Kaschmir angehäuft waren. Zart spielten die schmalen Hände des Kindes mit den Kostbarkeiten, und es kam vor, daß es einen feinen Wollstoff über seinen Kopf zog und bewegungslos unter dieser Umhüllung verharrte, bis der Vater sie ihm, kaum merklich lächelnd, vom Gesicht zog und fragte:

„Hast du geschlafen, Apollonius?"

Dann schüttelte der Knabe den Kopf. Unnatürlich geweiteten Blicks starrte er in ungewisse Fernen.

„Träumer", sagte der Kaufherr ungeduldig, nahm den Knaben an die Hand und führte ihn heim.

Atthis aber, der er etwas ironisch von dem seltsamen Treiben erzählte, warnte leise:

„Mein Traum!"

Der Kaufherr schwieg. Schwieg vielleicht aus einem religiösen Schauer, vielleicht aber nur um des süßen Frauengesichts willen mit den fragenden, schwärzlich-blauen Augen, die ihn ansahen wie die Augen seines Kindes, glühend und dämmernd doch, im Kranz ihrer langen, dunklen Wimpern.

Alkimedon gewöhnte sich daran, in den Zeiten, da er nicht auf Reisen war, den Knaben, der niemals störte, um sich zu haben. Er überließ ihm zum Spiel, was immer er haben mochte an Stoffen, Edelsteinen und schöngehämmerten Waffen; denn niemals verletzte das stille Kind einen Gegenstand oder sich selber. Oft tat es Fragen nach den Ländern, aus denen der Vater kam, und der wunderte sich, wie deutlich der Knabe sich alles vorstellen konnte, und wie er jede Bemerkung, die er einmal gehört haben mochte, zu behalten schien.

Immer aber bevorzugte es Apollonius, sich in einen der Wollschals aus Kaschmir zu wickeln und so regungslos in einem Winkel zu verharren, und immer noch schwieg er von dem, was er dann sah.

An einem solchen Tage saß Atthis im kühlen Säulengang des Hauses und las in einer griechischen Schrift. Sie hatte viel gelernt und bereitete sich vor, einmal, wenn die Prophezeiungen über Apollonius eintreffen würden, dem lichtvollen Weg ihres Kindes folgen zu können.

Die Rolle nun, die sie mit Eifer studierte, hatten die Priester des Asklepiostempels ihr geliehen, und sie handelte von der

Lehre des großen Pythagoras, der vor mehr als vier Jahrhunderten auf Samos geboren war. Staunend las Atthis, wie vor jenes Pythagoras' durchdringendem Blick die sichtbare Welt und er mit ihr wie eine bemalte Wand zur Seite wich und ein ganz anderes, fremdartiges Bild hervortrat. Doch auch inmitten dieser veränderten Landschaft, dieser ragenden Mauern, dieser andersgearteten Menschen begegnete er sich wieder, sich selbst, dem Pythagoras, aber anzuschauen jetzt wie ein Krieger, jung, halbnackt, mit vergoldetem Schild und altertümlich geformtem Schwert. Und der schauende Pythagoras wußte, daß diese Veste Troja hieß und der Kriegerjüngling Euphoebus, und daß er selbst es war in einer früheren Einkörperung seines unzerstörbaren Seins. – Und Wand wich auf Wand. Immer Älteres trat – schemenhaft erst, deutlicher dann – hervor.

Die Schrift brach ab. Aufatmend legte Atthis den Papyros zur Seite, sann den Worten nach. „Urweisheit" enthielten sie, hatte der Priester gesagt. Auch Platon hatte dies gelehrt: dies Wandern der Seele von Leib zu Leib – die süße Ewigkeit des Lebens – Tod war nur ein Durchgang zu neuem Leben. – Eine Gestalt reichte ihr Unsterbliches der anderen Gestalt in endloser Kette. Wo fing die Kette an? Wo wird sie enden?

Atthis strich über ihre Stirn. Dunkel, schweifend lag ihr Blick auf den Blumen des Gartens, erkannte nichts – *sah* dennoch! Sah den Knaben Apollonius herankommen zwischen den Beeten – aber seltsam gleitend, lautlos, ohne seiner Mutter zu winken, groß und fragend nur den Blick auf sie gerichtet. Sie wollte sich erheben und ihm entgegeneilen, aber ihre Knie waren wie gelähmt.

Kam er denn allein? Nie ließen die Eltern das Kind ohne Begleitung durch die unruhigen Straßen von Tarsus gehen. War er es denn überhaupt?

Schon stand er vor ihr, stand und sah sie schweigend, prüfend an, mit einem so durchdringenden Blick, wie sie ihn niemals an einem Kinde wahrgenommen hatte. Und die Hand, die er aufhob, war durchsichtig, und wie stillbrennendes Feuer glomm es unter der bräunlichen Haut. Sein hellrotes Kleid aber glühte auf wie eine Morgenwolke.

Nachdem er sie lange angesehen hatte, fragte er:

„Wo ist Apollonius, mein Bruder?"

Atthis erschrak, und wieder kam über sie die furchtbare Unsicherheit: Ist dies mein Kind?

Sie griff nach ihm, fühlte ihn auch, aber so traumhaft, als habe sie selbst keine festen Glieder mehr.

„Ich will ihn holen. Bleibe du hier", sagte Atthis leise zu dem Kind, das ihr auf einmal völlig fremd erschien. Und zitternd dachte sie: Seh ich eine Larve, die mir mein Kind nachäfft? – Oder seh ich seine Seele? – Seh ich das Ewige, von dem ich las?

Atthis löste schnell den silbernen Gürtel von ihrem Kleid und band in naivem Tun das rätselhafte Kind an eine der weißen Säulen. Es wehrte sich nicht und lächelte nachsichtig. Da schämte sie sich und eilte fort, Apollonius bei seinem Vater zu suchen.

Unterwegs dachte sie wieder: Es war doch gut, daß ich ihn band. Alkimedon würde mir dies alles nicht glauben, wenn etwa der Knabe fortlaufen sollte. Nun aber wird er ihn selber sehen.

Sie fand ihren Gatten mit Eintragungen beschäftigt und den kleinen Apollonius inmitten seiner fremdartigen Schätze. Kaum aber hatte sie die ersten Worte gesprochen, als Apollonius aufstand und mit klarer Stimme fragte:

„Wo ist er, daß ich ihn sehe? Denn ich erwarte ihn an diesem Orte."

Atthis schrie leise auf. Alkimedon erblaßte. Beide brachen sogleich auf und gingen mit dem Sohne nach Hause.

An der Säule stand wartend der fremde Knabe, und Atthis löste verwirrt das leichte Band.

Aber die Kinder blickten sich seltsam wissend in die Augen, lächelten geheimnisvoll und küßten sich. Und da noch die Eltern sie staunend betrachteten, gingen die Kinder ineinander ein, wurden zu Einem, und es war nur noch der Knabe Apollonius vorhanden, aber wie leicht von ihnen fortgerückt, fremder und noch schöner.

Die Eltern vermochten nicht, sich das zu erklären, was sie mit Augen gesehen, und nun war es der Vater, der zu den Asklepiospriestern in Aegea ging und sie um die Deutung des Geschehenen ersuchte.

Die aber zögerten, sich auszusprechen. Sie ließen den Knaben zu sich kommen, befragten und belehrten ihn und staunten; denn wie Altbekanntes, nur Vergessenes ging das Wissen strenger Denker in dieses Kindes immer geöffnete Seele ein. Endlich sagte ein Priester zu Alkimedon:

„Die Zeit wird offenbaren, was die Erscheinung des zweiten Knaben zu bedeuten hat. Nur dies sollst du schon heute wissen: ‚Wenn der irdische Leib reif geworden ist, ihn zu empfangen, senkt sich der himmlische in ihn hinab.' Selten aber erblicken Sterbliche den Vorgang dieser mystischen Verschmelzung. Dir und deinem Weibe löste Apollon Loxias für kurze Zeit die Binde, die um aller irdischen Wesen Stirne liegt, und ihr *sahet*. Hütet dieses Kind!"

II

Später wurde des Knaben verschwiegenes Sichgeschehenlassen umgewandelt in heißen Wissensdrang, und in den nächsten Jahren hielt er sich mehr im Tempel zu Aegea als daheim bei den Eltern auf. Die Priester, die in Delphi initiiert waren und des Pythagoras' Lehre heilig hielten, leiteten den Unterricht in vorgezeichneten Bahnen, lehrten ihn Geschicke und Sitten der Völker, Grundlage des Staatswesens und den Gang der Gestirne, den Gang von Sonne und Mond über die Erde hin. Weltweisheit hielten sie seinem ungestümen Fragen fern. Ehrfurcht erweckten die Priester in ihm, Ehrfurcht vor allem Geschaffenen, den Eltern und den Göttern.

Die Eltern aber wichen unsicher vor dem immer mehr wachsenden, frühreifen Intellekt des Sohnes zurück, die Mutter in süßer Demut, der Vater mit der leisen Bitterkeit des Weltmannes, der zu fein ist für simple Autoritätsproben und zu empfindlich doch, sich dem Kind untergeordnet zu fühlen. Immer mehr zog er sich in seine Welt zurück, schweigsam und verschlossen. Und auch Apollonius wurde, als er sich seinem vierzehnten Jahre näherte, weltabgekehrter und unzugänglicher.

Ihn hatte die erste, jähe Passion der Jugend nicht unter der Form des erwachenden Geschlechtsbewußtseins gepackt, auch nicht mit dem ruhmgierigen Verlangen nach Sport und Wettkampf. Seine alles verzehrende Passion war Wissenssüchtigkeit, war unstillbares Begehren nach Entschleierung des Lebensrätsels.

Dies aber wurde ihm noch nicht gewährt.

„Erkenntnis wird gelebt — nicht gelernt", sagte der Priester.

„Bin ich zum Erleben zu jung?" fragte der Knabe und wurde blaß.

„Du lebst", antwortete jener.

„Also fängt mein Erkennen an?"

Der Wissende schwieg.

Atthis, die Mutter, sah: ihr Knabe litt.

„Wissen sucht er, und sie geben es ihm nicht", klagte sie. „Ach, und sie besitzen es doch! Kann man denn diesen flehenden Augen etwas versagen? — Und ich selbst? Besitze ich noch etwas, was ich ihm nicht gab? Weiß ich noch etwas, was er nicht tiefer schon wüßte?"

Auf einmal lächelte sie.

„Apollonius! Ich habe dir etwas zu sagen! Nie sprach ich zu dir von dem Traum, den ich hatte, ehe du geboren wurdest. Aber heute will ich es tun."

Er schmiegte seinen schmalen Knabenkörper in ihren Arm.

„Erzähle!" bat er mit jenem Durst, der aus allen Bechern trinken will, die ihn stillen könnten.

Atthis zögerte wieder. Sinnend sprach sie:

„Es sind schon vierzehn Jahre her, seit ich den Traum gehabt. Einzig dein Vater kennt ihn. Heute muß ich achtgeben, daß ich ihn dir ohne Beiwerk erzähle. Denn die Gedanken über ihn in all den Jahren haben ihn vielleicht ausgeschmückt — verändert."

Apollonius nickte.

„Ja, es ist schwer, das Gedächtnis vor den wuchernden Gedanken zu bewahren, die immer auftauchen und alles verwandeln wollen", meinte er nachdenklich.

„Geht es dir auch so?" fragte sie scheu, fast schwesterlich.

„O ja", flüsterte er aufseufzend. Sie strich zärtlich über sein golden flimmerndes Haar.

„Damals im Traum", begann sie leise, „sah ich einen Kranz von Sternen. Groß standen sie vor dem Nachthimmel und so leuchtend, daß alle anderen Gestirne neben ihnen verschwanden. Ihr Glanz war so herrlich, daß ich mich selber ganz vergaß, nur sah und sah. Allmählich erkannte ich, daß in jeden Stern ein Bild eingeritzt war. Goldene Linien auf goldenem Grund. Doch wegen des blendenden Lichtes konnte ich sie nur ungewiß erkennen. Tiere schienen es zu sein. Dann wurde alles undeutlich. Doch das Geflimmer war so stark, daß ich die Augen senken mußte. Als ich es tat – o Apollonius, jetzt kommt das Wunder! –, sah ich aus meinem Schoß einen matten Strahl dringen. Der wurde immer länger und leuchtender und heller und war von einem ganz weißen Licht. Und plötzlich traf er wie ein Pfeil auf einen der Sterne. Da wurde der Stern durchsichtig und flammenhaft, und ich zitterte; denn ich dachte: Nun muß der Stern verbrennen. Ich erkannte deutlich das Bild auf ihm. Es war ein Widder. – Schon aber löste sich der Strahl wieder aus dem Stern und wanderte weiter, trat in den nächsten ein und in den übernächsten und so fort. Immer leuchtete der Stern in überirdischem Feuer auf, den der Strahl durchdrang, und immer wieder erlosch der Stern, den er verlassen hatte. Der Strahl aber ging in den nächsten ein. – Ich habe damals wohl alle Sternbilder in diesen erhellten Augenblicken erkannt. Aber seltsam: ich habe sie vergessen. Nur den Widder im ersten Stern sehe ich noch heute ganz deutlich vor mir. – Mein Kind, du verstehst, mit welchem Herzklopfen ich aufwachte. Ich fühlte doch, daß alles dieses mit deiner Ankunft zusammenhing. Und ich begriff nicht, was es sagen wollte.

Dein Vater ging zu einem Chaldäer, der sich damals in Tyana aufhielt, und dieser deutete ihm das Gesicht."

Hier stockte Atthis in erneuter Unsicherheit. Durfte sie dem Knaben auch die Deutung sagen? Lud sie nicht eine zu große Verantwortung oder auch einen gefährlichen Wahn auf die Seele ihres Kindes?

Apollonius blickte sie liebreich an. Aber geschult durch die Lehre der Priester, schwieg er zuchtvoll. Sie nahm sein Gesicht zwischen ihre Hände und mit versagender Stimme hauchte sie:

„Der Chaldäer sprach: ‚Einen Heiland, der durch den Zodiakus wandern wird, trägt dein Schoß'."

III

Der Tempel des Asklepios lag weit vor den Toren Aegeas. Oliven überspannten mit hundert schwarzen, gelenkigen Armen den Hügel, auf dem er stand. An der Felswand hinter den Säulengängen entsprang ein feiner Quell, dessen Wasser die Priester in einem Marmorbecken auffingen; denn heilsam hatte es sich für manche Krankheit erwiesen, wenn des Halbgottes Kraft hineinbeschworen wurde.

Die Priester des Asklepios waren kluge Männer. Sie führten in Aegea das Kleine Mysterienspiel ein, das hier wie in Delphi alle acht Jahre dargestellt wurde zu Ehren des himmlischen Vaters von Asklepios, zu Ehren Apollons.

Feierlich verkündete in den ersten Tagen des Frühlings der Heilige Herold auf dem Forum von Aegea und von Tarsus, daß in der folgenden Nacht das Mysterienspiel beginne. In streng-gefügten Rhythmen, wie der Chor der Tragödie sie kennt, lud er die gläubigen Laien als Zuschauer ein. Mit erhobener Stimme bedrohte er die Zweifler und die Barbaren mit dem tödlich treffenden Pfeil seiner Gottheit, wenn sie es wagen sollten, sich den heiligen Bezirken zu nahen und frech in die Geheimnisse des Mythos einzudringen. Und so stark wirkte selbst in dieser Zeit religiösen Verfalls die Furcht vor den theurgischen Kräften der Priesterschaft, daß sehr selten nur ein neugieriger Römer es wagte, in den Tempelbereich einzudringen.

Denn keine Mauer, kein Graben schloß diesen von den Wohnstätten der Menschen ab. Nur die Ehrfurcht vor dem geweihten Gebiet schuf die unsichtbare Schranke.

Am Abend zogen auf den beiden Straßen, die von Aegea und von Tarsus zu dem Tempel führten, die Zugelassenen heran.

Die Nacht atmete warm, durchströmt vom Duft der Narzissen, durchflötet vom unaufhörlichen, süßschmerzlichen Liebeston der Nachtigallen. Im verwirrten Gezweig der Oliven spielte der Kybele geisterhaftes Licht, warf sich bleich über die Wege und die Gesichter der Menschen, über die wandernden Gestalten, die alle von der gleichen Gefühlswelle ergriffen waren, vorwärtsstrebend aber nicht hastend, bebend vor Erwartung und dennoch ruhevollgewiß.

Viele der Griechen, die hier zogen, hatten das Spiel von Apollon und dem Drachen Python schon einmal gesehen. Andere pilgerten zum erstenmal hinauf. Unter diesen waren Alkimedon und Atthis.

Immer wieder beugte sich der hochgewachsene Mann beunruhigt zu seiner Gattin hinab, die klein, schweigend und ganz durchschauert von innerem Brand neben ihm dahinschritt. Immer wieder sah er in diese seltsamen, dem Mondlicht hingegebenen Augen, die so weltfremd schimmerten, so verzehrt von dem grünlich irisierenden Glanz. Atthis hörte seine flüsternde Stimme nicht, und Alkimedon gab es enttäuscht auf, sie leise warnend anzureden.

Waren doch alle, die hier zogen, des Gottes voll.

Alkimedon blickte um sich. Alle Gesichter, vom Mondlicht blaß, schienen wie erstarrt in einer fremdartigen Maskenhaftigkeit. Alle waren im Erwarten der Geheimnisse, unter dem Gebot des Schweigens einander ähnlich geworden. Keines aber – so schien es dem Kaufherrn – war wie das seiner Frau so völlig aufgelöst von Glanz und Ekstase, so jeder Erdenhaftigkeit entrissen. Unhörbar stöhnte er auf. Er legte den Arm um ihren Leib, trug sie beinahe. Sie schien es nicht zu fühlen.

Vor dem Tempel empfing der Heilige Herold die Pilger, leitete sie in langem Zuge um die Säulenhallen herum vor die Felswand im Hintergrund. Hier öffnete sich, vollkommen schwarz, ein Zugang zum Innern des Berges, neben dem der heilende Quell entsprang und leise klingend ins Becken fiel. Aus dem Tempel erscholl in quälender Monotonie der Gesang der Mysten. Die Zuschauer setzten sich auf steinerne Bänke oder lagerten auf dem Boden. Ein Gang zwischen dem Tempel und der Felsengrotte blieb frei.

Der Mond wurde jetzt von der Bergwand verdeckt, so daß eine halbe Dämmerung die Wartenden umfing. In ihr begegneten sich, wie die zwei Stimmen der Welt, die Sehnsuchtsschreie der Nachtigallen und die dunklen Chöre der Mysten. Der Herold trat neben die Grotte, und der Gesang aus dem Tempel brach ab. Ungewiß erschien des Herolds Gestalt, aber er hob den Caduceus des Hermes und sprach aus dem trichterförmigen Mund der Göttermaske deutliche und mächtige Worte.

Von Python, dem von Gäa im Urschlamm Geborenen, sprach er, der im Zentrum der Erde unheildrohend haust, kundig der Zukunft, kundig der Menschengeschicke und der Geschicke der Götter — aber bösartig sein Wissen festhaltend oder es nur zu Schädigung und Irrtum einem Leichtsinnigen verratend. So herrscht er, Python, der die schwarze Magie auf Erden beeinflußt, Genosse der chthonischen Gottheiten, zu denen kein Licht dringt — er und sie dennoch verstoßene Geschwister der Olympier.

Der Mensch aber gehört dem Licht und der Finsternis, dem Himmel und dem Hades, und seine unruhige Wohnstätte ist die Erde, das Reich der Mitte.

Wenn sich nun der Brodem aus dem Erdinnern zu schwarz über die Menschheit emporwälzt, dann bricht aus ihr der Schrei nach Licht, der Schrei nach der Gottheit, der Schrei nach Apollon.

Hier schwieg der Herold, und durch die Reihen der Zuhörer ging ein langgezogener, klagender Seufzer. Die Tore des Tempels öffneten sich, und die Mysten zogen den Weg hinan, der zur Grotte führte, laut singend, flehend um das Erscheinen des Gottes, um seine Tat: den heiligen Mord an Python, damit sein das Orakel würde, das aus dem innersten Herzen der Erde quillt.

Die Mysten glichen Bürgern einer attischen Stadt. Sie gingen an Wanderstäben und hatten Asche auf ihre Häupter gestreut.

Die singenden Mysten stellten sich rechts und links vom Eingang der Grotte auf, von dem sie sagten, daß er das Tor zum Unterirdischen sei, zur Höhle des Python. In diese Höhle würde der Goldenlockige hinabsteigen, töten würde er den schlüpfrigen Feind, erlösen die Menschheit, oh, erlösen!

Gellender, wilder, fordernder wurden die Schreie der Mysten. Beschwörend reckten sie die Arme gegen den sonnenlosen Himmel. Ihre zurückgebogenen Köpfe zuckten. Schwarz stand ihr schreiender Mund im weißen Gesicht. Die Natur schwieg, erschreckt vom Willen des Menschen. Keine Nachtigall flötete mehr, keine Zikade schrillte. Aber die Zuhörer erhoben ihre Stimmen, einfallend in den Hilferuf des Chors. Fanatisch, flehend, drohend wurde der Schrei:

„Rette, Apollon!"

Da flammten jäh die Fackeln vor den Stufen des Tempels auf. Die Köpfe der Menschen wendeten sich erregt.

Zwischen den Säulen stand der Knabe Apollonius, über der Schulter die Kithara, in der Rechten das gesenkte Schwert.

Über seiner Stirn wölbten sich hochgebundene, goldene Locken. Goldbestickt flatterte ein weißer Peplon um seine schmalen Hüften. Ein Fuß war ungeduldig vorgestreckt, der Blick scharf auf die Grotte gerichtet, durstig nach Gefahr, bereit zum Opfer.

„Unser Kind", flüsterte Atthis. Alkimedon nur verstand das Wort. Auch er war tief betroffen. Gequält drehte er das Gesicht zur Seite.

Denn um den Knaben lag ein Glanz, der nicht vom unsicheren Mondschein und nicht vom Licht der Fackeln allein herrühren konnte. Er machte ihn fremdartig, entrückte ihn in andere Sphären. Und Alkimedon war Grieche genug, um zu begreifen: Es ist die ewige Idee des Schönen, die hier einen Körper fand – in Atthis und meinem Sohn.

Die Menge aber wimmerte auf:

„Apollon – Himmlischer – Süßer – Erlöser."

Der Chor der Mysten begann einen feierlich verhaltenen Gesang, und unter seinen monotonen Klängen durchwandelte Apollon die schimmernde Straße, durchwandelte sie schweigend, ernst, ohne einen Blick auf die Verzückten zu werfen, und hielt erst vor der gräßlich wartenden Grotte an. Hier senkten die Fackelträger, die ihn begleitet hatten, ihre Flammen, löschten sie aus wie der Todesgott die seine, und unter dem Jammerruf der Mysten durchschritt der Gott die Pforte und verschwand in der Finsternis.

Tiefstes Schweigen folgte. Die Mysten verhüllten ihre Häupter. In der Menge hörte man Schluchzen. Wieder begann der Heilige Herold zu sprechen. Er sagte, daß nun der lichte Gott in das Zentrum der Erde gestiegen sei, um den Drachen zu töten; daß er wiederkehren werde, den Menschen Erlöser, selbst aber befleckt durch Blut; daß er, der Strahlend-Geistige, aus Erbarmen mit der Menschheit die Materie berührt habe und nun von ihr entweiht sei.

„Huldigt dem Gott!" rief der Herold. „Danket dem aus Liebe sündig gewordenen Gott!"

Er schwieg. Das Warten auf den Entschwundenen – von klugen Seelenkennern inszeniert – war lang und qualvoll. Vor all dieser Menschen innerem Gesicht, die im Banne der ungeheuren Suggestion bebten, erstand das Bild des fürchterlichen Dämons in den Eingeweiden der Erde. Sie sahen den riesigen, zusammengerollten Leib sich träge entwirren, sahen ihn sich auf kurzen Füßen fauchend aufrichten und unzählige Köpfe an einem langen, schuppigen Hals gegen den Eindringling emporschnellen. Schlamm, Gestank und widerliche Dünste brodelten um ihn her.

Aber in seliger Kraft stand der Gott vor dem Scheusal. Leise klirrte die Kithara auf seinem Rücken, ein niegehörter Laut in dieser dumpfbrütenden Stummheit.

Ein einziges Mal sauste im sprühenden Halbkreis das Schwert. Der Wurm war gerichtet.

Die Mysten enthüllten ihre Häupter. Die Jünglinge zündeten die Fackeln an. Der Herold rief:

„Freuet euch! Er kehrt zurück!"

Im unruhigen Flackerlicht der halberhellten Öffnung stand der Gott, blaß wie der Tod, weit von sich gestreckt das bluttriefende Schwert – heiliger Mörder, aber Mörder doch, verunreinigt das Reine!

Die Mysten hatten sich in zwei Chöre gespalten. Der, welcher rechts von der Höhle stand, jubelte über die Tat, jauchzte den Dank der Menschen. Der zur Linken rief: „Wehe!" über den Gott, mahnte ihn, sich der Reinigung zu unterwerfen.

„Katharsis!" schrie auch das entsetzte Volk.

Ein Jüngling kniete nieder und empfing das Schwert; ein anderer wusch des Gottes Hand mit dem Wasser des heilenden Quells.

„Reinige dich, Himmlischer! Der du uns befreit hast, befreie nun dich!" sangen die Mysten.

Während die Zuschauer das Geheimnis des Opfers mit Grausen ahnten, kleideten die Mysten den Gott in einen Hirtenmantel, reichten ihm den Hirtenstab und führten ihn fort zur Sühne des Mords an der Kreatur, führten ihn in die Dienstbarkeit des Königs Admet. Ihn begleiteten klagende Jünglinge den Hügel hinab nach Tarsus. Nach vierundzwanzig Stunden würde er wiederkehren, entsündigt durch Buße und in den Tempel von Aegea eingehen, von dem er herabgestiegen war. Die vierundzwanzig Stunden aber bedeuteten neun Jahre selbstgewollter Knechtschaft.

Die Zuschauer, denen der Gott entschwunden war, erhoben sich, langsam, zögernd, angerührt an der empfindlichsten Stelle ihrer Seelen. Einige Verzückte hatten sich der Bußfahrt angeschlossen. Die meisten gingen heim, so auch Atthis und Alkimedon. Die Frau weinte leise. Alkimedon fragte beunruhigt und mit dem Versuch zu trösten:

„War er nicht schön? Schön wie ein Berufener?"

„Ein Berufener? O ja. – Eben deshalb wird er von uns gehen – weit – weit . . ."

Alkimedon schwieg.

IV

Als die Sonne dieses Tages sinkt, tritt Apollonius wieder in den Tempel ein.

Mantel und Stab haben ihm dienende Jünglinge abgenommen. Sie haben seine müden Glieder gebadet und gesalbt, aus seinen Haaren den Staub der Landstraße gewaschen, seine brennende Kehle mit Früchten gekühlt. Schweigend haben sie ihm gedient; schweigend ließ er sie gewähren. Seine Lippen zitterten vor Erschöpfung, und sein Blick war sehr dunkel, unstet und abirrend, wie der Blick eines Menschen, der wirklich das Grauen erfahren, nicht nur mit ihm gespielt hat.

Die Jünglinge hatten die Pforte zum Innern geöffnet. Er war hindurchgegangen. Sie blieben zurück. Die Pforte schloß sich lautlos. Dämmernd liegt ein kleiner Raum um den Knaben. Er kennt ihn nicht. Auf einem Sessel sitzt eine einzig ruhige Gestalt, sieht ihn prüfend an.

Der Hierophant.

Jetzt kommt es. Jetzt erklärt er es mir. Jetzt werde ich wissen! denkt der Neophyt, verneigt sich und bleibt wartend stehen.

„Sohn der Mutter", redet ihn der Priester an, „sprich! Erzähle, was dir geschehen ist. Frage!"

Apollonius atmet auf. Fragen! Endlich fragen dürfen! Er sammelt sich. Er weiß, der Priester läßt ihm Zeit, verlangt klare Fragen, wird antworten.

„Als ich den Gott vorstellen durfte", beginnt er leise, „und vom Tempel über den Weg zur Höhle ging, da verlor ich das Bewußtsein von mir. Ich hatte vorher geglaubt, ich würde eine Rolle spielen, ähnlich wie die Tragöden im attischen Theater, von dem mir mein Vater erzählte. Ich hatte geglaubt, ich trüge die Maske des Apollon, so wie der Herold die des Hermes trug. Aber es war anders. – Ich wußte nicht mehr, was mir der Lehrer gesagt. Ich hatte die Mythe vergessen. – Aber in meinem Herzen war ein wirklicher Schmerz, ein zehrender, fürchterlicher Schmerz um alle, die da unaufhörlich klagten und nach mir schrien. Es war in mir eine Inbrunst zu helfen, als wäre ich wahrhaftig gesandt und vermöchte es."

Die letzten Worte flüstert er scheu und errötet tief. Gesenkten Hauptes steht er vor dem Priester. Der betrachtet ihn mit einem langen, seltsamen Blick.

„Weiter", gebietet er ruhig.

„Ich ging wie im Traum durch die schwarze Höhle, immer tiefer hinein. Einer ging neben mir. Er sagte auch: ‚Weiter!' wie du. Ich ging immer geradeaus und stieß an keine Wand. Ganz von fern schimmerte ein schwaches Licht. Es war stumm ringsumher. Auch die Mysten und die Menschen draußen schienen zu schweigen. Jedenfalls hörte ich sie nicht. Aber trotzdem gellte der Hilfeschrei in meinem Innern fort, im Kopf, im Herzen. Ich wartete auf den Wurm, hielt das Schwert bereit und war wachsam. Ich kam in einen erweiterten Raum. Hier glomm irgendwo ein so schwaches Licht, daß ich nichts anderes erkennen konnte als die langen Tropfsteine, die von der Decke hingen. Und alle Wände waren feucht. ‚Weiter!' sagte der Unsichtbare neben mir. Ich tastete vorwärts. Durch die Stille hörte ich jetzt ein leises Atmen. ‚Er ist es', sagte die Stimme. Ich faßte mein Schwert fester. Es war unmöglich, etwas zu unterscheiden. ‚Stoße zu!' sagte die Stimme. – Ich stieß zu –" Hier schweigt der Knabe und schluchzt plötzlich auf.

„Weiter", spricht gütig der Hierophant.

Apollonius rafft sich zusammen.

„Ich stieß in etwas Weiches. Es schrie. Es fiel dumpf auf den Boden. Ich riß mein Schwert zurück. Ich befühlte seine Schneide. Sie war naß. Von Blut! Wen hatte ich getötet? War es der Wurm? Ich durfte ja nicht fragen. Ich zitterte so, daß ich fast hinfiel. – ‚Kehr um!' sagte die Stimme. Ich wandte mich. Von fernher sah ich das Mondlicht schimmern. Ich ging den Weg zurück, den ich gekommen war. Wieder hörte ich Gesang. Ich begriff: Die Menschen jauchzten dem Gott zu, den ich vorstellte. – Im Mondlicht erkannte ich deutlich die dunklen Flecke am hellen Schwert. Blut! Ich hatte nicht gewußt, daß ich wirklich töten sollte! Ich hatte Beseeltes getötet! – Ich hätte schreien können vor Entsetzen, vor Angst. ‚Katharsis!' riefen die Menschen. Oh, wie ich sie begriff! – Das Spiel ging weiter. Ich war nun der büßende Gott. Ich war der Knecht des Admet. – Überall sahen mir Menschen zu. – Es war ja nur Spiel. ‚Reinige dich!' schrien sie. Und ich spielte den ‚Dienst'. – Dann brachten sie mich zurück. Nun sei der Gott entsühnt, sangen die Mysten. – Da war das Spiel zu Ende. – Ich aber, o mein Vater, ich habe wirklich das Blut eines Wesen vergossen! Ich bin wirklich befleckt! Ich habe die Reinheit verloren! Oh, warum mußte ich das tun?"

Der Hierophant legt seine Rechte auf das Haupt des Knaben.

„Sohn der Mutter", wiederholt er, „Schüler des ersten Grades. Du hast leidend das erste Element berührt und wurdest darüber wissend. Du hast dich vermischt mit Erde und mit Blut. Du tratest ein in das zweite Zeichen des Zodiakus, den Stier. Wandere weiter."

Apollonius stutzt, blickt staunend in die Augen des Priesters, aufdämmerndes Begreifen im schneebleichen Gesicht.

„Muß, wer die Erde berührt, schuldig werden?" fragt er tonlos.

„Schuldig wurde sogar der Gott. Du weißt es", antwortet der Priester.

„Und ich, der Mensch?" forscht Apollonius.

„Der Mensch, der nicht das erste Element, die Erde, durchschreitet, findet die höheren Elemente nie. Leben und Büßen sind die Pendelschwingungen unserer Existenz. Lerne sie erkennen! Wenn du berufen bist, trittst du ein in das nächste Zeichen."

„Was bedeutet es mir?" fragt der Knabe.

„Ich erkläre dir nur, wo du stehst. Ich weissage nicht", erwidert der Hierophant. „Erlebe – und du wirst wissen! Du bist der Initiierte der dunklen Kore geworden. Wandere weiter!"

„Durch den Zodiakus –" flüstert Apollonius wie im Traum.

WESTEN ODER OSTEN?

I

Der römische Statthalter in Tyana hatte gedroht, die Güter des Kaufherrn Alkimedon zu beschlagnahmen, wenn dieser nicht zurückkehren und hier seine Steuern an Rom entrichten wolle. So gab er sein Haus in Tarsus auf und zog mit Atthis in das heimatliche Kappadozien zurück. Den Apollonius aber ließen sie unter dem Schutz seines Pädagogen in Aegea, wo er schon seit einigen Jahren lebte.

Um den Asklepiostempel in Aegea hatte sich eine förmliche Akademie entwickelt. Philosophen aller Richtungen lehrten hier, und aus allen Teilen Asiens strömte die Jugend nach Aegea; denn der Ruf eines schönen Gymnasiums lockte zu Sport und Wettkampf, wie die Freimütigkeit und Vielseitigkeit seiner Lehrer zu Wissenschaft und Ruhm. Das alte Athen, die entschwundene Größe der perikleischen Zeit, war dieser feurigen Jugend Ideal, die um Gesundheit an Leib und Seele rang, inmitten einer Welt, die ringsumher in Verfall fieberte und barst.

Schon das so nahegelegene Tarsus war wie gelähmt von der künftigen römischen Eroberung, unfähig zu einem Widerstand, der auch vergeblich gewesen wäre. Denn der Westen rückte näher, mit eisernen Heeren, mit erbarmungsloser, alles niedertretender Gewalt. Nur betäuben wollte man sich noch, nur betäuben die Angst vor Rom!

Die Angst vor diesem Kaiser Caligula, der dem entsetzlichen Greis Tiberius gefolgt war, mußte erstickt werden. Caligula, „Sohn der Legionäre", Soldatenkaiser, dem man zuerst als Befreier entgegengejubelt hatte, und der nun – lüsterner noch nach Grausamkeit als Tiberius, wenn das möglich war – an ausgeklügelten

Martern sich weidend, bezwungene Feinde, Volk, Edle, Verwandte und Senatoren peinigte und sich selbst mit Götterehren huldigen ließ. Seit kurzem erst hatte Caligula den römischen Thron inne, und schon erbebte die kultivierte Welt in Europa, Asien und Nordafrika von den Erwartungen seiner Tyrannei. Das war Todesfurcht in den Seelen der Menschen. Da konnte der Geringe als Sklave morgen nach Rom geschleppt und der Vornehme unter schwere Anklage gestellt werden, ob er nun in irgendeinem Dinge schuldig war oder nicht. Der Selbstmord wurde von vielen als einzige Rettung aus verzweifelter Lage erkannt und ausgeführt, so wie er in Rom längst an der Tagesordnung war.

Aber vorher, o vorher wollte man noch jede Stunde dieses Lebens genießen, das nachtwandlerisch auf einer Messerschneide dahinbalancierte und nur durch einen alles Gräßliche auslöschenden Rausch von der Qual der Angst zu befreien war.

Und sie genossen und schwächten sich, die Griechen in Pergamon und Ephesus, in Antiochia und Tarsus. Sie wurden immer hilfloser vor Rom. Denn in des wahnsinnigen Kaisers Heer, das der Vollzieher seines Willens war, lebte noch die Manneszucht des Cäsar Augustus. Noch stand die Idee: Rom! wie ein Götterbefehl zu Macht und Weltherrschaft über den Legionen, und jeder einzelne Soldat wußte, der römische Adler nur entschied über die Kämpfe der Welt. So wurden sie unwiderstehlich.

Aber in Aegea rang die Jugend unter Leitung einer ernsten Priesterschaft um gesunde Körper und um reinen Geist. Sie rang mit der Unbekümmertheit um den Weltlauf, der ihrer Jahre köstliches Vorrecht war, und mit dem Glauben an ihre erste, einmalige, endgültige Berufung zu verwandelnder Tat.

Aus diesem Glauben an ihren erneuten Leib und ihre freie Seele ergoß sich die frische Lebenswelle, vielgestaltig, ungehemmt von lähmender Erfahrung in die erschöpfte Menschheit. Es war vielleicht keine Zeit so bereit, einen Erlöser zu empfangen, und es ging vielleicht in keiner anderen durch so viele junge, heiße und gute Herzen der Wunsch, zu retten, wie in diesem ersten Jahrhundert unserer Ära.

Inmitten dieser gesteigerten Jugend, die zwischen alten und neuen Idealen um ein Endgültiges rang, stand der Jüngling Apollonius. Es war natürlich, daß er seiner Freunde Führer wurde, daß er, der geistvollste und schönste unter ihnen, schon jetzt den Platz einnahm, der sein ganzes Leben lang ihm vorbehalten war: Gewissen und Erleuchtung für die zu sein, die suchten und allein nicht fanden, die edlen Herzens waren, aber nicht die Kraft des Beharrens am einmal Erkannten aufbringen konnten, ohne daß ein stärkerer Wille sie hielt.

Er selbst aber war in diesen Jahren voll Schwermut. Die frühe Einweihung in Aegea beim Pythonspiel, das schweigende Wissen um eines der großen Geheimnisse der Gottheit lastete schwer auf seiner Knabenstirn. Er fühlte das Mysterium in sich wirken: die Tragödie der Involution des Geistes in die Materie. Er hatte die Schuld auf sich genommen, die jedes Leben tragen muß, das zerstört, weil es wirkt. Er wußte um die schwerste Tat im Leben: um den Mord am Beseelten. Nie – jetzt oder später – rührte er Fleisch an. Er nährte sich von Gemüsen, Getreide und Früchten. Alles dieses aber tat er nur für sich, aus innerer Nötigung, und zwang oder überredete keinen Gefährten, zu verzichten wie er. Denn er begriff: Sie trieben im Reich der Theorien. Sie erlernten Weisheit bestenfalls, während er sie durchleben sollte, Schritt um Schritt. Und jetzt wandelte er im Zeichen des Stiers, im Element der Erde. – Erde ist schwer. An der Erde arbeiten heißt den Acker pflügen, tief, tief hinab müssen in das eigene Sein, heißt vor keiner Dunkelheit sich fürchten und vor keinem irdischen Trieb.

Zwei Jünglinge hatten sich in besonderer Hinneigung ihm angeschlossen: Dion aus Tarsus, der zarte Freund seiner Kindheit, und der Römer Julian, dessen Vater vor Tiberius geflohen war und seitdem in Aegea lebte. Dion war einige Jahre jünger als Apollonius, Julian um weniges älter. Dion war schwärmerisch, schweigsam und hingebend, Julian von starkem Wuchs, aufbrausend, ritterlich, erfüllt von heißen Träumen, die alle in Rom endeten, und lodernd eifersüchtig.

Sie lagen unter einem Zelt, das am Rande der Arena aufgestellt war, und ruhten vom Wettlauf aus. Die Sonne brannte auf die helle Fläche des riesigen Ovals vor ihnen. Ihre Lenden zitterten noch von der Anstrengung des Laufens, und ihre Stirnen glühten.

Von nah und fern tönten Stimmen der Jünglinge und Knaben und die tiefere des Spielleiters.

Die drei Freunde lagen schweigend. Julian tastete prüfend und still entzückt am Muskelspiel seiner Beine. Dion lag auf dem Leib, das Gesicht in die Arme vergraben. Apollonius zerteilte eine Melone, sah sinnend auf das gelbrosige Fleisch und reichte die Scheiben den andern. Sie sprachen von Euxenos, dem Pythagoräer, dessen Schüler sie waren.

„Vergiß nicht, daß heute abend das Symposion ist, das er uns versprochen hat", sagte Julian und biß in seine Frucht. „Glaubst du eigentlich, Apollonius, er wird uns ein Thema geben und aus dem Stegreif reden lassen, nachdem er uns zuvor mit Wein benebelt hat und keiner mehr beurteilen kann, was der andere gesagt?"

„Es sähe ihm schon ähnlich", antwortete Apollonius bitter. „Es ist eine Schmach, daß gerade dieser den Pythagoras lehrt! Zwar weiß er viel, doch lebt er nicht danach."

„Wer tut denn das, Apollonius? Seien wir zufrieden, wenn wir Lehrer finden, die uns etwas Positives sagen können. Ich habe viel von ihm gelernt. Ich habe hier in Aegea klare Begriffe darüber bekommen, was der Epikureer ist, was der Pythagoräer und was der Platoniker. Und noch allerlei mehr. Das, was ich davon praktisch gebrauchen kann, muß ich selbst im Leben erproben. Bei jedem ist das etwas anderes. Ich denke, bei mir wird es die Logik sein. Ich kann logisch denken. Dann kommt das logische Handeln. Gedanke und Tat! Wenn die eins sind, dann muß man doch erreichen, was man will."

Apollonius nickte.

„Ja, das ist schön, was du da sagst. Und wenn du dann das Gute willst, so ist es mit dir in Ordnung."

„Was ist gut?" fragte Julian grübelnd. „Der Tyrann jedenfalls ist schlecht. Das Schlechte muß vernichtet werden." Er flüsterte heiß, nur dem Apollonius verständlich.

Der dachte an das Spiel von Python. Dunkel sah er den Freund an, sah in ein starkes, entschlossenes Gesicht.

„Vielleicht hast du recht – auch um das Opfer der inneren Einheit willen", sagte er schweifend. „Aber weißt du auch, daß die Tyrannei nur die Person wechselt? Die Person kann von der Lebensfläche gestrichen werden. Die Tyrannei besteht! – Nein, an die Tyrannei selbst müßte man gelangen können. Die Wurzel finden, die böse Idee, aus der sie wächst. Die finden und verwandeln! Das Schlimme in das Gute verwandeln! Da liegt es, Julian!"

Dion hatte den Kopf erhoben, sah die Sprechenden aufmerksam an, schwieg. Julian schüttelte sich.

„Indessen du nach der Idee suchst, schinden sie die Menschen zu Tode", sagte er hart.

„Ja, es ist entsetzlich", gab Apollonius zu, „aber was könnten wir tun?" Julian sah auf Dion, kniff die Lippen hochmütig zusammen, sagte nichts.

„Willst du den Cäsar ermorden?" fragte der Knabe aufgeschreckt.

Apollonius legte ihm die Hand auf den Mund. Julian wurde blutrot. Leise fragte Apollonius:

„Kennt ihr das geheimnisvolle Wort des Pythagoras, des weisesten aller Männer: ‚Wisse, daß auch die Leiden der Menschen eigenes Werk sind'."

Sie schwiegen lange; dann sagte Julian ungeduldig:

„Ich verstehe dich nicht! Was soll das hier? Verbietet Pythagoras den Tyrannenmord? Wo?"

„Er glaubt nicht an ihn, Julian. Er würde dir sagen: ‚Das ist eine Illusion.' – Du aber bist verstrickt im Trug der Stunde. Du glaubst, daß ein äußerliches Tun das Antlitz der Zeit verwandeln könnte. Wandeln kann nur der zeitlose Geist. Die Zeit, die du mit einem Gewaltakt überfallen willst, wird an dir vorübergleiten – unberührt. Auch die Dichter wissen das. Euripides sagt:

‚Denn die Zeit
Vermag nicht, unsre Wünsche zu erfüllen!
Sie kommt, gibt, was sie hat, und geht vorüber.‘

Das Rad läuft weiter in der gleichen Richtung, solange nicht eine innere Kraft, weil er die Macht hat. Die Sünde, die sich im römischen Kaiser, weil er die Macht hat, am gräßlichsten inkarniert, sie herrscht jetzt in der ganzen Menschheit, in ihrem verkehrten Wollen, in ihrem Glauben an das eigene Ich. – Verscheuche die gespenstischen Träume! Reiße die ‚ewigen Ideen‘ zu uns herab! Dann wird die Tyrannei erlöschen. Dann kommt der Friede über die Welt."

Dion hing verzaubert an des Freundes Lippen. Julian murmelte erbittert: „Schwärmer". Dann fuhr er aufgeregt fort:

„Du glaubst wirklich an alles dieses, was wir von Pythagoras und Platon hören? – Siehst du denn nicht, daß dies im Grunde nur geistreiches Spiel müßiger Philosophien ist? Sehr gut zur Übung des Verstandes, vielleicht auch befeuernd zur Tat, aber nie: die Tat!"

„Eben die Tat!" antwortete Apollonius fest. „Eben die haben sie getan! Wer der Welt den erhabensten Impuls, das höchste Ideal gibt, der gerade vollbrachte die Tat. Tyrannenmord kann nur eine schlechte Form zerbrechen, kann bestenfalls den Weg zu einer neuen bahnen. Aufbauen kann er nie."

Nach einer Weile sagte Julian:

„Vielleicht bin ich bescheidener als du."

Apollonius verstand den Spott. Wo dieser ihm begegnete, pflegte er zu schweigen, selbst wenn er vom Freunde kam.

II

Sie trugen Kränze von Efeu und Veilchen und lagen auf Fellen und Decken aus Kaschmir. Vor ihnen standen Trinkschalen aus getriebenem Metall, und Knaben brachten in schönen Krügen den Wein.

Euxenos weihte mit diesem Symposion sein kleines, rosenumblühtes, neues Haus ein, das ihm des Apollonius' Vater geschenkt hatte. Denn dieser suchte überall seinem Sohn Freunde zu werben, und im weltlichen Sinne gelang ihm das ja auch auf diese Weise.

Euxenos, ein kluger Kopf, hatte in der Akademie von Aegea die Auslegung der Philosophie des Pythagoras übernommen, und zwar aus dem einzigen Grunde, weil diese dort noch nicht gelehrt wurde.

Seine Definitionen waren scharf und fesselnd. Das hinderte ihn nicht, wie ein anderer Privatmann zu leben. Er liebte es zu betonen, daß Pythagoras, obgleich initiiert, kein Priester war, vielmehr ein Philosoph, der seine Schule nach eigenem Ermessen gründete und leitete und dann auch wie ein Laie starb, überfallen von weltlichen Feinden. Er wußte ausgezeichnet von dem Leben des Pythagoras zu erzählen und seine erhabene Lehre zu einer interessanten Doktrin zu verflachen, und es war unter all den Jünglingen vielleicht nur Apollonius, der dies zu durchschauen vermochte. Denn nur in ihm schwang das Wort des Hierophanten, daß man Erkenntnis leben müsse und nicht lernen kann.

Apollonius war nie wieder vor den Hierophanten gerufen worden, was auch nicht zu erwarten war. Er wußte nicht, ob des Oberpriesters Auge über ihm wache. Er hatte keinen Menschen, der ihm half, der inneren Stimme treu zu sein, weder unter den Lehrern, noch unter den Schülern. Er hatte nichts als die Worte des Priesters nach dem Pythonspiel und – seiner Mutter Traum. In ihm aber brannte mit jedem Tage heißer die Sucht nach Wissen. Er wollte hier lernen, was zu lernen war – aber schon sah er überall Unechtes und sittliche Schwäche. Einmal, das wußte er, mußten räumliche und geistige Grenzen durchstoßen werden, und er würde hinausstürzen in eine weitere und höhere Welt. Würde es das alte Griechenland sein,

Delphi und Eleusis, das ihn einweihte, oder das Urland aller Weisheit: Indien?

„Rom ist die Zukunft der Erde", sagte da laut und klar die Stimme des Julian. „Ihr mögt es leugnen, ihr mögt euch wehren — es kommt! Es hat den Willen zur Weltmacht."

„Halt ein!" rief hier Euxenos — und seine klugen Augen funkelten über dem modisch gekräuselten, braunen Bart — „halt ein, Julian, denn jetzt habe ich das Thema gefunden, das ich heute stellen will zu Übung und Ruhm. Jeder von euch soll es drehen und wenden, jeder seine Dialektik an ihm üben, jeder die Partei wählen, für die er sprechen will. — ‚Westen oder Osten?', so lautet die Frage. Entscheidet euch schnell, wohin ihr gehört, wenn ihr es nicht schon wißt. Und du, Julian, der du schon im Zuge bist, fange du an."

Über des Römers Gesicht glitt eine flüchtige Blässe. Schneller, als er gedacht, forderte man sein zusammengefaßtes Bekenntnis. Nun hieß es, klug sein im Bekennen und im Verschweigen. Sein Auge suchte des Apollonius Blick. Der sah ihn warnend an. Julian grüßte mit kaum merklichem Lächeln. Dann senkte er die Lider und sann. Die Genossen legten sich zurück. Manche schoben das Trinkgeschirr beiseite; andere taten leichtsinnig tiefe Züge.

Nach wenigen Minuten hob Julian den runden Kopf mit dem kurzgeschorenen dunklen Haar und begann mit Nachdruck:

„Du gibst mir als erstem das Wort, Euxenos. Ich bin Römer. Jeder von euch weiß, wo ich stehe. Ihr habt die Wahl. Ich habe keine. Aber nicht aus Urteilslosigkeit und blindem Gehorsam gegen eine zufällige Geburt stehe ich hier, sondern einfach deshalb, weil ich Rom erkannt habe. Und wer es erkannt hat, der ist ihm verfallen. Ich sage euch da vielleicht wieder ein Wort, das wie Schwäche oder Fatum klingt, nämlich: ‚verfallen sein'. Aber dem ist nicht so. Ich meine es so, wie man einem Freunde oder einer Geliebten verfällt, die man sich erwählte, aber denen man dann gehört mit Leib und Seele, Gegenwart und Zukunft, Glaube und Tat. So gehöre ich Rom!

Und weil es so und nicht anders ist, hab' ich keinen anderen Wunsch, als meine Geliebte zu schnücken mit allen Schönheiten der Erde, und meinen Freund zu verherrlichen mit allen Kräften der Welt.

Soll ich von Roms Politik sprechen zu euch, die ihr mit dem Herzen hören wollt, vielleicht schon leise betäubt von bacchischer Trunkenheit? Soll ich euch von dem großen Julius erzählen, der Rom geliebt, oder von seinem Mörder, der Rom geliebt, oder von Augustus, dem Göttlichen, der in Güte und Einsicht sein ganzes Leben lang nur Rom geliebt hat? Augustus, meine Freunde, war so alt wie die meisten von uns, als er Imperator wurde. Er war neunzehn Jahre alt. Er starb mit zweiundsechzig Jahren. Und heißer brannte nichts in seinem Herzen als die Liebe zu Rom.

Da wurde Rom süß und schwer von der Liebe der drei großen Männer: Julius Cäsar, Brutus, Augustus. Denn glaubt mir: Brutus liebte Rom vielleicht am verzehrendsten. Und Brutus war es, der für Rom starb.

Ach, daß der Dolch des Brutus Julius Cäsar traf! Daß er nicht aufgespart wurde für einen wirklichen Tyrannen!

Meine Freunde, Rom ist die Geliebte meines Blutes und der angelobte Freund meiner Seele. Die Fesseln, die jetzt in seine Glieder schneiden – ich fühle sie wie Eisen im eigenen Fleisch! – Die Martern, die meine Brüder in Rom dulden, denen mein Vater entfloh – sie stehen in grauenhafter, nie weichender Deutlichkeit vor meinen inneren Augen.

Aber, meine Freunde, Rom wird diese Ketten sprengen! Rom wird wieder einen Kaiser haben, göttlich wie Augustus, oder einen Tribunen, rein wie Brutus! Und wenn dieser Befreier gekommen ist, dann werdet ihr so deutlich erkennen wie ich: Rom ist das Schicksal und der Atlas der Welt, ihr Anfang und vielleicht ihr Ende, der Ring, der sie umschließen wird, das Meer, das sie trägt!

Ihr alle kennt die römischen Legionäre, diese Männer in Eisen voll Ausdauer und Zucht. Der Orient zerbricht vor ihnen; er hat gelebt. Viele Jahrtausende. Jetzt steht er im Zeichen der Auflösung, bebend vor Weichlichkeit und Furcht.

Die Zukunft der Welt ist Rom, ist der Westen!

Vom Westen, meine Freunde, kommt euch die Zukunft, kommt das starke, nackte, selbstbewußte Leben!

Es wird vielleicht die griechischen Metaphysiker über den Haufen rennen und die orientalischen Wundererzähler. Aber es bringt euch den erneuten Sinn in Kraft, in Selbstgefühl, in Gesundheit!

Ein Reich wird sein von den Säulen des Herakles bis zum Euphrat, von Britannien bis zur libyschen Wüste, das Weltreich: Rom! – Die Vereinigung aller Staaten unter dem Adler Roms!

Griechische Kleinstaaterei zerstörte Griechenland. Habsucht der orientalischen Despoten zerriß und zerfleischte Syrien und Ägypten. Rom wird einst alle Erdteile unter seinem Adler vereinen! Unter dem Zepter eines neuen Augustus wird die Welt geheilt werden!

Hört, was Vergilius sagt:

‚Jenseits der Garamanten und Inder
Dehnt er das Reich; fern liegt selbst außer den Sternen der Erdrand,
Außer des Jahrs und der Sonn' Umlauf, wo der ragende Atlas
Dreht auf der Schulter den Pol, mit brennenden Sternen besäet.
Seines Herannahns harrt schon jetzt auch die Caspierherrschaft,
Durch Orakel der Götter geschreckt, und das Land der Mäotis.
Bang auch stürmen die Pforten des siebenströmigen Nilus'.“

Über des Römers Stirn lag jetzt dunkle Röte. Er schob den schweren Kranz zurück und setzte sich, glühend von der Gewalt des eigenen Wortes, durchzittert vom Anprall der Inspiration, die aus ihm gebrochen war als ein bisher Unbekanntes oder nur Geahntes, das sich jetzt erst offenbart hatte.

Die Jünglinge starrten ihn an, betäubt; denn seine Stimme – weich und gebietend, unwiderstehlich und bittend doch – hatte sie mitgerissen, sie sowohl, die schon seiner Ansicht waren, als auch die anderen, die Unentschiedenen und die Gegner. Sie flüsterten erregt untereinander.

Euxenos war zuerst nahe daran gewesen, den Redner zu unterbrechen; denn er fürchtete Aufruhr gegen die Tyrannei des Caligula, fürchtete Spione, Verleumdung seiner Schule, Anklage, Gefahr. Ob auch Aegea noch nicht römisch war, einmal würde es römisch werden, und die Angeber des Cäsar hatten ein gutes Gedächtnis! Dann aber beruhigte sich Euxenos, sah: die Rede war dennoch eine so flammende Apotheose auf Rom, daß er sie verlodern lassen konnte.

Sänftigend griff er jetzt ein, lobte Julian, als habe er nur verstanden, das gestellte Thema geschickt zu behandeln, und kühlte die Hingerissenen durch absichtlich analysierende, zwar anerkennende aber nüchterne Worte, die der Rede das Unwiderstehliche schnell genug nahmen.

So wagte sich ein zweiter Redner vor, dann ein dritter. Was sie sagten, war erlernte Dialektik, vielleicht interessant zu verfolgen, wie das Spiel eines Gauklers, nicht aber das Innere aufwühlend.

Schweigend saß der Römer – erstarrt. Fühlte sich so jäh entwertet, wie er die neue Kraft jäh empfangen, und zweifelte, ob er nicht doch nur tönende Worte ohne Gehalt gesprochen habe.

Schweigend saß auch Apollonius. Er, der des Julian Gegner war, hielt sich zurück, mochte den Freund nicht treffen, den das bedeutungslose Zerfasern der angeregten Frage ohnehin auf eine quälende Art zerrieb. Aber des Euxenos prüfendes Auge traf den Stummen, seinen genialsten Schüler, und die Jünglinge schienen es jetzt auch zu fühlen, daß Apollonius noch nicht gesprochen hatte. Sie wurden still, unsicher; das Fest drohte plötzlich in Mutlosigkeit zu versanden. Das aber wollte der ehrgeizige Lehrer nicht.

„Mein Apollonius", begann er schmeichelnd, „zwar ist Julian dein liebster Freund" – hier wurde Dion plötzlich dunkelrot und suchte sein verwirrtes Gesicht zu verbergen – „dennoch aber steht die Sache an sich, unsere große Kulturfrage, über der persönlichen Neigung. Dies gerade erwarten alle von dir, daß du dem Julian sagst, wie weit er über das Ziel hinaus ging. Zum Schluß will ich dann sprechen. Will versuchen, aus euren Reden, eurer Stellungnahme das zu vereinen, was vereinbart ist, und den Westen und Osten zusammenzubinden in seiner Mitte, in seinem Herzen — in Griechenland!"

Apollonius erhob sich, ein leidendes Lächeln auf den Lippen.

„Wenn ich denn sprechen soll, meine Freunde, so laßt mich nur dem Julian antworten und all die guten Worte überhören, die ihr anderen inzwischen gesagt habt. Denn mein Ohr war verschlossen nach Julians Rede. Ich konnte nur noch hören, was in mir laut zu werden suchte, und so antworte ich meinem Freund dem Lateiner mit einem lateinischen Wort:

EX ORIENTE LUX!

Das Wort fiel langsam, seltsam schwer und klingend in die lauschende Schar.

„Begründen! — Begründe das!" riefen verschiedene ungeduldige Stimmen.

Apollonius fuhr fort:

„Ich kann euch keine Gegenständlichkeiten geben. Ich kann euch nicht von einem Augustus sprechen, der euch so leicht betört. Ich kenne den Propheten nicht, der aus dem Osten kommen wird, den Helden — oder den Gott. Liebe Freunde, ich bin jung wie ihr; ich weiß es nicht, wer uns erlösen wird. Aber was ich weiß, ist dieses: Leiden bringt jeder Krieg. Leiden bringt jede Eroberung. Leiden bringt jeder selbstherrliche Mann. Der das Schwert trägt, muß es gebrauchen, und das Schwert schlägt zu. Es macht Wunden. Heilen kann es nicht. Ich aber sehe die Welt bedürftig nach Heilung. — Dein Vergilius sagt:

‚Bang auch stürmen die Pforten des siebenströmigen Nilus.'
Nennst du das Warten auf Erlösung? — Ich nenne es: Warten in Angst! Angst sehe ich, wohin mein Auge fällt, Angst vor Rom!

Die Geißel ist Rom, die über der zitternden Welt schwebt, und die Welt weiß von ihrem Schlag und fürchtet ihn. Furcht aber ist nicht da, wo Liebe ist.

Ich will nicht gegen ein Weltreich sprechen. Was hülfe es, mit schwachen Händen in die Entwicklung der Zeiten eingreifen zu wollen? Das Weltreich mag kommen oder nicht. Es ist nur Form. Wir aber suchen den Inhalt, das Licht, das Geist ist! Und das Licht, meine Freunde, das Licht kommt nicht aus Rom!

Um des Lichtes willen leben wir, das Licht suchen wir – und das Licht geht im Osten auf. Kein Kaiser und kein Volkstribun kann es entzünden. Aber wenn einer von diesen es erkennt und herüberholt in sein Reich, dann kann er der Welt zum Frieden helfen.

Helios stieg immer im Osten empor. Orpheus – so sagt man – brachte die Mysterien des Ostens nach Griechenland. Die Thrazier kannten die Straßen, die aus dem Morgenland führen.

Nach Ägypten zog Pythagoras, weil Samos seinen Wissensdrang nicht stillen konnte. Dort bei den eingeweihten Priestern des Osiris und später in Babylon fand er die Quelle des Heils.

Aber noch weiter, noch weiter nach Sonnenaufgang zu liegt das Land, das die Geheimnisse hütet in heiliger Einsamkeit. – Das Land, das auf den Pilger wartet, der sie empfangen und seinen Brüdern bringen darf. – Schön ist das Land. Ich sah es oft im Traum. – Oder war es kein Traum? – Ich weiß es nicht."

Jetzt sprach Apollonius flüsternd, wie entrückt, stand gleich einem Lauschenden, geschlossenen Auges. Atemlos horchten die Jünglinge, atemlos auch Euxenos, von Unbekannten angerührt. Er aber fuhr tastend fort:

„Hohe, hohe Berge stehen da, glitzernd von Schnee – einsam. Und Matten voll blauer Blumen ziehen sich sanft gegen sie hinan. – Auf diesen Blumen ging ich oft als Kind. Nie kann ich sie vergessen. – Und hier" – kaum vernehmbar wurde seine Stimme – „hier begegnete ich auch dem Einen, dem Geheimnisvollen, Schweigsamen, der mich nur ansah mit seinen großen, heiligen Augen. – Um seine Stirn lag eine weiße Priesterbinde, und weiß wie der Schnee hinter ihm war auch sein Gewand. – Ich sah nie, ob er ging wie unsereiner. Ich weiß nicht, ob er über die blühende Wiese schwebte. – Nie hat er zu mir gesprochen. – Niemals – bis heute – sprach ich von ihm.

Aber ich glaube dem, was er verhieß – stumm – mit versprechenden Blicken. Ihn zu suchen, bin ich bereit. Ihm zu begegnen, lechze ich!

Er trägt das Geheimnis, das die Welt erlösen soll, in seinem schweigenden Herzen. Er wird mir davon geben, was der Welt zur Erlösung nottut. – Weshalb wäre er mir sonst erschienen? Weshalb – wäre – er – jetzt – bei – mir? – Der – Meister?"

Apollonius fiel erschöpft auf die Bank nieder, lag kurze Zeit wie ein Schlafender, schlug dann langsam die Lider auf, sah in fassungslose, aufgerissene Augen, fühlte Dions zitterndtastende Hand auf seinem Arm, hörte das heiße Atmen des Römers.

Euxenos raffte sich zuerst zusammen.

„Und solcherlei Gesichte hast du oft, mein Apollonius? Und warum sprachst du nie von ihnen?"

„Es war wohl noch nicht an der Zeit. Heute erlaubte Er es mir", antwortete der Jüngling mit völlig veränderter Stimme.

Euxenos vergaß es, die verbindende Schlußrede zu halten. In schwerer Benommenheit verließen ihn die jungen Freunde.

III

Nach diesem Abend begriff der kluge Euxenos, daß ihm in Apollonius ein Schüler gegeben sei, dem er nur Wege zeigen, den er keine Wege führen konnte.

Des großen Pythagoras Lehre von der Zahl, dem Ursymbol alles Seienden und Werdenden, ging er nun selber mit gesteigertem Eifer durch. Er zog den Apollonius zu gemeinsamen Bemühungen heran. Sie versuchten das Gesetz der pythagoräischen Formel zu verstehen, den Sinn zu erfassen, der in ihr liegt:
$1+2+3+4=10$

Da war die Eins, die Monas, die Einheit, aus der die ins Endlose teilbare Zwei, die Dyas, die Vielheit, entsprang. In der

Zwei geheimnisvoll eingeschlossen waren Drei und Vier (Himmel und Erde) und jede andere vorstellbare und unvorstellbare Zahl und jedes andere vorstellbare und unvorstellbare Reich. Da war die Mysterienzahl, die Zehn, die Eins und die Null. Denn Eins ist das Sein, und Null ist das Nicht-Sein, das Werden, die Täuschung.

Eins und Null sind Idee und Chaos. Eins ist das Ursein, und Null ist das Urnichts, das dennoch für uns einzig sichtbare Dasein. So bedeutet die Zehn das All in seinen zwei Aspekten. Der eine Aspekt ist die unerkennbare, zeugende Kraft, formlos, aber Idee zu jeder Form, der andere die für uns in die Erscheinung getretene Form, deren Idee uns unsichtbar bleibt. Dieser zweite Aspekt aber ist die Welt, in der wir leben, die wir selber sind. Wechsel und Täuschung, Spiegelung eines unfaßbaren Urbilds – Spiegelung der Monas. Die Zehn ist das Symbol für das All. Die Zehn ist das All.

Wenn sie so oder ähnlich des Pythagoras' Rätsel und Schlußstein aller Weisheit gedeutet hatten, geschah es wohl, daß Euxenos Papyros und Schreibrohr fortschob und sich in seinen Sitz zurücklehnte mit dem gesättigten Ausdruck eines Mannes, der nun die Wahrheit für immer in eine handliche Nußschale eingesperrt hat, die er nur zu öffnen braucht, um den untrüglichen Schatz herauszunehmen und zu verwerten. Aber des Apollonius' grübelndes Auge bekam die Farbe des Meeres, ein Blau, das fast schwarz vor Dunkelheit wurde.

„Und die Götter, Euxenos?" fragte er langsam.

„Was willst du sagen?" rief der Lehrer in ungewisser Furcht, „was willst du von den Göttern wissen?"

Apollonius öffnete die Hand, langsam, als ließe er einen gefangengehaltenen Gedanken hinausschwirren.

„Die Götter – gehören sie zur Eins oder zur Zwei? Sind sie die Monas oder die Dyas? – Und was sind sie dann, wenn sie den Menschen erscheinen? – Täuschung? – Spiegelung? – Und wenn Spiegelung, von was?"

Euxenos schwieg, besann sich. Seit den römischen Kaisern

vor erzenen Standbildern wie Göttern gehuldigt wurde, war es gefährlich geworden, dem Götterproblem zu nahe zu treten. Ihm kam ein Gedanke, der ablenkte und zugleich eine Antwort war.

„Höre, mein Apollonius, mir scheint seit neulich abend, als du von deinen Gesichtern sprachst, als hätten dich die Götter erwählt, sie zu schauen."

„Ich sah nie einen Gott!" wehrte Apollonius erschrocken ab. „Wer der Meister ist – das weiß ich nicht."

„Gewiß sahest du keinen Gott", meinte Euxenos jetzt in überlegenem Ton, „aber du weißt doch, daß hier in Aegea den Tempelschläfern Äskulap erscheint? Du weißt, daß Kranke oft aus weiter Ferne zu uns kommen, um ihre Heilung im Tempel zu erfragen. – Da tritt Äskulap der Barmherzige zu ihnen im Traum und sagt ihnen die Kur, die sie gesund macht. Und manche sahen da den Gott von Angesicht. Andere vergaßen, was sie geträumt, und die Priester nur merkten sich die laut genannten Mittel. – Du aber würdest dich an sie erinnern, mein Freund, so wie du dich an die Bilder deiner Kinderträume erinnert hast."

Euxenos sah den Jüngling voll Spannung an.

„Ich bin nicht krank", erwiderte Apollonius ablehnend.

Euxenos lächelte nachsichtig.

„Weißt du nicht, daß ein begabter Gesunder für einen Kranken träumen kann?" fragte er. „Die Priester sind augenblicklich in Schwierigkeiten wegen eines reichen Mannes aus Tarsus, der sehr krank ist, dem Tempel viele Geschenke verspricht, wenn er gesund wird, der aber nicht ‚träumen' kann. Wenn du, mein Apollonius, es versuchen wolltest, für diesen Leidenden den Tempelschlaf zu tun?"

„Wünschen es die Priester?" fragte der Jüngling zurückhaltend.

„Sie wünschen es."

„Dann bin ich bereit."

Apollonius zog ganz hinüber in den Tempel des Asklepios, fastete und meditierte drei Tage, bevor die für seinen heiligen

Schlaf bestimmte Nacht kam. Täglich besuchte ihn Dion. Seit die seherische Kraft des Apollonius sich beim Symposion offenbart hatte, zitterte Dion unaufhörlich, sobald er nur in seine Nähe kam; denn nun war all sein Ahnen ihm bestätigt! Apollonius war ein Erwählter, war Einer, der Wunder verrichten würde, und geduldig wartend mußte er, Dion, ihm zur Seite gehen, um Teil an dem zu haben, was an ihm sich erweisen würde. Dieser Tempelschlaf, war er nicht die nächste Stufe? Rief nicht der Gott selbst nach dem herrlichen Freund? – Heute nacht – schon sank die Sonne hinter den Oliven – heute nacht würde es sich zeigen, daß Apollonius des Gottes Freund war.

Apollonius fühlte die große Liebe Dions in diesen Tagen. Lächelnd ließ er es geschehen, daß der Knabe die allzuvielen Besuche der Mitschüler fernhielt, aus Besorgnis, daß sie durch ungeduldiges Fragen die Vorbereitung stören und Apollonius ermüden würden. Denn Dion fragte nie! Dion sah mit seinen durchsichtigen, grauen Augen, deren Lider sich fast niemals senkten, jede Gebärde und jedes Mienenspiel des Angebeteten, aber – wenn er ihn auch in dieser stummen Beobachtung nicht immer deuten konnte – er fragte nie. So wurde er dem Denkenden niemals lästig, aber dennoch verlor er ihn selten aus dem Bewußtsein, und manchmal strich er über Dions glattes, hellbraunes Haar, wie hingezwungen zu dieser flüchtigen Zärtlichkeit. Er ahnte nicht, daß diese Berührung einen Strom verzehrendster Seligkeit in dem Freunde auslöste, der stumm nach ihr hungerte, hingebend wie eine liebende Frau. Dion war der erste Mensch, der von des Apollonius magischer Kraft zehrte.

Hastige Schritte näherten sich den Tempelstufen, die zu der Säulenhalle führten, in welcher Apollonius und Dion in leisen Gesprächen saßen. Dion sprang auf, eilte hinunter, stand vor Julian, dessen Gesicht rot und zornig war.

„Ich muß den Apollonius sprechen!" rief er scharf. „Der Tempeldiener sagt, er sei schon im Raum, wo sie schlafen. Aber da ist er ja!" Er endeckte Apollonius im Hintergrund zwischen den Säulen.

„Warte bis morgen, Julian", bat Dion beschwörend. „Apollonius hat drei Tage gefastet und soll ein ruhiges Herz haben, wenn der Gott ihm erscheint."

„Kindskopf!" rief der Römer hart. „Apollonius ist Manns genug, zuvor eine Schandtat zu erfahren, die in Aspendos in Pamphylien geschehen ist. Ich muß ihn sprechen!"

„Nein, er soll jetzt nichts Schändliches hören!" rief Dion heiß. „Laß ihm seinen Frieden!"

Apollonius hörte die erregten Stimmen, trat schnell heran – schnell und doch zu spät! Denn der jähzornige Julian hatte den zarten Dion mit einer Handbewegung zur Seite gestoßen. Der kam ins Schwanken und schlug so unglücklich die wenigen Stufen hinab, daß seine Stirn gegen eine Kante prallte, und helles Blut über den weißen Stein sprang.

Apollonius stürzte die Treppe hinab, kniete neben Dion, riß seinen Gürtel vom Peplon, preßte ihn gegen die Wunde. Der Knabe gab keinen Laut von sich. Unter der Berührung der Freundes entspannte sich sein schmerzverzerrtes Gesicht, wurde von einer geisterhaften Blässe überzogen. Die Augen hielt er geschlossen. Das Blut färbte den Verband schnell tiefrot.

Apollonius entfernte das Tuch in einer plötzlichen Eingebung. Er legte die Fingerspitzen gegen die Wundränder. Wie auf einen stummen Befehl zogen sie sich zusammen. Die Wunde war nicht einmal sehr klein gewesen. Nun aber hörte sie auf zu bluten. Die getrennten Teile vereinten sich wie Lippen, die sich schließen.

Zögernd hob Apollonius die Finger von der geheilten Stirn – verwirrt und seltsam entkräftet. Auf Julian hatte er während des ganzen Vorgangs keinen Blick geworfen.

Der stand schweigend, erschrocken über seine eigene stürmische Tat, durchbebt noch von dem Geschehnis in Aspendos – dennoch aufmerksamster Beobachter des Hergangs auf den Tempelstufen. Von der geheilten Stirn glitt sein Blick hinüber zu Apollonius' jetzt völlig maskenhaft erscheinenden, schönen Zügen.

„Du weißt wohl gar nicht, was hier geschah?" fragte er ihn.

Apollonius schüttelte den Kopf.

„Sorge nun du weiter für Dion", sagte er kurz aber nicht unfreundlich. „Ich muß zu den Priestern gehen."

Langsam stiegen Dion und Julian die Stufen hinab. Sie gingen in das Haus von Julians Vater, und die ganze Nacht lagen sie nebeneinander und sprachen von Apollonius.

„Dein Herzschlag geht rasch, Apollonius", sagte der Priester mit leisem Tadel und ließ des Jünglings Hand los, als dieser in den geschlossenen Innenraum des Tempels getreten war. „Hast du deine Fasten und deine Meditationen eingehalten?"

„Ich hielt sie ein, aber ein heftiger Auftritt riß mich in der letzten Stunde in die Unruhe zurück", antwortete Apollonius und erzählte den Vorgang mit den Freunden.

Der Priester hörte aufmerksam zu, sah ihn abschätzend an, als er von dem Heilen der Wunde berichtete.

„Kannst du dein Denken von all diesem lösen? Sofort?" fragte er dann kühl.

„Ja, mein Vater", erwiderte Apollonius, „ich habe so viel Macht über meine Gedanken, daß ich mir dieses zutrauen darf."

Der Priester überließ ihn eine Weile seiner Konzentration, ging an die Räucherpfannen, die rechts und links von der vergoldeten Statue des Gottes standen. Er schlug Feuer und entzündete den Weihrauch, der in den flachen Schalen lag. Zart und dunkelblau spielten die Flammen. Schwer zog süßer Duft in bleichen Streifen durch den Raum, strich am goldschimmernden Leib des Gottes vorbei, hüllte seinen Schlangenstab so dicht ein, daß er nur manchmal wie ein Pfeil aufblitzte, legte sich als Wolkenkranz um Asklepios' Haupt.

Ein seitlicher Vorhang wurde zurückgeschoben. Zwei junge Priester trugen eine Bahre herein, auf welcher der Kranke lag, ein gelähmter Mann von etwa vierzig Jahren. Er hob ein wenig den Kopf und drehte ihn nach Apollonius. Der Priester hieß ihn schweigen. Schwer sank der Kopf des Mannes zurück. Die Träger stellten die Bahre dem Götterbild so gegenüber, daß der

Kranke das Gesicht ihm zugekehrt hielt. Das Lager war sehr breit.

Der Priester bedeutete Apollonius, sich neben den Kranken zu legen.

„Nimm seine Hand", gebot er leise.

Apollonius lag ausgetreckt; seine linke Hand bedeckte die eiskalte Rechte des fremden Mannes. Seltsam schwer war ihm der Kopf geworden, von dem Weihrauch wohl, der aus den schlanken Opfergestellen stieg.

Der Priester trat an seine Seite.

„Blicke den Gott an, Apollonius! Bitte in deinem Herzen, daß er dir die Arznei ansage, die deinem kranken Bruder nottut. Schlafe ein und bringe uns den Befehl des Gottes."

Der Priester hatte beide Hände erhoben, die inneren Flächen gegen den Jüngling gekehrt. Die drei ersten Finger waren gestreckt, die zwei letzten eingebogen. Mit den so geformten Händen strich er über Apollonius' Schläfen, über Schultern und Herzgegend — langsam, wunderlich zwingend. Einen Augenblick glaubte Apollonius zu ersticken. Dann war jede Angst vorüber. Er trieb in einem Grenzenlosen, und von fern, o von sehr fern, schimmerte der goldene Gott in blauatmenden Wolken. Er aber lag und schwamm im Wetlall — weit, weit. Zuerst hatte er nur dieses kosmische Gefühl, gedankenlos und beseligend. Dann aber kam aus ihm ein Anruf. Er sollte ja hier etwas erfahren, etwas Wissenswertes, etwas vom Gott Gegebenes. Doch ehe er herausgebracht, was dieses sein möge, zerrann ihm alles Denken wiederum in Schau. Und nun sah er — sich selber liegen, ausgestreckt auf der Bahre, zur Seite den fremden Mann. Und er beugte sich über sich selbst, und aus seinem Mund kam rhythmisch betont und deutlich diese Strophe:

„Braue Dekokt aus Wurzel, Rinde und Blüten
Wildhinwuchernder Rose über felsigem Stein.
Sonne trank das Gesträuch, und Flammen gießt es ins Blut ihm.
Eingerieben dem Leib, kehrt die Bewegung zurück."

„Hörst du, was ich dir sage, Apollonius?" fragte er.

Der Liegende hatte die Augen geöffnet, sah ihn fest an und nickte. Da blickte der Schwebende an sich herab und sah: er hatte einen goldenen Leib und goldene Füße, die auf blauen Wolken standen. In seiner goldenen Hand hielt er den Stab des Asklepios. Und als er wieder an sich hinabsah, war seine Brust durchsichtig geworden, und in ihr lag ein blutrotes Herz.

„Wessen Herz ist dieses?" forschte der Jüngling auf dem Lager, richtete sich empor und deutete auf das Herz des Schwebenden.

„Es ist das Herz des großen Erbarmers", antwortete er ihm und fühlte, daß auch seine Lippen golden waren.

„Ist es des Gottes Herz?" beharrte der Jüngling.

Asklepios schwieg.

„Ist es mein Herz?" fragten die goldenen Lippen des Gottes.

Da schwieg der Liegende.

Aber das blaue Dämmern nahm zu, und Wolken und Düfte füllten den Weltenraum. Er selbst zog sich zusammen, wurde ganz klein.

Da erwachte der Tempelschläfer. Der Priester hatte seine drei ausgestreckten Finger auf seiner Stirn liegen und lächelte ihn gütig an.

Aber der Kranke neben Apollonius schlief ruhig und tiefatmend.

Der Priester hieß Apollonius aufstehen und führte ihn hinaus. Morgenhelle stand zwischen den Säulen der Tempelhalle, in die sie traten. Einige Priester schritten meditierend auf und nieder, achteten nicht auf die Angekommenen.

Apollonius wurden Früchte und Brot gebracht. Als er sich gesättigt hatte, gebot der Priester, seinen Traum zu erzählen. Jetzt erst gesellten sich auch die anderen zu ihnen. Sie harrten gespannt Apollonius' Worten:

Apollonius erzählte, aber er tat es in großer Unsicherheit, nicht in bezug auf die Traumbilder selbst, die deutlich in seiner Vorstellung standen, als vielmehr auf ihre Bedeutung.

Die Priester sahen sich einigemal wie in staunendem Einverständnis an. Als Apollonius schwieg, sagte sein Führer:

„Einen Vers sprachest du laut im Traum. Auf ihn kommt es an. Ich schrieb ihn auf. Hier ist er."

Er reichte Apollonius einen Streifen mit den flüchtig hingeworfenen Zeilen. Der Priester fuhr fort:

„Asklepios sprach zu dir, Apollonius. Wir werden die Kur ausführen, sobald der Kranke erwacht. Noch liegt er in einem so ruhigen Schlaf, wie er ihn lange nicht genossen hat." — Du bleibst bei uns, bis sich des Gottes Heilspruch erwiesen hat. Wir legen dir das Gebot auf, von dem zu schweigen, was du geträumt. Nicht ziemt es dem Laien, alles zu erfahren, was in Tempeln geschieht! Nur daß der Gott zu dir gesprochen, magst du erzählen. Später werden wir dir — nur dir! — deinen tiefsinnigen Traum deuten. Nimm nun, wenn es dir so gefällt, für die Dauer deines Hierseins ganz deine Wohnung im offenen Tempel. Asklepios ladet dich als seinen Gastfreund zu sich ein."

Apollonius dankte dem Priester und verließ den Tempel, um nach Dion zu sehen und seinen Pädagogen von dem veränderten Wohnsitz zu benachrichtigen. Als er zwischen die ersten Oliven trat, die den Weg hinab begleiteten, sprangen Dion und Julian aus dem verwirrten Schatten auf und blickten ihm mit Spannung entgegen.

Apollonius' Augen sahen wie verschleiert, fremd und verschlossen; seine Lippen preßten sich schmal aufeinander, schmerzlich auch um der Enttäuschung willen, die er den Freunden durch das Schweigegebot bereiten mußte.

„Sprich, Apollonius, erzähle!" drängte der Römer und faßte ihn unter den Arm. „Wir, Dion und ich, sind ganz aufgerieben vor Neugier und Ungeduld."

Aber der Knabe Dion, der seines jungen Meisters Gesicht so gut kannte, senkte still den Kopf und fragte nichts.

„Liebe Freunde", sagte Apollonius, „die Priester haben es mir noch nicht erlaubt, meinen Traum euch zu berichten."

„Also du hattest einen?" rief Julian.

Apollonius sah ihn mit weiten Augen an.

„Ja, ich hatte einen Traum."

„Und der Gott, Asklepios, hat er zu dir gesprochen?"

„Er sprach zu mir."

Julian war blaß geworden und schwieg.

„Der Gott sprach zu ihm. Ich wußte es", flüsterte Dion, und tiefes Rot färbte sein verhaltenes Gesicht.

Apollonius blickte ihn an, ihn, der im Widerschein seines Herzens lebte, Spiegel immer, ob nahe oder entfernt. Gerührt griff er nach seiner Hand, hielt sie fest, bis sie in seine Wohnung kamen. Hier erst sagte er den Freunden, daß er jetzt im Tempel wohnen werde und einige seiner Sachen zum Mitnehmen bestimmen wolle.

Julians Züge wurden hart. Kurz sagte er Lebewohl! und wandte sich zum Gehen.

„Wirst du mich im Tempel besuchen?" fragte Apollonius.

„Vielleicht", antwortete der Römer trocken und ging.

Dion lächelte nachsichtig. Er faßte nach des Apollonius Reisesack und ließ es sich nicht nehmen, ihn selbst hinaufzutragen.

„Ich bin jeden Nachmittag am Eingang des Tempels", sagte er, als Apollonius zwischen den Säulen stand, den Blick schon ins Tempelinnere gerichtet, dem Geheimnisvollen entgegen, das auf ihn wartete, hier und überall, wohin er nun kommen würde.

Die Kur an dem Gelähmten war geglückt; er bewegte sich; er ging! Da er ein angesehener Mann war, so wurde von seiner Heilung in allen Bevölkerungsschichten von Aegea und Tarsus gesprochen, und überall nannte man den Träumer, dem der Gott erschienen war, nannte man den Sohn des Alkimedon aus Tyana.

Die klugen Priester hatten das wunderlich Zweideutige, tief Verschwiegene des Traums zu einer leichter faßlichen Fabel vereinfacht. Hiernach hatte das goldene Standbild des Gottes sich nur zu Apollonius geneigt und den Vers gesprochen, der nun in aller Mund war. So nur durfte auch Apollonius von dem Traum erzählen. Ihn selbst aber beunruhigte diese unwiderleglich gefühlte Gespaltenheit seines Wesens in den Gott und in den Menschen, dies Spielen von einem in den anderen, dies Verwischen der Grenzen seiner eigenen Persönlichkeit, dies Treiben durch zwei Reiche. Bat er den Priester um Deutung, so antwortete dieser trotz seines gegebenen Versprechens, das Dunkle zu erklären, was ihm schon einmal nach dem Phytonspiel gesagt worden war:

„Lebe — und du weißt!" Und weiter sagte er: „Lerne über das zu schweigen, was du lebst. Nur dem, der die Geheimnisse zu halten weiß, wird sich Asklepios zuneigen."

Apollonius schwieg. Er lebte im Tempel, und es war natürlich, daß der Zudrang der Kranken wuchs. Die, welche nicht selber in den Tempelschlaf versinken konnten, flehten, daß der ‚Jüngling' es für sie tun möge. Die, welche an heftigen Schmerzen litten, kamen um der Berührung seiner linden Hände willen. Denn der Priester hatte die Heilkraft des Apollonius erkannt, als dieser von der schnell sich schließenden Stirnwunde Dions erzählt hatte. Und auch diese Kraft bewährte sich. Es kam ein Wort auf im Volke von Cilicien, das hieß:

„Wohin so eilig? Zum Jüngling wohl?"

Es war der Jüngling mit dem träumeoffenen Herzen und den heilenden Händen. Sein sonnenhaftes Haar, sein sehr schlanker, hoher Wuchs entzückten die meist dunklen Menschen, die zu ihm kamen, und die in Griechenland gewesen waren, sagten, er gliche dem Standbild des Apollon von Delphi mit dem jugendlich gedehnten Leib und dem zur Seite gewandten Haupt, freiblickend unter den rieselnden Locken. Später hat Nero dieses Götterbildnis nach Rom bringen lassen; jetzt aber stand es noch im Tempel von Delphi.

Dion, der den Freund nur selten sah, trieb sich viel in den Straßen von Aegea umher, und manche Heilung, die durch Apollonius geschah, erfuhr er hier, blühend ausgeschmückt schon, und er war stets bereit, die großartigste Form als die dem Freund gemäße hinzunehmen.

Julian aber ahnte, daß etwas Wesentliches ihm verschwiegen

wurde. Ihm genügte nicht, was er vernahm, weder unter den Menschen in der Stadt, noch von Apollonius selbst. Dennoch! Niemals hatte ihn der Freund so gewaltig angezogen wie jetzt.

Er sah: Hier wirkte eine Kraft, die andere Menschen und er mit ihnen nicht besaßen. Kam sie von Gott? Kam sie von Apollonius? Und wenn von ihm, konnte sie dann nicht beherrscht werden vom eigenen Willen? Mußte sie den Priestern dienen? Konnte sie nicht auch an einem anderen Ort der Welt wirken? Und konnte das nur in dieser Richtung geschehen? Nur – Kranke heilen? Konnte sie nicht auch in ihr Gegenteil verkehrt werden und Gesunde zerstören? Gesunde am Leib, meinte er, faulend aber am Geist! So wie der gräßliche Tyrann von Rom, der drei Leidenschaften besaß, furchtbar und fressend genug, um die ganze zivilisierte Welt zu vernichten: Habsucht, Wollust und Grausamkeit – Caligula, der eine pesthafte Krankheit an der Seele der Menschheit war. Würde es nicht ungeheuer viel mehr bedeuten, dieses Untier durch magischen Willen zu zerbrechen, als hier gleichgültigen und unbedeutenden Menschen gesunde Jahre zu geben und außerdem – den Schatz des Aeskulaptempels zu vergrößern?

Und Julian sah sich mit dem blonden Freund in Rom, sah den Cäsar fallen, hörte das Land erlöst nach einem anderen rufen, einem Bürger vielleicht wie Brutus – rein, stark und tugendhaft. Dieser Bürger würde dann auch zur Stelle sein. Platz, nur Platz für Gerechtigkeit, Einfachheit und Freiheit!

Je deutlicher sich diese Bilder in Julians Phantasie gestalteten, um so heftiger begehrte er nach einer Aussprache mit dem Freund, und ein Haß gegen die Priester konnte in ihm aufsteigen, wenn er sah, wie sie den Apollonius zu allen Zeiten beanspruchten und bewachten. Es gelang nur schwer, ihn zu sehen; denn wenn er nicht als Auswirker der göttlichen Befehle tätig war, so gab er sich unter priesterlicher Leitung ernsten Konzentrations- und Schweigeübungen hin. Julian aber vergaß, daß sich seine Pläne ja gerade auf den Fähigkeiten aufbauten, die Apollonius bei den Priestern erwarb. Endlich beschloß er, ein Gespräch zu erzwingen, und stieg an einem Morgen den Olivenhügel hinan, hitzig und übernächtig.

Aber vor dem Tempel schon kam ihm Dion entgegen, blaß, geschüttelt von einem Schluchzen, das er nicht zu unterdrücken vermochte.

Julian erschrak.

„Ist ihm etwas zugestoßen?" fragte er mit erzwungener Ruhe.

„Er ist fort", weinte Dion auf.

Der Römer suchte sich zu fassen.

„Fort? Was soll das heißen?"

„Diese Nacht kam ein Diener aus Tyana mit der Nachricht, des Apollonius Mutter sei krank auf den Tod. – Er kam mit zwei frischen Saumtieren, und noch in der selben Stunde ritt Apollonius mit ihm davon."

Julian atmete erleichtert auf.

„Er wird wiederkommen", sagte er und wußte selbst nicht, was er gefürchtet hatte.

„Weißt du, wie sehr Apollonius seine Mutter liebt?" fragte Dion scheu.

Julian zuckte die Achseln.

„Vielleicht gibt es ihm Asklepios, sie zu heilen", flüsterte Dion.

„Wunderlich, daß ich daran nicht glauben kann", gestand Julian nach längerem Schweigen.

„Warum nicht, Julian, warum nicht?" fragte Dion bestürzt.

„Vielleicht – weil dort die Priester nicht sind. Aber ich weiß es nicht", sann der Römer.

„Asklepios nahm ihn zum Freund. Meinst du, er wirkt nur in Aegea?"

„Ich weiß es nicht", wiederholte Julian mit einer vagen Handbewegung.

IV

Apollonius ritt jetzt die zweite Nacht – kurz hatte er am Tage gerastet – unter den funkelnden Sternen. Der Diener kannte den

Weg und ritt voran. Sein Reittier folgte. Schmal war der felsige Grat. Hart klangen die Hufe auf dem Stein, unregelmäßig, bald dumpf, bald klirrend. Apollonius ritt stumm, und die Gedanken dieser zweiten Nacht wurden wie ein endloser Traum, Bild an Bild. Und alle entstiegen der Kindheit, der Vergangenheit.

In der ersten Nacht war das anders gewesen. Da war noch sein Denken in Aegea bei den Kranken, die auf ihn warteten, bei dem seligen Lächeln derer, die er geheilt. Wie außerhalb seines Selbstes hatte er in den letzten Monaten in Aegea gelebt – tönende Stimme einer Flöte, die der Gott blies, Behälter des unsichtbaren Stromes, den Asklepios durch ihn zum erkrankten Leib des anderen leitete.

So wenigstens deuteten die Priester das, was ihm und den Genesenden geschah. Wie ein blumiger Rausch war dieses Ein-Segen-sein in ihm aufgestiegen, hatte alles in ihm verdrängt, was als Eigenleben ein Recht auf die Seele hat. Doch etwas in ihm hatte gewarnt. Etwas hatte am Endgültigen dieses Zustandes gezweifelt, hatte gegrübelt, hatte gegen den verwirrenden Nebel gekämpft, der um ihn war. In den Meditationsstunden, über welchen das delphische Tempelwort „Erkenne dich selbst!" stand, hatte er versucht, mit eigenen Augen in sich hineinzuschauen, zu begreifen, was hier geschah, was werden sollte. Immer aber hatte er das weiche Glücksgefühl, des Gottes zu sein, sich schauernd über sein Denken gelegt.

Doch heute, in der zweiten einsamen Nacht, glitt diese Betäubung von ihm ab. Langsam arbeitete sich erhellte Schau durch die Erschütterung seines Herzens. Und in dem Maße, wie der Tempel von Aegea wesenloser wurde, war es nun Atthis, die kranke Mutter, die an Wesenheit gewann.

Er hatte sie wohl vier Jahre lang nicht gesehen – und er hatte sie nicht entbehrt. Obwohl ihm in der Kindheit kein Mensch näher und unentbehrlicher gewesen war als sie! Was bedeutete diese Treulosigkeit, diese Kälte seines Herzens, die er jetzt überhaupt erst entdeckte?

Immer hatte er gewußt, die Mutter vergaß nicht den Traum

von dem Sternenkreis, nicht eine Stunde. Sie bot das Kind, das ihres war, seiner göttlichen Bestimmung dar ohne einen einzigen selbstsüchtigen Gedanken. Als Mutter war sie zum Opfer bereit, selber zurückweichend in den Schatten der Allgemeinheit, ihn aber wissend im Licht der Auserwählten.

Wie er auf einmal dies alles verstand! Wie er begriff, daß sie sich von ihm zurückgehalten aus tiefster Liebe, einer Liebe, die so groß war, daß er sie fühlte wie eines der Elemente, in denen er lebte: Erde, Luft, Wasser und Feuer. Ja, wie ein Element, das ihn trug und umschloß, war dieser Mutter Liebe – von einem so ungeheuren Bestand, daß er sie zwar vergessen konnte, dennoch aber in ihr ruhte.

Manchmal, wenn eine Gelegenheit zur Übersendung sich bot, hatte er lange Briefe an die Eltern geschrieben oder solche von ihnen empfangen. Süß waren der Mutter Briefe gewesen, schön geformt die Buchstaben, in reinem Attisch gefügt die Sätze, so wie sie beide es liebten. Auch die Priester, wußte er, hatten von seiner Gabe, von seinem Tun berichtet. Und nie hatte er etwas anderes als Zustimmung von seinen Eltern erfahren, kühl und gemessen vom Vater, zart, tief und gottdurchzittert von der Mutter. Niemals war es Apollonius eingefallen, daß die Mutter sich nach dem einzigen Kinde sehnen könnte, das sie der Fremde und dem Fremden gab.

Nun aber wußte er mit einemmal: sie hatte sich gesehnt – verschwiegen, heiß. Und es war die große Liebe, die er nicht verstanden hatte, die nach ihm geschrien Tag und Nacht, bis die Stimme müde geworden war und das Herz krank. Denn es war schwere Herzschwäche, an der die Mutter litt, hatte der Bote gesagt.

Zum erstenmal durchschüttelte Apollonius ein persönliches, furchtbares Leiden. Sein sonnenhaftes Gleichgewicht geriet ins Schwanken. Zweifel, in dieser Weise nicht gekannt, zerschnitt sein Inneres in zwei Hälften, die einander wütend angriffen. Wohl war er der Stimme des Gottes gefolgt, wohl hatte er die Forderungen der Priester erfüllt und die Gebote der Barmherzigkeit. Taub aber war er der großen Liebe gewesen, der unhörbaren aber – das wußte er jetzt – ewig gegenwärtigen Liebe seiner Mutter! Er war ein Segen für viele gewesen – und wenn auch eine Freude für die Mutter, so doch ihr Entbehren, ihr geheimer Schmerz. Für sie hatte er versagt! Schwer und dunkel stieg es in ihm auf. Ähnliches – so durchzuckte es ihn jäh – hatte er nur einmal gefühlt, als er, den Gott darstellend, aus der Höhle kam, das Schwert in der Hand, mit dem Blut eines ungesehenen Opfers, das die Priester als Gleichnis seiner Waffe dargeboten hatten. Retter erschien er dem harrenden Volk und war doch selbst der Reinigung bedürftig.

„Ist dies das Leben?" fragte er halblaut. „Ist Leben immer dies, das dem einen Gutes geben, dem anderen wehetun oder ihn morden heißt? Ist das Leben? – Nicht nur Spiel? Nicht Gleichnis?"

Jetzt ritten sie durch das stille Tyana. Weiß lagen die Häuser im Mondlicht, an einer langen Straßen stand das Vaterhaus. Es war mehr orientalisch gebaut als das Haus in Tarsus, in dem er die meisten Jahre seiner Kindheit verlebt hatte. Die Front war beinahe fensterlos, und durch ein Tor ritten sie in den zweiten Hof, um den sich ein Säulengang zog. Ein Springbrunnen stieg und fiel leise klingend im Mondlicht.

Kaum waren sie eingeritten, als aus dem Schatten der Säulen Melytos trat, ein Sklave im Alter des Vaters, bei dem Apollonius einst die ersten Schriftzeichen gelernt hatte. Ernst und schweigend verneigte er sich vor seinem jungen Herrn, sah ihn trübe an. Apollonius glitt vom Maultier, legte beide Hände wie Halt suchend auf die Schultern des Mannes.

„Oh, Melytos", stöhnte er auf, als er ihm ins Auge gesehen, „sie hat uns verlassen?"

Der Sklave nickte.

„Wann?"

„Einen halben Tag, nachdem der Bote fort war, junger Herr. Vorgestern haben wir sie bestattet."

„Und der Vater? Wo ist der Vater?" rief Apollonius in wilder

Angst; denn er begriff auf einmal nicht, warum der Vater ihn nicht erwartete.

Melytos blickte ihn beschwörend an.

„Sei stark, junger Herr! Seit die Frau tot ist, liegt er im Fieber und spricht von ihr und von dir. – Ob er dich aber erkennen wird, das weiß ich nicht."

Er schritt dem Jüngling voran und hob den Vorhang zum Zimmer des Vaters auf. Der lag auf einem breiten Bett; neben ihm brannte milden Scheins eine Öllampe aus vielen Dochten.

Apollonius schwankte, als er an das Lager trat. Sorglich schob ihm Melytos einen Sessel heran, warf einen angstvollen Blick auf den Kranken, ging dann hinaus, wartete hinter dem Vorhang.

Apollonius blickte den Vater an, der zu schlafen schien und hart und stoßend atmete. Er sah sofort: Auch der Vater war auf den Tod erkrankt. Um seine Augen und Nasenflügel schattete jene graue Eingesunkenheit, dies seltsame Zurückweichen von lebendiger Spannung, das ein Gesicht fremd macht und schon sehr entrückt.

Würde er auch den Vater verlieren?

Noch hatte der Gram um die Mutter keine Zeit gehabt, sich auszuwirken – da drohte schon der zweite Verlust. Doch der Vater brauchte ihn noch. Sie nicht mehr, die lange auf den Sohn gewartet hatte und gehen mußte, als er endlich kommen sollte. Der Vater brauchte ihn! Für ihn kam er vielleicht noch zur rechten Zeit – vielleicht. War nicht Asklepios auch hier? Konnte eines Gottes Gegenwart wirklich an Tempel und Standbilder gebunden sein, an Priester und heiligen Schlaf?

Und diese Kraft in seinen Händen, trug er sie nicht mit sich, diese rätselhafte Magie, die Schmerzen stillte und Krämpfe löste?

In angestrengtem Bemühen faßte er sich, gebot den schweifenden, in Schmerz aufgewühlten Gedanken Ruhe und sammelte sie auf ein Ziel. Es dauerte lange, ehe er die erschütterten Nerven so weit bezwang, daß die Vorstellungen ihm gehorchten und da hafteten, wohin er sie lenkte, nämlich auf den Kranken. Dann aber, gebändigten Leibes und Geistes, hob er die Hände und legte sie auf des Vaters fieberglühende Stirn, indem er den Gott anrief mit dem innersten Ruf seines Herzens.

Aber kaum berührte er die brennende Haut, als der Vater emporfuhr, seine Hand fortschleuderte, ihn aus wilden, aus rasenden Augen ansah und schrie:

„Willst du mich auch im Tode von ihr trennen, Apollonius?"

Der Jüngling wich zurück, starrte entsetzt den Kranken an. Kein Zweifel: der Vater hatte ihn erkannt, rief ihn beim Namen.

„Vater, lieber Vater", stammelte er.

Alkimedon saß aufrecht, sah ihn aus fieberglühenden Augen an. Hemmungsloser Haß brach aus diesen Augen, die immer verhüllt, immer gebändigt geblickt hatten, die den Zorn gegen den Sohn nicht gekannt – aber wohl auch nicht die letzte Zärtlichkeit der Vaterliebe.

Apollonius trat wieder dicht an das Lager heran, setzte sich und bat mit beschwichtigender Stimme, so wie er gelernt, zu Kranken zu reden, gütig und fest:

„Leg dich hin, lieber Vater. Morgen wollen wir weiter miteinander sprechen. Du schliefst, und ich habe dich gestört."

„Du irrst!" antwortete Alkimedon triumphierend. „Ich schlief nicht, als ihr eintratet, du und Melytos. Ich schlief keine Stunde, seit deine Mutter starb. Und keine Stunde werde ich schlafen, bis ich selber sterbe. Keinen Augenblick wirst du Gewalt über mich bekommen wie über deine Kreaturen in Aegea. Denn siehst du, Apollonius, das gelingt dir nicht, mich auch da von ihr fortzuhalten, wo sie jetzt ist – allein – ohne dich!"

Apollonius begriff nichts von dem, was der Vater sagte, aber er erkannte doch sofort, daß es nicht Delirien waren, die sinnlos daherbrausten, sondern tiefste Menschenqual, die sich von Zucht und Einsicht befreit hatte und sich fessellos gehen ließ. Der Vater haßte ihn, hatte ihn immer gehaßt, haßte ihn um der Mutter willen. So viel erkannte er, aber weiter nichts.

Melytos schlich scheu heran und bot dem Kranken einen Becher.

„Zitronensaft. Trinke, Herr", bat er leise.

Mit einer wilden Bewegung stieß Alkimedon den Mann vor die Brust.

„Hinaus! Ich spreche mit meinem Sohn. Wir wollen allein sein!" herrschte er ihn an in einem Ton, der in diesem Hause völlig unbekannt war. Melytos hob verzweifelt die Schultern und zog sich zurück.

Apollonius begriff: Das, was den Vater so fürchterlich erschütterte und entstellte, es mußte ausgesprochen werden, sollte es ihn nicht ersticken. Dieser rätselhafte, grausige Haß schien ein altes Gift in der Seele des Mannes zu sein, und er mußte von ihm befreit werden, ob er nun leben oder sterben sollte. Der Arzt in Apollonius wurde hellwach. Aufmerksam und fest sah er den Vater an.

„Vater" – auch seine Stimme war verändert, klang männlich und bestimmt –, „was ist es, das dich gegen mich aufbringt? Was habe ich dir getan?"

Alkimedon fiel tiefatmend in die Kissen zurück. Es war, als habe er sich nach dieser Frage verzehrt. Scham und Stolz, die stärksten Pfeiler seiner Persönlichkeit, hatte das Fieber zerbrochen. Nun kannte er nur die Wollust der Anklage, die Rachelust, zu quälen.

„Wie alt bist du, mein Sohn?" fing er mit verhaltener, böser Stimme an. „Zwanzig Jahre, denke ich. Nun – seit zwanzig Jahren hast du mich bestohlen! Nein, länger schon. Denn deinem Erscheinen in unserer Welt ging ein prophetischer Traum voraus. So wenigstens nannte ihn ein Chaldäer, den ich damals aufsuchte. Denn ich ahnte ja nicht, daß seine Deutung . . ."

Augenscheinlich verlor der Kranke den Faden. Er stöhnte, schwieg und fuhr dann weicher fort:

„Du warst ein schönes, zartes, ein gutes Kind. Oft spieltest du bei mir im Warenlager. Weißt du es noch? Wunderliche Träume erzähltest du da."

Apollonius versuchte es, ein Wort dazwischenzuwerfen.

„Du gabst mir immer die schönsten Dinge zum Spielen, lieber Vater."

„Sei still! Unterbrich mich nicht! Wage es nicht, deine Zauberkünste an mir zu erproben! – Seit du im Leben bist, habe ich deine Mutter verloren. Du nahmst sie mir!"

Apollonius, in Sachen des Herzens unerfahren, starrte den Vater verständnislos an.

„Ja, du! Begreifst du denn das nicht? Bist du etwa kein Mann, du, mit deinen zwanzig Jahren? Haben sie einen Eunuchen aus dir gemacht? – Muß ich ganz deutlich werden? – Nun, nach deiner Geburt wurde meine Frau meine Schwester. Atthis erkaltete gegen mich!"

Apollonius errötete. Dinge, die – das wußte er – der anderen Männer Blut aufregen, hatten ihn nie berührt. Seine Freunde brachten zu ihm nichts von ihren Liebeshändeln. Das Weib hatte ihn nie beunruhigt, ja, er hatte es nie als den anderen Pol empfunden, als das Fremde, das lockt. Jetzt lohte das Geheimnis der Geschlechter vor ihm im Geschick der eigenen Eltern auf.

Er machte eine flehende Gebärde gegen den Vater. Der aber fühlte: hier konnte er wehetun. Und das nur wollte er. Hastig fuhr er fort, wie in Angst, nicht zu Ende zu kommen:

„Ja, du Asket, du Weltflüchtling, an solchen Dingen verbluten die Menschen, wenn sie nämlich Blut statt Milch in den Adern haben. – Du denkst jetzt vielleicht: Dieser Vater hat sich ja immer verstellt. Nie doch sah ich sein wirkliches Gesicht. Stolz ja erschien er darüber, daß ich den pythischen Gott darstellte. Ermunternd schrieb er mir immer nach Aegea. – Das alles stimmt. Aber, du Tor, dies alles geschah ihretwegen. Denn, Apollonius, ich sage dir ein Geheimnis: Wenn ich mich gegen dich gestellt, so hätte ich sie ganz verloren. Immer erschien sie wie ein flugbereiter Vogel in Erwartung irgendeiner Botschaft von dir. – Immer wäre sie von mir gegangen, wenn du gerufen hättest. – Du brauchtest sie nicht, du Selbstsicherer! Ich aber, ich konnte nicht ohne sie sein. – Wie immer sie bei mir bleiben wollte, heilig war sie mir. Heilig blieb sie mir. – Wer hätte ihre Jungfräulichkeit mißbrauchen können, die wie ein Schleier über sie fiel, nachdem sie dich geboren hatte. Dich, an den sie alle Kräfte ihrer Seele hing, dich, der von nichts wußte, du Tor! – Denn immer schwieg sie. Schweigend ging sie dahin und sehnte sich. Schweigend gab sie ihre Kräfte an dich, ihre süßen, zarten Kräfte, die du verschwendetest, du Rasender, an deine Krüppel und Elenden! Weißt du nicht, daß es deiner Mutter Kräfte waren, die du vergeudetest? Weißt du nicht, daß deine Magie ihr Werk war? Weißt du nicht, daß sie in Träumen zu dir kam? Weißt du nicht, daß du jetzt ausgehöhlt bist – hohl – ein Nichts?"

Apollonius zitterte an allen Gliedern. Der Vater, das sah er, redete wie ein Besessener. Was aber hatte ihn in den Wahn getrieben? Hilflos stand er diesem Ausbruch gegenüber. In den Tiefen seiner Brust quoll ein Schmerz auf von so namenloser Bitternis, wie er ihn in seinem ganzen Leben noch nicht gefühlt hatte: unstillbare Sehnsucht nach ewig verlorener Liebe, Reue um ein unbegreifbares menschliches Versagen. Dies alles wirkte noch dumpf, nur halb bewußt in ihm, hellwach aber brannte sein Erbarmen um den leidenden Vater, den Menschen vor ihm.

Die Worte, ihn zu verletzen gewählt, trafen ihn nicht mehr. Er fühlte nur Erbarmen mit dieser Qual, die ein bisher reines und starkes Leben in ihrem Überfluß entstellte und zerriß. Einsam stand er dem Seelenleid in einer seiner gräßlichsten Formen gegenüber: der nach rückwärts gerichteten Eifersucht. Nicht Priester waren da, ihm beizustehen, und des Gottes Nähe – fühlte er nicht.

Schuldig war er an dem Elend der Eltern – und schuldlos doch. Denn, oh, die Mutter hatte wohl noch anderes gelitten als nur die Sehnsucht um den fernen Sohn! Ahnen um die Geheimnisse zwischen Mann und Weib, zwischen Seelen, die umeinander kreisen, und Körpern, die begehren oder sich versagen, drängten sich aus der Sphäre der Nächsten drohend an sein umhülltes Herz, das plötzlich aufgerissen und wissend wurde.

Ja, Apollonius wußte: die Frau, die ihn getragen hatte, verschloß sich dem liebenden Manne um des Mysteriums willen; der Vater, der ihn gezeugt, durchkämpfte in ungestilltem Wunsch seine Mannesjahre, um am Ende seines Leben zusammenzubrechen.

Die Mutter? Warum mußte sie hinübergehen? Was hatte ihr das Herz zerstört? Sehnsucht und Widerstand, seltsame Erschöpftheit vielleicht – und vielleicht auch dieser Glaube an den Traum vom Zodiakus, den Traum vom wandernden Strahl aus ihrem Schoß, der nun kein zweites Kind nach dem geweihten tragen sollte.

Oh, und er selbst, hatte er nicht auf diesen Traum allein sein inneres Auge gerichtet, war ihm nachgezogen – verzaubert und verwöhnt? Und alles war ihm durch diesen Glauben geglückt! Menschen liebten ihn; Priester förderten ihn, und der Gott Asklepios belehnte ihn mit Botschaft und Werk.

Aber ob er auch rein an Leben und Gedanken, an Tun und Unterlassen war: Er hatte die Ehe seiner Eltern zerstört, die ein mittelmäßiger Sohn vielleicht glücklich erhalten hätte.

Wie von ferne nur hörte Apollonius des Vaters Worte, die immer schwächer und vereinzelter zu ihm kamen. Bestürzt blickte er in sein eigenes Leben, das ihm hell erschienen war bis heute und nun einen dunklen Hintergrund enthüllte, auf dem Fragen standen und schuldlose Schuld – und nie gekannte Sehnsucht nach der Mutter.

Jetzt dachte er nur an sie. Mit der ungeheuren Vorstellungskraft, die in ihm war, beschwor er ihr Bild herauf. Zug um Zug formte er an ihrem süßen Gesicht, erkannte ihrer Augen schwärzliche Bläue, fühlte die zarte, liebende Gestalt ihn umschweben, atmete ihren Duft – sah sie.

Als er sich mit blassen Lippen und verklärter Stirn wieder zum Vater wandte, erblickte er diesen aufrecht sitzen und ihn wie einen Niegesehenen schweigend anstarren – fast scheu. Da breitete Apollonius seine Arme auseinander, weit, leidenschaftlich, und in seiner Stimme war ein beschwörender Schrei, in seine Augen traten Tränen.

„Mein Vater, mein lieber Vater, ich lasse dich nicht!"

Er nahm den Kranken an seine junge Brust und hielt ihn fest und ließ ihn nicht und überströmte ihn mit Tränen und Worten. Tränen, die er noch nie geweint – Worte, die er noch nie gesprochen hatte. Ließ ihn nicht, ihn, der sich zuerst dem Sturm der ausbrechenden Liebe widersetzte, aufzuckte, sich gegen ihn stemmte und sich dann – ergab. Ließ ihn nicht, als er das stumme Antlitz zu ihm aufhob, wehrlos und verwirrt, aufgelöst und – wiederliebend. Hielt den Vater am Herzen die ganze Nacht, und erst als Morgenlicht ins Zimmer dämmerte, legte er den Schwergewordenen sanft in die Kissen zurück.

Da aber atmete der Vater nicht mehr.

Apollonius bebte vor Anstrengung, als er sich langsam aufrichtete. Er sah lange in die toten Züge, die still, gefaßt und leidlos geworden waren. Er stöhnte.

„Für dich fand ich keine Heilung – für dich nicht. – Warum nicht?"

„Herr, du gabst ihm den leichten Tod", flüsterte Melytos, der neben ihn getreten war. Und er beugte sich in Ehrfurcht und küßte des Jünglings Hände und Füße.

„Herr, laß mich nie von dir! – Herr, nimm mich mit dir!" flehte er.

Apollonius nickte. Sein Blick ging starr in eine ungewisse Ferne.

„Ich werde reisen, Melytos, weit. – Du sollst mit mir kommen. – Ich will den Gott suchen, der mich nicht verläßt. – Asklepios hat mich verworfen. – Warum?"

„Vielleicht wirkt Asklepios nur in Aegea", versuchte der Sklave zu trösten.

„Meinst du, Melytos? – Ja, vielleicht wirkt Asklepios nur in Tempeln – ein Tempelgott."

V

Apollonius blieb fast ein halbes Jahr lang in Tyana. Er lebte hier zurückgezogen, einsamen Meditationen hingegeben. Außerdem verfügte er über den großen Besitz, den ihm sein Vater hinterlassen hatte, in der Weise, daß er seines Vaters Bruder und andere Verwandte, die mittelloser waren als er, zu begüterten Leuten machte, sich selbst aber nur einen Anteil sicherte, den er durch

Vertrauenspersonen abholen lassen konnte, wenn er von seinen weiten Fahrten zurückkehren würde. Denn nun wollte er reisen. Nun wollte er zu fremden Völkern wandern und zu fremden Göttern. Nun wollte er nach dem Osten ziehen. Besitz sollte ihn nicht beschweren; nur vor Mangel schützen sollte er ihn.

Zunächst reiste er wieder nach Aegea. Die Freunde ahnten, Euxenos und die Priester erkannten, daß ein Verwandelter zurückgekehrt war. Nicht einer, der schon das Bessere gefunden hatte, sondern einer, der nur mit Sicherheit begriff: Das Bisherige war es nicht, was ihn auf einen ewigen Weg führen sollte.

So schied er vom Bisherigen.

Er lehnte den Tempelschlaf ab mit der Begründung, daß die Kranken selbst ihre Heilmittel von Gott empfangen würden, sobald sie sich ihm gläubig hingäben, und, wo dies nicht gelänge, die Priester es versuchen sollten, für sie zu träumen. Er sagte, daß ihm der Tempelschlaf verboten sei. Wer ihn verboten hatte, verriet er nicht. Und sein junges Gesicht war derartig von Leid gezeichnet und von Ernst geformt, daß die Priester nicht in ihn zu dringen wagten und ihn gewähren ließen.

Dagegen stellte er sich nach wie vor den Leidenden zur Verfügung, die er durch Auflegen seiner Hände vorübergehend von Schmerzen erlösen oder dauernd heilen konnte, aber nur solchen, die ihm den Glauben an die geheimnisvolle, göttliche Kraft entgegenbrachten. Zweiflern und Überredeten verschloß er sich.

Denn er hatte beim Versagen jener Kraft bei seinem Vater erkannt, daß ihre Wirkung nicht aus einer, sondern aus zwei Ursachen entspringe, nämlich aus dem Aktiven und dem Passiven, der Kraft an sich und der bewußten Hingabe an sie. Er hatte dies erfahren, und ob er auch den Grund hierfür noch nicht verstand, so folgte er dennoch dem erkannten Gesetz. Aber auch mit dieser Einschränkung breitete sich der Ruf des Jünglings weiter in Cilicien aus. Denn das Wunder seiner Hände war nicht gebrochen. Er war nicht ausgeleert, wie der gereizte Vater prophezeit hatte. Der Quell in ihm strömte fort – der unbegreifliche aus göttlichen Bezirken.

Julian, der mit scharfem, spähendem Blick die Umwölkung im Gemüt des Freundes sofort erkannt hatte, war verzweifelt, ihn von neuem zwischen den Kranken zu sehen. Dennoch aber war Apollonius ihm jetzt wieder erreichbar und seinen Plänen aufmerksamer zugewandt.

Julian versuchte es, des Apollonius Weltbild umzugestalten. Jetzt oder nie würde ihm das gelingen. Oft hielt er das widerspruchslose Anhören seiner Beweisführungen schon für Herübergleiten des Noch-Zögernden. Jedoch in Apollonius war dies große Lauschen gekommen, das alles zu begreifen suchte, weil er in allem „Welt" erkannt hatte. Sein bisheriges Leben verurteilte er nun als einseitig. Er hatte entsetzt erlebt, wie das Höchste und Reinste, was wir wollen und auch vollbringen, gräßlicher Fluch für den werden kann, den wir um des gewählten Weges willen verließen. So meinte er nun, dem schönen Wollen des Freundes – denn es war schön! – mit Verständnis sich offenhalten zu müssen, nichts in ihm ungehört zurückweisen zu dürfen.

Denn Julian litt wie Apollonius am Leid der Menschheit. Nur daß er dieses Leid nicht als ein ursprüngliches, ihr anhaftendes begriff, sondern meinte, daß bloß ein wütender Tyrann vernichtet werden müsse, damit erst Rom und dann die ganze Welt durch die befreiten Römer erlöst werde.

Oft saß Dion – jetzt auch eingeweiht in des Julian Pläne – zwischen den beide Freunden, die in der Unbedingtheit der Jugend die Welt an zwei entgegengesetzten Enden anzünden wollten, der eine durch das heilige Feuer der großen Erkenntnis, die er suchen ging, der andere durch die Flammen der Empörung, durch Aufruhr und Mord.

Sie liebten es, sich auf dem Olivenhügel zu treffen, aber nicht dort, wo der Asklepiostempel stand, sondern tiefer unten an der Nordseite des Berges, wo es dunkel von Schatten und ein wenig kühler war.

Hier erwarteten Apollonius und Dion auch heute den Römer. Und Julian kam. Sie sahen schon von weitem, daß etwas Entscheidendes geschehen war. Sein Gesicht war fahl, brennender als je glühten die Augen. Er trug Reisekleider und ein kurzes Schwert.

„Es ist so weit!" fing er hastig zu sprechen an. „Im Hafen von Tarsus liegt der Sechzehnruderer des Tribunen Chaerea. Er holt mich und den Vater nach Rom. – Apollonius, gehst du mit uns? Apollonius, Rom ruft nach dir! Das Schicksal wartet auf dich, die große Entscheidung. Wir spielen um das Weltreich. Du weißt es. Apollonius, nur du hast die Gewalt über Menschen, die nicht vom Schwert kommt. Vielleicht nützt uns nur solche Gewalt. Denn den Cäsar umgeben seine Germanen, seine eiserne Leibwache. Du, Apollonius, würdest durch diese eherne Wand dringen mit deinem Blick. – Du wirst töten, wenn du willst. – Du kannst töten, Apollonius!"

Apollonius erblaßte. Forderte denn immer wieder das Schicksal von ihm, daß er töten sollte, er, der gerade das Leben suchte – das unsterbliche Leben? Hatte er nicht schon als Knabe töten müssen – das unsichtbare symbolische Tier –, und war nicht, da er ihm Leben geben wollte, der Vater in seinen Armen abgeschieden? Wußte Julian dies? Hatte er es ihm je gesagt? Dicht trat er an den Freund heran, sah ihn durchdringend an, und seine Stimme klirrte, als er sprach:

„Ich gehe nicht mit dir, Julian, aber ich leugne es nicht: du bist mir eine Versuchung. Ich habe einen furchtbaren Zusammenbruch auf meinem Weg erlebt – bei dem ersten Schritt nach dem Osten. – Ich gehe ihn dennoch weiter, diesen Weg!"

„Warum?" schrie der Römer schmerzlich auf.

Apollonius lächelte auf einmal unergründlich.

„Warum? – Das eben will ich erst noch erfahren."

„Schwärmer!" tobte Julian. „Du wirst vor lauter Träumen und Suchen deine Stunde ewig versäumen."

„Und sollte es so sein, selbst dann könnte ich nicht mit dir gehen", antwortete Apollonius mit seltsamer Würde.

Jetzt aber brauste sogar Dion auf: „Siehst du denn immer noch nicht, daß ein Gott aus ihm spricht?" rief er ungestüm dem Julian zu. Dieser blickte ihn kalt an.

„Ein Gott? – Ich sehe in ihm einen Magier, und das ist schon viel. Aber einen Magier, der sich verspielt, der die große Aufgabe nicht erkennt, die vor ihm liegt."

Da brach es aus Apollonius, Bekenntnis und Entschluß:

„Meine Aufgabe ist: den ‚Meister' zu suchen. Wenn ich Ihn gefunden habe – vielleicht, daß ich dann auch nach Rom kommen werde. Dann aber sind meine Hände nicht mehr leer!"

Sie sahen ihn beide an, verstummt vor dem Unbegreiflichen, das um ihn war.

„Ich gehe", sagte Julian nach kurzem Schweigen, und er weinte auf, als er den Freund umarmte. Er weinte noch, als er den Hügel hinabstieg, sich umkehrte und die Jünglinge stehen sah: hochaufgerichtet die schlanke, gebietende Gestalt des Apollonius, geneigten Hauptes neben ihm den Jünger Dion.

„Er ist bereit, für die Menschen zu sterben, Dion. Das ist groß", sagte Apollonius sinnend.

„Und du wirst für sie leben!" erwiderte Dion in unbeirrbarem Glauben.

VI

Rom. – In dem unterirdischen Gang, der vom Theater zum Palast des Kaisers führte, übten Söhne kleinasiatischer und römischer Edelleute den Chor einer griechischen Tragödie ein. Es war zur Zeit der Palatinischen Spiele. Der Cäsar – so sagte der einstudierende ältere Schauspieler – werde sogleich die Galerie durchschreiten, um vom Theater zum Frühmahl zu gehen. Die Jünglinge fieberten, weil sie den Kaiser sehen sollten, ihn, Caligula, den Entsetzlichen, Schamlosen, dessen goldenes Standbild im Jupitertempel aufgerichtet war, der manchmal durch die Straßen Roms ritt auf seinem arabischen, schneeweißen Pferd mit Purpurzügeln und mit Edelsteingefunkel auf goldbordierter Decke. Sie sollten ihn sehen, den sie haßten und fürchteten – und vor dem zu glänzen, vor dem im Schauspiel sich hervorzutun dennoch heimlich erflehte Gunst der Götter bedeutete.

Einer unter ihnen – breitschultrig, dunkel und sehr düster – bereitete sich innerlich zu anderer Tat vor, und lässig nur hatte er seine kleine Rolle gemimt, oft von dem Leiter ermahnt und getadelt.

Julian aus Aegea hatte sich in den Kreis der schauspielenden Jünglinge aufnehmen lassen, weil er nur auf diese Weise dem großen Ereignis beiwohnen konnte, weil er nur so vielleicht in das Schicksal des Gehaßten vernichtend eingreifen konnte.

Denn alles war zum Schlag bereit. Die Verschworenen erwarteten den Kaiser im Halblicht unter der Erde Roms.

Julian trug einen winzigen, scharf geschliffenen Dolch unter den harmlosen Falten seines Peplons. Und kein anderes Gebet war fort und fort in seinem Herzen als dieses:

„Laß es mich sein. Jupiter! Oh, laß es mich sein!"

Denn viele waren zu der Tat gerüstet, stärkere als er, erfahrenere im Mord. Während die Jünglinge tatenlos und wartend umherstanden – diese Jünglinge, schwankend zwischen Abscheu und Faszination, die das Gräßliche für manche Seelen hat –, hielt er sich abseits, gesammelt zur Tat, schweigsam und verkrampft. Er übersann das gestern Gehörte. Da war der Kaiser – so hatte der Tribun Chaerea erzählt – durch die Gefängnisse geschritten und hatte die Verbrecher ausgewählt, die den wilden Tieren, den Löwen und Panthern, vorgeworfen werden sollten; denn das Fleisch in Rom war knapp geworden, und die Bestien brüllten vor Hunger. Eine große Schar Gefangener wurde dem Kaiser vorgeführt; als erster und letzter in der Reihe standen zwei sehr alte Männer. Chaerea selbst war zugegen gewesen.

Verbrecher? Manche vielleicht. Die meisten aber waren willkürlich Aufgegriffene von des Imperators Soldateska. Doch gleichviel. Was immer sie gesündigt haben mochten, auch sie hatten ein Recht auf Gericht und Urteilsspruch, auch sie durften nicht der Laune eines Augenblicks zum Opfer fallen.

Doch Caligula überflog mit gelbfunkelndem Blick aus tiefen, engen Augenhöhlen die Armseligen, die sich vor ihm niederwarfen in Angst vor der Folter, in hoffnungslosem Zusammenbruch. Er sah sie lange, qualvoll lange mit seinen starren Augen an; dann, mit einer ganz flüchtigen, spielerischen Handbewegung sagte er:

„Von einem Kahlkopf zum anderen."

Den gellenden Schrei von Wut, Furcht und Irrsinn überklirrte der Lärm der Gepanzerten, die die Abgeurteilten zu den Käfigen der Tiere fortzerrten.

Chaerea, der Hauptmann der kaiserlichen Leibwache, der Vertraute von Julians Vater schon aus den Tagen des Tiberius, hatte seine seltsam hohe, gellende Stimme in ein Flüstern gezwängt, als er dies erzählte, und wenn noch etwas gefehlt hätte, Julians tödlichen Haß aufzupeitschen – dieser Hinrichtungsbefehl des Kaisers hätte es getan.

„Wißt ihr es eigentlich?" hatte Chaerea die Verschworenen gefragt, „wißt ihr es, daß dem Kaiser der Tod von der Hand des Cassius prophezeit ist? In seinem Schrecken ließ er den Cassius Longinus hinrichten, ohne zu bedenken, daß auch ich Cassius, Cassius Chaerea heiße. Das muß ihm ein Gott aus dem Gedächtnis gewischt haben, ein Gott, der mit uns ist. Jupiter! – Jupiter, bist du mit uns?"

Und sie waren zum nächtlichen Opfer geschritten: des Julian Vater und Julian, Chaerea, Lucius und noch einige mehr. In das Blut des geopferten Tieres hatten sie ihre Waffen getaucht, auch Julian seinen kleinen Dolch aus Damaskus, den er jetzt unter dem Griechenkleid betastet, als es redend und waffenklirrend näher kommt – Gajus Cäsar Caligula und sein Gefolge.

Die Jünglinge stehen dicht aneinander gedrängt in der Ausbuchtung des Ganges, durch dessen hochgelegenen Lichtschacht gelbe Sonnenflecke fallen.

„Wenn der Cäsar kommt, auf die Knie, in anmutiger Pose auf die Knie", erinnert der alte Schauspieler aufgeregt und hustete nervös.

Julian stellt sich in die erste Reihe, ein wenig für sich. Eisiger Schweiß bricht aus seinen Poren. Er unterscheidet die hohe Stimme des Chaerea, die allen genau bekannt und des Kaisers

Zielscheibe für bösartigen Spott ist. Er hört ein starkes, pathetisches Organ, wohl das des Kaisers.

„In dieser Nacht träumte mir wunderliches Zeug. Du sollst es deuten, Sulla. Du hast mir Schlimmes aus den Sternen gelesen. Mach es heute wieder gut. – Dies träumte mir: Ich stand am Throne Jupiters. Ich stand auf dem Olymp. Tief unten lag die Scheibe der Erde, tief unten. Und an ihren Grenzen tobte das Meer. Aber das Meer war rot gefärbt und hatte eine Stimme. Und ich verstand die Stimme des Meeres."

Hier schweigt der Kaiser, den die Jünglinge nicht sehen, nur hören können. Grausig klingt der Traum des Kaisers im Innern der Erde. Und des Kaisers Stimme erhebt sich von neuem, leiser jetzt:

„Jupiter aber – nun merke auf, Sulla, kluger Astrolog und Traumdeuter! Jupiter stieß mit der Zehe des rechten Fußes nach mir, nach seinem Freund! Ich wollte lachen über den Scherz, aber die Zehe – ob sie mich auch nur wie im Spiel leicht und weich berührte – hatte doch die Kraft, mich vom Olymp hinunter zu schleudern. Ich fiel, fiel, fiel durch den Weltenraum. Es war gräßlich! Dann lag ich auf der Erde, hörte das Meer, verstand das Meer. Aber was das Meer zu mir sprach, das kann ich euch nicht sagen."

Des Kaisers Stimme verflattert tonlos. Sullas Antwort hören sie nicht, wohl aber Klang von schnell näher kommenden Schritten. Jäh aus der Biegung in den erweiterten Raum tritt der Kaiser, mit ihm Chaerea, der Tribun, Lucius, der Freigelassene, Sulla, der Astrolog.

Gajus Cäsar Caligula sieht die knienden Jünglinge, bleibt stehen, blickt sie mit Wohlgefallen an.

„Sind das die Edelknaben aus Asia für das neue Drama?" fragt er und scheint den furchtbaren Traum vergessen zu haben.

„Ja, großer Cäsar, wir üben für den Chor."

Caligula steht unschlüssig.

„Am liebsten kehrte ich gleich mit ihnen in das Theater zurück und sähe, was sie können. Aber es ist bereits Mittag. Ich sollte zum Mahl gehen."

„Geh zum Mahl", überredet Lucius einschmeichelnden Tons. „Du hast dich im Theater ermüdet. Du bedarfst der Stärkung, erhabener Cäsar."

Der riesenhafte Kaiser lacht ohne Laut. Sein mächtiger Körper ist in zarte, türkisfarbene griechische Seide gekleidet. Bläulichrote Rubinen funkeln auf der Halskette, auf Armspangen und auf den frauenhaften Stiefeln aus weichstem Leder.

„Gehen wir zum Mahl", sagt der Kaiser und mustert die Knaben aus gelben, gierigen Augen.

Lange ruht sein Blick auf Julian. Der kniet in der vordersten Reihe, totenbleich, und sein Auge weicht dem Blick des Kaisers nicht aus – nicht für die Dauer einer Sekunde.

Der Kaiser winkt, und die Knaben erheben sich.

„Auf morgen im Theater", sagt er gnädig und dann, sich rasch und tückisch zu Chaerea wendend:

„Priap! Du hast dir die Parole noch nicht geholt."

Chaerea wird dunkelrot.

„Ich bitte um die Parole, Cäsar", flüstert er verhalten.

Der Kaiser spielt mit der Halskette und schreitet langsam weiter.

„Jupiter soll die Parole sein", sagte er leichtsinnig laut.

„So treffe dich Jupiters Zorn!" schreit Chaerea gellend, und sein Schwert saust wie ein Richtbeil auf des Kaisers fetten Nacken.

Der Kaiser heult auf, dreht sich seltsam im Kreise. Noch steht er, aber schwankend. – Da springt der Jüngling Julian ihm wie eine Pantherkatze an die Brust, aufjauchzend in wütender Mordlust, und sein Dolch fährt wie der Blitz des beschworenen Gottes in des Kaisers Herz.

Der Kaiser taumelt, er stürzt. Hin und her wälzt sich der schwere, zuckende Körper. Blutströme quellen dick aus blauen Seidenfetzen. Juwelen und Gold knirschen auf steinernem Boden.

Die Schwerter der Verschworenen rasen im Leib des Kaisers. Jeder will ihn treffen, jeder ihn verwunden, jeder teilhaben an diesem endlichen, diesem gottgewollten Gericht.

Die von Chaerea zurückgelassene Wache stürzt heran, in

Panzern rasselnd, mit langen Schwertern. Außer sich schlagen die Soldaten los. In entfesselter Wildheit dringen sie auf die Mörder ein, hauen und stechen jeden nieder, der nicht geistesgegenwärtig davonrennt.

Julian rennt nicht davon. Er steht aufgerichtet, steht wie ein Erstarrter. Der Schwertstreich eines Germanen spaltet ihm den Schädel. Ohne Laut bricht er neben dem toten Cäsar zusammen.

VII

Als bald darauf die Nachricht von der Ermordung des Caligula nach Ionien kam, erfragte ein römischer Sklave die Wohnung des Apollonius, und als er vor diesem stand, überreichte er ihm einen kleinen Damaszener Dolch.

„Marcus, des Julian Vater, sendet dem Apollonius von Tyana den heiligen Dolch, der den Tyrannen mitgerichtet hat", verkündete der Mann feierlich. „Mein junger Herr, Julian Marcus, fiel, als er des Kaisers Herz durchstoßen hatte. Mein junger Herr hat mir befohlen, dich im Fall seines Todes aufzusuchen und mich dir zu eigen zu geben, auf all deinen Wegen, in jeder Gefahr. Sein Vater schickt mich zu dir. Ich und der Dolch sind dein."

Apollonius schwieg lange, saß mit geschlossenen Lidern – sehr blaß. Dann hob er den Kopf, sah den Sklaven, einen intelligenten jungen Menschen, prüfend an und sagte mühsam:

„Ein Wanderprediger dieser wunderlichen Hebräer – ihr seht sie manchmal in Rom – hat in Antiochia ein schönes Wort gesprochen, das hierher kam: ‚Niemand hat größere Liebe als der, so sein Leben lässet für seine Freunde.' "

Und nach einer Pause:

„Wer herrscht jetzt in Rom?"

„Der Oheim des Gajus, der schwache Claudius, und mit ihm – Messalina, sein entartetes Weib", antwortete der Bote dumpf und hoffnungslos. „Viele wollten die Republik. Aber die Soldaten holten den Claudius hervor, der sich im Palast versteckt hatte, und huldigten ihm als Jupiter Imperator. Alles geschah – so scheint es – zu überstürzt, zu wenig vorbereitet. Auch Marcus, meines toten Herrn Vater, ist tief enttäuscht."

Apollonius seufzte auf. Grübelnd sah er vor sich hin. Dann fragte er den Mann mit sehr weicher Stimme:

„Wie heißt du und was kannst du?"

„Ich heiße Paris, und ich bin Schnellschreiber", antwortete der Sklave.

„Es trifft sich gut, Paris, daß dieses deine Kunst ist. Du und Melytos, der Schönschreiber, ihr kommt mit mir, wenn ich gen Osten ziehe."

Ehe Apollonius aufbrach, stand er noch einmal vor dem Hierophanten. Immer zurückgezogener lebte dieser alte Mann, von Welt und Menschen schon fast gelöst. Den jungen Apollonius aber begehrte er zu sehen, bevor dieser auf seine einsame Wanderschaft zog. Denn Apollonius war entschlossen, ganz allein diese Reise zu unternehmen; nur die zwei Sklaven sollten ihn begleiten. Auch von Dion hatte er sich getrennt. Denn er begriff: Dion wollte glauben, an Götter, an Gesetz, an – ihn. Dion wollte lieben. Dions große Liebe war Geschenk und war Last. Last für den, der mit sich selbst noch nicht im klaren war, den ruhelosen Sucher. Nein, Apollonius konnte jetzt keines Jüngers Lehrer sein, er selbst hungerte nach Jüngerschaft.

Einmal vor sieben Jahren hatte er vor dem greisen Hierophanten gestanden. Da hatten die Wellen, die aus einem gewaltigen Wissen strömten, ihn überschauert, die tiefe, dunkle Deutung seiner Berufung ihn brennend bis ins Innerste berührt.

Was danach kam an Kenntnis, an Begeisterung, an Mitleid und an Hingabe: alles das war im Grunde aus jener einen schwermütig-herrlichen Stunde geflossen, da er begriffen hatte, daß man sich dem Höchsten opfern und dennoch schuldig werden kann.

Und zum Hierophanten, der wieder im innern, kleinen Tempelraum, stumm, in unendlich gütigem Warten vor ihm auf erhöhtem Sessel sitzt, spricht Apollonius, der Jüngling. Denn er weiß: Was die hingerissenen, lieben Freunde nicht verstehen, was Euxenos, der Weltmann, in seinen klugen Antworten umgeht und vermeidet – hier darf es ausbrechen als Zweifel, als Forderung, als Frage.

„Herr", spricht Apollonius, und seine Stimme zittert, „Herr, wer wirkt in mir, wenn ich träume, wenn ich heile?"

„‚Sohn des Vaters', Schüler im zweiten Grade der Initiation", redet ihn der Priester leise und feierlich an, „der Wirkende ist der Gott."

„Asklepios?" fragte Apollonius.

„Der Gott."

„Serapis?" fragt er beklommen.

„Der Gott."

Und noch einmal zwingt sich Apollonius zu der Frage:

„Apollon?"

„Gott!"

Da schweigt der Schüler erschüttert.

„Frage weiter", ermuntert der Greis.

Und nun kommt die heiße Menschenfrage:

„Warum mußte Julian, der Römer, sterben, da doch der Mord an dem Kaiser keine Befreiung brachte und die Tyrannei nur in andere Hände fiel?"

Fast unwillig entgegnet der Hierophant:

„Ein Tor nur forscht nach dem Warum. Auf ein Warum antwortet kein Orakel, und kein Priester kann dir eine Lösung geben."

„Was soll ich fragen, Herr?"

„Der Wissensüchtige fragt: Wozu geschieht etwas? Der Weise fragt nach dem Arkanum des Geschehens. Diese beiden Fragen stehen dir zu."

Apollonius sinnt; dann spricht er zögernd:

„Ich glaube, das Wozu habe ich schon gelöst; denn ich fand, daß Julian aus Liebe zur Menschheit starb. – Aber was ist der tiefere Sinn seines Todes?"

Bedeutungsvoll blickt ihn der Priester an; dann sagt er:

„Weißt du es nicht, Apollonius? Solche Opfer geschehen um der Entwicklung der göttlichen Psyche willen."

Der Jüngling hebt wie in Staunen die Hand empor, starrt, denkt, flüstert bewegt:

„Die göttliche Psyche? Das vestalische Feuer des Pythagoras? Soll es in uns entbrennen? Leben wir dafür, mein Vater? Zeus in allem? Das Licht?"

Eindringlich beugt sich der Greis zu ihm nieder.

„Ihr sollet Boten des Lichts sein", spricht er mit anschwellender Stimme. „Du, Apollonius, mit dem erwachenden Gott in deiner Brust – aber auch die anderen, die Helden im irdischen Leib. Du, Apollonius, sollst gen Osten ziehen. Vom Osten kommt das Licht. Werde ein Bote des Lichts!"

Ihn, den so Angerufenen, schwindelt. Funken sprühen vor seinen Augen, seine Knie beben. Unfaßbarer Jubel durchglüht sein Herz. Er lächelt, lächelt süß und gläubig wie ein Liebender. Dann schlägt er die Hände vor die Augen und weint.

Nach langem Schweigen hebt der Hierophant leise und dunkel wieder an:

„Zeus ist der Bräutigam und die Braut. So lehrte Orpheus, der dem Urquell nahe kam."

Apollonius blickt auf.

„Du gabst mir eine Erleuchtung, mein Vater; du gibst mir ein neues Rätsel."

Jetzt lächelt der Hierophant.

„Bete zu Zeus, daß die Rätsel dir niemals aufhören mögen, und daß du immer von neuem erleuchtet werdest! – Tritt aus dem Sternenzeichen der Zwillinge und gehe ein in den Mondenschein des Krebses. – Gehe der Sonne entgegen! – Vom Osten kommt das Licht!"

So verließ Apollonius den Priester und begann seine lange Wanderschaft.

DIE REISE NACH BABYLON

I

Zuerst ist Apollonius nach Antiochia gekommen, wo zwischen hohen Zypressen der Tempel des Apollon stand, an seiner Seite der Lorbeerbaum, in welchen die fliehende Daphne der Sage nach durch den Gott verwandelt wurde. Auch mündete dort der Fluß, der den Namen ihres Vaters trug, des Königs Ladon. Ach, und viele zärtliche und anmutige Legenden lebten hier von dieser Jungfrau, die einen Sterblichen geliebt und einen Himmlischen verschmäht hatte. Schwerbelastende Legenden für den lichten Gott, den Gott, der nicht mit dem Herzen gesiegt, der nur seine überirdische Gewalt mißbraucht hatte zum Mord an dem menschlichen Nebenbuhler, zu böser Zauberei an der widerstrebenden Geliebten.

Die Priester, die diesem arkadischen Apollon dienten, waren selbst an der Zweideutigkeit seines Wesens entartet. Nachlässige, verweichlichte Priester waren sie, umschmeichelt von reichen Antiochiern und schönen Frauen, immer bereit zur Fürbitte bei dem Gott, wenn nur die Bittenden mit vollen Händen kamen.

Zwischen den korinthischen Säulen des eleganten Tempels standen reizende Götterbilder des Apollon und der Daphne, wie er als junger Knabe sie umwirbt – verwandelt; wie ihrem unwilligen Leib schon der Lorbeer entsprießt und ihr erschrockenes Gesicht angstvoll späht nach einem himmlischen Helfer, der ihre Unschuld beschützen könnte. Aber keiner naht, keiner, und Apollons Verwünschung vollzieht sich an ihr.

So, gerade so, kann es der Treuen ergehen, die sich nicht beugen will, wenn ein Versucher ihr naht, der zugleich ein Mächtiger ist. Und weiß denn irgendeine Frau, ob sich der Gott nicht in irdische Gestalt verwandelt hat? Kann nicht jeder Mann den Gott bergen?

So dachten und fühlten die Frauen in Antiochia und gaben sich verschwommenen Träumereien und halberlaubten Abenteuern hin.

Da ist Apollonius zur Ehre seines Gottes bei ihnen geblieben und hat die Priester gewarnt und die Frauen belehrt. Und die Priester erschraken; die Frauen aber erblaßten vor ihm. Priester und Frauen fragten sich:

„Ist er vielleicht der verborgene Gott? Ist er – Apollon?"

Er hat einmal ihr Flüstern gehört und ließ es unwidersprochen. Denn er sah: So nur gab er ihnen den entweihten Gott rein zurück. So nur befreite er das Bild des Sonnenhaften von den Flekken leichtfertiger und grausamer Mythen. Er zürnte den Antiochiern, weil sie der Geschichte von Daphne Glauben schenkten.

„Die Griechen in Attika", sagte er, „diese wissen es wohl, daß solche Sagen aus üppig blühender Phantasie entspringen, daß sie Symbole des Sternenlaufes sind. Ihr aber versteht die Gleichnisse wörtlich und macht aus dem Gott einen galanten Abenteurer, der eure eigenen Torheiten rechtfertigen soll. Wißt ihr nichts vom wirklichen Apollon? Heiler ist der Gott, Herr über die Lebenssäfte der Menschheit. Erlöser ist er, weil er die Kunst uns brachte, das Wissen vom Bau eines Tempels und das beflügelte Wort der Dichter. Solche Gaben sind des Gottes. Und sein ist die Gabe der Prophetie. Dem furchtbaren Dämon im Innern der Erde entriß er das Geheimnis der Wahrsagung und offenbart sich den Flehenden zu ihrem Wohl oder zu ihrer Warnung. Dies alles ist Apollon!

Nicht aber ist er, was ihr ihm andichtet, ein Sklave von Begierden und voll rachsüchtiger Menschlichkeit!"

Da schrie eine Frau, die sich für erleuchtet halten mochte, und hob die Hände empor:

„Apollonius aus Tyana! Du heilst – du schaust – du weißt um die Mysterien der Götter! – Apollonius, bist du der Gott?"

Und alle wiederholten ekstatisch:

„Bist du – Apollon?"

Er schwieg und sah sie lange mit seinen saphirdunklen Augen an, überwältigt von diesem Ausbruch irrender Gottsehnsucht, eingedenk zugleich der Worte des Hierophanten von dem „erwachenden Gott" in ihm.

Endlich antwortete er still und eindringlich:

„Wer ich bin? Das kann ich euch nicht sagen. Ich werde weiter ziehen, und ein Weiser wird mich darüber belehren. Aber daß Apollon Loxias, der Helle mit der verschleierten Seele, mich zu euch gesandt hat, das weiß ich, und das sollt ihr wissen."

Sie schrien von neuem auf in Furcht, in Verzückung.

Die Priester besannen sich auf Würde in Opfern und Amt Die Frauen jedoch, hingerissen von des Apollonius' hoher Jünglingsgestalt, seinen flimmernden Haaren und strengen Lippen sandten heimliche Botschaft an ihn, als es Abend wurde, und in viele weiche Betten hätte er steigen können.

Er aber, kühl im Blut und glühend im Geist, brach noch in derselben Nacht auf, ritt gen Norden und kam nach vielen Tages- und Nachtreisen an den gewaltigen Strom, welcher der Tigris genannt ist, und in die uralte assyrische Stadt Ninive.

In Antiochia stritten sie noch lange, ob der schöne Unbekannte wirklich der Jüngling aus Aegea war, von dem ganz Kappadozien und Cicilien sprach, oder ob Apollon sich seiner Erscheinung bedient habe, um sein entstelltes Bild unter ihnen zu zerstören und das reine, das sonnenhaft geistige neu aufzurichten. Wie immer sie sich auch zu dieser Frage stellten, die Auswirkung der Worte des Apollonius war ein gereinigter Tempeldienst und eine tiefere Scheu vor dem Göttlichen, das ihnen viel zu nahe gekommen und viel zu menschenähnlich geworden war.

Denn der Mensch muß etwas anschauen, was *über* ihm steht. Sieht er nur das ihm Wesensgleiche, so sinkt er schon.

II

In Ninive wohnte Apollonius, wie er es in Aegea und Antiochia getan, im offenen Tempel. Die Priester der Io, die hier verehrt wurde, hatten ihn freundlich aufgenommen. Er hatte ihnen einen Brief des Hierophanten von Aegea gebracht. Sie verstanden ein wenig das Griechische.

Phönizische Kaufleute hatten schon von Appolonius aus Tyana erzählt, lange ehe er nun selbst erschien. Seltsam berührte es ihn, überall bereits bekannt zu sein und wie ein Erwarteter begrüßt zu werden.

Als es Morgen wurde, erhob er sich von seinem Lager und trat hinaus auf die riesige Plattform der Treppe, die vor dem Tempel begann und zum Tigris hinunter führte. Hinter ihm ging die Sonne auf. Funkelnd tanzten die Lichter auf den hastenden Wellen des Stroms zu seinen Füßen. Tigris hieß er, und Tigris bedeutet der Pfeil. Denn wie ein Pfeil schießt er vom Gebirge herab, bildet viele Stromschnellen und ist nur meerwärts zu befahren.

Apollonius blickte um sich, blickte über die schlafende Stadt. Ungeheure Trümmer, halb schon vom Sand überweht, dehnten sich in weitem Umkreis aus. Dazwischen standen die Häuser des neuen Ninive.

Aber wie eine Ruine in der Ruine, auf Geröll und halbzerstörten Terrassen, abstürzend zum Tigris in wieder Natur gewordenen Schroffen und Spalten ragten die Trümmer des alten Königspalastes. Vor Jahrtausenden war er gebaut, vor Jahrhunderten war er zerstört worden. Die Kriegswelle der Perser war über ihn hingerast, vernichtend, zerstampfend, verschüttend. Teile seiner gigantischen Mauern widerstanden jedem Anprall. In ihrer neuerrichteten Pracht herrschte und schwelgte der große Alexander. Danach verfiel der Palast wieder.

Aber in unerhörter Größe, dergleichen es in Cilizien oder Antiochia nichts Ähnliches gab, ragten auch jetzt noch Wände und zerhackte Säulenreihen, dehnten sich endlos gestreckte Fußböden aus, von Mosaiken schimmernd, wo zufällig der Schutt an einer Stelle fortgefegt war. Und manchmal leuchtete von einer erhaltenen Wand im Glanz glasierter Ziegeln das Bild eines assyrischen Königs auf, schwarzbärtig im langen Gewand, der den Bogen anzog zu tödlichem Schuß auf einen sich bäumenden Löwen oder den kalten Blick auf die gekrümmten Rücken zinspflichtiger Feinde senkte, die zu seinen Füßen herankrochen. Immer spielte ein unaustilgbares Lächeln auf den dicken Lippen dieser Könige zwischen den gelockten Barthaaren. Und es fiel Apollonius ein, daß auch die frühen Götterbilder der Griechen dieses seltsame Lächeln hatten, das einfältig erscheint und zugleich wissend und hinterhältig ist auf eine nicht zu erklärende Art.

Sein Auge wanderte weiter in die Ferne, die von unabsehbaren Maisfeldern wogte und ohne Wälder war und ohne Grenzen schien, unterbrochen einzig durch die Silhouetten von Ruinen und einsamen Palmbäumen.

Apollonius sah wieder auf den reißenden Strom, und auf einmal entdeckte er auf ihm kleine, runde Boote, die herabschwammen, ohne Segel, ohne Spitze, gelenkt von zwei Männern, beladen mit Fässern und je einem bräunlichen Esel. Wie umgekehrte Schilde trieben diese Fahrzeuge auf dem Wasser, und windschnell sausten sie herab, hielten am Fuß einer der marmornen Palasttreppen. Hier wurden sie befestigt, ausgeladen. Schon warteten Händler aus der Stadt an der Anlegestelle, und zu Apollonius herauf klangen laute, erregte Stimmen, klang Angebot und Markten um Preise. Leidenschaftlich gestikulierten die Schiffer und die Niniviten miteinander. Aber nicht nur der Wein wurde verkauft; auch das Stroh in den wunderlichen Fahrzeugen, die Weidenzweige, aus denen sie geflochten waren, wurden verhandelt, nachdem die Boote rasch auseinandergenommen waren. Alles dies wurde auf Karren gepackt und in die Stadt gefahren. Die Schiffer behielten nur die Ochsenhäute, mit denen die Weidengerippe bespannt waren, und luden sie ihren Fahrgenossen, den kleinen Eseln, auf. Dann gingen auch sie, aber in entgegengesetzter Richtung. Sie wanderten am Ufer stromaufwärts, ihren heimatlichen Bergen zu, wohl um nach der nächsten Ernte wiederum mit neuen, flüchtigen Booten und neuem Wein herabzuschwimmen.

Es war ausruhend, dem allen zuzuschauen, dem einfachen Leben dieser Schiffer nachzusinnen. Apollonius genoß es, nur Beobachter des gewerbetreibenden Lebens zu sein, zu überlegen, daß diese Art der Abwärtsbeförderung auf leichthergestellten Kähnen und das Zurückwandern mit wenig Last ganz aus den Verhältnissen entstanden sei. Denn aufwärts konnte kein Fahrzeug den Tigris bezwingen, und abwärts aus den unwirtlichen, steilen Gebirgen mochten die Wege für Mensch und Tier, wenn schwere Traglasten hinzukamen, unendlich heiß und mühevoll sein.

Apollonius dachte: Wie leicht es doch die Menschen haben, die nur im Tatsächlichen leben, nur die Forderung der Stunde kennen, nur die Bedürfnisse des Körpers und die Geschicklichkeit der Hand. Und einen Augenblick kam es wie Neid über ihn und wie ein grenzenloser Wunsch nach diesem einfachsten Leben, nach Ruhendürfen im Geist, nach fleißigem Tun der Hände. Sehnsucht packte ihn nach einem Schweigen der immer treibenden inneren Stimme, die in ihm laut war seit dem Tage, da er zu fühlen und zu denken vermocht.

Er seufzte tief auf. Dann wurde sein Auge durch eine Erscheinung festgehalten, die langsam die halbverfallene Treppe heraufstieg.

Es war einer der Schiffer, der nicht mit den anderen gegangen war, und er hielt einen Krug im Arm und ging auf den Tempel der Io zu.

Es war ein breitschultriger, noch junger Mann im langen Gewand und kurzen Mantel der Assyrer. Er trug den schwarzen Bart in gedrehten Locken wie die Könige auf den alten Reliefs, ausrasiert an den Mundwinkeln. Er hatte schwere Lider über großen, braunen Augen, die er lebhaft aufschlug, als er plötzlich vor Apollonius stand. Der Schiffer sah den hellen, ihm fremdartigen Mann mit so naivem Erstaunen an, daß Apollonius lächeln mußte. Und dieses Lächeln – anders als das der Könige auf den Reliefs – voll Wärme und Glanz verwirrte den Menschen so, daß er noch immer stehen blieb und langsam fragte:

„Wer bist du? Kommst du aus Griechenland?" Denn die Griechen galten im Osten wie im Westen für die schönsten Menschen.

„Ich bin Apollonius von Tyana", antwortete dieser, und in einer ihm bisher unbekannten Sprache fügte er hinzu: „Und wer bist du?"

Eifrig antwortete der Fremde:

„Ich heiße Damis und wohne in Ninive. Aber ich reise viel. Ich bin ein unruhiger Mensch. Manchmal treibe ich einen Esel hinauf in die Berge und hole mir dort Palmwein. Dann kehre ich wie heute mit den Schiffern zurück und verkaufe ihn hier. Manchmal auch ziehe ich in die Ebene und handele mit Reis oder Baumwolle. Bis Babylon bin ich schon gekommen", sagte er stolz.

Ich verstehe diesen Menschen ja, dachte Apollonius flüchtig, und dann sagte er ganz ohne Überlegung in plötzlicher Eingebung:

„Du wirst nicht mehr mit Palmwein handeln, Damis. Du wirst anderen Wein unter die Menschen tragen."

Der Ninivit blickte ihm in die Augen, ihn unbegreiflich schnell verstehend. Alles spielte sich zwischen ihnen in wenigen Minuten ab.

„Bist du es, auf den ich schon so lange warte?" fragte er wie ein staunendes Kind.

„Bist du es, der mir hier die Wege zeigen soll?" fragte der Grieche.

Sie antworteten beide nicht und sahen sich nur immer wieder an – forschend, vertrauend. Sie wußten beide: sie waren zueinander geführt.

Nach einer Weile sagte Apollonius:

„Komm jetzt mit mir in den Tempel und bringe der Io dein Opfer. Heute abend wollen wir alles weitere bereden."

Damis nickte und folgte ihm schweigend in die große Tempelhalle.

Apollonius trat vor das Götterbild, es staunend betrachtend; denn es war wie erstarrt im Geheimnis unbegreiflicher Trauer.

Die Göttin saß auf einem Sessel, dessen Armlehnen in wundervoll gearbeiteten, gesenkten Kuhköpfen endeten. Ihre Hände lagen auf den Knien. Eng und faltenlos umspannte das purpurfarbene Kleid ihre schweren Glieder. Ihr schwarzes Haar war mit Goldband durchflochten, und an den Schläfen brachen kleine, vergoldete Kuhhörner hervor. Als Augen blickten schwarze, polierte Steine, weit auseinandergelagert, dumpf und schwermütig wie die Augen der Rinder, aus dem breiten, bleichen Gesicht. Und die gewölbten Lippen waren, wie die Lippen der Könige, an den Winkeln gehoben – quälend in ihrem erzwungenen, ewigen Lächeln.

Apollonius erkannte das Leiden in diesem großen Göttergesicht, und er wußte nicht: Hatte der Bildhauer die Qual hineingemeißelt, oder spielte sie jetzt – nur ihm verständlich – als Botschaft der Überirdischen auf den steinernen Zügen, auf dem Abbild des Urbilds, der Emanation des Geistes, der kreatürlichen Form des Unformbaren? Spielte diese Qual da als Weckruf zur Tat, als Aufforderung an ihn, auch hier wie in Antiochia den entheiligten Kult zu reinigen der mondverwandten Io von neuem die Ehre der Himmlischen vor den Menschen zu geben?

Was wollte dieses steinerne Antlitz von ihm? Was begehrte es?

Jetzt kamen die Priester, begrüßten ihn und wollten mit ihm reden. Er aber bat, sich in den Hintergrund der Halle zurückziehen zu dürfen, um dem Ritual von dort aus zuzuschauen. Denn nun strömten die Menschen herein mit Opfergaben. Auch Damis überreichte den Priestern seinen Krug mit Palmwein. Es war die Zeit der kommenden Ernte, und die Menschen brachten Bittopfer für die Fruchtbarkeit von Feldern und Vieh und auch Dankgeschenke für glückliche Wochenbetten.

Die Priester standen mit großen Schlachtmessern an den Altären, und das Blut von rosenrot gefiederten Flamingos, von

Tauben und von Lämmern floß über den steinernen Boden. Das Angst- und Wehgeschrei der gemordeten Tiere durchgellte die Halle. Klingeln und lautschallende Beckenschläge übertönten die Stimmen der Qual. Die Opfernden aber streckten die Arme zu der gehörnten Göttin empor und sprachen eintönig altbewährte Formeln und Gebete. Auf den Altären legten die Priester Feuer an das noch dampfende Fleisch.

Apollonius' Herz krampfte sich zusammen, wie immer, wenn er das blutige Opfer sah. Er verhüllte sein Antlitz und verließ den Tempel. Lautlos folgte ihm der Ninivit.

In den Vorhof zogen dicke Rauchschwaden, und der Gestank brennenden Fleisches verpestete die reine Luft.

„Wen betet ihr im Bild jener Io an?" fragte Apollonius die Priester, als der Opferdienst vorüber war und sie ihn unwillig aufsuchten – unwillig, weil er den Tempel verlassen hatte.

„Nun, Io, des Inachos Tochter, die Geliebte des Zeus", antworteten die Priester, erstaunt über die Frage.

„Dieselbe, von der es heißt, daß Zeus sie in eine weiße Kuh verwandelte, die, von einer Bremse der Hera gepeinigt, rastlos durch alle Länder und über alle Meere gehetzt wird?"

„Dieselbe! Und die, zurückverwandelt, uns segnende Gottheit wurde", rief einer der Priester ungeduldig. „Was bedeuten deine Fragen, Apollonius? Bist du weise, so mußt du doch dieses alles wissen."

Apollonius ging mit den Priestern und Damis in die Halle zurück.

„Ich weiß dies alles", sagte er, und jetzt sprach er persisch wie die Priester und merkte es kaum, einswerdend mit ihrer Ausdruckswelt, sie überragend durch eine innere, ungehemmte Schau. „Ich *weiß* dieses alles – aber ich *sehe* mehr."

„Was denn siehst du, Apollonius von Tyana?" fragte der Priester, halb spöttisch, halb gespannt.

Er aber hielt die Augen geschlossen, und wie Tropfen, langsam, schwer fiel Wort um Wort von seinen Lippen:

„Diese Göttin, der ihr mit Blut dient, trägt viele Namen. Und immer ist sie die gleiche. Immer ist sie die Leidende, die Umherirrende, die große Wandernde. Immer sucht sie, was sie liebt, und immer liebt sie. Die Griechen nennen sie Demeter. Sie ist die Mutter und sucht ihr geraubtes Kind durch die drei Reiche der Welt.

Aber am Nil ist sie die Göttin Isis, und sie sucht die Teile vom Leichnam ihres Gatten, den Set-Typhon ermordet und zerstückelt hat. Immer liebt sie. Immer fügt sie zusammen. Immer heilt sie.

Auch eure Io, die Geliebte des Zeus, ist dieselbe ewige Pilgerin um ihrer Liebe willen. Ihr wißt, es heißt: Sie wandelte sich am Nil zur Isis. Ich aber meine: Auch Io ist eine Verkörperung der Mutter Isis. Denn die Göttin Isis war es, die zu uns nach Griechenland kam und zu euch nach Ninive. Ihr Bild, ihr Leid und ihre Liebe.

Die Göttin Isis wandert wie der Mond – *ist* der Mond, ist die silberne Gestirnsgöttin, fruchtbar, keusch und heilig, lautlos und fromm. Sie ist das Mitleid über der Erde, ist der Schleier über dem Geist, ist der Abglanz der Sonne, ist des Pythagoras geheimnisvolle Dyas, ist seine heilige Zwei.

Isis – Demeter – Io.

Ihr sind die Kinder geweiht und der Schoß der Tragenden. Ihr ist das Land geweiht und das hineingesenkte Korn. Ihr sind die Stiere und Kühe geweiht, die in Ägypten kein Beil anrührt. Ihr gehört alles, was lebt.

Alles, was lebt, drängt sich an ihre Knie.

Ihr aber, verirrte Priester, bringt der Göttin, was ihr ein Greuel ist. Ihr bringt der Barmherzigen Blut, Blut unschuldiger Wesen, ihr, die selbst das Leben Schuldiger schützt, weil sie in ihrer Güte nur Gutes geben kann.

Pythagoras, dessen Lehre ich verkünde, war in Saïs. Über der Tempelpforte der Isis fand er diese Worte:

‚Ich bin jedes Ding, das gewesen ist, das ist und das sein wird. Kein Sterblicher hat je den Schleier gehoben, der meine Gottheit vor menschlichen Augen verbirgt.‘

Meint ihr, irrende Priester, Io begehre das Blut der Wesen, in denen sie selber ist? Ihr schlachtet die Göttin auf ihren eigenen Altären! Oder ist diese Io nicht Isis? Nicht Demeter? Oder ist eure Io ein Zwitter von Göttin und Mensch? Ganz unteilhaftig des höheren Daseins? Ein Dämon – aber ein böser? Ist eure Io ein halbmaterielles Wesen, geformt aus Luft und Erdendunst, das seinen Leib vor dem Verfall schützen muß und ihn mästet am Gestank verunreinigter Flammen? Flammen, die ihr zwingt, sich mit verkohlendem Fleisch und Blut zu besudeln? Ist das eure Io?"

Die Priester standen fassungslos. Empört brach der älteste aus, ein Mann mit kalten, klugen Zügen, dem Bart und Kopfhaar fortrasiert waren:

„Was willst du, Tyanäer, das die Menschen den Göttern opfern? Sie reißen sich von Herz und Besitz, was ihnen wertvoll ist, und geben es zu Dank und Bitte. Im Feuer, das du schmähst, wandelt sich Stoff zu Geist und wird eins mit den Göttern. Was willst du, das der einfache Mann den Göttern darbringen soll?"

„Sein Gebet, sein geläutertes Herz!" rief Apollonius mit starker Stimme. „Und wenn er dazu noch nicht fähig ist, so mag er Früchte bringen oder Wein hingießen, wie dieser Ninivit es tat." Er deutete auf Damis. „Enthaltet euch vom Beseelten, ihr Priester! Furchtbar ist es, Lebendiges zu martern. Nutzlos ist es, der lebensspendenden Göttin Kadaver darzubringen. Grausam seid ihr, und sinnlos handelt ihr.

‚Ich bin jedes Ding, das ist, das war und das sein wird', spricht die Göttin in Saïs. So ist auch jedes Ding die Göttin. Jedes Wesen trägt in sich einen Funken der göttlichen Psyche.

Lehrt die Menschen das Opfer der Herzen, ihr Priester! Enthaltet euch vom Beseelten!"

Er stand vor ihnen, jung, schlank, hell, in seinem weißen Leinenrock und goldenen Haaren. Nie sahen die Priester einen so lichten Mann. Nie hörten sie einen Griechen so bestimmt, so sicher ihre Sprache reden. Grausen kam über sie. Unsicher blickten sie auf das gewaltige Bild der Io.

Reglos wie immer saß die steinerne Göttin da. Unergründlich starrten ihre schwarzen Augen auf den Kämpfer und die Bekämpften. Aber auf einmal erkannten es auch die Priester: Dieses große Antlitz war voll Leid.

Hatte sie immer so ausgesehen? So in Qual erstarrt? War in diesen Zügen aufbewahrt, versteint, aller Jammer der Kreatur, der vor ihr sich ausgeatmet hatte? Trug sie das Leiden aller Geschöpfe, die für sie sterben mußten? Und war ihr das Opfer zuwider?

Jäh schrie ein junger Priester auf, hielt sich die Ohren zu, warf sich auf den Boden. Da hörten es alle: Ein Stöhnen, ein langes, hohles Stöhnen, wie aus dem Innersten der Erde, brach aus der Io hervor, ein einziges Mal nur – unvergeßlich – über alle Begriffe grauenvoll.

Die Priester lagen wie hingemäht, die Gesichter auf den blutbefleckten Boden gepreßt – regungslos. Auch Apollonius war erblaßt, sah auf die Verstörten, sah auf den knienden Damis, sah dem Abbild des Unsichtbaren in das steinerne Angesicht.

Dann winkte er dem Niniviten, daß er ihm folgen möge, und verließ schweigend den Tempel.

Als sie einige Stunden später zwischen Palastruinen und Palmen lagen, fragte Damis – und es war das erste Wort, das er seit dem Morgen zu sprechen wagte:

„Wie kommt es, Apollonius, daß du zu den Priestern persisch sprichst und zu mir assyrisch? Und bist doch ein Grieche und hörst unsere Sprachen zum erstenmal."

Da antwortete Apollonius und lächelte geheimnisvoll:

„Wundere dich nicht, daß ich die Sprache der Menschen kenne. Ich verstehe ja auch all ihr Schweigen" *).

---

*) Überliefertes Wort des Apollonius von Tyana.

III

Damis folgte dem Apollonius auf seiner ferneren Reise, und es zeigte sich, daß er das Land zwischen den Strömen von seinen Handelsfahrten her kannte, viele Sprachen und auch die Nomadenstämme, die auf Pferden oder Kamelen das Sumpfland durchstreiften. Auch den Weg nach Babylon wußte Damis.

Apollonius hatte Ninive sofort nach dem Ereignis im Tempel verlassen, wie er auch aus Antiochia gegangen war, sobald er dort seine Botschaft von Apollon verkündet hatte.

Jetzt ritten sie immer weiter nach Süden, beide auf Pferden, gefolgt von den zwei Sklaven, die weniges Gepäck – Nahrungsmittel, ein paar Kleider und Papyrusrollen – ihren Maultieren in seitlich hängenden Körben aufgeladen hatten. Die Gegend wurde immer glühender, immer schattenloser; denn auch hier standen nur vereinzelte Palmen zwischen den Maisfeldern, die, von Wasserarmen durchzogen, sich wie ein großmaschiges Netz zwischen Euphrat und Tigris ausdehnten, stundenweit, tageweit, von Menschen nur spärlich bewohnt. Aufgesucht wurde dieses Land von unzähligen hochbeinigen Sumpfvögeln, von Kranichen und Flamingos in grauweißem und rosenrotem Gefieder. Antilopen, die ihre schöngeschweiften Hörner stolz und vorsichtig auf erhobenen Hälsen trugen, äugten furchtlos zu den Reisenden herüber mit ihren blanken, dunklen Augen, die an die Augen der steinernen Io erinnerten.

„Auch in ihnen ist die Göttin. Wie sie aus ihnen herausschaut! Kannst du es wohl erkennen, Damis? Und auch in dir ist sie und auch in mir."

Damis nickte.

„Ich habe nicht gewußt, wie weit die Göttin reicht", sagte er nachdenklich.

„Und jetzt weißt du es?"

„Ich glaube, ja."

„Ich habe es nun auch erst ganz verstanden, Damis. Die Göttin Isis-Demeter-Io – oder wie immer wir sie nennen mögen – ist die ins Grenzenlose auseinandergerollte Erscheinung, ist der Schoß der Welt. Aus ihr quirlt und quillt alles Leben. Wir sind Teile der Welt, Teile der Göttin – unser Leib, unsere Seele. Wir sind Empfangende. Wir sind Gebärende. Wir sind das weibliche Prinzip, wir Männer auch, Damis. Wir haben teil am Mond. Wir wandern wie er. Wir haben kein eigenes Licht – wie er."

Fragend sah ihn der Assyrer an.

„Aber über dem Mond steht die Sonne. Über dem Körper und der Seele steht der wirkende Geist – die Sonne hinter der Sonne. Daß der Sonnengeist uns anrühre: das ist unsere Sehnsucht und unseres langen Weges Sinn."

Sie schwiegen und ritten stille weiter. Apollonius sah auf den dunklen Mann an seiner Seite, und plötzlich preßte ihm ein harter Griff das Herz zusammen, eine bittere Frage: Wäre dieser Dion, zu dem ich spräche! Warum ließ ich Dion in Aegea? Habe ich mich vor seiner zu großen Liebe gefürchtet? Ja, ich habe mich gefürchtet vor ihr. Und – vor mir selber." Und er gedachte der zarten, zärtlichen Gestalt des Freundes, die sich knabenhaft in seine Arme schmiegte, und an die große Versuchung seiner Jünglingsjahre: nur diesem Beschützer und Freund zu sein – nur diesem! Aber dann hatte ihn die niemals schweigende innere Stimme – die manchmal auch aus einem visionären Antlitz, dem Antlitz des *Meisters* sprach – fortgelockt und fortgerufen, wie sie ihn als Kind schon fortrief und fortlockte von der liebenden Mutter und ihn hinaustrieb ins Fremde, ins Niegeschaute – zu dem großen, noch unbegriffenen Beruf: dem Dienst an der Menschheit. Und er war der Stimme gefolgt, und er hatte sich abgekehrt von Atthis und vom Geliebten.

Damis aber, naiv, stark und unbedingt, dem alles dieses aus den braunen Augen treuherzig sah, war der Weggenosse, den er brauchte, der aus Natur den innersten Abstand zwischen ihnen wahren, der mit ihm gehen würde durch Gefahr und durch Erfolg, der sein Wissen lieben würde und seine Taten – der aber dennoch nicht auf seinem Herzen lastete, zu schwer und zu süß.

Fremd wie das Gesicht des dunklen Damis ward Apollonius

das einsame Land. Hingestrichen blieb die endlose Ebene, nirgends begrenzt vom schneeigen Firn des Taurus, nirgends angerauscht vom uferdurstigen Meer. Maisfelder, schwankende Palmenkronen, verlorene Dörfer, eilig dahinjagende Reiter auf Kamelen oder Pferden: Nomaden in weißen Röcken, den hohen Turban über braunen Gesichtern.

Meist schliefen die Reisenden am Tage und ritten in der Nacht, über sich die Himmelskuppel so ungeheuer weit gespannt, so brennend in unzählbaren Gestirnen, daß Apollonius eines Nachts zu Damis sagte:

„Wir können nicht mehr weit von Babylon sein. So muß der Himmel über der Stadt der Chaldäer aussehen, so eindringlich, so drohend, so hinreißend, so geheimnisvoll. Damis, hier nur konnte der Welt die Sternenweisheit aufgehen."

„Habt ihr in Griechenland denn keine Sterne?" fragte Damis verwundert und zog die Brauen hoch. „Sind sie in Kappadozien unsichtbar?"

Apollonius lächelte.

„Sterne schon, mein Damis, nicht aber diese klare Luft, durch die das Licht ohne Hemmung herabstürzt. Nicht dieses Leuchten haben unsere Sterne. Wie eine leichte Trübung liegt es über ihnen. Der eine strahlt wohl auf, aber ein anderer ist vielleicht ganz verhüllt, wie aufgesogen von der Nacht. Hier fehlt in keinem Sternbild je ein einziger Stern. Wir sehen die Gestalten, die sie umschließen, den Krebs, die sinkenden Zwillinge. Und die Planeten, Damis, ihr rotes und grünliches Licht. Aber zwischen ihnen, scharf geschnitten wie aus einem silbernen Blatt, diese Mondsichel. Groß, bleich, blendend. Dieses tragische Gestirn eurer Io. Dieser zärtliche Stern der Demeter – der Mond – die Liebe – die Phantasie – der große, große Verführer zu dieser Welt – der Überschimmernde, der alle Sehnsucht weckt und nie erlöst – nie erlöst, Damis."

Damis rann eisiger Schauer den Rücken hinab. Niemals hatte er Apollonius so verzückt sprechen hören. Zurückgelehnt saß dieser auf seinem ruhig dahintrottenden Pferd; hell lohte sein Haar um das aufgewühlte Gesicht; blauschwarz schimmerten die Augen.

„Erwartest du Unheil vom Mond, Apollonius?" fragte Damis beklommen.

Apollonius wandte ihm den Blick zu, zögernd sagte er:

„Unheil? Ich weiß es nicht. Aber Erdennähe. Heil? Unheil? Wer weiß es? Ich sehe es nicht. Ich fühle. Ich fühle den Mond, als trüge ich ihn in meinem Blut, saugend, zwingend. Kein Gestirn ist unserem Blut und unserer Seele so verwandt wie der Mond. Aber dennoch konnte ich mich seiner immer erwehren. Heute könnt ich es nicht, Damis, heute nicht. – Mein mystischer Strahl wandert durch das Sternbild des Krebses, und ihn beherrscht der Mond. – Wer die Sonne sucht, muß durch den Mond gehen."

Damis verstand ihn nicht. Wunderlich, dachte er, er spricht wie ein Trunkener. Bisher aber redete er wie ein Weiser. Wein trank er nicht. Nie trinkt er etwas anderes als klares Wasser. Gibt es denn Sternenwein, und macht der trunken?

Sie ritten in tiefem Schweigen weiter. Immer heller, unerbittlicher flimmerten die Sterne, strahlte der langsam steigende Mond, der dennoch die übrigen Himmelslichter nicht auslöschen konnte. Weiß war die Ebene. Jeden Halm und jedes Gras konnte man erkennen. An den Gräben standen regungslos große Vögel auf einem Bein, hatten den Kopf gedreht und unter den Flügeln verborgen oder starrten mit gesenktem Schnabel ins Wasser.

Aber auf einmal erhob sich vor dem Horizont eine bewegte Berglinie. Apollonius sah sie zuerst, dann auch Damis. Sie wurde deutlicher. Man kam ihr schnell näher. Zackig wie Steinbrüche ragte es an einer Stelle, milde wie bebautes Land wölbte es sich an einer anderen. Und dann reckte es sich empor wie mit langen Fingern, in verschiedener Höhe, abgebrochen, kein Gebilde der Natur. Menschen nur konnten diese Konturen erfinden, diesen beseelten Umriß, der aufstieg, sich verjüngte, abbrach oder auch die ausladende Form eines behauenen Steines trug, dessen Widderhörner sich nach beiden Seiten einrollten – hellichter Marmor gegen den samtenen Hintergrund.

Tempeltrümmer!

Und etwas weiter dann eine Tempelfront, eine Säulenreihe, auf der flach der Giebel ruhte. Rechts davon eine Treppe in den Berg gehauen, flankiert von niedrigen Monumenten, die noch nicht deutlich zu erkennen waren.

„So denke ich mir Griechenland", meinte Damis träumerisch.

„So ist Griechenland! Aber wie kommt es hierher?" bestätigte Apollonius, und seine Stimme schwankte seltsam.

Jetzt erkannten sie auch zu Füßen des Berges ein Dorf, armselige Hütten nur, umfaßt von einem Wasserarm, der es unmöglich machte, in den kleinen Ort hineinzureiten. Sie beschlossen, hier abzusteigen und den Morgen zu erwarten. Auf ihre Decken streckten sie sich aus und schliefen ein, auch Apollonius schneller als er vermutet hatte.

Als er erwachte, sah er das schlafende Dorf im Morgendämmern, sah die verfallenen Tempel und die dürstenden Äcker am Berghang. Einige Stunden später hatte ein Fährmann aus dem Dorf ihn und Damis herübergeholt. Melytos und Paris blieben bei den Tieren.

Um Apollonius drängten sich die Einwohner, und in einem verstümmelten Griechisch, in einem durch Jahrhunderte treu mitgeschleppten attischen Dialekt erzählten sie ihm von ihren Leiden, von ihrem Kampf, von ihrem Ermatten gegen die Übermacht der Asiaten und flehten, daß er ihnen helfen möge.

Der Mann, der sie herübergebracht, alt und verwittert, mit langem Bart, herrschend unter ihnen wie Charon unter den Verdammten, berichtete, daß sie Eretrier seien, daß ihre Urahnen hierher von König Darius verschleppt wurden, daß ihr Volk, unvermischt mit Asiaten, sich erhalten habe, ein kleines Hellas mit Tempeln und Grabstellen für ihre Toten, wie es in Attika Brauch ist. Abgeschlossen von allen, verfolgt und beraubt von den Nomaden, die ihre Äcker und Weinberge plünderten zur Zeit der Ernte, die Äcker und Weinberge auf den Höhen.

Nun aber seien sie müde. Nun seien sie am Ende. Nun würden sie untergehen. Wenn nicht vielleicht doch er, der helle Grieche, der Heiland sei, auf den ihre Väter gewartet hätten, der beim König Bardanes von Babylon für sie bitten würde um Schutz, um Frieden, um das Recht, ihrer eigenen Felder Schnitter zu sein und ihrer eigenen Weinberge Winzer.

Griechen, dachte Apollonius, Geliebte gleichen Blutes, gleicher Seele, tiefer mir verwandt als alle Menschen der Erde – Heimat auf dieser Erde – Griechenland – Griechenland.

In seinen Augen standen Tränen, als er von Mann zu Mann, von Frau zu Frau ging, ihre Hände ergriff und mit stockender Stimme zu ihnen sprach, Hilfe versprach und in seinem glühenden Herzen wußte: Diesen Griechen muß ich helfen. Den König muß ich bezwingen. Diese Griechen werde ich retten. Der König wird mir gehorchen.

„Eretrier, Griechen", sagte Apollonius und streichelte die mageren Kinder, die ihn umdrängten. Er wies Damis an, hinüberzufahren und alle Früchte und alle Kleider zu holen, die bei den Sklaven waren, und ihnen alles zu geben, was er an Habe besaß. Er blieb mehrere Wochen bei ihnen und opferte mit ihnen den Manen ihrer Väter, lehrte sie das Opfer ohne Blut, den Aufschwung der Herzen – und verließ sie erst, nachdem er neue Stärke in ihnen entfacht und den Glauben und die Hoffnung in ihnen lebendig gemacht hatte. Verwandelte blickten ihm bei seinem Scheiden nach.

Er aber wanderte weiter; denn nirgends zu bleiben, war sein Gesetz. Die Pferde und Maultiere hatte er den Eretriern geschenkt. Seine Sklaven trugen leichte Last, fast nichts als Papyrusrollen und Schreibrohre. In wenigen Tagereisen würden sie in Babylon sein.

„Was schreibst du eigentlich immerfort, mein Damis?" fragte Apollonius, der jetzt erst bemerkte, wie viele beschriebene Rollen mitgeführt wurden, von denen nur wenige von ihm selbst herrührten.

„Alles schreibe ich", antwortete Damis lakonisch.

„Was heißt das: alles?" lächelte Apollonius, und Damis bequemte sich, etwas ausführlicher zu sein.

Brosamen würde er sein Werk nennen; denn nicht nur die Reise, die Menschen, die Sitten, die Kulte aller Völker, die sie besuchten, würde er darin aufbewahren, vielmehr auch jedes Wort des Apollonius, jede kleinste Bemerkung, die ihm, Damis, eigentümlich oder wertvoll erschiene.

„Das wird ein langes Tagebuch werden", meinte Apollonius, „vielleicht so lange wie dein Leben."

„Dann bleibe ich bis ans Ende bei dir?" fragte der Assyrer heiß.

„Ich hoffe es, Damis."

IV

„Niederknien!" befahl der Torwächter, dem eine schwere Kette vom fetten Hals hing. Vor Apollonius' Augen flimmerte eine lässig hingehaltene vergoldete Tafel mit dem Bildnis eines gekrönten Mannes.

„Wer ist das?" fragte er. Über ihm wölbte sich im blauen Glanz glasierter Kacheln das gewaltigste der Tore von Babylon.

Der Wächter riß mühsam die Augen auf.

„Wer das ist? Der König! Kein Fremder wird in die Stadt eingelassen, der dieses Bild nicht kniend verehrt. Nur der römische Gesandte passiert ohne die Reverenz", fügte er zögernd hinzu und sah den furchtlosen Fremden im weißen, verstaubten Leinenrock, der mit einem geringen Gefolge von nur drei Männern herangewandert kam und dennoch wie ein Vornehmer wirkte, aufmerksam an.

Apollonius schob mit anmutiger Ironie das Bild beiseite.

„Laß die Torheiten und melde deinem König: Apollonius aus Tyana will dich begrüßen."

Verblüfft erhob sich der üppige Torwächter und versuchte, dem Blick des Fremden mit drohendem Stirnrunzeln zu begegnen – und senkte wehrlos die Lider vor dem Feuerstrahl herrischer, saphirblauer Augen. Solche Augen hatte er noch nie gesehen, und abergläubisches Grausen lief ihm den Rücken hinab.

„Warte!" gebot er befehlerisch und begab sich zu den Beamten, die man in Babylon die Königsohren nannte.

Die schickten den Namen des Fremden zu ihrem Fürsten. König Bardanes, der sich gerade im Tempel aufhielt, schrie auf, als er ihn vernahm.

„Der Tyanäer? Ihn sah unser Bruder in Antiochia. Bringt ihn und wer mit ihm ist vor unser Angesicht! Der große Weise aus Kappadozien begehe mit uns das Opfer!" Und er wandte sich zu den Chaldäern, die am Altar hantierten.

Als Apollonius mit Damis in den Tempel eintrat, sah er am Ende des riesigen Raumes schweigend wartende Gestalten — den König, die Magier mit spitzen Mützen und hinter ihnen, auf Stufen erhöht, den Altar, auf welchem lodernd das Feuer zur vergoldeten Statue des Zeus-Bel emporzüngelte. Ein nisäischer Hengst von milchweißer Farbe wurde von einem schwarzen Sklaven mühsam an prunkvollem Zaum gehalten. Er schlug nervös und verwöhnt mit harten Hufen den mosaikflimmernden Boden und schüttelte ungestüm Mähne und Schweif, die indigoblau gefärbt waren.

Ruhig betrachtete Apollonius die fremde, großartige Welt, die sich ihm darstellte; überwältigt sank Damis, der Asiat, vor dem König in die Knie.

„Er ist es, den unser Bruder in Antiochia sah, im Tempel des arkadischen Apollon! So schilderte er sein Auftreten, so seinen Blick!" rief Bardanes erregt und ging Apollonius um einige Schritte entgegen. Der näherte sich schnell, verneigte sich und bestätigte, daß er Apollonius von Tyana sei.

„Apollonius, du kommst zu mir?" fragte der König leise in griechischer Sprache. „Du kommst nach Babylon?"

„Ich bin auf dem Wege nach Indien", antwortete Apollonius. „Ich will die indischen Weisen aufsuchen, von denen es heißt, daß sie um die Geheimnisse des Kosmos wissen. Ich will sie bitten, mich einzuweihen. Zuvor aber möchte ich in Babylon die Sternenweisheit der Chaldäer erlernen. — Dir will ich die Lehre des Pythagoras bringen, König Bardanes!"

Der König sah ihn lange aufmerksam an.

„Sei es, wie du sagst, Tyanäer. Doch bevor wir uns besprechen, laß uns dem Sonnengott das gemeinsame Opfer bringen."

Er winkte den Magiern. Einer von ihnen näherte sich dem weißen Roß, sein Schwert unter dem Gewand verbergend. Aber das Pferd scheute wild zurück, bäumte sich und schnaubte empört.

Apollonius blickte suchend umher, fand Weihrauch und warf ihn in die Flamme. Dazu sprach er laut und klar die einfachen Worte:

„Sende, o Sonnengott, mich über die Erde und laß mich gute Menschen finden! Schlechte aber laß mich nicht kennenlernen, noch schlechte mich." *)

Dann wandte er sich an den König:

„So opfere ich, mein Fürst. Ich enthalte mich vom Beseelten. – Opfere nun du auf deine Weise."

Wundervoll hatten sich die Flammen emporgerichtet, von seinem Weihrauch erregt, spielten wie mit Geisterzungen gegeneinander und vereinten sich zu glückverheißenden Zeichen. Schweigend verfolgten die Blicke des Apollonius und die der Magier das feurige Spiel. Der König ahnte seine Bedeutung. Damis erschauerte in unfehlbarem Instinkt, ohne zu verstehen.

Dann trat Apollonius vom Altar zurück und verließ die Halle. Damis folgte ihm wie ein Verzauberter.

Der Herrscher schwieg verwirrt; die Magier warteten.

Da wieherte das königliche Pferd hell, triumphierend. Der König bebte, sah es an, als erschaute er zum erstenmal ein Tier – sah es auch zum erstenmal im Geheimnis seiner unzugänglichen Seele, im berechtigten Begehren seines wundervollen Lebenswillens – Geschöpf des Gottes, gleich ihm, dem Menschen.

König Bardanes' Augen weiteten sich fast in Entsetzen. Er winkte kurz mit der Hand.

„Führ es fort!" gebot er dem Sklaven, und dann sprach er

---

*) Überlieferter Ausspruch des Apollonius.

kalten Tons, um das rasende Schlagen seines Herzens zu verbergen, zu den Magiern:

„Wir brechen das Opfer für heute ab und nehmen Rücksprache mit unserem weisen Freund. Erwartet uns morgen.“

Hell klappten die Hufe des abgeführten Pferdes durch den Raum. Ratlos standen die Priester dem Unerwarteten gegenüber. Dem, welchen der König seinen Freund genannt und der sich zu ihnen als Schüler in der Sternenwissenschaft bekannt hatte, durften sie nicht widersprechen.

Apollonius hatte den König gebeten, nicht im Palast, sondern bei einem babylonischen Bürger wohnen zu dürfen. Die unzähligen Sklaven, Eunuchen, Beamten, die in den Riesenhallen und weiten Gängen auf leisen Sohlen umherwimmelten, der Prunk sinnverwirrender Wandgemälde, die Üppigkeit der Mahlzeiten, ihre lange Dauer, das Flüstern und Streiten immer unsichtbarer Frauen hinter schweren Vorhängen gaben dem Palast eine unruhige, schwüle Atmosphäre, die er nicht dauernd ertrug. Außerdem wollte er auch die Stadt Babylon kennenlernen, wollte die Chaldäer besuchen, wenn die günstigsten Sternenstunden waren, wollte in ihr Observatorium hinaufsteigen, ohne stets Urlaub beim König nehmen zu müssen.

Bardanes unterdrückte zum erstenmal in seinem Leben einen Herzenswunsch, nämlich den: Apollonius immer in seiner Nähe zu wissen, und gewährte die Bitte widerspruchslos.

Er zog den Gast wie ein nach geistigen Dingen Verschmachteter täglich zu langen Gesprächen heran, zu Gesprächen über Philosophie, über geheime Götterlehre, Herrscherweisheit und Rechtsspruch. Er veranlaßte ihn, an den Gerichtssitzungen teilzunehmen, und oft legte er die Entscheidung über Schuld oder Unschuld, über Begnadigung oder Strafe in seine Hand.

König Bardanes hatte dem Apollonius einen Boten gesandt mit der Aufforderung, heute über sieben Tage zehn Wünsche vor versammelten Gästen im Palast auszusprechen, die alle er ihm erfüllen wolle zum sichtbaren Zeichen seiner Gunst. Apollonius entließ den Boten, schwieg und sah lange sinnend vor sich hin.

Damis aber, ganz erschüttert von so viel Großmut, zitterte, daß der Bedürfnislose um nichts bitten werde; denn er kannte des Apollonius tägliches Gebet:

„Götter, verleiht mir, wenig zu besitzen und nichts zu bedürfen!" *)

Prüfend sah er auf den Grübelnden. Hatte er doch vielleicht Wünsche, und sann er über seine Formulierung nach? Er, Damis, wollte ihn so gern in diesen irdischen Dingen beraten, die er besser zu verstehen glaubte – oh, nur diese – als sein Lehrer und Freund. Aber er wagte es nicht, Apollonius zu stören, und erwog soeben, daß sie wohl Mittel hätten, bis Indien zu kommen, nicht aber unerschöpfliche Reichtümer für Rückkehr und weitere Reisen.

„Sorge dich nicht, mein Damis", sagte da Apollonius lächelnd, „und denke nicht, du wirst Not bei mir leiden. Dem Werke, dem ich diene, wird immer Hilfe geboten werden."

Damis errötete über sein braunes Gesicht.

„Aber der König könnte dich für hochmütig halten, wenn du sein Anerbieten verschmähst", meinte er schnell gefaßt.

„Ich werde es nicht verschmähen. Die Tage aber bis zum Gastmahl, zu dem uns der König lud, sollen der Erforschung von Babylon gewidmet sein."

Das hatte Damis nicht erwartet. Freudig begann er, von seinem ersten Aufenthalt hier zu erzählen, von all den Wundern der riesigen Stadt, ihrer Ringmauer, auf der vier Wagen nebeneinander fahren konnten, von ihren Bazaren, ihren Gärten und von dem Tunnel, der unter dem Euphrat von einem Ufer zum anderen führte und den Königspalast mit dem Tempel des Zeus-Bel verband. Apollonius sah es ordentlich, wie sehr das orientalische Herz des Damis von all dem Pomp der alten Märchenstadt erschüttert war.

„Abends aber –", hier stockte Damis und sah Apollonius unsicher an.

---

*) Überlieferter Ausspruch des Apollonius.

„Und wohin gingst du des Abends?" fragte dieser.

„Wohin du nicht gehen wirst, zum Hain der Aphrodite, die sie hier Melitte nennen", antwortete der Ninivit.

„Warum sollte ich nicht in den Hain der Göttin gehen?"

Damis stutzte; dann erklärte er:

„Diese Babylonier haben einen schlimmen Brauch, ihrer Göttin zu huldigen. Sie meinen, daß nur das Liebesopfer ihr gemäß sei. Gold freilich empfängt die Priesterschaft dabei auch. Es ist nämlich Sitte in Babylon, daß jede Frau in der Stadt einmal in ihrem Leben im Hain der Melitte einem Fremden zu Willen sein muß, und das, was er ihr dafür gibt – ob viel oder wenig – gehört dem Tempelschatz. In Babylon sind stets viele Fremde, reiche Handelsherrn aus Asia, aus Syrien, aus Indien sogar, sagt man, und wer abends durch den Hain geht, der sich rings um den Tempel ausdehnt, der sieht dort viele Frauen, die sich für eine Nacht anbieten, schöne und häßliche, reiche und arme, und viele Männer, die suchend durch ihre Reihen gehen."

„Und da gingest auch du, mein Damis?"

„Da ging auch ich und fand eine schwarzhaarige Semitin, die mir gefiel. Sie nahm mich mit sich. Niemals aber dürfen diese Frauen den Mann wiedersehen, mit dem sie in dieser Nacht schliefen. Sie kehren nach dem einzigen Mahl zu ihrem Gatten zurück und sind Mütter und Hausfrauen wie zuvor."

„Laß uns zum Heiligtum der Melitte gehen", sagte Apollonius entschieden. Damis verfärbte sich.

„Du –" stammelte er.

Apollonius schwieg. Er lächelte nicht. Er griff nach seinem leinenen Mantel, und sie verließen das Haus.

Im Abenddämmern durchschritten sie Babylons lärmende Straßen, sahen die dunklen Wände der Häuser in drei, vier Stockwerken aufragen, sahen im Zentrum der Stadt die gigantischen Konturen des siebenstufigen Turmes. Das Zwielicht wurde schnell zur Dunkelheit. Feucht wehte es vom rauschenden Euphrat empor. Blutrot stand über dem Wasser der Vollmond.

Apollonius sah ihn, zögerte – ging dann weiter, Damis nach.

In einem ruhigen Teil der Stadt lag, im Hintergrund von der Stadtmauer begrenzt, der Hain der Melitte. Sie traten ein. Junge Priester hüteten das Tor. Myrten und andere bitter riechende immergrüne Gesträuche, Kamelien mit bleichen Blüten, wildduftender Jasmin wucherten in beabsichtigter Üppigkeit, und aus den schmalen Wegen zwischen den Gebüschen tönten und lockten Liebeslieder, lachten Scherze in verschiedenen Sprachen, klirrte ab und an leise ein Schwert. Inmitten des Hains stand ein mäßig großer Tempel. Apollonius deutete auf ihn, und sie traten in den Kranz seiner Säulen, sahen in seiner Mitte der babylonischen Aphrodite steinernes Bild.

„Phönizische Kaufleute sagten mir, sie gleiche der berühmten Artemis in Ephesos", flüsterte Damis, dem das Herz heftig schlug, als er mit dem geistigsten der Männer vor diesem Bildnis stand, das asiatische Vorstellungskraft mit allen Emblemen von Fruchtbarkeit und fleischlicher Lust überschüttet hatte. Dennoch hob sich über dem steilaufgerichteten Körper mit den zu Trauben gereihten, unzähligen Brüsten, den ausgebreiteten Armen mit offen hingehaltenen Händen, die alles zu gewähren schienen, das strenge, kühle Gesicht hellenischer Gottheiten, gleichsam hinwegschauend über alle Ausschweifungen des eigenen Leibes. Und dieses adlige Haupt trug eine Krone, die den Mauern einer Stadt mit vielen Toren glich, den Mauern und Toren Babylons, über das es herrschte. Das eng wie ein Panzer den unteren Körper umschließende Gewand aber war bedeckt mit erhabenen Darstellungen von Tieren und geflügelten Genien, Fratzen, Dämonen und Menschen. Wie der Vollmond umschloß eine Scheibe der Göttin Hals und richtete sich im Nacken auf, auch sie angefüllt mit den gleichen verwirrenden, drängenden Gebilden. Waren dies die Träume, die mondgeweckten, die aufdämmern, ehe Lebensdurst, Lebenssucht zeugend den Leib zum Gebären des Wirklichen verführen?

Da Apollonius lange stand und schwieg, begann Damis von neuem:

„In Ephesos schmücken sie den Leib der Artemis-Astarte mit

sehr kostbarem Schmuck. Viele Goldschmiede leben davon, Edelsteine für sie zu fassen und goldene Ketten zu erfinden, welche dann die Fremden der Göttin verehren. Auch wundertätige Amulette gießen sie nach ihrem Bild, und Händler bringen sie in ferne Länder. Hier lassen sie das Standbild ohne Schmuck und opfern der unsichtbaren Melitte, wie sie sagen. – Du siehst, Apollonius, der Tempel ist leer. Wir sind die einzigen, die hineintraten. Im Hain aber warten die Frauen, die sich der Liebe opfern müssen, so wie die Tiere in Ninive dem Tod."

Apollonius blickte Damis ernst an.

„Laß uns auch diese Opfer ansehen", sagte er, und nun gingen sie langsam wie andere Fremde die Reihen auf und nieder, indessen weißlichgrün und sehr hell glänzend der Vollmond über dem Hain stand und jedes Gesicht in eindringlicher Deutlichkeit aufleben ließ.

Sie sahen arme Frauen, die müde und ergeben das Schicksal dieser Nacht erwarteten. Sie sahen junge, begierige, die auf ein betörendes Erlebnis hofften. Sie sahen Lustgewohnte, die träge auf ihren Kissen lagen und mit Sklavinnen plauderten, und junge, geängstigte, die sich zu verbergen suchten und von älteren Frauen getröstet wurden. Zwischen den Lagern, Zelten und Teppichen, die sich rechts und links der Wege befanden, schritten die fremden Männer, die Babylon aufgesucht, allein oder in Gruppen, verstohlen suchend oder mit kaltabwägendem Prüfen.

Es gingen da Griechen aus Cilicien und Antiochia, Syrer und Israeliten, Armenier, Ägypter, Perser und sogar vereinzelte Römer in ihren fremdartigen kurzen Röcken mit entschlossenen Gesichtern, kriegerisch und willensstark und bartlos, so wie im Orient nur die Priester ihre Züge zeigten – nackt gleichsam aber beherrscht.

Apollonius sah alle diese Menschen, sah sie unter den einen Trieb gestellt, der sie selbst ins Leben gestoßen hatte, der sie in ihm erhielt, ihre Art erhalten würde. Er sah die Frauen, die dem Trieb zur Befriedigung geboten wurden wie Fleisch dem Hunger. Er sah alles.

Es war, als entfalte sich die ganze Menschheit da vor ihm in einigen hundert Vertretern, die zum Ausdruck brachten, was der Mensch empfinden kann im Bereich des sexuellen Begehrens. Jede Schattierung der Wunschbilder, vom maßlos gierigen bis zum abgestumpften oder bloß neugierigen, enthüllte sich ihm auf den monderhellten Männergesichtern, die hier nichts verbargen von dem, was ihnen allen gemeinsam und notwendig war. Die leichtsinnigen und lasterhaften Reden, die ab und zu fielen, brauchte man gar nicht zu verstehen; man begriff genug durch das Auge: Alle diese waren nicht die Herren der Stunde, sondern die Sklaven ihres Bluts. Von Zeit zu Zeit klirrte es von Geld, das dann in den Schoß einer Frau geworfen wurde. Diese zählte es nicht; sie schob es einem der umherstreifenden Tempeldiener zu, die seltsam schnell zur Stelle waren, wo Geld rollte. Die Frau aber verließ mit dem Spender des Tempelsolds den Hain, manchmal wie erlöst von allzulangem Warten auf die geweihte Schmach, manchmal in lachendem Leichtsinn, manchmal verkrampft in Furcht – immer aber doch mit einer gewissen religiösen Gehobenheit, Dienerin der Gottheit sein zu dürfen.

„Opfer auch das. Gebet auch das. Auch in diesem kann Heiliges sein", sagte Apollonius schmerzvoll. „Denn manche wissen es nicht besser, und indem sie Falsches mit gläubigem Herzen tun, erheben sie sich dennoch über die Geringheit ihres gewöhnlichen Lebens."

Er hatte dies kaum gesagt, als sein Fuß im Weiterschreiten stockte; denn sein Auge wurde von einem anderen Auge festgehalten, und ein entzückendes Bild überraschte ihn so, daß er das Weiterschreiten vergaß. Mit ihm stand Damis, von gleichem Staunen gebannt.

Auf dem Diwan unter einem kleinen Zelt, dessen seidene Vorhänge aufgerafft waren, lag eine sehr junge Frau, ein Kind fast, von zwölf oder dreizehn Jahren, und ihr Blick – schwer, dunkel, rätselhaft wie die Augen der steinernen Io in Ninive – ruhte unverwandt auf Apollonius' Zügen. Die langen, weiten Hosen der Orientalin von zartem Musselin und in einem milchigen Weiß, wie auch die weiße Jacke waren über und über mit Mondsteinen besät. Bei jeder noch so leichten Bewegung klirrte es von bleichgoldenen Ringen an den feinen Hand- und Fußgelenken. Das Haar war sehr dunkel von bläulich glänzendem Schwarz und hing in langen Zöpfen, perlendurchflochten, an den schmalgeformten Wangen herab. Die Lippen – zu rot für dieser Jugend sehnsüchtige Zartheit – waren mit dem Schminkstift in das blasse Gesicht wirkungsvoll hineingestrichen.

Sinnverwirrend und die Augen immer von neuem lockend war das opalene Spiel der Mondsteine auf dem durchsichtigen Musselin, der die bleiche Haut nicht verbarg, nur umschleierte. Wie Tränen tropften die Steine über Glieder und Leib, und es war, als ob statt eines Auges hier ein ganzer Körper weine. Apollonius war totenblaß geworden. Niemals in seinem Leben hatte etwas so brennend sein Herz getroffen wie der Anblick dieses jungen Wesens, das ihn mit Blicken hielt, die flehten und vertrauten.

Er verstand plötzlich in beklemmender Angst: da lag sie, die kindhafte Frau, preisgegeben jedem Zufall der Wollust, jedem Verbrechen eines Lüstlings oder auch nur der groben Sinnlichkeit eines Stumpfsinnigen.

Und schon trat ein Armenier heran, schwankend von Wein- oder Mohnrausch, lächelte mit diesem fatalen Lächeln der alten Basreliefs tief in den Mundwinkeln, lallte etwas, nestelte an seinem Gürtel.

Klingend fiel aus Apollonius' Händen der Beutel in des Kindes Schoß.

Der Asiat murrte, verschwand.

Aber das junge Weib rührte sich nicht, und über Apollonius' helles Gesicht stieg langsam glühende Röte. Welcher Kette von Begebenheiten hatte er mit dieser Tat den Anstoß gegeben?

Im Nu umhüllten Sklavinnen die junge Babylonierin mit Schleiern, geschickt einen über den anderen windend. Eine ältere Frau hatte das Geld aus der Regungslosen Schoß genommen, verließ das Zelt, brachte den Sold zu den Priestern. Dann kehrte sie zurück. Indessen war die Herrin von den Dienerinnen in eine Sänfte gehoben. Sklaven trugen sie zum Ausgang des Gartens, lautlos auf nackten Füßen hineilend.

Apollonius folgte; mit ihm ging Damis in wortlosem Staunen.

Am Tor hielt Apollonius die Träger an und sagte zu der älteren Frau:

„Deine Herrin ist nun wohl ihrer grausamen Pflicht enthoben. Ich verlasse sie hier."

Die Frau rief entsetzt:

„Was willst du tun? Du verschmähst das Opfer? Du weisest das Geschenk der Melitte zurück? – Ja, wer bist du denn, daß du solche Schmach über meine arme Frau bringen darfst?!"

„Schmach?" fragte Apollonius ratlos.

„Ja, gewiß, Schmach! – Meinst du, solche Verachtung überlebt eine Frau? Solch höhnisches Spiel eines hochmütigen, reichen Fremden?"

Apollonius hob beschwörend die Hand; denn er hatte gesehen: die Vorhänge der Sänfte bewegten sich. Angstvoller noch als im Hain traf ihn der Blick der dunklen Augen, die die Augen der Io waren. Er wandte sich leise zu Damis:

„Erwarte mich bei unserem Gastfreund. Du siehst, ich muß hier beruhigen."

Er bedeutete die Sklaven, die Sänfte weiterzutragen und folgte ihr schnell. Die ältere Dienerin, die sich dicht neben ihm hielt, strich mit erregten Fingern über seinen Ärmel.

„Was wolltest du tun? Oh, was wolltest du nur tun? Denn du bist gut und hast es verhindert, daß Latifa einem Wüstling verfallen ist. – Hier stehen wir vor dem Pavillon, den unser Herr für diese Nacht gemietet hat. Dort wirst du alles nach deiner Bequemlichkeit finden. So jung sie ist, Latifa weiß von der Liebeskunst. Ihre Mutter war Inderin."

Solche Botin schickt mir Indien als ersten Gruß? dachte Apollonius, und sein Herz klopfte stark.

In einem Raum, der mit Wandteppichen behängt und mit

weichen Matten ausgelegt war, fand Apollonius sich allein mit Latifa. Von den vielen Schleiern befreit, stand sie nun wieder in dem Mondsteingeriesel vor ihm und sah ihn groß, ernst und furchtlos an.

Den Hintergrund des Raumes nahm ein breites Bett ein. Vorn befand sich ein niedriger Tisch, bedeckt mit silbergetriebenen Schalen, in welchen Früchte, kandiertes Hühnerfleisch, Pistazien und Oliven lagen. Auch Wein war in schönen Krügen aufgestellt.

„Willst du essen?" fragte die junge Frau. Sie sagte es wie etwas Eingelerntes, bereit, ihm vorzulegen.

Apollonius schüttelte den Kopf.

„Jetzt nicht, Latifa. So heißt du doch? Komm, wir wollen ein wenig miteinander schweigen."

Latifa setzte sich mit gekreuzten Beinen auf eines der schwellenden Kissen, die am Boden lagen, und auch er ließ sich entfernt von ihr nieder.

Und dann sahen sich beide lange stille an ohne das Bedürfnis nach Worten, vielleicht unfähig, sie zu finden.

Über den Mann kam zum erstenmal die Sehnsucht nach der Frau, nach dieser Frau, nach der Zweiheit, der Erlösung vom Immereinssein, das keine Freundschaft und keine Jünglingsschwärmerei durchbrechen konnte. Denn hatte ihn Dion je davon erlöst? Und nie war ihm ein Mensch so nahe gewesen wie Dion. Diese junge Frau aber, dieses Mädchen, dieses Kind — sie entfesselte mit ihren schweigenden Lippen, auf denen die falsche, lodernde Farbe lag, mit ihren Augen, die abgründig geheimnisvoll und klug waren, alle gebundenen Ströme seines Blutes, daß es in ihnen aufrauschte, wie er nicht geahnt hatte, daß Blut aufrauschen kann.

Dies — so wußte sein zweites Ich, das immer Zuschauende — dies ist der Sinne Aufruhr, vor dem die Priester den Neophyten warnen, der den Pfad der Weisheit sucht. Dies ist die Erschütterung der Lust, die in Zwiespältigkeit reißt, in Sklaventum, in Laster. Und sie war süß, diese Erschütterung. — Nie, nie hatte er dieses Ziehen am Herzen gefühlt, diese Trunkenheit der Glieder, diese Neigung, in endloses Weinen zu verströmen, hinzuknien vor einem erschaffenen Wesen –, das Geschöpf anzubeten. Apollonius wurde immer blasser, je länger er Latifa anschaute, die da in ihrem Mondgeriesel vor ihm saß, hingerissener auch sie mit jeder Sekunde. Und auf einmal sagte sie leise:

„Ich glaube, Melitte hat dich für mich bestimmt." Und nach einer Weile: „Sage mir nun, wie du heißt, damit ich dich bei deinem Namen nenne."

Seine Stimme war tonlos, als er antwortete:

„Ich bin Apollonius von Tyana."

Hatte sonst sein Name nicht anders geklungen? Und hatten nicht die Menschen aufgehorcht, wenn er ihn nannte?

Für Latifa bedeutete dieser Name nichts. Aber sie nahm ihn wie ein schönes Spielzeug und gab ihn, fremdartig geworden im Klang und wie von ihren Lippen geliebkost, an ihn zurück: „Apollonius von Tyana."

Dann schwiegen wieder beide und sahen sich an. Schließlich fragte Latifa – und ihre Stimme war sehr weich und süß: „Soll ich für dich tanzen, Apollonius?"

Mit der Frage sprang etwas Neues in ihrem Gesicht auf – ein lüsternes Spüren, ein frauenhaftes Wissen – ein Wollen auch.

„Ja, tanze, Latifa", bat er; denn er fühlte immer mehr seine Unfähigkeit zu sprechen.

Sie bedeutete ihm, auf dem einzigen erhöhten Sitz Platz zu nehmen, der in dem Raum war, und schlug auf ein silbernes Becken. Sogleich begann eine unsichtbare Musik hinter den Wandteppichen leise und eindringlich zu spielen. Apollonius dachte flüchtig an Tänzerinnen, die er einst in Aegea gesehen, und an das Bildwerk eines attischen Künstlers, das eine Mänade darstellte, die mit wehenden Gewändern und erhobenen Armen kreisend auf gestreckten Fußspitzen schwebte. Er erwartete Ähnliches.

Aber Latifa legte sich zu seinen Füßen auf dem Teppich nieder, und das Licht aus vielarmigen Lampen fließt milde über Glieder und Leib. Ihr Atem nur bewegt die Edelsteine auf dem weißlichen Musselin, so daß sie schimmern und leuchten und wieder ins Glanzlose untertauchen.

Die Musik wiederholt in großer Reinheit immer die gleichen Kadenzen, hört niemals auf, kennt keine Pausen, keine Gliederung, ist wie Wasser, das rinnt, endlos aus einer ewigen Quelle.

Latifa rührt sich nicht.

Sie wollte doch tanzen, denkt Apollonius und kommt sich ganz hilflos vor, zu einem Wartenmüssen verurteilt, das in seiner Monotonie ängstet und doch nicht zu durchbrechen ist. Ist sie eingeschlafen? denkt er und beugt sich in Rührung zu ihr hinab. Und sieht: Latifa ist nicht ohne Bewegung, sie schläft nicht.

Ihr sehr kleiner, zartgeformter Leib im Geriesel der Mondsteine unter dem durchsichtigen Stoff bebt – bebt wie das sanft gewölbte Blatt einer weißen Rose, in das auf rätselhafte Weise ein eigener Wille trat. Dieser kleine, weiße Leib kräuselt sich und glättet sich, hebt und senkt sich wie Flut und Ebbe, und sein zitterndes Spiel rinnt fort – kaum wahrnehmbar – rinnt über Brust und Hals, über Lenden und Schultern, über die schmalen Beine und kindlichen Arme und endet verlöschend in Händen und Füßen, an deren Gelenken schwere Goldreifen leise klirren und deren Nägel rot von Hennah leuchten. Dieses Aufquellen, Fließen, Erstarren und Wiederanschwellen einer Bewegung hört nicht auf. Es hat keinen Anfang, es hat kein Ende. Es steigt, es fällt, steigt und fällt schleierhaft um eine verdunkelte Mitte, die in geheimnisvoller Unerkennbarkeit verharrt.

In diesem Frauenkörper, der da wie entkörpert vor ihm liegt, ist der Rhythmus des Ozeans, ist das Wandern der Gestirne, ist Entrücktheit aus der Zeit. Alles ist in ihm.

Und Apollonius erkennt: Nie wird er müde werden, diesem Atem zuzuschauen, den ein Kind beherrscht. Weltgeistatem! Nie wird er müde werden dieses endlosen Kreisens um die niebeleuchtete, ewig dunkle Mitte, um den geheimnisvollen Nabel, das Zentrum der Welt.

Wunschlos schauend, begierdefrei ist er hineingezogen in die kosmische Bewegung, ist er sich selbst entstiegen, aufgegriffen vom Rad der Welt – erlöst vom Immereinssein – vermählt mit der Zwei, welche die Welt ist. Und er weiß: Solange über diesen jungen Leib die Wellen rieseln und die Steine flimmern, solange dieses wesenlose Lächeln über den Zügen schwebt und diese Lider mit den langen Wimpern geschlossen über den Augen ruhen, solange wird ihre kymische Hochzeit währen, ihre körperlose, geisterhafte Hochzeit im Schoß des Alls.

„Kindhaftes Weib – wissendes Kind – nahe dem Demiurgen – nahe wie ich, der Myste."

In großen, gleichmäßigen Zügen geht beider Atem – Zeit ist nicht mehr – nur Raum – nur Mutter . . .

Plötzlich hört auch jede Bewegung der Tänzerin auf. Latifa öffnete feuchte Augen, sieht ihn trunken an, bittet:

„Trage mich nun auf das Lager."

Sie streckte die Arme nach seinem Hals empor. Ärmel und klirrende Reifen gleiten bis zu den Achselhöhlen hinab. Er hebt sie auf. Ganz ohne Schwere ist sie. Er legt sich neben sie auf das breite Bett, hält sie am Herzen, kühlen Blutes und geweiteten Geistes. Er küßt ihre Stirn. Nicht wie ein Liebhaber. Sie fühlt es sofort. Bestürzt richtet sie sich auf, sieht ihn an, fragend, unruhig.

Da gleitet seine Hand ihr über Stirn und Herz.

Diese Berührung löscht alle Gedanken, löscht alle frühentzündeten Begierdebilder aus. Wunschlos träumt ihr Blick.

„Ist das Liebe?" haucht sie.

„Das ist die Liebe, die dir Melitte schickt, die Göttin, kleine Latifa. Das ist die Nacht, die du in deinem Leben nie vergessen wirst, so wie auch ich sie nie vergessen werde."

Deutlich noch versteht sie diese Worte. Dann sinkt ihr Kopf aufseufzend an seine Schulter. Sie schläft.

Apollonius schlief nicht. Stunde um Stunde lag er unbeweglich, die junge Frau am Herzen, und ihn durchflutete gleichermaßen übermenschliches Glück und übermenschliches Leiden. Während er ohne Bewegung dalag und oft nicht mehr wußte, ob er noch in seinem Körper war, riß es ihn durch ungeheure, fort und fort wechselnde Visionen, denen er widerstandslos und in großer Spannung ausgeliefert war. Da tauchten die Bilder auf, die er als Kind in Tarsus gesehen, wenn er den Schal aus Kasmira spielerisch über seinen Kopf gezogen hatte im Kaufhaus des Vaters. Wieder sah er die hohen Berge mit schneeigen Gipfeln, die blumenübersäten Matten davor. Auf ihnen in feierlichem Wandeln die schönen, fremdartigen Männer, die unverständliche Worte sprachen oder in Schweigen versunken waren, das sich auch ihm mit unbegreiflicher Seligkeit mitteilte.

Dann tauchten mit der gleichen, jetzt furchtbaren Eindringlichkeit andere Erscheinungen empor – Männer, geschmückte und zerlumpte Männer –, gierig, ruhelos, unglücklich, wie er sie vor einigen Stunden im Hain der Melitte gesehen, und sie tasteten nach nackten oder halbnackten Frauen, die in der Unkeuschheit lockender Gebärde auf sie warteten. Und die Männer stürzten sich auf sie mit wütenden Umarmungen.

Dann schwand auch dieses Bild, und er sah Kranke, viele Kranke, die Kranken der Erde, unzählbar. Kranke sah er, vom weißen Aussatz überglitzert, zerfressen von Lupus, Lahme und Verkrüppelte und Blinde in einer langen Kette, hilflos aneinander hängend – Ausgestoßene der Menschheit.

Apollonius stöhnte auf unter den unerträglichen Gesichtern.

Dann schlug es an eine metallene Scheibe, und alles Gesehene verschwand. Versunken war das Gebirge der Weisheit, das Tollhaus der Welt. Kurze Zeit war Leere.

Aber aus der Schwärze hob es sich auf goldenen Füßen, und goldene Stufen führten zu ihm hinan, und auf einer Empore stand – das Bett.

Es schwoll von Kissen. Es troff von Wohlgerüchen. Und auf seidenen Decken lag eine nackte Frau mit gelösten Schenkeln und ausgebreiteten Armen. Sie blickte aus großen, schwarzen, unbarmherzigen Augen, den Augen der Io-Melitte-Astarte. Sie öffnete volle, muskulöse, erfahrene Lippen, und um die Höhle ihres Mundes reihten sich spitze, kleine weiße Zähne wie die Blätter der Jasminblüte. Und die Frau sprach:

„Ich bin die große Babylon. Ich bin der Schoß der Welt."

Aber die Seele des Schauenden stieß das Bild ab. Er wachte zur Wirklichkeit auf und erkannte entzückt die junge Frau, die schlafend an seinem Herzen lag.

Morgenhelle glitt über ihr Gesicht. Süß und rein erschienen Latifas schlafende Züge, aber sehr blaß. Und die Augenlider mit den langen Wimpern zitterten manchmal wie von Erregungen, die unter ihnen bebten.

Träumte sie, was er geschaut?

Da zuckte des Apollonius Herz in einem unendlichen Gram zusammen. Einmal nur beugte er sich nieder, küßte wie ein Cherub den leise atmenden Mund. Dann erhob er sich; denn die Nacht der Melitte war nun vorüber.

Als Apollonius in seinem glatten Leinenrock die Allee hinabging, die zur Straße führte, sah er in einiger Entfernung vor sich einen hochgewachsenen Mann, langsam wie er selber schreitend.

Erwartet mich Damis dennoch hier? fragte er sich erstaunt.

Aber dann erkannte er: Dieser Mann war nicht der Ninivit. Er war noch größer als dieser. Er trug ein weißes Kleid von sehr strenger Form und hatte lange, kastanienfarbene Haare. Auch war sein Gehen seltsam, eigentlich mehr ein Gleiten. Berührte er den Boden überhaupt? Apollonius schien es fast, als ob er schwebe. Er selbst beschleunigte seinen Schritt, rätselhaft angezogen von dem Fremden vor ihm.

Als er dem lautlos Schreitenden nahe gekommen war, wandte dieser sich langsam um, sah ihn gelassen an und grüßte mit den Wimpern. Priesterlich lag eine weiße Binde um Stirn und Haupt. Ruhig und schmal war das helle Gesicht, rötlichbraun der Bart, in dem sich der Mund verbarg. Das ganze Antlitz aber beherrschten die Augen. Große, gewaltige, unentrinnbare Augen!

Der Blick dieser Augen ging in Apollonius ein, wie Strahlen, die durch Stoff und Seele dringen, und der Geprüfte griff an sein Herz, selig im Bewußtsein, bestanden zu haben, und flüsternd fragte er:

„Mein Meister?"

Die Erscheinung lächelte sternenhaft, nickte leise, wurde wolkig, undeutlich, entschwand.

Apollonius schritt wie ein Träumender, fand ohne Suchen den Weg, trat in des Gastfreunds Haus, bedeutete Damis, ihn jetzt nichts zu fragen, warf sich auf sein Lager und sank in tiefen — tiefen — Schlaf.

Apollonius erwachte erst am Abend dieses Tages. Als er die Blicke suchend durch den Raum schweifen ließ, fanden sie den schreibenden Damis.

„Komm zu mir, mein Freund", und schon war Damis an seiner Seite.

Apollonius sah Scheu, sah Unsicherheit in des Assyrers Augen. Sinnend blickte er ihn an.

„Du meinst, ich umarmte diese Nacht das Weib, mein Damis?"

Damis schwieg.

„Weshalb siehst du hierin etwas Verbotenes für mich? Aus welchen Gründen verlangst du für mich die Keuschheit?"

„Ich weiß es nicht", antwortete Damis gequält, „aber mir scheint, ein Jünger des Pythagoras —"

„Pythagoras hatte eine Gattin in späteren Jahren", warf Apollonius ein.

„Eine Gattin — mag sein. Aber das Abenteuer mit einer Babylonierin?"

„Ein Liebesopfer für die Göttin Melitte!"

„Du verwarfst das fleischliche Opfer der Tiere. Ist dies ein edleres?"

„Mein Damis", sagte Apollonius weich und strich flüchtig über des Jünglings verschränkte Hände, „diese junge Latifa lag wie meine Schwester neben mir, und unberührt in tiefem Schlaf verließ ich sie."

Damis atmete erleichtert auf, und Apollonius fuhr fort:

„Aber höre nun! Nicht blieb ich enthaltsam, weil ich die Liebe verachte oder die Frau. Nicht blieb ich keusch, damit du einen Asketen in mir anstaunst. Aber, Damis, es ist nur ein Weg auf

Erden, den ich gehen soll – und du weißt doch, dieses Soll liegt von Anbeginn rätselhaft in uns, und bei jedem Menschen sieht es anders aus. Mein Weg führt zu den Weisen. Und es ist nur eine Kraft, die ich beherrschen soll: die Kraft der hohen Magie.

Um dieses einen Weges und um dieser einen Kraft willen muß ich der Unteilbare bleiben. Wer die Freiheit erringen und die Erlösung verkünden soll, muß der von jeder Haftung Gelöste sein.

Ich bin jung. Daß auch mein Blut jung ist, habe ich in dieser Nacht erfahren. Diese Nacht, die Entsagung dieser Mondnacht hat mich für die dritte Einweihung vorbereitet, der ich entgegengehe. Der Meister hat mich erkannt."

Das letzte flüsterte er kaum verständlich und abwesenden Blicks.

Damis erschauerte und schwieg.

Nach einer Weile sagte Apollonius mit veränderter Stimme und in heiterem Ton:

„Von dieser Unterredung kein Wort in dein Buch! Laß uns jetzt zu unserem Gastfreund gehen! Um Mitternacht erwarten mich die Chaldäer. Nein, mein Damis, dorthin darf ich dich nicht mitnehmen", fügte er auf dessen bittenden Blick hinzu. „Wer eines Geheimnisses teilhaftig wird, muß den Grad hierfür erreicht haben. Keine Stufe kann übersprungen werden, es sei denn, man bringe dies Wissen aus einem früheren Leben mit."

Apollonius war in jeder Mitternacht und zu jeder Mittagsstunde bei den Chaldäern. Und was er in Aegea bruchstückhaft über die Gestirne und des Menschen kosmische Verbundenheit mit ihnen erfahren hatte, das rundeten und füllten die Chaldäer mit dem ungeheuren Wissen ihrer uralten Kaste, der nur das Wissen der ägyptischen Priester gleichkommen mochte. Was sie in diesen geheimnisvollen Stunden über sein eigenes Geschick, seinen idealen Wandel durch den Tierkreis vor ihm enthüllten, blieb für immer in seiner Seele verschlossen. Niemals sprach er darüber mit einem Freunde oder einem Schüler. Nur viele Jahre später, als die größte menschliche Erschütterung und der tiefste

Abstieg in das Sternenmysterium sich ihm erfüllten, rangen sich von seinen Lippen abgerissene Worte staunenden Begreifens.

Und im Gesetz des Alls breitete sich, so wie sein eigenes Leben, auch das Geschick der Völker vor ihm aus, nicht abhängig vom Gang der Planeten, aber durch tiefes Verwandtsein mit ihnen verbunden. Denn am Himmel der Chaldäer stand nicht eine fertige Schrift der Volks- und Menschenschicksale eindeutig aufgezeichnet. Analogien erkannten die Magier, mystisches Bereitsein, Hinneigung zum Wesensgleichen, Strahlenzauber, dem der Schwache – Volk oder Einzelmensch – unterworfen ist.

„Der Weise aber", so sagten die Chaldäer – und Apollonius wußte es längst – „gibt sich dem Sternenzwang nur hin aus Erkenntnis und widersteht ihm auch aus Erkenntnis."

Wer aber den Menschen helfen will, muß ihre Sternenverbundenheit kennen im Guten und im Bösen. Ihm muß gegeben sein: zu binden und zu lösen.

Aus dem Observatorium der Chaldäer kam Apollonius in den Gerichtssaal des Königs. Vor seinen Augen entwickelte sich der Mikrokosmos in seiner gleichen Unfehlbarkeit von Ursache und Wirkung.

Da wurden des Apollonius Ratschläge, seine Urteile immer überzeugender, immer durchsichtiger, und der König hatte nur den einen Wunsch, diesen Mann für immer in seinem Reich zu behalten. Doch er wußte, daß dies nicht sein konnte. Apollonius zog es mit jedem Tag unwiderstehlicher nach Indien.

So kam das große Gastmahl heran, das der König ihm zu Ehren gab, und an dem er die zehn Wünsche aussprechen sollte, deren Erfüllung schon im voraus gewährt war.

Der König verschwendete allen Prunk des Morgenlandes vor Apollonius. Der bemerkte es kaum. Nachsichtig lächelnd saß er an des Königs Seite, aß Früchte, Gemüse, Mandeln und Brot und trank nur Wasser. Aber seine Worte kamen in immer gleicher Kraft und Frische von seinen Lippen. Die Gäste schwelgten an der königlichen Tafel, aber sie bemühten sich doch größerer Beherrschung und Aufmerksamkeit als sonst. Wie dieser Grieche sprach, hatte für die verschiedenst gearteten Menschen etwas Hinreißendes, belebte sie, wie sonst nur Wein oder Liebe.

„Apollonius!" rief der König, „was macht dich so erregend für uns alle? Du trinkst nicht, du berauschest dich nicht mit Mohngiften – dennoch sprichst du wie ein Trunkener. Uns anderen löst der Wein die Zunge. Nicht nur Verworrenheit, auch erleuchtete Gedanken gibt er uns."

Apollonius blickte über die prunkvolle Tafel, über die Männer in ihren juwelengeschmückten Gewändern, über die goldenen Becher und die überladenen Schüsseln, und er fühlte: Himmelhoch über dem Taumel, der vom erhitzten Blut kommt, stieg die Ekstase seines kühlen Blutes, dessen Wellen er silbernklingend in sich rauschen hörte.

Apollonius blickte den König an, und lächelnd sagte er:

„Wundre dich nicht, König Bardanes, wenn du mich wie einen Trunkenen siehst. Euch gibt das geheimnisvolle Feuer, das in der Traube gärt, den Rausch, mir aber das himmlische Wasser, das zwischen Sternen und Erde unaufhörlich steigt und fällt. Immer trägt es das Irdische zu den Göttern. Immer bringt es das Göttliche zu uns herab. Wir trinken das Wasser des Lebens. Denn auch wir sind Inspirierte, sind Bacchanten der Nüchternheit!" *)

Da schwieg der König und sah gedankenvoll in seinen Pokal.

Apollonius aber sagte tröstend und nicht ohne leise Ironie:

„Zwinge dich nicht zur Enthaltsamkeit vom Wein, mein König, wenn die Nötigung hierzu noch nicht in dir lebt. Du bist der König, und zum König gehört das Fest. Gib deinen Gästen den Wein, den sie verlangen, und das Fest, das sie erwarten. Mir aber, der ich ein Pilger und ein Philosoph bin, mir gönne das Wasser des Lebens."

Da rasselten die assyrischen Männer mit Spangen und goldenen Bechern, tranken auf das Wohl ihres Herrschers und bewunderten die Klugheit des Griechen.

„Er bringt die Gerechtigkeit, und er duldet das Fest", sagte der

---

*) Überliefertes Wort des Apollonius von Tyana.

Beamte vom Tor, der Apollonius zuerst zum König gebracht hatte. „Er kennt die Welt, Fürsten und Volk; er ist ein Weiser."

Nun aber forderte der König Apollonius auf, seine Wünsche zu nennen, und im großen Saal wurde es still. Gespannt fragten sich alle, was denn einer wünschen könne, der Leinen trug, zu Fuß nach Babylon kam und von Wasser und Früchten lebte. Mit den Gästen beunruhigte sich Damis, der unter ihnen saß; denn bei aller Ehrfurcht für seinen erwählten Herrn war der Mann der Habe, der Kaufmann, noch nicht in ihm gestorben.

Apollonius erhob sich vor dem König, und nachdem er für die Gnade gedankt und seinen Aufenthalt bei den Eretriern geschildert hatte, bat er für sie um königlichen Schutz. Murren lief durch den Saal. Der König schwieg betreten. Dann sagte er:

„Diese Eretrier schufen uns viel Mühsal. Sie widersetzten sich unserer Macht, beugten sich nie, vermischten sich nie mit unseren Frauen, waren hochmütig. So wurden sie auch beraubt und ausgeplündert. Du, Apollonius, sagst, sie seien deine Brüder. Du machst dich zu ihrem Herold. Alles, was du bittest, gewähre ich."

Und der König ernannte seinen Satrapen über die Eretrier, von dem auch Apollonius wußte, daß er gerecht und milde war.

„Hast du keinen anderen Wunsch, mein Freund?" fragte der König, und unwillkürlich spielte er mit dem herrlichen Geschmeide, das von seinem Hals herabhing.

„Ich habe hier noch keine weiteren Freunde oder doch keine bedürftigen", antwortete Apollonius lächelnd, „vielleicht daß deine Güte meinen Gastfreund bedenkt; denn Angemessenes vermag ich ihm nicht zu bieten."

„Gewährt", sagte der König flüchtig, sah Apollonius halb enttäuscht, halb bewundernd an und winkte Damis herbei. Damis beugte das Knie vor dem Fürsten, und der erforschte in liebevoller Sorgfalt, was alles Apollonius für seine Weiterreise nach Indien gebrauche.

„Einen Führer und fünf Kamele", schloß der König, und ein Eunuch stand mit der Tafel hinter ihm und notierte diensteifrig die Befehle.

„Das leitende Kamel trage ein goldenes Stirnband. So zeigt es allen, daß sein Herr mein Freund ist."

„Wann willst du uns verlassen?" fragte der König Apollonius.

„In wenigen Tagen, wenn es dir so gefällt."

Der König seufzte.

„Und kommst du wieder?"

„Ich verspreche dir, dich auf meiner Rückfahrt zu besuchen und dir von den Weisen Indiens zu berichten, wenn ich sie gefunden habe."

Da umarmte ihn der König vor allen Gästen.

„Ja, kehre wieder!" bat er heiß, und seine Stimme schwankte wie von Tränen. „Kehre wieder; denn ich habe dich lieb gewonnen vor allen Menschen."

Und flüsternd fügte er hinzu: „Ein König empfängt so selten. Ein König ist arm."

„Ein König gibt. Ein König ist reich. Oder – wir wären beide arm", antwortete Apollonius ebenso leise.

Als Apollonius auch in dieser Nacht zu den Magiern auf ihren Turm gestiegen war und allein mit dem Obersten Priester vor der Tafel stand, die in erhabenen Bildern den Tierkreis darstellte, deutete dieser auf das Zeichen des Skorpions und sagte warnend und etwas unsicher:

„Was dieses Zeichen dir noch einmal bedeuten wird, können wir nicht ergründen. Jedenfalls heißt es auch für dich: Absturz oder Abstieg von einer schon erreichten Höhe. Bedenke das Zeichen Waage, das ihm vorangeht. Waage ist Harmonie, ist Gleichmaß. Waage ist auch Sattsein, geistiges Haltmachen. Die Waage liegt dem Gestirn deiner Geburt, dem Widder, gerade gegenüber. Sie bedeutet den Zenith deines menschlichen Lebens. Dann kommt das Große Geheimnis, das auch uns verhüllt ist. Dem Zeichen Skorpion folgt für dich entweder die irdische Nacht, der Untergang, oder die erdenlose Bahn des ganz Erwachten."

„Die Sterne zwingen nicht", sagte Apollonius, und seine Stimme klang jugendwarm und zuversichtlich im Bewußtsein, gerade jetzt den Zauber des Mondes überwunden zu haben, klang hell neben der bedeckten Stimme des alten Mannes.

Der blickte auf, sah in die fremdartigen blauen Augen des schönen Griechen und wiederholte:

„Nein, die Sterne zwingen nicht. Aber es gibt Lebenswenden, da wir uns besser für als gegen den Sterneneinfluß entscheiden, ihn besser formen zu unserem Heil, als brechen, um zu verarmen."

Apollonius stutzte. Latifa? dachte er verwirrt und – schwieg.

Der Chaldäer sah den flüchtigen Zweifel auf des Neophyten Gesicht, schüttelte den Kopf und sagte bestimmt:

„Ich spreche vom Skorpion, den du im späteren Mannesalter berühren wirst. Ich spreche nicht von den Gestirnen deiner Jugend. Sie alle unterstützen dich auf deinem Weg, oder du überwandest ihre Gefahren. Mehr kann ich dir nicht offenbaren. Weisheit muß gelebt werden."

Dann kam der Tag, an dem Apollonius seine stets in völliger Einsamkeit abgehaltenen Meditationen über die Mittagsstunde hinaus ausdehnte. Denn die kommende Mitternacht war seiner dritten Einweihung bestimmt. Die Priesterschaft in Babylon hatte beschlossen, ihn in das Geheimnis der Adyta arcana einzuführen, das nur dem König und seltenen Wahrheitssuchern geoffenbart wird.

Vor bald fünfhundert Jahren hatte hier Pythagoras die gleiche Einweihung erhalten, als er – ein Gefangener wie die ägyptischen Priester, bei denen er lernend geweilt hatte – von Kambyses nach Babylon geführt und dort von den Chaldäern aufgenommen worden war.

Apollonius gedachte des großen Wissenden, als er sich zu den Magiern begab. Erst wenn der dritte Schleier gefallen sein würde, der Schleier vor dem kosmogonischen Geheimnis, erst dann würde er fähig sein, in Wahrheit des Pythagoras Lehre zu begreifen und weiterzugeben, erst dann konnte ihm das letzte Mysterium der heiligen, lebendeutenden Zahl aufgehen. Und dennoch. Auch heute erwartete ihn nur Stufe. Eine hohe Stufe zwar, die dritte Einweihung im Element des Wassers, dennoch aber nur Vorspiel zu dem noch erhabeneren Weltgeheimnis der Weisen Indiens. Und was sie zu enthüllen hatten, ahnte er noch nicht. Nicht begriff er das Gesetz, kraft dessen der *Meister* ihm von Kindheit an im Bewußtsein war, oft gegenwärtig zu fühlen, dann wieder für lange Zeit abwesend, einige Male wie leiblich erscheinend und leiblos doch, ohne hörbare Worte immer rätselhaft sicher zu verstehen.

Als er zum Turm der Chaldäer kam, erwarteten ihn dort zwei Neophyten als Führer; denn nicht hinauf zum Observatorium ging heute sein Weg, sondern viele Stufen hinab unter die Erde.

Die Jünglinge blieben am Fuß der Treppe stehen. Ihre Fackeln warfen unruhige Lichter auf die feuchten Quadern der Wände. Flimmernd leuchtete auch die große, bronzene Tür auf, an die einer der Führer mit metallenem Stab schlug, worauf beide wieder die Treppe hinanstiegen.

Das Tor öffnete sich langsam. Der Oberpriester stand unter seinem Bogen. Er trug ein feierliches, über und über mit Saphiren besetztes Gewand, eine hohe, goldene, spitze Mütze und in der Hand einen oben gebogenen Stab. Auf dem mittleren Finger der Rechten, die den Stab hielt, funkelte ein breiter Goldreif mit einem riesigen Siegel, das mit geheimnisvollen Zeichen bedeckt war.

Die Priesterschaft stand zu beiden Seiten des Älteren, auch sie im Prunk starrer Gewänder.

„Tritt ein!" gebot der Hierophant.

Apollonius beugte ein Knie, und der Greis berührte mit dem Ring seine Lippen.

„So versiegle ich deinen Mund, daß er schweige von dem erhabenen Geheimnis der Adyta arcana!"

Apollonius küßte den Ring und erhob sich. Die Priester alle wichen zurück, und nun erst sah er, in welchen Raum er eingetreten war. An den Wänden, die zu einem Kreis gerundet waren, brannten unzählige Fackeln. In der Höhe, von schweren Säulen gestützt, wölbte sich die zur Halbkugel gehöhlte Decke, bedeckt mit diesem Stein von dunkelblauem Feuer, dem Saphir, der auf des Hierophanten Hand funkelte – der dem Himmel gleicht und den Himmel bedeutet. Aus seiner gedämpften Glut hervor schimmerten sieben goldene Götterbilder, milde herabschauend aus juwelenen Augen.

In der Mitte des Raumes aber, auf dem Mosaik des Bodens erhob sich über porphyrnem Sockel ein seltsames Gebilde aus großen, mattschimmernden Ringen, die in ununterbrochener Bewegung um eine leuchtende Kugel kreisten, die regungslos in ihrer Mitte schwebte. Die Kreise hatten einen verschieden weiten Umfang. Verschieden war auch das Tempo, in dem sie sich bewegten. Ihre Rotation verursachte eine Musik von unbeschreiblicher Reinheit, sehr zart und auf das genaueste abgestimmt. Auch diese Musik wechselte nicht und schien kein Ende zu kennen.

Staunend sah Apollonius auf das Wunderwerk menschlicher Hände, menschlichen Erkennens, und es dauerte lange, bis er vom Anschauen zu der Frage fand:

„Ich begreife, daß dieses bewegte Kunstwerk den Gang der Sphären darstellt. Ich sehe sieben Räder, die sich um die goldene Kugel drehen. Ich nehme an, daß es die Planeten sind, welche die Erde umkreisen. Wo aber, mein Vater, ist die Sonne, die, leuchtender als alle anderen Wandelsterne, in einem so erhabenen Gebilde sich zu erkennen geben müßte?"

Hörbares Atmen ging durch die Reihe der Priester, als der Hierophant den Krummstab erhob und, mit seiner Spitze auf die ruhende goldene Kugel deutend, langsam sprach:

„Vernimm, Apollonius, das Geheimnis der Adyta. Heliozentrisch ist das System unserer Welt. Alles kreist um die Sonne. Alles kommt von der Sonne: Leben und Licht, Götter, Dämonen und Menschen, Tiere und Pflanzen. Die Erde aber, Apollonius, die uns zentral erscheint, ist nur ein Stern unter Sternen, ist einer der sieben Planeten. Begleitet vom Mond, der ihrer Art ist und ihre Strahlung hat, umkreist auch die Erde äonenlang das feurige Zentrum.

Hier siehst du die Erde, das dritte Weltenrad, von der Sonne aus gerechnet. Wie sie die Sonne umschlingt in ewigem Kreis, so auch tun die anderen sechs Gestirne. Über einem jeden aber herrscht ein Gott.

Siehe dort oben die Bilder der sieben Kabiren. Ihr Griechen habt andere Namen für sie. Nur die Erde hat keinen Götternamen bei euch, da sie euch und allen Profanen als Zentrum der Welt erscheint. Ihr laßt sie regieren von den anderen Wandelsternen, von der Sonne und vom Mond. Aber dort droben unter diesem symbolischen Himmel von Saphiren steht auch ihr Genius, der dritte Kabire der Babylonier.

Um alle diese Sterne schlingt sich bewegungslos der Riesengürtel, den wir den Zodiakus nennen, und wie die Sonne scheinbar ihn im Wandel durchschneidet, teilt er uns das Jahr in seine zwölf Bilder ein. Ihre Bedeutungen kennst du. Denn die Sterndeutung bleibt die gleiche. Die Sternenweisheit ist älter als die Sternenwissenschaft."

Apollonius, geblendet von dem flimmernden, ruhelosen Kreisen, bedeckte die Augen mit der Hand. Dann, wieder aufblickend, fragt er:

„Ist dies das kosmogonische Geheimnis, das auch Pythagoras erfuhr? Und ist die Sonne seine mystische ‚Eins'?"

„Nicht diese Sonne, Apollonius, die in wirklichem Feuer brennt. Hinter ihr steht die geistige Sonne, welche dies schuf. Die ist des Weltalls Eins. Die Eins ist der Schoß, aus dem die Zwei bricht, die Vielheit, die alle Zahlen in ihrer nie endenden Kette in sich einschließt."

Nach tiefem Sinnen fragte der Neophyt:

„Welches aber ist der siebente Wandelstern, mein Vater? Ich zähle nur sechs, wenn ich die Namen bedenke und die Erde an die Stelle der Sonne setze. Wir Griechen kennen: Hermes, Aphrodite, Erde, Ares, Zeus, Kronos."

Ernst blickt ihm der Priester in die Augen.

„Wir aber wissen noch von dem Mysterienplaneten, dessen Strahlen die erkennen, die hellsichtig sind. Er ist der fernste. Er hat ein sehr reines Licht. Pythagoras wagte, einen Namen für ihn vorzuschlagen. Er nannte ihn den Uranus. Mit diesem Stern hält nur der Hierophant geheimnisvolle Zwiesprache. Er ist der große Siebente, der unsichtbare Wanderer über den Himmel."

Nach langer Zeit, während der Apollonius immer von neuem in das heilige Schauspiel dieses Perpetuum mobile, dieser kreisenden Welträder versank, und der Hierophant sein Fragen beantwortete, hob dieser noch einmal den juwelenüberfunkelten Krummstab empor, und alle Priester umschlossen im Kreis den Initiierten.

Der Hierophant aber nannte Apollonius mit dem Namen der dritten Einweihung:

„Sohn der Götter",

und er segnete ihn mit dem Segen der goldenen Kabiren, die aus dem saphirnen Azur der Wölbung herabblickten, unerreichbar und unbegreiflich – thronend über dem Geheimnis der Welt.

DER BERG DER WEISEN

I

Sie zogen von West nach Ost durch das Stromland. Sie erstiegen Berge. Sie durchquerten des nicht enden wollenden Hochplateaus wasserarme Wüste. Sie klommen noch höhere Gebirge hinan – wochenlang – monatelang.

Gestern zogen sie über schmale Felsenpässe, ein Kamel hinter dem anderen, beritten von Apollonius, Damis, dem Führer und dem Kamelpfleger des Königs Bardanes, den zwei Dienern aus Tarsus und Rom. Heute reiten sie – auch einer hinter dem anderen – zur Seite eines Flusses, der dem Indus zustrebt, rasch hinabströmend in seine gewaltige Ebene. Urwälder umdämmern den Fluß, überwölbten ihn mit gebreiteten Ästen – zitternde, rosablühende Akazienzweige. Säulenhaft steigen vereinzelte Palmenschäfte, ausladend in gefiederten Kronen, über das Gewirr der umbuschten Ufer empor. Manchmal schießt ein schmales Boot mit braunen Hindus, die das Ruder mit dem Bein in verwegenen Stößen führen, an ihnen vorbei. Staunend blicken die nackten Männer auf die Karawane, rufen ein fremdartiges Wort, sind vorüber. Aus dem Dickicht schreien Affen und Papageien, blinzeln hervor, springen und flattern, verschwinden im Undurchdringlichen.

Einmal müssen sie anhalten; denn eine Herde Elefanten durchwatet den Fluß, der kleinste voran, die Furt ausspürend, die größeren ihm gelassen folgend. Seltsam gelenkig trotz ihrer schweren Glieder, klettern sie an der gegenüberliegenden, steilen Uferböschung empor, stampfen ins blaugrüne Dunkel – auch sie.

Um die still ziehende Karawane dampft, gellt, schreit, zuckt, blüht, zerfällt üppigstes, unerschöpfbares Leben. Jede unruhige

Welle des schnellen Flusses zittert und blitzt von Lichtern und Schatten, ist Spiegel dem tausendfältigen Lebenswillen.

Eine Straße kommt auf den Fluß zu, breit, fahrbar. Karren, mit weißen, höckrigen Ochsen bespannt, knarren auf ihr entlang. Schwankend spannt sich eine Brücke aus Holz über den Fluß, die erste, die sie antreffen.

Apollonius hält sein Kamel an, das Kamel, das die goldene Stirnbinde schmückt zum Zeichen, daß es den „Königsfreund" trägt.

„Wohin führt diese Straße?" fragt er, sehnsüchtig in die schwarze Tiefe des Urwalds blickend.

Der Führer winkt einen Hindu heran, der neben dem Gespann auf nackten, tierhaft leisen Sohlen tappt.

„Es geht hier nur zu einer Tempelruine", sagt er rückgewandt zu Apollonius.

Doch dieser lenkt sein Kamel in die Straße, die anderen folgen.

Der Wald riecht nach Blüten, nach Kräutern. Er riecht nach Leben, nach Lebendigem, aber auch nach Verwesung, nach Tod. Nie, so meint Apollonius, seien Leben und Tod so zudringlich nah, so wirklich, so furchterregend, so quälend und verzaubernd, so dicht an ihn herangekommen.

Einmal nur, nur einmal – als das kindhafte Weib vor ihm lag im Geriesel der Mondsteine und wellenhaft leise zu locken begann, bis die Lockung einmündete in den großen Atem der Welt, bis sein mitkreisendes Blut die gleiche ewige Bewegung fand, die ewige Ruhe ist.

Hier aber war das Fieber des noch nicht Gelösten. Hier war es, als ob Lebensbegierde aus jeder wildprunkenden Blume bräche, aus jedem Vogelschrei stieße, aus funkelnden Augen schöner, katzenhafter Tiere blitze, die lautlos aus dem Dickicht traten und lautlos in ihm verschwanden.

Und plötzlich stand die Tempelruine vor ihnen!

War sie erbaut? War sie gewachsen? Gewachsen in Urzeiten aus diesem dunstigen, giftiggrün überwucherten Boden? Säulen, rissig und bemoost gleich verwitternder Baumrinde, kämpften sich wuchtig empor in die schweren Kronen von Steineichen und Akazien, von edlen Kastanien, die Früchte und Blüten und Laubwerk auf sie hinabschütteten. Stufen, bröcklig wie Erdreich, hoben sich aus kriechenden Schlinggewächsen den Säulen entgegen, führten in durchwucherte Höfe, in dunkle, verschüttete Räume. Eidechsen flitzten smaragdgrün, bernsteingelb, schwarz wie Tusche. Und wieder der drohende Schrei aufgestörter Affen und Vögel.

Sie ließen die Kamele niederknien und stiegen ab. Die Asiaten legten sich gleichmütig auf die brüchigen Stufen. Apollonius mit Damis drang in den Tempel ein. Ehrfürchtig vor der unbekannten Gottheit folgten die beiden Sklaven.

Damis' staunende Blicke liefen von Ding zu Ding. Er, der Erscheinung für Wirklichkeit nahm, sah, behielt, verzeichnete. Seine ungeduldige Hand schob Ranken zur Seite, schweres, widerspenstiges Gewirr über holprigen verwitterten Mauern.

Steinerne Tänzer kamen zum Vorschein, in wüstem, groteskem Schmuck mit Schwertern und seltsamen Helmen. Und Masken traten hervor, riesenhafte Masken. Immer wieder die eines Mannes mit wütend gefletschten Zähnen, die eines Weibes mit lüstern saugenden Lippen und toten, gräßlichen Augen. Wo dieses Paar in ganzen Gestalten erschien, waren die Körper fett, die Beine kurz und der Hals mit Ketten behangen. Der Mann hielt eine lange Schnur; an ihr aufgereiht baumelten menschliche Schädel.

Mühsam kämpften sie sich durch die zähe Pflanzenpracht, erschraken immer von neuem über wildgrinsende Fratzen, chimärenhafte Tiere.

Ist das Indien? sann Apollonius.

„Wann wurde dieser wohl erbaut?" fragte Damis und erhielt keine Antwort.

Apollonius ahnte: Dies scheinbar Fremde, dies Wilde und dennoch Schöne, dies, was wie glühendes Leben schwelgt und in unentrinnbaren Tod zerfällt, im Grunde wächst es aus dem gleichen: dem Urschoß – dem Unwandelbaren – dem Raum – der

Eins. Es ist die Zwei, die Tausend sein kann und Milliarden Leben hat und niemals Dauer. Wechsel, Rauch, Verzückung, Gier, Sterben, Verwesung, Auferstehen in neuen Formen!

Nach langem Streifen, Schauen, Sinnen verließen sie den Tempel.

Bei den Babyloniern saß ein Hinduknabe. Mit Zeichen und Lauten schienen sie sich verständigt zu haben. Der Führer stand auf, verneigte sich vor Apollonius und sagte:

„Der Gott, dem dieser Tempel gehörte, heißt Siva, und die Göttin ist Kali, welche die Wollust schenkt und den Tod."

Damis rieselten schwüle Schauer den Rücken hinab. Gefährliches Glimmen kam in seine sonst so klaren Augen. Apollonius sah ihn überrascht an.

Ist *das* Indien? dachte er nochmals. Auch er war erschüttert.

Der Hinduknabe blieb bei ihnen, lief neben des Apollonius' Kamel, zu ihm aufschauend mit seinen großen, schwarzen Augen, sprechend und gestikulierend. Es dauerte nicht lange – Apollonius versenkte sein Lauschen nur tief und hingebend in die fremden Laute –, da wurden ihm die Worte faßbar in der gleichen Erhellung, wie er den Niniviten verstanden hatte. Zuerst war es ein Schauen dessen, was der Fremdsprachliche mit Worten hinstellte, und langsam wurde es begrifflicher Klang, wurde Bau und Gesetz einer bisher unbekannten Sprache. Noch fand er die Worte in ihr nicht immer selbst zur Antwort – verstehen aber konnte er ihren Sinn.

Den Knaben wunderte dies nicht. Er war von dieser blumenhaften vertrauenden Offenheit, die Apollonius bei allen Hindus auffiel, die sie bisher angetroffen hatten. Der Knabe erzählte, erklärte, lebhaft und hilfsbereit, und wie er gekommen und mitgelaufen, so war er, kurz vor dem Ufer des Indus wieder verschwunden, unauffällig zurückbleibend, wohl heimgekehrt.

Er hatte Apollonius vom Gebirge berichtet, aus dem der Indus komme und den Menschen wertvolle Geschenke bringe: die Erdschollen, die er herabschwemme. Wie sie alle ihn dafür ehrten, und selbst der König zur Zeit, da die Wasser anschwellen und das

Land befruchtend überströmen, dem Indus schwarze Stiere und schwarze Rosse opfere, und ein goldenes Gefäß, schön und groß, ähnlich den Krügen, in denen man Saatgetreide aufbewahre.

Wo denn der Palast des Königs sei, und wie der König heiße, hatte Apollonius gefragt. Mit runden, erstaunten Augen hatte ihn das Kind angesehen. Der König? Nun, Phraotes heiße doch der König, und Taxila sei die Stadt, darin er wohne. Der Knabe konnte nicht begreifen, wie es einen anderen König und eine andere Königsstadt geben und wie man nach diesen fragen könne.

Ob er schon in der Königsstadt gewesen sei, fragte Apollonius. Des Hindu Augen leuchteten auf. Ja, einmal sei er dort gewesen zum großen Fest des Guten Gottes.

„Wie heißt der Gute Gott?"

Wieder der staunende Kinderblick und scheu und eifrig: „Vishnu."

„Was gibt euch der Gute Gott?"

„Das Wasser, Herr."

„So, das Wasser. Es ist wohl furchtbar, wenn der Indus kein Wasser bringt und schmal wird und der Himmel keinen Regen sendet?"

Der Knabe nickte, erschreckt von Erinnerungen.

„Oh, Herr, wenn es nicht regnet, dann verbrennt Siva das Korn. Dann sterben die Kühe und die Vögel und die Fische. Dann sterben die Menschen. Darum beten wir alle zum Guten Gott. Aber ich habe gehört, weit, weit von hier, da leben ganz schwarze Menschen, und die beten zum Siva, und dann verbrennt er uns."

Ist das Indien? fragte sich Apollonius zum drittenmal und achtete nicht mehr auf alles, was der Knabe noch erzählte von Flußpferden und Krokodilen, Schlangen und schwarzen Panthern, die schön und schrecklich seien und manchmal die kleinen Esel anfielen, wenn sie im Sumpfland grasten.

Es war Abend geworden, als sie den Indus erreichten. Die Hufe der Kamele versanken in sumpfiges Erdreich und wurden langsam wieder herausgezogen. Langsam ward jede Bewegung. Wie in Träume fühlten die sechs Männer sich eingewiegt vom schaukelnden Rhythmus der hinstampfenden Tiere. In ihrem Rükken brannte der Sonnenuntergang. Purpurner Glanz lag über der riesenhaften Strombreite.

Der Satrap des Königs Phraotes, der ein prunkvolles Haus am Ufer bewohnte, empfing den Brief des Königs Bardanes und gewährte sofort die Überfahrt über den Strom auf seiner eigenen Fähre. Die Kamele schwammen.

Sie zogen nun am jenseitigen Ufer des Indus stromaufwärts, von einem indischen Führer, den der Satrap stellte, begleitet, der Königsstadt entgegen. Sie zogen durch kühle Nächte, rasteten am Tage unter dem Schatten des heiligen Bananenbaumes inmitten der Dörfer, ritten eine weitere Nacht und sahen im Erglühen des Morgens, weißrosa und durchsichtig vor Licht, die Königsstadt in der Ferne liegen. Vor ihr, aufgerichtet wie ein wuchtiger Fels, einen ungeheuren Tempel.

Dieser Tempel verjüngte sich nach oben. Er war dort abgeplattet und hatte unzählige Stockwerke, war vierseitig, zeigte nur wenige Zugänge, war über und über mit Bildnereien aus Stein bedeckt. Es quoll aus jeder Fläche, jeder Ecke, jedem Winkel. Es schien ganz gleichgültig zu sein, ob sich der Stein in Tiere, in Blattwerk, in Menschen, Dämonen, Tänzer, Krieger, Götter selbst verwandelte, wenn er nur beseelte Form wurde, wenn er nur aufhörte, Stein zu sein. Wenn er nur zuckende – leidende oder selige – Lebensflamme vortäuschen durfte.

Die Griechen, auch der Ninivit, an strenggemessene, sparsame, eindeutige Kunstschöpfungen gewöhnt, standen sprachlos diesem Waghalsigen, Trunkenen, Ängstenden gegenüber. Hier schien weder ein Plan noch ein Gedanke zu walten, zu ordnen, einzugliedern. Hier schien alles mit gleicher Leidenschaftlichkeit und gleichem Daseinsrecht herauszusprudeln, sich zu behaupten, um zu zeugen vom Urbrand der Schöpfung.

Apollonius, jetzt wie die anderen ganz Auge, ganz Hängen am Gegenstand, fühlte sein Herz fast springen vor Erregung. Nie hatte ihm einer von diesem Indien erzählt! Und wer war denn in Indien gewesen? Selbst Pythagoras war nicht weiter gezogen als bis nach Babylon und an den Nil.

Aus Indien kamen Karawanen mit Schätzen beladen. An den Landesgrenzen kauften die Handelsherren sie auf, wie einst wohl auch sein Vater Alkimedon. Oder – war der doch weiter gekommen? War er es nicht, der von den hohen, schneetragenden Gebirgen im Norden des Landes Kasmira erzählt? Oder – hatte er es nie erzählt? Hatte er, Apollonius, das alles nur in Träumen gesehen? Und gründeten sich diese Träume auf Wahrheit?

Heute zitterte er um ihren Trug. Heute, nein, schon seit Tagen bedrängte ihn die Wirklichkeit, die Stofflichkeit des anderen Indiens mit einem beklemmenden Grausen trotz ihrer Märchenschönheit. Und fast verständnislos mußte er lächeln, wenn er an seinen Kampf vor jenem einzigen Frauenleib dachte, von dem er geglaubt, daß nur dieser ihn in den Strudel der Weltlust reißen könne, nur dieser – fort von dem Gnadenweg zu den Weisen. Wie sehr verschwand die kleine Latifa vor diesem tausendfältigen Lebensleib!

So stark riß es Apollonius in dieser Mittagsstunde in das Reich der Maya – er wußte jetzt, daß die Inder die Sinnenwelt so benannten –, daß er eine merkwürdige, aber nicht unangenehme Schwäche des Denkens wahrnahm, ein lachendes, leichtsinniges Sichfreuen im Blut, ein Schauen und Träumen und Hinnehmen.

Er wußte dennoch genau: Dies war nur ein Zustand seiner Seele, der vorübergehen würde, in den einmal einzutauchen aber vielleicht notwendig für ihn war, um später das Eigentliche, das, um dessentwillen er ausgezogen war, an das er jetzt nicht zu denken vermochte, als das Wesentliche vor allem anderen zu unterscheiden.

Ein Hindu von schwärzlicher Haut, mit weißem Schurz und hochrotem Turban umstrich die Fremden, bescheiden auf ihre Anrede wartend. Ihm folgten zwei weitere, ihm gleiche Männer. Nach seinem Begehr gefragt, überbrachte er eine Einladung des

Königs Phraotes, der wohl schon durch den Führer des Satrapen von der Anwesenheit der Griechen unterrichtet worden war; denn dieser Führer war verschwunden. Apollonius dankte dem Boten und versprach sein Kommen.

„Wem opfert ihr in diesem Tempel?" fragte er.

„Dem guten Gott Vishnu, dem Erhalter des Lebens", antwortete der Hindu und warf sich mit seinen Begleitern auf den Boden, den Tempel durch tiefe Verneigung ehrend. Dann erhoben sie sich und führten die Gäste durch das steinerne Tor von Taxila.

II

Die Stadt Taxila schien sich über Meilen auszudehnen, von dreifachem Mauerring umfaßt. Sie lag auf felsigem Grund, und Treppen jeder Art – königlich breite, steile, winklige und schmale – durchrannen ihre Häusermassen wie Blutadern, die jeden Teil des Riesenkörpers mit wimmelndem Leben speisten. Das wimmelnde Leben auf den Tausenden von Stufen waren Menschen: schwarze Sudras im Lendenschurz, bronzefarbene Krieger in prunkvollen Waffen, gelbe Handelsleute und – ernst und gelassen in ihren weißen oder lichtgelben Gewändern schreitend – hellgesichtige Brahmanen, Gelehrte, Priester, hohe Beamte des Hofes.

Mitte der Stadt hieß der Königspalast, und, höher als alle anderen Häuser gelegen, war er von jeder Seite aus sichtbar. Bei ihm, wie bei allen Gebäuden, war der natürliche Felsen zu Mauern und vierkantigen Säulen, zu Terrassen und Dächern verwendet. Wie ein riesiges Schnitzwerk zeichnete sich seine Silhouette gegen den indigoblauen Himmel ab, weißlich und rosenrot, traumhaft und doch abenteuerlich verwegen.

Sie standen auf der Plattform vor dem Palast, der vergoldete Flügel vor ihnen auftat. Hier erwartete sie Hof um Hof, der erste flankiert von den Seitengebäuden der Burg, deren zentrales, längliches Viereck im festen Hintergrund emporragte. Dieser erste Hof war ein blühender Garten. Hier dufteten Jasmin und Heliotrop um schöngefaßte Wasserbecken. Über die Wege waren Blumen gestreut. Junge Mangobäume wuchsen aus kristallenen Vasen. Von den Dächern flatterten Fahnen.

Zur Seite des zweiten Hofes lagen die Stallungen. Hier wurde Elefanten Reis gestreut und Pferden edelster Zucht aus Nisa goldener Hafer.

Im dritten Hof – doch es gab deren sieben, erfuhren die Reisenden – tafelte der König. Er lag unter einem Purpurzelt auf bestickten Kissen zwischen Höflingen und Frauen. Denn hier in Indien wurde die Frau nicht verborgen und verschleiert wie am babylonischen Königshof. Hier schmiegten sich die Frauen des Phraotes an seine Knie, bedienten ihn, scherzten mit ihm, zeigten unverhüllt sorgsam gemalte, großäugige Gesichter.

Der König hob seine schweren, langbewimperten Lider dem Apollonius entgegen, der sich wie Damis vor ihm verneigte. Des Königs Alter war unbestimmbar. Tiefschwarzes Gelock ringelte sich blank um ein langes, glattes Gesicht, aus dem jede Falte fortgestrichen oder übermalt war, so daß der König für jung gelten konnte, hätten nicht die fast greisenhaften, gelblichen, fortwährend leise zitternden Hände ein bedrohliches Gegenzeugnis abgelegt. Eine dieser wächsernen Hände tastete, während er die Freunde des babylonischen Königs begrüßte, fast unwillkürlich nach der jungen Frau, die leise aus seinem Arm geglitten war, und behielt mit leichtem Griff ihr Handgelenk umspannt. Dabei beugte der König ein wenig den großartigen, maskenhaften Kopf als Erwiderung auf der Gäste Verneigung. Dann redete er Apollonius auf griechisch an. Erstaunt horchte dieser auf. Phraotes lächelte geschmeichelt.

Nachdem der Gast an seiner Seite Platz genommen hatte und Damis in einiger Entfernung zwischen Höflingen und Frauen, sagte der König:

„Du weißt vielleicht: Von Alexanders Zügen sind überall Griechen, die er mit sich führte, hier zurückgeblieben. In meiner Jugend hatte ich einen griechischen Pädagogen und las die Gesänge Homers und die Tragödien des Sophokles. Jetzt reicht mein Griechisch immer noch aus, um einen Gastfreund von dort begrüßen zu können."

Des Königs Worte kamen langsam, wurden augenscheinlich aus verschütteten Schätzen einer unsicheren Erinnerung zusammengesucht. Nur sehr wenige seines Hofes mochten ihn verstehen. Ein Dolmetscher half nach, wo dem König ein Ausdruck fehlte.

Apollonius dankte in einfachen Worten für die Ehre, die der König ihm bewies, indem er sich seiner Sprache bediente. Dann, als Phraotes nach dem Zweck seiner Reise fragte, bat er um Führer und Geleit zum Berg der Weisen. „Denn um diesen zu finden, zog ich aus", schloß er tiefatmend. War er nun dicht am Ziel?

Seine Worte, welche wie alles folgende vom Dolmetscher sogleich übertragen wurden, erweckten nicht nur beim König sondern auch beim ganzen Hof Staunen und Unruhe. Der König strich mit der zitternden Hand über seine gemalte Stirn. Dabei blitzten die vielfarbigen Steine der Ringe auf, die seine Finger wie goldene Schuppen bedeckten. Phraotes mochte einen anderen Grund erwartet haben, der die Reiselust der Griechen nach Indien geweckt – etwa weiße, nisäische Pferde, kostbare Vögel, edle Bissus- oder Kaschmirstoffe, Perlen, bauliche Herrlichkeiten. Dies alles einem verstehenden Fremdling zu zeigen, ihn vielleicht mit morgenländisch großartigen Gastgeschenken zu überschütten, hätte ihm eine angenehme Abwechslung bereitet. Die Frage nach den Weisen rührte Tiefen in des Königs dämmerndem Gewissen an, die er nicht gern betastet haben mochte, weder durch sich selbst noch durch einen Fremden. Nachdenklich schwieg er, sprach dann, mit lauerndem Blick Apollonius betrachtend:

„Du meinst die Oxydraken, die nicht weit von hier vor Zeiten lebten? Weißt du nicht, daß diese von Alexander überfallen und mitgeführt wurden? Vielleicht starben sie mit ihm in Babylon. Vielleicht blieben sie dort bei den Chaldäern. Was weiß ich! Es ist bald dreihundert Jahre her."

Doch Apollonius antwortete:

„Nicht nach diesen, mein König, forsche ich. Ich suche die lebendigen Weisen auf ihrem göttlichen Berg, der sich in deinem Lande erheben soll – und wiederum *über* deinem Reich. Dort – so sagte man mir – leben sie der Erkenntnis und dem Dienst der höchsten Gottheit. Die Oxydraken waren kluge Brahmanen. Die Weisen, die mich rufen, sind vielleicht – unsterbliche."

„Sie rufen dich, Apollonius von Tyana?" fragte der König bestürzt.

Apollonius winkte dem Dolmetscher, zu schweigen. Der trat zurück. Dicht beugte er sich zu des Königs schwerbekränztem Haupt hinab und sprach:

„Sie rufen mich, und sie rufen dich, mein Fürst. Ich habe ihn gesehen, den auch du kennst, den Meister."

Der König starrte entsetzt in Apollonius' Augen, festgehalten von seinem durchdringenden Blick. Vor seiner Seele mochte das Bild auftauchen, das Apollonius beschwor im ersten starken Aufflammen seines magischen Willens. Der König fuhr sich über die Stirn.

„Zauberer", murmelte er.

Aber Apollonius, tief in die innere Schau versenkt, hörte ihn nicht.

Nach längerem Schweigen begann Phraotes:

„In meiner frühen Jugend, ehe ich König war, erzogen mich die Weisen. Aber das Leben ist lang. Das Leben ist bunt. Sie wissen nichts vom Leben. Ich habe das Leben gelebt, des Vishnu köstliche Gegenwart: Liebe, Frauen, Schönheit, Wollust, Wein. – Den Weg zum Berg der Weisen, den habe ich vergessen.

Während dieser Rede hatte der König sich wieder gesammelt, verbarg die Erschütterung, die Apollonius' Worte in ihm hervorgerufen hatten, zog die schöne, junge Nachbarin spielerisch in seine Arme, lächelte mit glühroten, wie lackierten Lippen.

Apollonius aber wußte plötzlich: Der Meister verließ ihn nicht. Er beschloß zu warten, drei Tage Gast des Herrschers zu sein, in den umwucherten Abgrund dieser Seele zu dringen, die ihm dunkel und gefährlich erschien und erkrankt in ihrer Wurzeltiefe.

Und nun rauschte das Fest auf. Speisen auf goldenen Schalen, Wein in kristallenen Krügen, Düfte lebendiger Blumen, bebender Ton von gestrichenen Saiten, von silbernen Glocken, majestätischen Harfen.

Apollonius fühlte auf seiner Stirn kühle Blätter duftenden Jasmins. Über seine Finger wurden Essenzen gegossen, frisch und erregend im Geruch. Weiche Frauenhände tasteten an seinen Gliedern. Milde löste er sie von Armen und Nacken. Sein Blut blieb kühl. Sie fühlten die Abwehr und bedrängten ihn nicht. Dunkle Knaben traten auf, zart, geschmeidig. Sie warfen sich vor dem König nieder. Sein müder Blick glitt über ihre schmalen, zitternden Rücken, flüchtig festgehalten. Die Knaben standen, einer hinter dem anderen, seltsam gespannt, mit bebenden Flanken. Bogenschützen kamen, zeigten dem König, den Gästen spitze Pfeile, legten sie lächelnd auf die Sehnen langer Bogen, zielten. Zielten nach einem unsichtbaren Punkt hoch in der Luft, ließen den Pfeil erst schwirren, wenn die Knaben, einer nach dem anderen, in unbegreiflich hohem Srung auffederten und so über den sausenden Pfeil hinüber sprangen, dicht am Tode vorbei oder an schwerer Verwundung. Und kein Pfeil verletzte sie.

Die Inder schauten bewundernd zu. Des Königs Blick streifte des Griechen kalte, abweisende Züge. Er winkte kurz ab. Schützen und Knaben verschwanden. Und Tänzerinnen schwebten in den Hof, hingeweht wie ein Schwarm weißer Tauben, juwelenschimmernd, die Gelenke von leise spielenden Glöckchen umklingelt. Seitlich zogen Flötenspielerinnen heran, hockten Musikanten vor ihrer Vina, jener wundervollen Zither, aus deren gerundetem Doppelleib von Bambusrohr dunkelschwellende Töne stiegen, langsam hinsterbend in den sieben Saiten aus Messing und Stahl.

Klang ähnlich nicht die unsichtbare Musik in der Nacht der Melitte? Die Tänzerinnen fingen an, sich langsam zu wiegen, lianenhaft ihre jungen Arme zu heben, ihre Brüste zu spannen unter dem schimmernden Musselin. Geheimnisvolles Spiel begannen ihre Hände, weich sich windend wie knochenlos, schlangengleich. Ihre Finger bebten, jeder für sich, hungrig wie kleine Tiere oder unzüchtige Seelen, deuteten, verführten, kosten, ergaben sich. Aber still und ernst, von Antimon geweitet, blickten die großen Blumenaugen, ohne Wunsch, ohne Anteil, ohne Freude und auch ohne Schmerz. – Schneller immer schneller wurde der Tanz. Das Neigen, Sichdrehen, verwandelte sich in ein krampfartiges Zucken, flackerte, quälte, wollte kein Ende nehmen.

Dem Anblick dieses Tanzes gab sich der König verzaubert hin, vergaß die Gäste, bezeichnete mit langsam deutendem Finger, unheimlich brennenden Blicks. Der Höfling verstand und notierte. Und jäh war dann der Tanz doch abgebrochen. Die Mädchen strichen hinaus.

Phraotes wandte sich wieder zu Apollonius, empfahl ihn seinem Kämmerer, bat mit zynischem Lächeln, seine Wünsche zu äußern, lud ihn für den nächsten Tag zur gleichen Stunde ein. Apollonius erhob sich, verließ mit allen Gästen den Garten. Der König fiel schwer in die Kissen zurück.

Es war ein weiter, kühler Raum, in den Apollonius und Damis von dem Kämmerer geführt wurden. Schwellende Kissen bedeckten breite Lager. Der Kämmerer fragte höflich nach ihren Wünschen und wurde deutlicher, als Apollonius stumm den Kopf schüttelte und nichts zu entbehren schien. Zögernd zog sich der Inder zurück. Damis seufzte unhörbar. Lange ging Apollonius in dem weiten Raum auf und nieder, sinnend, schweigend. Süßer Jasminduft strömte herein. Funkelnd wie grünes Metall hing der riesige Vollmond am samtschwarzen Tropenhimmel.

Endlich fragte Damis:

„Wenn nun der König den Weg nicht weiß, wer führt uns zu den Weisen?" Denn Damis meinte, Apollonius sorge sich um sein Reiseziel. Dieser aber lächelte abwesend.

„Den Weg finden wir schon, mein Damis", antwortete er und strich über des Kauernden schwarzes Haar, wie er einst über

Dions Haar gestrichen hatte. „Jetzt gilt es, die drei Tage Gastfreundschaft noch zu überstehen. Dann wird sich ein Führer finden. Und glaubst du es denn, Damis, daß dieser König den Weg zu ihnen wirklich vergessen hat? Er, der von ihnen belehrt wurde?"

„Du meinst, er will ihn dir nicht sagen?" flüsterte Damis erregt.

„Ich weiß es noch nicht. Sehr verdüstert ist dieses Königs Geist, sehr herabgewürdigt. Ich sah noch nie auf seinen Grund. Und verwüstet ist in ihm auch die herrlichste Menschenkraft, das Gedächtnis. Pythagoras gab dieser Kraft den Namen einer Göttin. Mnemosyne nannte er sie."

Hierauf suchten sie ihr Lager auf. Von fern her tönte noch das Flötenspiel, wie es der indische König zum Einschlafen brauchte, besänftigend, betäubend. Aber die Sonne war kaum aufgegangen und schimmerte durch korallenfarbene Vorhänge, da trat eine hohe, gebeugte Gestalt vorsichtig in den Saal, blickte umher, sah des Apollonius goldlockiges Haupt schlafend auf den Kissen ruhen, tappte näher, stand vor dem Schläfer in einer merkwürdigen, beklommenen Rührung.

Der König zog das taubengraue Gewand eng um den Leib, strich mit der Hand über sein zerfallenes Gesicht, murmelte sinnend:

„Wie er schläft, der Wassertrinker, der Frauenfeind, der Heiligensucher! Mir gibt kein schwerer Wein und keines Weibes Kuß mehr solchen Schlaf. Und ob es die Heiligen vermöchten – ich weiß es nicht."

Das greisenhaft halblaute Denken erweckte Apollonius. Ohne Wundern stützte er den Kopf in die Hand, hellwach und gespannt den gespenstischen König anblickend. Der ließ sich in einen tiefen Sessel gleiten, der am Lager stand, versank in geblümte Kissen. Des Königs Augen waren glanzlos, des Königs Haar verwirrt und von weißen Strähnen durchzogen. Des Königs Mund war von fahlem, bläulichem Rot und seine Wangen hingen schlaff und grau herab. Apollonius betrachtete ihn still. Erbarmen quoll in ihm auf. Nackt erschien der König vor ihm – alt in elender Morgennüchternheit.

„Ich wandere manchmal des Nachts, denn ich habe den Schlaf verloren", begann der König. „Mein Hof weiß es, und niemand erschrickt vor mir. Hat es dir mein Kämmerer gesagt, weil du so ruhig bliebst, als ich kam?"

Apollonius schüttelte den Kopf.

„Niemand sagte mir etwas darüber. Aber ich wundere mich nicht mehr über irgendein menschliches Tun. Schwer ist die Nacht für den Mann, der seine Vergangenheit vergessen hat und seine Zukunft nicht erkennt. Schwer zu tragen ist für den Greis die Gegenwart des Vishnu."

Der König horchte auf.

„Du sprichst wunderlich und bist noch ein junger Mensch, Apollonius von Tyana. Weißt du nur zu reden, wenn das Fest vorüber ist, und bist stumm, wenn andere sprechen?"

„Feste mit dir feiern, das kann ich nicht, mein König. Aber schwere, dunkle Rätsel im Menschenherzen – die kann ich deuten." Und durchdringend sah er den König an. Der legte die Hand über gequälte Augen, müde, fliehende Augen, und schwieg.

Nach einer langen Weile fragte er ablenkend:

„Du nanntest Vishnu, den gütigen Erhalter des Lebens. Was weißt du von unserem Gott, du Grieche mit deinen Olympiern, die sündigen und die einander die Macht neiden wie Menschen, wie schwache Menschen?"

„Die Götter", antwortete Apollonius gelassen, „tragen bei jedem Volk andere Namen. Dennoch sind sie die immer gleichen, die unsterblichen Strahlungen des Alls. Auch das All heißt in allen Sprachen anders. Bei euch wird es das Brahman genannt, so hörte ich sagen."

Der König staunte, wollte es nicht merken lassen, fragte versuchend:

„Du sprichst von Brahma, dem Erschaffer der Welt?"

„Du weißt, daß ich nicht von ihm spreche. Dieses aber ist ein Geheimnis, das ich selber zu suchen ausgezogen bin. Was hinter den Göttern steht, das steht auch hinter den Menschen. Auf das kommt es an. Wer das gefunden hat, der ist ein Erlöster vor den Menschen, der ist vielleicht vor ihnen ein — Gott."

Der König wurde unruhig.

„Ähnliche Worte hörte ich schon einmal", murmelte er. „Aber solche Worte greifen zu tief. Sie machen leiden. — Du bist jung, Tyanäer. Du hast ein unbeschwertes Herz. Weißt du, was Schuld ist?"

„Ich weiß es", antwortete Apollonius ernst. „Schuld ist das, dem kein Sterblicher entgeht. Selbst wenn wir Heiligstes erstreben, werden wir schuldig. Selbst wenn wir heilen und lebendig erhalten, morden wir eine andere Seele. Bedingtheit ist das Gesetz der Welt. Ich weiß es, denn ich hab' es an mir erfahren. Schuld aber darf nicht anschwellen über unserem Leben. Das zu verhindern, steht in unserer Hand."

Der König stöhnte.

„Und wie entgeht man diesem Zwang zur Schuld?" flüsterte er.

„Das hoffe ich bei den Weisen zu lernen, mein Fürst. Ich weiß es noch nicht."

Sie schwiegen wieder lange. Dann sagte der König:

„Mein Rhapsode soll heute den Sang von Krishna vor dir singen. Krishna kam vom Himavat, vom Dach der Welt, und verkündete den guten Gott, verkündete Vishnu, und viele glauben, daß er selber Vishnu war. Vor ihm kannte die Welt nur Brahma, den Schöpfer, kannte nur Siva, den Gott der Wollust, die Zerstörung ist. Ja, Apollonius!" schrie der König plötzlich im Übermaß innerer Qualen auf und tastete nach seinen Händen, „ja, Wollust zerstört. Und vielleicht glitt ich lange aus des liebenden Gottes Armen in die glühende Faust des Siva und merkte es nicht. Vielleicht bin ich schon tot. Vielleicht lebt nur noch mein Leib. Apollonius, mein alter, alter Leib, mein seelenloser Leib. Denn sieh, Apollonius, ich bin über siebzig Jahre alt und kann den Lebenstraum nicht lassen und kann das Weib nicht lassen und das Dasein. Und jede Nacht legt sich ein anderes junges Mädchen auf meinen schlaffen Leib. Das gibt mir

Wärme, das nährt durch geheimnisvolle Ströme mein Blut. Aber am Morgen welken sie hin, die Jungen – wie Blumen, wie kranke Blumen. – Mein Land ist groß, Apollonius. Indien liebt seinen König. Der Inder ist opferbereit. Opfern tut er dem guten Gott und dem schrecklichen Gott, Vishnu und Siva. Er opfert auch dem König. Und der König lebt von seinen Opfern. – Aber seit ich dich sah, Apollonius, in deiner jungen Heiligkeit, seitdem fürchte ich, daß ich meine Seele verloren habe, daß ich ein Leib bin, der seine eigene Fäulnis belauscht, übertünchter Leichnam, Vampyr, der von fremdem Blut sich nährt, ein Verstoßener des Alliebenden, ein Zerstörter des Siva."

Apollonius hatte sich auf den Rand seines Lagers gesetzt. In seinen Armen hielt er den zuckenden, stöhnenden Greis. Und die Nacht stand vor ihm, da er so den Vater am Herzen hielt, ihn, der aus Entbehren zum Verwünscher des Lebens geworden war, wie dieser König aus Überfluß. Und Apollonius grauste es vor dem alten Menschen. Denn dieser erschien ihm gefährlicher in seiner verhüllten Sünde als der junge, der sich ausbraust und dann hinüberfindet zu Maß und Gleichgewicht.

Der König war gegangen. Brennend stand die Sonne über der weißen Stadt. Im Palast des Königs waren die Räume kühl, dämmeriges Licht flutete durch die verhangenen Fenster. Mauern von gewaltiger Dicke sperrten die Hitze aus. Im Palast des Königs war es totenstill. Denn der gepeinigte Fürst versuchte am Vormittag den Schlaf zu finden, den ihm die Nacht nicht gab.

Gegen Abend holten Bediente Apollonius und Damis wieder in den dritten Hof, wo Springbrunnen kühlten, Düfte aus Blumen und Schalen erquickend stiegen, die Vina und die Flöte sangen. Der König prahlte um diese Stunde wie gestern in Schminke und schwarzem Gelock. Er begrüßte den Griechen mit herablassender Huld, sein Blick eilte am Blick des Apollonius vorbei, seine Lippen glühten in unnatürlichem Rot, lächelten, verzerrten sich, schwiegen.

Vor jedem Gast stand wie gestern ein kleines Tischchen, und die Sudras eilten mit Speisen und Wein umher. Vor Apollonius lagen Früchte, lag Reis, auf silbernem Teller zubereitet, stand ein Becher mit schneegekühltem Wasser. Der König trank Wein, trank viel Wein. Ungeduldig wandte er das mächtige Haupt.

„Wo ist Sundas? Er soll kommen und meinem Gast das Lied von Krishna singen!" rief der König.

Tief verneigte sich der junge Rhapsode. Er hielt eine kleine Lyra im Arm; vier Saiten liefen über ihren schmalen Leib. Sundas, der Dichter, hatte ein zartes Gesicht. Alle Frauen des Hofes wandten die Blicke nach ihm.

„Sieht er nicht selber aus, als sei er Madana?" flüsterte eine leise Stimme. Der Dolmetscher hockte neben Apollonius. Auf seinen fragenden Blick übersetzte er die Worte.

„Madana ist der Berauscher", fügte er kaum hörbar hinzu.

Der Rhapsode begann, rezitierte zu begleitenden Griffen auf der Lyra, warf seine morgenhelle Stimme in das Lied, wo das Gefühl seines Helden herausbrach, fiel wieder zurück in epischen Fluß, wenn er die Begebenheiten im Tal von Kasmira erzählte, wo Krishna, der Gesandte vom Dach der Welt, herabgestiegen war zu den Nymphen, den fünfhundert Hirtinnen. Krishna, der die Seelenliebe zu den Menschen bringt, der die Herzen anrührt mit seliger Qual, Govinda der Hirt, Madana der Berauscher, Kandarpa, der die Lust der Liebe kennt. Und Krishna-Madana, der Unerschöpfliche, Unendlichsichspaltende, der Leiblose und doch Begierdevolle umarmt die fünfhundert Nymphen im blühenden Tal von Kasmira, entzündet unermeßliches Leben in aufbrechenden Seelen, bringt das Schicksal der Liebe in die Welt, hebt die unterdrückten Seelen der Frauen aus dem Staub empor, ergießt sich in sie. – Krishna lehrt die Nymphen den Tanz, der die Einflutung des Gottes in den Körper der Welt symbolisiert, der getanzt werden wird, wenn einst die Tempel des Vishnu stehen an allen Enden des Reiches. Dann werden die Berührten des Gottes den heiligen Tanz tanzen. Dann werden die Männer sich vor den Apsaras niederwerfen, den Götterbotinnen, und sie werden die Liebe erlernen, die von Hari kommt, dem Erlöser, dem Frühling, dem guten Hirten Govinda. – So endet das Lied von Krishna, der des Vishnu Bote ist, und von dem viele glauben, daß er der Gott selber war.

Als Apollonius die gesenkten Blicke hob, sah er in die Augen des Königs, die lange und aufmerksam auf ihm geruht hatten. Jetzt irrten sie unwillig fort, und Apollonius erkannte von neuem: Der König schämte sich der nächtlichen Beichte, ertrug es nicht, so hüllenlos erkannt worden zu sein. Bescheiden wandte er sich mit gleichgültiger Frage an seinen Nachbarn. Er wollte den König nicht durch sein Wissen über ihn quälen, das deutlicher und schärfer mit jeder Stunde wurde.

Aber den König zwang es zu Apollonius. Mit schlecht versteckter Neugierde fragte er nach dem Eindruck, den Sundas' Gesang auf ihn gemacht. Apollonius antwortete lebhaft:

„Schön war das Lied, mein König, soweit ein Fremder ein Fremdes nachfühlen kann, dem er nur ahnend zu folgen vermag. Schön ist dieser junge Götterbote, der sich in Liebe hingibt, der die Sehnsüchtigen umarmt und doch der ‚Leiblose' genannt wird. Tief ist das Lied von Krishna, wenn man es zu deuten versteht."

Der König horchte begierig, war trotz allen Lobes nicht befriedigt von Apollonius' Worten. Warum? Er wußte es nicht.

Und das schönste Paar seiner Tänzer, ein Mädchen und ein Jüngling, ließen sich feierlich auf purpurnem Teppich nieder. Durch die Reihen der Tafelnden ging eine Unruhe, ein Sichwundern. Nur die vornehmen Inder, nur des Königs Frauen konnten ermessen, welche Ehre der König dem Griechen antun wollte, da er jene vor ihm tanzen ließ, die sonst nur in geheimen Stunden vor ihm allein auftraten und die Pantomime darstellten von dem Bräutigam und der Braut, diese Pantomime, die des Königs Augen betören, die des Königs erschöpfte Sinne aufreizen sollte.

Das junge Paar von zauberhafter Schönheit begann nun, nebeneinander kniend, seine wundervolle Zeichensprache, sein zärtliches Neigen, Flehen, Deuten, Gewähren, Geschehenlassen, und obgleich jede Bewegung, aus uralten Hochzeitsriten stammend, verständlich und auf das eine Ziel: die geschlechtliche

Vereinigung, gerichtet war, so adelte doch jede Gebärde keusche Verhaltenheit, zarteste Schonung.

Im Oval des Jünglingsgesichtes standen rein und groß die dunklen Augen unter sichelförmigen Brauen. Sein Mund war blumenhaft, und blumenhaft war das verhaltene Lächeln in den schweigsamen Winkeln, die ein wenig nur hinaufgezogen waren. Er hielt die breiten Lider gesenkt. So ruhte sein Blick unaufhörlich auf der Stirn der Geliebten, die friedvoll und schmal sich wölbte über ihrem trunken hingegebenen Gesicht.

Als dieser Tanz beendet war, als dieses Paar langsam den Hof verlassen hatte, fragte der König Apollonius, der nun doch seltsam erblaßt war, leise:

„Welchen der Schätze Indiens erwählst du nun, mein junger Gastfreund? Du siehst, ich verfüge über jeden Genuß, den ein Mann sich wünschen kann. Wähle!"

Aber unbeirrt durch das süße Spiel traf das blaue Auge des Griechen seinen unruhig lauernden Blick, und leise, wie der König gefragt, antwortete Apollonius:

„Meinen Wunsch, du kennst ihn, König Phraotes. Führe mich zu den Weisen auf dem heiligen Berg; denn sie zu suchen bin ich ausgezogen."

Der König sank enttäuscht in sich zusammen.

„Den Weg zum Berg der Weisen, den habe ich vergessen", murmelte er von neuem, und im ganzen Hof war es still geworden. Doch langsam hob der König sein schweres gesenktes Haupt.

„Ruft mir den Brahmanen Maitreja! Er muß Hilfe schaffen. Denn der König von Indien kann seinem Gastfreund nicht ein zweites Mal den gleichen Wunsch versagen."

Der Brahmane stand vor dem König, verneigte sich nicht, wartete.

„Maitreja", bat der König – und sein Ton war ganz demütig – „verwahrst du nicht den Somatrank, der den entrückt, der ihn genoß, und ihn sehen läßt, was er zu sehen verlangt? Gib meinem Gast von ihm zu trinken."

Der Brahmane schaute Apollonius prüfend an, nickte langsam. Da aber drängte sich Damis vor. Unruhig, bestürzt, in lodernder Angst fragte er:

„Was willst du ihm antun, o König? Wollt ihr diesen Mann, den die Götter lieben, mit Zaubertränken abspeisen, die ihn vielleicht betäuben, so daß er erkrankt oder von Sinnen kommt oder auch daran stirbt?"

Da lächelte der schwermütige König zum erstenmal, während die Gäste sich entsetzten und der Brahmane drohend die Stirn runzelte, und winkte den Niniviten an seine Seite. Er griff sein schwarzes, dickes Haar, bog seinen Kopf zurück und fragte mit viel Nachsicht:

„So meinst du es, wunderlicher Assyrer? Du glaubst, wir wollen deinen Abgott hier beiseite bringen? Ja, wer hat dir denn, der du ein einfacher Mann scheinst, offenbart, daß dieser ein Erwählter der Götter ist?"

Damis, zurückgebogenen Hauptes, kniend unter dem Griff des Königs, antwortete tapfer:

„Wenn ich auch nur gering bin, eines habe ich auf unwiderlegliche Weise erkannt: Apollonius ist berufen, die Welt zu erleuchten — wie Krishna, von dem hier gesungen wurde, und von dem einige unter euch glauben, daß er Vishnu selber war."

Der König gab den Niniviten jäh frei, stutzte. Dann aber lachte er laut und dröhnend, und der ganze Hof, zuerst erschrocken, fiel in das Lachen des Königs ein. Aber des Königs Lachen hatte einen gewaltsamen, gellenden Ton, und es brach ab, als sei es nie gewesen.

„Maitreja", ordnete der König an, „gib auch Damis vom Somatrank, damit er sieht, wohin sein Lehrer wandert."

Der Brahmane hatte schon einen Boten entsandt, der ihm nun das versiegelte, geheimnisvolle Pulver überreichte. Jetzt schüttete er es in einen Becher mit klarem Wasser. Dann wandte er sich zu den Fremden.

„Willst du aus deinem Körper treten, Apollonius von Tyana, und mit den Augen der Seele den Weg schauen, den hier keiner kennt? Der Somatrank läßt deinen Leib in Starre versinken. Deine Seele aber gibt er frei. Der Soma wirkt in beiden, im Leib und in der Seele. Er ist das Feuer der Götter, mußt du wissen. Wenn er nun deine Seele aus dem Leib gezogen hat, wie ein Schwert aus der Scheide gezogen wird, so mag sie ungehemmt dorthin gehen, wohin ihre Begierde sie treibt. Denn in unseren heiligen Büchern steht geschrieben:

Dem hängt er nach, dem strebt er zu mit Taten,
Wonach sein innrer Mensch und sein Begehr steht."

„Kann ich den Weg im Leib nicht finden, so mag mein leibloses Selbst ihn suchen – was liegt daran!" antwortete Apollonius.

„Willst du dem Leiblosen auf seinem Erkundungspfad folgen, Damis, eifriger Schüler? Fürchtest du dich nicht, das Gehäuse zu verlassen, das in unserer Obhut bleibt?"

„Ich fürchte mich nicht!" rief der Ninivit.

Da setzte der Priester erst Apollonius und dann Damis den Becher an die Lippen. Sogleich sanken die Somatrinker wie leblos hin. Aus weiter Ferne hörten sie noch des Königs Stimme, der durch spielerische Worte die furchtbare Erregung zu beschwichtigen suchte, die ihn durchrüttelte, seit der Grieche im Palast weilte:

„Radanita, ich will meinen Kopf zwischen deine Knie legen, bis der Träumer wiederkehrt."

„Sei es so, Herr", flüsterte das Mädchen.

Sie aber erwachen wandernd in einem blühenden Tal. Unbegreiflich leicht ist ihr Schreiten, und doch ziehen sie schon lange über weite Straßen, durch Wälder, über Gebirgspässe. Sie haben einen Strom überschritten, den Hyphasis, wissen sie. Sie wissen jede Wegkreuzung und jeden Ort, den sie berühren, denn alles, was sie sahen, steht unverrückbar in ihrem Gedächtnis. Und trotzdem ist es, als erwachten sie erst jetzt.

Im Tal strömt ihnen ein Fluß zwischen blütenüberschütteten Ufern entgegen. Auf einem Spiegel schwimmen große, blaue

Lotosblumen. In rätselhaftem blauen Dunst schwankt und schimmert das Tal, so, als finge der Himmel schon auf seinem blumigen Grund an, so, als senke er sich mit seinem trunkenen Indigo bis tief in den Schatten jedes Baumes, jedes Gebüsches, bis in das weichlockige Fell der grasenden Ziegen, bis in die strahlenden Augen der Menschen, der schönen, glücklichen Bewohner dieses Tales. Diese Menschen kommen ihnen mit leichten Schritten entgegen, plaudern miteinander, gehen durch sie hindurch wie durch Luft.

Und jetzt verengt sich das Tal. Der Strom wird schmaler und schäumt. Kurz und härter wird das Gras. Sie steigen aufwärts. Wie vom Himmel gefallen liegen runde, blaue Inseln zu ihren Füßen, Enziane, dicht ineinandergedrängt, jede einzelne der Sonne zugewendet. Dunklen Bechern gleichen die einen mit aufgelichtetem Grün in ihrer durchsichtigen Tiefe. Aber wie brennende, fünfzackige Sterne öffnen sich die anderen und ihr milchiger Kelch strahlt wie farbloses Licht.

Könnten die Wanderer sich selber sehen, so würden sie sich wie durchsichtige Schatten erscheinen, aber sie sehen nur, was außer ihnen ist.

Höher und höher richten sich vor ihnen die Berge auf. Ihre Gipfel sind zackige Silberkronen vor dem Himmel Indiens, der in einem niegesehenen Blau, ohne Wolke und ohne Dunst über der Erde ausgespannt ist wie ein blaugrünes, ewig brennendes Feuer. Und der Wanderer aus Tyana erkennt: Dies ist das Land, das ich als Kind gesehen. Dies sind die Blumenwiesen, die sich gegen das Gebirge heben. Dies ist der glitzernde Schnee, der nie schmilzt, auf dem Dach der Welt. Hier wohnt der Meister! – Und fast staunt er, daß ihm der Meister nicht entgegenkommt, daß Geisterschweigen über der kristallenen Herrlichkeit ruht, daß keine der hohen Gestalten mit den feierlichen Priestergebärden zu sehen ist.

Und immer noch ziehen sie weiter, Apollonius voran, dicht hinter ihm – Schatten des Schattens – der Ninivit. Und endlich erblicken sie die Burg der Weisen. Auf spiegelblank geschliffenen

Felsenwänden steigt sie empor in Hallen und Höfen, in Toren und Türmen und Tempeln. Sie erscheint gleicherweise hart wie der Fels, aus dem sie gemeißelt ist, und schwebend, ungewiß wie ein Traumgebilde, das zerrinnt, wenn man es anzutasten sich erkühnte. So ragt sie über der Welt in der Einsamkeit des Himavat, und um sie und in ihr ist das Schweigen der großen Eingeweihten, die Apollonius gegenwärtig fühlt, wenn er sie auch nicht sieht.

Noch steht die Götterburg, noch leuchtet sie silbern auf: da fängt sie an zu schwinden, wird blaß, wird schemenhaft grau –, und mit ihr vergehen Berge und Hänge, vergehen Blumen und Bäume, Tempel und Tor.

Apollonius, hinter geschlossenen Lidern, hört wieder des Königs Stimme sagen:

„Radanita, hebe deine Hand von meiner Stirn, denn mir scheint, der Somatrinker hat sich gerührt. Ich will sehen, wie er erwacht."

„Sei es so, Herr", flüsterte das Mädchen.

Apollonius schlug die Augen auf. Mit ihm erwachte Damis. An Apollonius' linker Hand funkelten sieben Ringe. Jeder trug einen anderen Edelstein. Sein erster Blick fiel auf das niegesehene Geschmeide. Auch der König sah es sofort, auch der Brahmane. Dieser schien betroffen.

„Es sind die planetarischen Ringe. Jeder Tag der Woche ist einem Gestirn und einem Juwel geweiht", sagte er zögernd und überprüfte die Steine. „Apollonius von Tyana, wer gab dir diese Ringe?"

„Ich weiß es nicht, denn ich sah keinen Weisen", antwortete Apollonius und lächelte.

„Aber du sahst ihre Burg?" fragte unruhig der König.

„Ich sah die Burg", sprach der Wanderer, und er schilderte das Tal in seinem seligen Blau, mit seinen schönen Menschen, beschrieb die Burg im Schirm des Himavat.

Der König hatte das Mädchen zur Seite geschoben. Er hatte die Rollen vergessen, die er vor Gast und Hof gespielt. Mit entgeisterten, fast brechenden Augen, mit klaffenden Lippen hielt er sein großes, geschminktes Gesicht dem Sprecher zugewandt, und jedes Wort und jede kleinste Schilderung schien Verschüttetes aufzuwühlen in seinem trostlosen Herzen. Leise murmelte er:

„Es ist das Tal Kasmira, durch das du zogst. Es ist des Krishna Tal. Es ist der Berg Meru, auf dem die göttliche Burg steht. Ich sehe den Weg, den ich in meiner Jugend ging, den Pfad, den ich vergessen hatte."

Apollonius verstummte erschüttert vor der wunden Klage aus des Königs Mund. Der brach zusammen wie Holzfeuer, dem die Flamme entzogen wird, wie Asche, wie Staub.

Im Hofe wurde es totenstill. Auf einen Wink Maitrejas entfernten sich die Höflinge und die Frauen, die bedienenden Sudras, die Flötenspielerinnen und Damis. Unter dem Purpurzelt blieb der zusammengesunkene Greis. Mit ihm nur blieben der Brahmane und Apollonius.

Nach langem Schweigen hob der Fürst sein Haupt.

„Wenn du morgen ausziehst, Tyanäer, den Weg entlang, den du geschaut hast, wenn du die Weisen erreichst, so sprich zu ihnen: ‚Ein Büßer wird kommen, wenn er seine irdischen Angelegenheiten geordnet hat, ein Pilger, der ein schlechter König war'. — Mit dir, Maitreja, will ich das Weitere bereden."

Apollonius fühlte sich entlassen. Tief neigte er sich vor dem König, küßte ergriffen des Königs welke Hand. Der blickte ihn aus müden Augen lange an.

„Du, meine Jugend! Meine reine Jugend — du —", flüsterte er. Es klang fast zärtlich und war nicht zu unterscheiden, ob er den Gastfreund meinte oder sich selbst, oder ob er einen in dem anderen sah.

III

Ein Elefant im Schmuck der königlichen Reittiere trug am anderen Morgen Apollonius, Damis und die beiden Diener aus der Stadt Taxila. So hatte es Phraotes angeordnet. Die Reise zum

Berg der Weisen würde lange dauern. Sie saßen in ihrem kleinen schwankenden Turm auf dem breiten Rücken des schwärzlichen Ungetüms und schauten zwischen den Spalten der zugezogenen Vorhänge hindurch auf die Straße, die ins scheinbar Endlose der indischen Landschaft führte, meistens blendend in unbarmherzigem Licht, manchmal von sorgsam gepflegten, schattenden Bäumen begleitet.

Apollonius erkannte jeden Ort und jede Straßenkreuzung, jeden Tempel wieder von der ersten schattenhaften Wanderung, und er oder Damis gaben dem schwarzen Lenker, der vor ihnen auf dem Nacken des Elefanten hockte, genaue und untrügliche Weisungen. Der Mann regierte mit einem kleinen Stab das riesige Tier, das unermüdlich und geduldig über Straßen und Hochebenen, durch Wälder und Öden trottete und schließlich den Hyphasis durchschwamm.

„Zwischen dem Hyphasis und dem Ganges liegt der Berg der Weisen", flüsterte Damis erschauernd, als das Wasser hoch an des Tieres Weichen aufrauschte, und der Turm mit vergoldeten Säulen und Purpurvorhängen von Ufer zu Ufer zu segeln schien. In Dörfern, durch die sie kamen, brachten die Brunnenhüter köstliches kühles Wasser, während sie unter dem heiligen Bananenbaum rasteten. Einwohner trugen den Gästen des Königs Datteln und Oliven herbei. Alle staunten sie an, den hellen Mann aus dem Westen, den langlockigen Niniviten, die fremdartigen Diener.

Und schließlich kamen sie in das blaue Wundertal des Krishna, durch das ihre Schemen auf der Zauberfahrt gestrichen und – aus einer Traumebene in die andere gleitend – zu bewußter Schau erwacht waren. Dieses Mal erblickten die schönen Bewohner von Kasmira die Reisenden. Freundlich boten auch sie Weißbrot und Früchte. Und von ihnen wußte ein jeder, wo der Berg der Weisen lag.

Weiter und weiter zogen sie, immer dem Flusse Chelum entgegen, der auf schimmernden Wellen blaue Lotosblumen wiegte und schäumend und schmal wurde, wo die Felsenwände näher an ihn heranrückten. Hier hatte der Elefant keinen Platz. Er mußte in einem Dorf zurückbleiben, mit ihm sein Pfleger und die beiden Sklaven.

Apollonius und Damis stiegen, wie ihre Seelen im Somaschlaf, allein ins Gebirge empor – unfehlbar geführt von wissender Erinnerung. Und nach Traum und Trance stieg nun vor Apollonius als Wirklichkeit die Burg der Weisen über dem Felsensockel mit seinen geschliffenen Wänden auf, nur überragt von den höchsten Gipfeln des Himavat, gleißend im nieschmelzenden Schnee. Ihr entgegen warfen sich die blumenübersäten Matten, auf denen die Wanderer schritten, ihr näher, immer näher kommend.

War die Burg noch herrlicher in ihrer Wirklichkeit als in den frühen Wahrträumen? Apollonius wußte es nicht. Tiefe Ruhe war in sein Herz gekommen, unirdische Gewißheit höherer Welten. Er schwieg seit Stunden, und Damis ehrte sein Schweigen. Am Fuß des heiligen Berges lag wieder ein Dorf, und hier begrüßte ein Jüngling Apollonius mit diesen Worten:

„Die Weisen auf dem Berge erwarten dich, Apollonius von Tyana. Ich soll dich und Damis zu ihnen hinaufführen."

„Du kennst meinen Namen? Die Weisen erwarten mich?" fragte er und wußte doch zugleich, daß alles Übernatürliche jetzt – Natur geworden war.

Der Jüngling lächelte. Er hatte ein kühnes, schwermütiges und sehr schönes Gesicht.

„Die heiligen Männer wissen immer, wer zu ihnen kommt", sagte er.

Dann ging er den Reisenden voran in eine Felsenschlucht, den einzigen Zugang zur Burg, und führte sie durch Gänge und in den Fels gehöhlte Tunnel, über Galerien und viele, viele Treppen langsam empor. Auf einmal brach das Licht wieder ungehemmt in die dunklen Schächte, und da traten sie auch schon auf eine kleine Wiese hinaus, die als ein blauer Enzianteppich vor der silbernen Burg ausgebreitet lag. Bergwind umspielte der Wanderer glühende Gesichter, Düfte tragend, herb und kühl. Vor dem offenen Tor aber standen die feierlichen

Männer, weißgekleidet, turbangekrönt. Sie schritten Apollonius entgegen, sie begrüßten ihn mit vertrautem Wort, und nun war es wieder ganz wie im Traum seiner Kindheit, beseligend und unwirklich zugleich.

Aber aus der priesterlichen Schar löste sich die Eine, ihm geheimnisvoll verbundene Gestalt: der Meister.

Er kam ihm entgegen, umschloß mit festem Druck seine Hand. Warm und stark waren des Meisters Hände, gaben Zeugnis von seiner körperlichen Gegenwart. Und seine Augen, die so sternenhaft geleuchtet, wenn Apollonius sie in seinen Visionen sah, hatten jetzt die eindringliche Nähe eines Freundes. Immer wieder versank Apollonius in des Meisters Blick, der Antwort versprach auf viele Fragen, und vieler Fragen Antwort schon war. Der Meister sagte:

„Sei uns willkommen, Apollonius, du Wanderer durch den Sternkreis. Sei uns willkommen im Zeichen des Löwen, dessen Gebieter die Sonne ist. Da du geboren wurdest, trug dich das Feuerelement in diese Welt. Jetzt umgibt es dich von neuem. Wir werden dich vorbereiten für deine vierte Initiation. Wir werden dich weihen mit Agni, das Wort und Tat gebiert. – Tritt nun zu uns herein. Bleibe bei uns eine lange Zeit, und vieles, was deines Geistes Leidenschaft zu wissen begehrt, soll dir offenbart werden."

Die Brüder führten Apollonius in eine schöne Halle. Damis durfte folgen. In dieser Halle standen erzene Sessel im Kreise geordnet, mit Kissen belegt. Die Brüder ließen sich auf ihnen nieder, Apollonius dem Meister zur Seite. Damis kauerte zu seinen Füßen. Ein einziger erhöhter Sitz blieb leer.

Apollonius' Blicke gingen langsam von einem der schweigenden Gesichter zum anderen, ruhten immer wieder auf den hellen Zügen des Meisters, die, eingerahmt von dunklen Haaren und dunklem Bart, so tief vertraut und doch so unnahbar und fremdartig erschienen. Ganz unvermittelt dachte er an den Hierophanten in Aegea, an den Oberpriester in Babylon. Hatten diese alten Männer nicht ebenso geblickt wie jetzt der Meister, der jugendlicher schien? Glühend und kühl zugleich, fremdartig und tief vertraut? Sahen sie sich nicht alle gleich? Da sagte der Meister:

„Die Gott nahe sind und die Maya durchschauten, gleichen sich alle, Apollonius. Auch du wirst einmal aussehen wie wir, wenn du vor deiner letzten Erkenntnis gestanden hast."

„Wer seid ihr?" stammelte er verwirrt.

Der Meister zögerte nicht einen Augenblick mit der überraschenden Antwort:

„Wir sind Gottes Boten, weil wir gute Menschen sind."

Apollonius erschrak. Aber mildes Lächeln war um des Meisters Mund, und sein Auge ließ den Staunenden nicht los.

„Auch du bist berufen, Apollonius, weil du einen reinen Äther in deiner Seele trägst, obzwar noch nicht völlig geklärt" – fügte er langsam hinzu.

„Was ist der Äther?"

„Das fünfte Element."

„Wir Griechen hörten nur von vier Elementen. Wo wirkt das fünfte?"

„In dir, in den Sternen, in den Göttern, im All, im Feuer. – Agni, das bedeutet: Feuer, Sichtbarwerdung der ewigen, unsterblichen Flamme, die alles durchdringt, die alles schafft, die alles ist".

„Das Brahman – ?" flüsterte Apollonius kaum verständlich.

Durch die Reihen der Brüder ging eine Bewegung. Des Meisters schöne Augen flammten auf.

„Du hast das Geheimnis berührt, Apollonius, das ein Höherer als ich es bin, dir enthüllen wird, wenn die Stunde deiner vierten Einweihung gekommen ist – Hiarchas, unser aller Herr und Meister. – Wir aber wollen dir die Kräfte von Agni offenbaren, die Löwenkräfte des Mysten, der das Sternbild erreicht hat, über das die Sonne herrscht. Im Feuerzeichen des Löwen beugen sich die Kräfte der hohen Magie, die du im Luftreich der Zwillinge schon angerufen hast. Im Feuer des Löwen wird Tat, was im Element Luft nur Hingabe an die Gottheit war, die du damals begreifen konntest."

„Asklepios?" flüsterte der Myste.

„Asklepios", bestätigte der Meister.

„Und die Spaltung, die ich damals empfand, in meine Person und in den goldenen Gott?"

„Die schufst du selbst. Die schuf ein träumendes Ich, das keine andere Möglichkeit besaß, sich selbst zu erblicken. Anderes wirkte damals in Aegea nicht in dir, als vor kurzem der Somatrank des Phraotes, der deine Seele aus dem Leib zog wie ein Schwert aus der Scheide. Beidemal schautest du mehr, als Menschen zu schauen vermögen. Und immer wird diese Kraft in dir lebendiger werden – ohne Tempelschlaf und ohne Zaubertränke."

Apollonius schwieg lange, dann fragte er.

„Du aber schaust wohl alles? Du kennst keine örtlichen und zeitlichen Grenzen? Du liest jeden meiner Gedanken, mein Vater?"

Der Meister antwortete langsam:

„Ich gehe infolge meiner geistigen Schulung ungehindert von Plan zu Plan und schaue im Sarasvati wie im Licht der Erde."

„Erkennst du auch, was in der Zukunft liegt?" fragte Apollonius zögernd.

„Auch das. Aber von ihm enthülle ich nur selten etwas. Selbst du, Apollonius, könntest das Wissen um deine ganze Zukunft noch nicht ertragen, viel weniger die anderen Menschen, die schwachen Menschen."

Apollonius atmete tief auf. Nun kam seine brennendste Frage:

„Wirst du, mein Meister, auch mich lehren, über Raum und Zeit zu sehen, du, aus dem der Gott spricht, den die Inder Soma nennen, den Wissenden? Ist das die Offenbarung, von der du sprachst?"

„Ja, ich werde dich einführen in viele Geheimnisse der Mantik und der Heilkunde; denn die Leben, durch welche du vor dieser Einkörperung gingest – Schritt für Schritt durch Jahrtausende –, bereiten dich für diese Prüfungen und Weihen vor. Du sollst ein Segen werden! Du sollst glühend werden wie Agni, das

Feuer. Nicht aber kannst du hier schon werden, was wir sind: Kristall, in dem das absolute Sein sich reflektiert. Denn noch — ich sagte es schon — sind Trübungen in deinem Äther. Noch, Apollonius, bist du nicht frei von Maya."

Apollonius zuckte zusammen. Unvermittelt, unbegreiflich deutlich stieg aus den Tiefen seiner Erinnerung das Bild der kindhaften Frau empor — der süßen — nicht umarmten —, die er einschläferte mit herrischer Hand, um nicht durch sie zu fallen. — Oh, Verborgenheiten des Herzens, was bewahrtet ihr? — Latifa?

Der Meister nickte.

„Ja, Latifa", erwiderte er bedeutungsvoll auf die stumme Frage.

Apollonius erbebte.

„Wird sie mich noch einmal versuchen?" fragte er und wurde totenblaß.

Der Meister sah ihn durchdringend an.

„Lebe — und du weißt!" antwortete er mit der strengen Formel des Hierophanten in Aegea.

Apollonius senkte schweigend den Kopf. Düster zog sich seine Stirn zusammen. Der tiefverborgene Schrei, der hier plötzlich laut geworden war, schied er ihn nun auf immer von der seligen Schar der Brüder, in die er eingedrungen war, ohne noch von Erdenresten ganz gereinigt zu sein?

Damis, der nur wenig von der griechisch geführten Unterhaltung verstanden hatte, sah fahle Schatten über Apollonius' Züge gleiten, die eben noch in warmen Tönen geleuchtet, und angstvoll tastete er nach seiner schlaff gewordenen Hand. Fragend, mißtrauisch, drohend fast suchten seine dunklen Augen den Blick des Meisters; denn dieser mußte etwas geäußert haben, was Apollonius so plötzlich gebrochen hatte. Oh, Damis hätte selbst den Gott Baal nicht gefürchtet, wenn er meinte, für Apollonius eintreten zu müssen. Des Meisters gütiges und nachsichtiges Lächeln beruhigte ihn aber sofort. Nein, von ihm konnte Apollonius nichts Böses kommen, wußte er und senkte beschämt die Wimpern.

„Auch in dir ist der Gott Soma, Ninivit", sagte jetzt der Meister auf assyrisch und sehr milde. „Du siehst, weil du liebst. Lieben ist mystische Schau.“

Apollonius und Damis fanden sich in einem abgeschlossenen Raum und fielen, plötzlich ermüdet, auf ihre Lager nieder, die ganz mit Blumen und Kräutern bedeckt waren und seltsam erquickend dufteten. Dunkel stand die Nacht vor den weiten Fenstern, aber die Berge leuchteten dennoch, wie aus sich selbst scheinend im silbernen Schnee. Fremde, kühle Luft strich herein. Die Reisenden hüllten sich fest in weiße, weiche Decken von einem unbekannten Gewebe, ähnlich der pamphilischen Wolle, und ihre aufgeregten Gedanken wurden stille, vielleicht durch die sorgsam gewählten Kräuter des Lagers beruhigt, erloschen im Tiefschlaf.

Aber schon als die ersten Sonnenstrahlen gloriengleich über den Gebirgen erglühten, kauerte Damis auf seinem Lager, und seine schwarzen, durstigen Augen richteten sich auf Apollonius' schlafendes Haupt, das zur Seite gewandt lag. Wie der Kopf des delphischen Apollon, den Damis auf einer Silbermünze gesehen, war dies edelste Antlitz geformt. Stark und kühn sprang das volle Kinn unter blühenden, empfindlich bewegten Lippen hervor. Die schmale Nase mit zarten Flügeln, die flächigen Wangen strebten ebenmäßig zur Stirn hinan, die, rein gemeißelt und hoch, sich in der Wirrnis goldenen Gelocks verlor, das über dem Haupt sich ringelte wie kleine, feurige Schlangen. Wahrlich, schön war dieser Apollonius, schön, wie für die Liebe von Frauen geschaffen, bezaubernd wie Alexander, von dem es hieß, er duftete nach Veilchen und Frauen starben um ihn. Für Apollonius würden keine Frauen sterben, dachte Damis, aber vielleicht Männer, vielleicht ein Mann. Damis fühlte sich zu allem gleicherweise bereit: zum Leben für Apollonius und zum Sterben für ihn.

Da öffnete der Schläfer die Augen, und nun beherrschten sie in ihrem Saphirblau so vollkommen dieses jugendstarke Gesicht, daß man nur sie empfand und an Ähnlichkeiten mit Göttern oder Menschen nicht mehr dachte. Nach einer kurzen Weile waren sie tief in Gespräche über die gestrigen Ereignisse verstrickt, von denen Damis vieles unverständlich geblieben war.

„So haben sogar diese weisen Männer einen König, einen, der höher steht als sie?" fragte er nachdenklich.

„Es ist immer noch ein Höheres über dem Hohen und wohl auch ein Niedrigeres unter dem Niedrigen. Wir sind überall von unsichtbaren – manchmal auch von sichtbaren – Stufen umgeben. Wir müssen uns jeden Augenblick entscheiden, ob wir hinauf, ob wir hinab wollen. Überall herrscht Hierarchie unter den Körpern, Seelen und Geistern. Das ist ein unwandelbares Gesetz. Unterscheiden und entscheiden: darin besteht die Freiheit unseres Menschenwillens, und selbst die Freiheit des Götterwillens kann nicht anders geartet sein."

„Wenn du aber, wie der Meister sagte, schon in früheren Einkörperungen zu dem vorbereitet wurdest, als der du heute dastehst, bist du dann nicht ein aus Gnade Erwählter, ein Bevorzugter vor allen Menschen, vor mir?"

Apollonius schüttelte den Kopf.

„Ach nein, Damis! Ich wurde nicht erwählt, ich wurde nicht aus Gnade vorbereitet. Schritt um Schritt – eben wie der Meister es sagte – rang ich mich zu der Stufe empor, auf der ich heute stehe. Was wie Fatum aussieht, wenn man es ohne kausalen Zusammenhang betrachtet, ist Verkettung von Ursache und Folge, eben von Unterscheidung und Entschluß. Auch du, Damis, erwarbst das Große, was dir jetzt ward, nicht nur in einem Leben von fünfundzwanzig Jahren."

„Ja", rief Damis feurig, „das ist gewiß: Großes ist mir zuteil geworden! Ich diene einem hohen Herrn. Denn du – das erkenne ich immer deutlicher – bist ja Krishna, der Götterbote, von dem sie sagen, daß er vielleicht der Gott selber sei, der gute Gott Vishnu." Und stürmisch warf er sich über Apollonius' Hände und bedeckte sie mit heißen Küssen. Der schüttelte lächelnd den Kopf, aber er wehrte ihm nicht; denn er wußte: Nichts Befruchtenderes gibt es für das Menschenherz als Liebe, in der Ehrfurcht ist.

Die Zeit, die nun folgte, brachte für Apollonius ein immer

tieferes Eindringen in die Gesetze von Schicksal, Sternenlauf und Sterneneinfluß, von der geheimnisvollen Wanderung der göttlichen Psyche, abwärts aus der Welt des Brahman und wieder aufwärts zu ihr empor, wurde schließlich Ausblick auf die kosmische Welt, die sich in unaussprechlicher Erhabenheit vor den sehenden Augen des Initiierten auftat.

Bald war es der Meister, der Apollonius in langen Zwiegesprächen Ausblicke und Einblicke gab, bald entfalteten die weißen Brüder gemeinsam ihre magischen Kräfte vor ihm. Bei diesen Zusammenkünften war auch Damis stets zugegen, für den die Weisen eine herzliche Sympathie zeigten und den sie um seiner großen Liebe willen in Geschehnisse blicken ließen, die sie vor einem anderen Profanen verhüllt hätten. Apollonius und Damis sahen die weißen Brüder die Schwerkraft überwinden. Wenn sie sich in hymnischen Gesängen mit Surya, dem Sonnengeist, verbanden, so war es immer, als schwebten sie über dem Boden, ein Kreis weißer Flammen, unfähig, noch mit der Erde vereinigt zu sein. Sie begrüßten das zentrale Gestirn, wenn dieses über den weißen Gipfeln funkensprühend emporzusteigen schien. Sie sangen ihm ihren Hymnus zur Stunde des Mittags, wo es aus dem tiefblauen Abgrund des Himmels brannte. Sie griffen nach unsichtbaren Flämmchen in der Luft und entzündeten mit ihnen den Weihrauch auf dem einzigen Altar, der in diesen Bezirken zu sehen war. Sie riefen am Abend dem scheidenden Gott den Abschied zu, wenn er die Gipfel in loderndem Brand aufglühen ließ und in graue Asche versenkte. So beteten einst vor Tausenden von Jahren die Agnihotris, ihre arischen Vorfahren, zum Sonnengott, opferten ihm auf mächtigen Grasaltären im Kreis ihrer Familien und ihres Volkes. So verbanden sich die Rishis dem Weltengeist. Und die Agnihotris und die Rishis wußten, was die weißen Brüder als ihre Siegelbewahrer noch heute wissen:

Feuer ist sichtbar gewordener Geist.
Luft ist fühlbar gewordener Weltatem.
Wasser ist Same gewordener Wille.
Erde ist Stoff gewordene Idee.

Alles, was von diesen Geheimnissen in Worten und Handlungen angedeutet werden kann, ist Gleichnis.

Gleichnis muß erahnt, erfüllt, muß gelitten, muß glühend genossen werden. Erklärt werden kann es nicht.

Und die weißen Brüder lasen aus dem Urtext, der die Geheimlehre des Veda genannt wird, und wie Meeresrauschen strömten die Strophen über sie und die Fremden hin. Jeder mochte das Seine daraus entnehmen. Jeder fand, was er begriff oder zu begreifen meinte.

Die weißen Brüder sangen priesterlich:

Damals war nicht das Nichtsein, noch das Sein.
Kein Luftraum war, kein Himmel drüber her.
Wer hielt in Hut die Welt? Wer schloß sie ein?
Wo war der tiefe Abgrund? Wo das Meer?

Nicht Tod war damals, noch Unsterblichkeit.
Nicht war die Nacht, der Tag nicht offenbar.
Es hauchte windlos in Ursprünglichkeit
Das E i n e , außer dem kein Andres war.

Von Dunkel war die ganze Welt bedeckt,
Ein Ozean ohne Licht, in Nacht verloren,
Da ward, was in der Schale war versteckt,
Das E i n e aus der Glutpein Kraft geboren.

Aus dieser ging hervor, zuerst entstanden,
Als der Erkenntnis Samenkorn: die Liebe.
Des Daseins Wurzelung im Nichtsein fanden
Die Wesen, forschend, in des Herzens Triebe.

Als quer hindurch sie ihre Meßschnur legten,
Was war da unterhalb? und was war oben?
Keimträger waren, Kräfte, die sich regten,
Selbstsetzung drunten – Angespanntheit droben.

Doch wem ist auszuforschen es gelungen?
Wer hat, woher die Schöpfung stammt, vernommen?
Die Götter sind diesseits von ihr entsprungen!
Wer sagt es also, wo sie hergekommen?

Hier hielten die weißen Brüder an mit ihrem langsam dahinrollenden Rezitativ. Sie hielten an; denn nun sollten sie die nicht zu beantwortende Frage aussprechen – sie, mit welcher der Erleuchtete zu leben lernen muß. Und sie verkündeten die Schlußstrophe des heiligen Hymnus, die voll furchtbar bitterer Ironie scheint und Prüfstein ist für die Seelenstärke eines jeden Adepten. – Mächtig schwollen ihre ernsten Stimmen an, und was sie sprachen, war das urtümliche Bekenntnis zum Geist – das heilige Trotzdem aller Vollerwachten, aller Götter und aller Weisen:

Er, der die Schöpfung hat hervorgebracht,
Der auf sie schaut im höchsten Himmelslicht,
Der sie gemacht hat – oder nicht gemacht –,
Der weiß es! – Oder weiß auch Er es nicht?

In tieferer Erschütterung hatte sich Apollonius noch nie nach einer priesterlichen Handlung zurückgezogen. Tagelang suchte er die Einsamkeit. Auch zu Dàmis sprach er kaum. Seine Wangen wurden schmal, sanken unter dem Jochbein ein; auf seinen Schläfen spielten blaue Adern; seine Augen waren fast schwarz vor Grübeln geworden. Der Meister und die anderen Brüder überließen ihn sich selbst, nicht ohne teilnehmende Blicke und gütigen Zuspruch. Damis aber war ratlos. Die letzte Strophe des ungeheuren Gesanges war unbegriffen, fast ungehört an ihm vorübergeklungen. Vor seiner Phantasie blieb das ursprüngliche Chaos als erhabenes Bild, aus dem dann, alles ordnend und lenkend, die Liebe brach, sie, die er tief als aller Weisheit Ursprung zu erkennen meinte, weil sie in ihm selbst leuchtete, immer heller werdend, immer wegbestimmender. Doch was den Freund so jäh zerriß, begriff er nicht.

„Warte in Ehrfurcht!" gebot der Meister, und Damis wartete.

Einmal, als der Meister mit Apollonius allein in die Einsamkeit der Berge gewandert war und sie nun auf einem Felsvorsprung rasteten, zu Füßen bröckelnden weißen Gesteins, in dessen Ritzen sammetdunkle, schwül duftende Braunellen wuchsen, sagte der Meister:

„Dies, Apollonius, ist deine letzte geistige Prüfung. Wenn du die Frage, die nie beantwortet werden kann, die Frage nach dem Ursprung der Schöpfung, ertragen kannst, ohne den Pfad zu verlieren, dann wird Hiarchas dich einweihen in die letzten zugänglichen Geheimnisse und wird dich, den Chela mit dem siebenknotigen Wanderstab, in die Welt der Menschen zurücksenden, als seinen Apostel, als Lehrer."

„Wie kann ich lehren, wenn ich selbst nichts weiß? Wenn all mein Wahrheitssuchen mich nur dahin bringt, zu erkennen, daß eine Grenze da ist, die niemals überschritten werden kann? Vordem erwartete ich das. Voll Hoffnung kam ich zu euch. Grenzenlos erschien mir euer Wissen", erwiderte Apollonius bitter.

„Grenzenlos ist nichts", sagte der Meister. „Höre mich an. – ‚Vor ungefähr fünfhundert Jahren zog ein indischer Königssohn aus seinem Palast fort von Weib und Kind in die Hauslosigkeit, um die Wahrheit zu suchen. Er suchte sie bei den Asketen und Fanatikern, bei Einsiedlern und Brahmanen. Dort fand er sie nicht. Er fand sie unter dem Bodhibaum in einsamer Erleuchtung. Niemals hat er das Geheimnis seiner heiligen Schau ganz enthüllt. Nie hat ein Mensch, nie hat selbst sein treuester Jünger sein einsamstes Gesicht erfahren. Was aber die Welt erfuhr, das war der Pfad, den er erkannt hatte als Heilsweg, um Alter, Krankheit und Tod als Illusion zu überwinden.

Dieser Königssohn wurde noch zu seinen Lebzeiten wie ein Gott verehrt. In vielen Teilen Indiens suchten sie ihm nachzuleben, soweit sie nicht Diener des Siva sind.' Wir, die Nachkommen der Rishis, nahmen seine geheimsten Lehren auf, die schwerverständlichen, tiefen, gütigen, nur den eingeweihten Jüngern offenbarten, und wir verschmolzen sie mit unseren heiligen Überlieferungen.

Aber wie sehr wir auch seit Jahrhunderten den Worten des ‚Vollerwachten' nachforschen, wie unermüdlich wir auch durch Jahrtausende die Erleuchtung der Rishis zu deuten suchen, überall stoßen wir auf zwei unbezwingbare Schranken:

Ursprung der Welt – nicht der Erde! – Ziel der Welt.

Denn alles dreht sich in einem nie beginnenden und nie endenden Kreise.

An der Unlösbarkeit dieser zwei Rätsel nicht zerbrechen, den Pfad erkennen, dem Pfad dennoch vertrauen: das, Apollonius, verlangt der Geist von dir, der dich zu uns, der dich zur Offenbarung des Hiarchas treibt. Das ist die schmerzvoll selige Wanderung durch den Gürtel der Zeit, den ihr Griechen den Zodiakus nennt."

Der Meister erwartete keine Antwort auf diese Belehrung. Schweigend erhoben sie sich und wanderten zur Burg hinab.

Apollonius begriff langsam die tiefe Demut der Weisen, die bei so unerhörtem Wissen und so weit über alles Menschliche hinaus gesteigerten Kräfte sich der immer hörbaren Forderung des Weltgeistes unterwarfen: Gutes zu wirken, heilig zu leben, tiefer und tiefer in die Geheimnisse des Kosmos und Mikrokosmos einzudringen – und dennoch um die letzte seiner Schranken zu wissen, hinter der das ewige Geheimnis steht. Ganz still ward Apollonius nun, ganz Schüler; denn immer wieder – so erkannte er – fing alles Lernen mit dem Anfang an.

Die weißen Brüder empfingen Kranke und seelisch Leidende, von ihren Angehörigen getragen oder geleitet, die der junge Bote den Berg heraufführte. Apollonius sah das Tun ihrer Hände, in denen die gleiche Kraft strömte wie in den seinen, stets aber beherrscht, stets wirksam bei ihnen. Er sah Gelähmte unter diesen Händen gehend werden, sah solche, die im Starrkrampf heraufgetragen wurden, mit gelösten Gliedern sich emporrichten. Er sah Aussatz verschwinden, wie fortgeschmolzen vor der Sonne. Er sah sogar, wie einem Erblindeten das Licht wiedergegeben wurde, nicht in einem Augenblick, aber langsam und völlig.

Zur Magie ihrer Hände fügten die Weisen die Heilkraft des

Lichts. Hinter Licht und Berührung, hinter Sonne und Kraft stand ihnen der Geist, der formbildende, bewegende, zeugende, verwandelnde.

„Götter und Menschen sind inkarnierte Seelen, Gott aber ist Geist", sagten sie. „Geist ist das letzte, was wir in seiner Wirkung erkennen können. Also setzen wir Geist als Ursache für alles Erschienene."

Da begriff auch Apollonius das Wirken des Geistes in sich und lernte durch ihn heilen, ohne Tempelschlaf und ohne Zaubertrank. Dies aber ist ein Geheimnis.

Geheimnis ist es auch, wie Apollonius gleich den Meistern in tiefer Versenkung seinen astralen Leib aus dem Körper zu ziehen vermochte wie ein Schwert aus der Scheide und ihn in weite Fernen sandte, schauend, hörend – bis er wiederkehrte, beladener Bote, und dem aufmerkenden Hirn Dinge einprägte, die er erfahren hatte.

Geheimnis ist es, wie er in diesem körperlosen Leib sichtbar vor einem Weitentfernten stand und ihn anrührte mit fühlbarer Hand, als dieser eine Tat begehen wollte, an der seine heiße und zarte Seele zugrunde gegangen wäre.

Dion – Dion! Hatte er nicht leise aufgeschrien, als Apollonius' Schemen vor ihm auftauchte und flüsternd sprach:

„Hüte dich, daß du dich nicht verlierst!?"

Hatte Dion nicht sein erblassendes Antlitz gegen ihn gewandt, seine Arme ausgestreckt und aufgeschluchzt:

„Warum hast du mich so lange allein gelassen, Apollonius?"

Dion – Dion!

Verwirrt von diesem Gesicht fand sich der Seher wieder unter den weißen Brüdern.

„Wie du soeben bei deinem Freund, so war ich manchmal bei dir, Apollonius", sagte der Meister. „Aber selten nur darfst du die höchsten Kräfte der Magie gebrauchen. Sie verzehren Seele und Leib. Du aber sollst noch in Seele und Leib auf der Erde wirken, wie auch wir. Einer aber lebt unter uns, der diesem allen entstiegen ist, der nur selten hinabtaucht in das kostbare Gefäß seines uralten Leibes, den wir bewahren, den wir hüten – unser heiligstes Heiligtum."

„Hiarchas?" fragte Apollonius ehrfürchtig.

„Hiarchas", bestätigte der Meister.

„Wo lebt Hiarchas?" fragte Apollonius nach einem Schweigen. „Nicht glauben kann ich, daß er schemenhaft zwischen den Menschen umherstreift, wie ich es soeben tat. Unbegreiflich ist mir eures großen Herrn Dasein."

Der Meister nickte.

„Unbegreiflich ist es auch uns. Aber wir wissen doch, daß er auf anderen, dir und uns noch unzugänglichen Ebenen wirkt. Wir erweiterten den Ring unserer Existenz und leben in der Körperwelt und in der Astralwelt. Er aber wirkt aus einem anderen Sein. Einmal wirst du es ahnen wie wir, und für ewig wird dann die Qual des Zweifels von dir genommen sein."

Apollonius atmete tief auf.

„Du, mein guter Meister", sagte er leise in Dankbarkeit.

Die Wochen, die Monate gingen hin in nie geschwächtem, nie gestilltem geistigen Bemühen. Apollonius' Kräfte wuchsen in strengen Yogaübungen, die manchmal Stunden währten, in tief geheimen Unterweisungen.

Niemals hat er von diesen Mysterien gesprochen. Denn der Eingeweihte schweigt. Der weiße Magier umhüllt sich mit Stille.

Einmal, hingerissen von dem seligen Frieden des Klosters, fragte er den Meister:

„Könnte es nicht sein, daß ich bei euch bliebe? Gibt es noch ein Gelübde, das ich tun darf? Würdet ihr mich zwischen euch aufnehmen?"

Der Meister schüttelte langsam den Kopf.

„Hierauf, mein Apollonius, habe ich dir nur ein Nein zu sagen. Deine Berufung ist die Wanderung. Denke an den Traum, den Atthis träumte, als sie dich in ihrem Schoß trug.

Zwiefach ist die Ursache, weshalb du in diesem Leben nicht in unserer Gemeinschaft bleiben darfst. Der eine Grund ist dieser: Du bist noch nicht durch alle Möglichkeiten liebenden Menschentums gegangen. Ungelöstes, Tiefverborgenes ruht noch in dir. Auch das muß einmal laut werden. – Den zweiten Grund aber wirst du erst begreifen, wenn die Stunde deiner Einweihung gekommen ist.

Sie ist nahe.

Hiarchas, der Geheimnisvolle, senkt sich in seinen reglosen Leib. Der heilige Schlaf fällt langsam von seinen Gliedern, von seinen Augen. Wenn unser Herr zu dieser Welt erwacht ist, führen wir dich vor ihn. Und das Mysterium der vierten Initiation wird dir von ihm erschlossen werden."

Damis blieb viel sich selbst überlassen. Er gesellte sich dem jungen Boten zu, der die Kranken und Leidenden heraufgeleitete, und manche Tat der weißen Brüder, manches Wunder ihrer Hände und ihrer weise verordneten Arzneien erfuhr er durch ihn und durch die Menschen, die solche Taten und solche Wunder herbeigelockt hatten. Seltsame Dinge hörte Damis da! Nicht nur von Heilungen körperlicher Gebrechen, sondern auch von unbegreiflichen Austreibungen böser Dämonen, gefährlicher Elementare, die Besitz von Seelen ergriffen hatten, sie knechteten durch eine unbezwingliche Leidenschaft, eine zerstörerische Sucht, einen düsteren Wahn, eine krankhafte Begierde.

„Gibt es das? Gibt es das wirklich?" fragte der Ninivit.

Er hatte von solchen Begebenheiten ja oft gehört, aber seinen klaren Augen begegneten die Nachtseitigen der Menschheit selten. Er hatte überall die Gesunden, die Freimütigen, die Starken angetroffen.

Jetzt saß er mit dem Jünglingsboten auf der Wiese vor der Burg. Es war Abend. Grau lagerte um sie die schweigende Bergwelt. Sie hatten sich in ihre Mäntel gehüllt, denn es war kalt. Damis genoß diese Kälte wie ein Bad. Sie war so neu. Nie hätte er in seiner heißen oder feuchtschwülen Heimat sich vorstellen können, daß es solche Luft gäbe, prickelnd wie Glut, aber nicht sengend, vielmehr erquickend, anstachelnd, die Seele wie auf

Flügeln tragend, die Gedanken befreiend und das Blut besänftigend.

Endlich antwortete der sinnende Jüngling auf seine Frage:

„Ob es das gibt? Besessenheit? Oh, ja! Und damit du in der Zukunft darum weißt und deinem Meister einmal solche Opfer von Dämonen zur Heilung zuführen kannst, deshalb Damis, will ich dir jetzt meine Geschichte erzählen."

„Du hast eine Geschichte? Du bist noch so jung!" staunte der Assyrer.

Der Inder versank in seine Erinnerung.

„Ich war noch ein Knabe, als ich von ihm behext wurde. Ich war vierzehn Jahre alt, als ich ihn zum erstenmal sah – und mich dann nicht mehr, nie mehr von ihm losreißen konnte", sagte er gequält, und Damis kam es vor, als schwinge eine schwache Sehnsucht in seiner Stimme.

„Wer war ‚er'?" fragte Damis gespannt.

„Ich wußte es zuerst nicht. Ich traf ihn, wenn ich die Ziegen hütete – die kostbaren mit dem seidigen Büschel an der Brust, aus denen die Leute von Kasmira die Wolle spinnen. Ich traf ihn zwischen den Felsen, wenn ich mich verstiegen hatte. Er sah mich aus dem Wasser an, wenn ich im See badete. Er raschelte in den Bäumen, wenn der Wind sie durchfuhr. Er war in meinen Träumen und legte die Hand auf mein Herz."

„War er schön?" fragte Damis atemlos.

„Ich weiß es nicht mehr, Damis, aber er war stark. Er sagte, daß er meine körperliche Jugend mehr liebe als das Gespenstische, was ihm anhing, seit er im Kriege erschlagen wurde. Er sagte, es sei abscheulich, tot zu sein und von Begierden umhergehetzt zu werden."

„War er denn ein Toter?"

„Er sagte so. Aber für mich war er sehr lebendig. Und er war so traurig. Er litt so furchtbar. Er wollte immer nur das Eine: sich in meinen Leib verkriechen – ‚um warm zu werden', sagte er."

„Warum fand er denn keine Ruhe im Totenreich? Was suchte er denn auf der Erde – bei dir?"

„Er hatte eine Frau gehabt, die er sehr liebte. Und als er zu ihr kam – mühevoll, mühevoll, Damis; denn er mußte den Stoff unserer Welt in seinen Schemen saugen, damit sie ihn sähe und er sie –, und als er zu ihr kam in der Nacht, in der dritten Nacht nach seinem Tode, da lag sie in den Armen eines anderen Mannes. – Nach drei Tagen schon ihm untreu, Damis! Wußtest du, daß es so etwas Schreckliches gibt?"

Damis wußte es, aber er schwieg schonend.

„Hat die Frau ihn erkannt?" fragte er.

„Ich weiß es nicht", flüsterte der Jüngling. „Er aber haßte sie nur und sagte, alle Frauen seien gemein. Nur der Jüngling sei seiner Liebe würdig, nur der reine Knabe, nur ich. – Er weinte so, daß ich mich nicht wehren konnte vor Mitgefühl. Ich wußte ja auch noch nicht, was mir geschehen sollte. Da öffnete ich die Türen zu meinem Leib, so wie er es mich lehrte, und ließ ihn ein."

Der Jüngling erschauerte.

„Und da? Was wurde dann?" fragte Damis gespannt.

„Da war die wühlende Unruhe in mir, Damis. Da ging ich an meiner Mutter vorbei und erkannte sie nicht, und an meinen Geschwistern und sah sie nicht. Da war ein unersättlicher Durst in mir nach dem Unbekannten und ein verzweifelter Hunger nach seiner Stimme. Da war in mir eine wirre Verliebtheit in meinen eigenen Leib, ein zehrender Wunsch nach Kuß und Umarmung und Liebkosung. Aber den Fremden sah ich niemals mehr, sooft ich auch in den Bergen umherlief und in das Wasser starrte und vor dem Schlafen Zauberkräuter aß. Nie sah ich ihn. Und oft fühlte ich es ganz genau: aus einem Wesen war ich zu einem Doppelwesen geworden. Er hatte mich verschlungen oder ich ihn. Er sprach aus mir mit männlicher Stimme und zwang mich zu männlichen Taten – an Frauen – an Kindern – oh!"

Der Jüngling schlug die Hände vor das Gesicht, und Damis bereute es, ihn zum Reden bewegt zu haben. Dann fuhr der Ephebe fort:

„Es wurde immer verworrener in mir. Manchmal nur erkannte

ich die Meinen. Doch wenn ich den Mund auftat und meiner Mutter, die mich liebte, alles erzählen wollte und sie um Verzeihung und Hilfe bitten, dann brach die Stimme des anderen von meinen Lippen, und er erzählte ihr von seinem Begehren nach mir und von seiner Gewalt über mich, und daß er nie mich wieder hergeben würde."

„Und dann? Und die Weisen?" Damis fieberte vor Wißbegierde.

„Ja, die Weisen . . ." Jetzt lächelte der Jüngling entspannt und hatte wieder sein schönes, reines Gesicht, das Damis an ihm kannte.

„Die Mutter stieg zu ihnen auf den Berg und berichtete ihnen alles, soweit sie es verstand. Und dann – befreite mich ein weiser Bruder. Wie aber, das hab ich nie begriffen. Vielleicht, daß ich lange schlief."

Damis, an diese Schranken des Verstehens schon gewöhnt, nickte still und fragte nicht weiter. Doch als er den Jüngling ansah, schien es ihm von neuem, als flimmere dieses wunderliche, verschwiegene Sehnen wieder über seine Züge. Stark sagte er: „Aber nun bist du doch ganz erlöst – ganz glücklich?"

„Ja, gewiß, erlöst – und auch glücklich, Damis, ja, auch glücklich. Aber weißt du, so wie ich vordem war, so werd ich niemals wieder. Wer solche Umklammerung erlitt, kann nicht mehr sein wie andere, wie du. Aber die Weisen sagen: Ich muß es tragen lernen. Langsam, sagen sie, schwinden auch – meine Sündenflecke."

IV

Dann, in einer weißglühenden Nacht, da der Mond unsichtbar ist und die Sterne in unerhörter Größe und Leuchtkraft am schwarzen Himmel sprühen, glanzweckend auf den silbernen Gebirgen, führen die weißen Brüder Apollonius in den feierlichen Saal, und der Meister flüstert:

„Hiarchas ist unter uns."

Apollonius' Herz schlägt hämmernd, schlägt hart. Sein helles Haar sträubt sich und steht wie eine Glorie um sein Antlitz. Es ist so hell, daß er jeden Zug in den gesammelten Gesichtern der Brüder erkennt.

Wie damals stehen die erzenen Stühle im Kreise geordnet. Auf dem einen erhöhten Sessel, der damals leer blieb, sitzt heute ein uralter Mann. Faltige weiße Gewänder stützen den zarten Leib mehr, als daß er sie zu tragen scheint. In unbegreiflicher Blässe leuchtet ein bartloses Antlitz: feingemeißelte, schmale Formen, eine Stirn, die aus sich selbst Licht entsendet, umschauert von unnahbarer Hoheit und Ferne. Und seine Augen! Oh, diese Augen, hellgrün schimmernd wie Gletschereis, geweitet, mit abgründig schwarzen Pupillen, überwach wie ein nie schlafendes Gestirn, scharf wie ein alles durchbohrender Strahl.

Die Hand, die er zu Segen und Gruß erhebt, und dann langsam sinken läßt, ist blutlos und weiß wie das Blatt einer Jasminblüte, ist durchsichtig, als sei sie eine Geisterhand und müsse verwehen und vergehen, wenn einer es wagen würde, sie noch so scheu zu berühren.

Apollonius neigt sich tief, tief im vollen Bewußtsein von der heiligen Einmaligkeit der Stunde. Er beugt seine Knie, er senkt die Stirn. Dann richtet er sich auf, und die Brüder weisen ihm den Platz neben dem Greis an, lassen sich selber in ernster Runde nieder.

Aus dem Schweigen erhebt sich die Stimme des Überirdischen, fremd, klar, kühl:

„Sohn Gottes, Schüler im vierten Grad der Initiation, Eingegangener in das Zeichen des Löwen, was begehrst du von mir zu wissen? Drei Fragen stehen dir zu."

Es flüstert der Sternenwanderer:

„Wer bin ich?"

Es antwortet der Vollerwachte:

„Dies ist dein gegenwärtiges Rad, ‚sagte die Flamme zum Funken'. Du bist mein eigenes Selbst, mein Ebenbild und mein Schatten. Ich habe mich in dich gekleidet, und du bist mein Vehikel bis zum Tage: Sei-mit-uns, wo du wieder Ich und andere werden wirst. Du selbst und Ich."

Totenstille.

Dann fragt Apollonius:

„Woher komme ich?"

Es antwortet Hiarchas:

„Der Funke hängt von der Flamme an den feinsten Fäden von Fohat herab. Er durchwandert die sieben Welten der Maya. Er hält in der ersten an und ist ein Metall und ein Stein. Er wandert durch die zweite und siehe: er ist eine Pflanze. Die Pflanze wandert durch sieben Veränderungen und ist ein geweihtes Tier. Von den vereinigten Eigenschaften dieser wird Manu, der Denker, gebildet. Wer bildet ihn? Die sieben Leben und das eine Leben."

Der Eingeweihte erschauert. Unvergeßbar prägt sich Wort um Wort in sein durstiges Herz ein, wartend auf die Stunde, da er sie überdenken, durchschauen, erleben wird. Die letzte Frage kommt wie ein Hauch nur über seine erkalteten Lippen:

„Was werde ich sein?"

Es antwortet auf das fast Unhörbare der hohe Initiator:

„Diese Schöpfung hier ist eine Überschöpfung des Brahman. Weil er als Höherer die Götter schuf, und weil er als Sterblicher die Unsterblichen schuf, darum heißt sie die Überschöpfung. In dieser seiner Überschöpfung ist Schöpfer, wer solches weiß."

Apollonius sieht Kreise vor seinen Augen, sieht Funken, die wirbelnd näher kommen. Eisige Starre kriecht ihm durch die Wirbelsäule bis in die Schädelbasis hinauf.

„Schöpfer?" stammelt er. „Schöpfer?"

Dann vergehen ihm die Sinne.

Was er in seiner mentalen Entrücktheit sah, wohin ihn der aufsteigende Geist des Hiarchas führte, das hat Apollonius ebensowenig bekannt, wie der Buddha über die Gesichte unter dem Bodhibaum gesprochen hat. – Als er sich wieder auf dem ehernen Sitz im Kreise der andachtsvollen Mönche findet, leuchtet selige Erlöstheit von seinen Zügen, liegt Zuversicht um seinen entschlossenen Mund.

Hiarchas aber, der Greis, ruht im tiefen Samadhi, der Monde oder Jahre dauern wird, bis wieder eine lautere Seele ihn abwärts in die Welt des Daseins ruft.

Die weißen Brüder sprechen nicht. Sie reichen Apollonius einen Stab mit sieben Knoten. Er greift nach ihm. Kühn richtet er sich empor. An seiner linken Hand funkeln die sieben magischen Ringe.

„Auch du wirst einst wie einer der Götter verehrt werden. Wehre dich dem nicht!" spricht der Meister zu Apollonius und küßt ihn.

Mit Damis dem Treuen zieht er vom Berg der Weisen in die Welt der Menschen zurück – Eingeweihter und Magier – Heiler und Verkünder – Zweimalgeborener.

Wie sie aufjubeln wollten, die beiden Sklaven Melytos und Paris, als Apollonius endlich, endlich zu ihnen in das enge Felsental zurückkehrte! Und wie sie dann vor seinem Anblick verstummten in unerklärlicher Befangenheit und Ehrfurcht! Denn sein begeistertes Jünglingsgesicht hatte sich in diesen zwei Jahren Zug um Zug in das gefaßte Antlitz eines Mannes umgeformt, dessen Wille gestählt, dessen Erbarmen ohne Grenzen, dessen geoffenbartes Wissen verschwiegen war.

Die Sklaven konnten die Veränderung an ihm nicht benennen, aber ihre große Anhänglichkeit ließ sie das Ereignis fühlen, ließ sie ahnen, daß eine geheimnisvolle Wendung eingetreten war.

„Apollonius aus Tyana", stammelte Melytos und dachte an Atthis, die Mutter, die, das wußte das ganze Haus, mit so unerschütterlichem Glauben in die erhabene Zukunft des Sohnes geblickt hatte, und dachte an den Vater Alkimedon, an seine Sterbestunde, und wie damals Apollonius gesagt, er habe seinen Gott verloren und müsse einen neuen suchen gehen.

Apollonius drückte den Dienern die Hand.

„Ich habe Ihn gefunden, Melytos", sagte er ernst, „nun können wir heimkehren nach Asia, nach Griechenland – und vielleicht noch weiter ziehen."

Aber zu Paris sprach er:

„Denn jetzt habe auch ich eine Aufgabe an dem Kaiser Roms zu erfüllen, wenn es auch nicht die ist, die Julian, mein Jugendfreund, meinte."

Paris sah ihn verwirrt an. Er verstand ihn nur halb.

Und dann saßen sie wieder auf dem schaukelnden Rücken des Elefanten in dem kleinen Turm mit vergoldeten Säulen und purpurnen Vorhängen. Und der Inder kauerte auf des Riesentiers mächtigem Nacken und lenkte es mit dünnem Stab.

Die Gebirge hinter ihnen wurden langsam, sehr langsam undeutlicher. Die Felswände rechts und links vom Tal Kasmira wichen zurück. Breiter strömte der Fluß Chelum und trug die blauen Lotosblumen auf seinem unruhigen Spiegel. Kurz nach Mitternacht waren sie aufgebrochen, hatten die Nacht verdämmern und den frühen Tag über dem blauen Tal aufgehen sehen. Schon brannte die Morgensonne glühend über ihnen und über der weißen Straße, und hinter den schweren Tritten des Elefanten hoben sich Staubwolken empor, standen eine Weile in der reglosen Luft, verflatterten über die Felder, alle Blätter der Maisstauden mit pulveriger Schicht überziehend. Staub schüttete von den Vorhängen, wenn man sie anrührte, Staub lag wie eine milchige Schabracke über Lenden und Schädel des Tieres. Staub zeichnete Linien in den roten Turban des Inders.

Damis dachte sehnsüchtig an den Berg der Weisen und an seine reine Luft, und unwillkürlich seufzte er auf. Apollonius lächelte.

„Wir haben es immer noch recht gut, mein Damis, auf unserem königlichen Elefanten. Bald erreichen wir wieder ein Dorf mit dem heiligen Bananenbaum und eine kühle Qelle. – Aber siehe dort den Wanderer, der uns entgegenkommt! Hätten wir doch mit ihm die gleiche Richtung, so könnten wir ihn mitnehmen auf dem Reittier des Phraotes."

Damis und die Diener erkannten nun auch eine Gestalt, die, mühsam auf einen langen Stab gestützt, über die kreidigweiße

Straße daherkam, grau, verstaubt, schwankend unter den sengenden Sonnenstrahlen. Der Mann schien alt zu sein. Gesicht und Haare waren zwar unter einem breiten, strohernen Pilgerhut verborgen, aber der Bart, der in wirren Strähnen bis auf den Gürtel herabhing, war weiß, nicht nur vom Staub der Landstraße.

„Die Bewohner des Tals sind alle in ihren Hütten. Was sucht nur dieser Greis auf der schattenlosen Landstraße?“ fragte Damis erstaunt und voll Mitleid.

Apollonius schwieg, aber er hatte sich von seinem Sitz erhoben. In äußerster Spannung, mit scharfem Blick sah er der Gestalt entgegen, und plötzlich, heftiger als er sonst zu sprechen pflegte, gebot er dem Inder ein jähes Halt! und ein sofortiges Absteigen!

Bestürzt brachte der Führer das Tier zum Stehen. Melytos ließ die seidene Strickleiter hinab, und schon war Apollonius drunten auf der weißen Straße und schritt mit Eile dem Fremden entgegen.

Auch Damis und die Sklaven stiegen ab, blieben aber bei dem Elefanten, von einer Handbewegung ihres Herrn zurückgehalten. Und staunend sahen sie, wie Apollonius sich tief vor dem ermatteten Alten verneigte, wie dieser sein mächtiges Haupt, das zur Erde gesenkt war, erhob, wie er beide Hände dem Apollonius entgegenstreckte, wie dieser sie ergriff und langsam seine Stirn auf sie senkte.

Schauer liefen über Damis' Rücken. Wer war nur dieser? Wen trafen sie jetzt? Einen neuen Weisen?

Aber auf einmal glitt der Inder wie eine Katze von seinem Lenksitz hinab, warf sich in den Staub, den er mit Händen und Gesicht berührte, und stammelte außer sich:

„Der König!“

Da erkannte auch Damis ihn, stand verwirrt und flüsterte den Dienern zu: „Es ist der König von Taxila. Verneigt euch!“

Die vier ehrfürchtig wartenden Männer konnten nicht verstehen, was Apollonius und der König sprachen. Sie sahen die bittende Gebärde des Griechen, der auf das Reittier wies. Sie sahen, wie der König sein Haupt verneinend schüttelte. Sie errieten an der Bewegung, mit der er sich an Apollonius wandte, daß er diesem ein Frage stellte, und sie sahen, wie Apollonius bejahend nickte. Sie sahen, wie beide, der König und der Grieche, nach den Gebirgen wiesen, und wie dann der König die Arme ausbreitete, Apollonius umschloß und lange, lange an seinem Herzen hielt. Dann löste er sich von ihm, stemmte den Pilgerstab wieder in den weißen Staub, setzte einen Fuß vor den anderen, und langsam, schweigend, erhaben in seiner verfallenen Größe, schritt er an den knienden Männern, an dem dunklen Tier vorüber, bemerkte sie wohl kaum, blickte nur auf den fernen Schnee über den Firnen, den Schnee vom Himavat.

Apollonius und seine Begleiter standen neben dem Elefanten und blickten dem Pilger nach, solange sie noch einen Schimmer von ihm zu erkennen vermochten.

Endlich sagte Apollonius – und seine Stimme war voll Andacht:

„Er geht seiner großen Stunde entgegen. Die Weisen erwarten auch ihn."

Nach einer Weile fragte Damis:

„Ist er ein Büßer geworden, und ist Büßer sein das Höchste, was wir werden können?"

„Nein, Büßertum ist nur eine Stufe", antwortet der Eingeweihte. „Der Buße soll die schöpferische Tat folgen. König Phraotes wird zum Schöpfer werden in der Welt des Brahma. Er erlebt das Geheimnis der großen Verwandlung. Er ist erlöst."

DER MAGIER

I

Um den runden Berg Pion lag wie eine Riesenschlange geringelt die Metropole von Asia: Ephesos, und schlief unter den lunaren Strahlen, die ihrer geheimnisvollen Göttin magische Gewalt verliehen, den unruhigen Schlaf vor einem großen Fest.

Dunkel ragte im Südwesten die steinerne Gebirgswand des Koressos als natürliche Mauer und Wehr empor. Im Norden wälzte durch Sumpfland und Marschen der Kaystros träge Wellen in geschwungenem Lauf, breite Kanäle aussendend zum geräumigen Hafenbecken in der Stadt und zum kleineren des Pilgerhafens zu Füßen des Artemisions.

In beiden Häfen schaukelten in dieser Nacht Frachtschiffe und elegante Galeeren, schwere Flöße und zierliche Barken, und ohne Rast waren Schiffer und Sklaven in ihnen tätig. In den Barken wurden Teppiche ausgelegt und Wimpel aufgezogen, Ruder und Segel geprüft. In den Handelsschiffen löschte man unermeßliche Waren, um die riesige Stadt mit allem zu versehen, was Einheimische und Zugereiste brauchten: Rinder und Schafe vom Schwarzen Meer, Getreide aus Ägypten und vom Pontus, Wein, Früchte, Öl aus Griechenland und Thrazien.

Auf der Agora, auf dem Forum, hämmerte man noch an Tribünen, von denen vornehme Ephesier, Griechen und Römer den Festzug der Göttin ansehen würden, wenn sie, von ihren geweihten Hirschen gezogen und von Priestern und Tempelhierodulen geleitet, ihr Heiligtum verließ, um die Wohnstätten der Menschen zu besuchen und zu segnen.

Dunkel lag jetzt nur das Theater auf halber Höhe des Pion. Dunkel lag das Gymnasium. Denn auch in den Villen am Berge, auch in den Gassen am Hafen glommen heute aus unzähligen Fenstern die Flämmchen der Öllampen, um denen zu leuchten, die an festlichen Kleidern nähten, Kuchen buken oder Waren zum Verkauf vorbereiteten. Nie war in Ephesos ein Umsatz von solcher Größe wie in den Tagen der Artemisfeier. Auch im Tempelbezirk, der, von Mauern umgeben, vom Hain Ortygia umrauscht, in der Kaystrosebene lag, herrschte fiebrige Tätigkeit, gedrängtes Schaffen in Häusern und Werkstätten.

In einer der letzteren, dem langen, schmalen Raum eines Erzgießers, saßen in dieser Märznacht zwei Männer, der eine von asiatischem Typus, eifrig an silbernen und kupfernen Medaillen putzend, der andere mit träumerischen Augen und untätigen Händen ihm zuschauend: Euphrates, der Bildner von Medaillen und Amuletten, und Dion, der zartgliedrige Handelsherr aus Tarsus, der Zeltbahnstoffe, Seide und Byssus nach Ephesos brachte, um dafür Schmuck und Waffen, kosmetische Essenzen, kleine Idole der Artemis und Münzen mit dem Bild des Tempels oder der Göttin für Tarsus einzutauschen.

Die Werkstatt des Alexandriners Euphrates war angefüllt mit allem, was ein Künstler zum Formen und Gießen kleiner Gegenstände gebraucht, mit Material, Geräten und Werkzeug wie Wachs, Ton, Kästen zum Aufnehmen der Gußformen, Punzen, Hammer, Grabstichel und Feilen. Aus einer vielarmigen Lampe floß ruhiges Licht über die mancherlei Dinge, über die langfingrigen Hände des Erzgießers, über sein kantiges, vogelartig gebildetes Gesicht und über Dions immer noch knabenhafte Züge, aus denen wie ehedem große, sehnsüchtige Augen schauten.

Dion hörte immer noch lieber zu, als daß er selber sprach. Er folgte lieber, als daß er führte. Schön und klar war seine Stirn, faltenlos, von seltsam leuchtendem Weiß, sehr schmal sein Mund, um den sich feine Linien gegraben hatten, Linien der Resignation und Melancholie.

Euphrates blickte von seiner Arbeit auf und sah prüfend zu seinem stummen Gast hinüber.

„Du hast dich also immer noch nicht entschlossen, ob du ganz bei uns bleiben willst oder nicht, Dion? Willst du denn dein Leben lang wie ein Nomade zwischen Tarsus, Antiochia und Ephesos umherziehen und kleinen Handel treiben, anstatt hier in Ephesos dein Geld in die Bank der Priester zu legen und von den Zinsen wie ein großer Herr zu leben? Du weißt, hier ist alles zu haben, was die Welt nur bietet: Luxus, Weiber, Sport, Aufstieg zu hohen Stellungen. Es ist vielleicht nur Rom uns überlegen. Rom hat seine Kaiser. Wir haben das Artemison und seine Priester, die Herrscher sind."

„Was sollen mir die Priester des Artemisons und die Schwelgereien der Stadt?" Dion lachte sein seltenes, lautloses Lachen. „Wie wenig, Euphrates, kennst du mich im Grunde, wenn du mich mit Dingen verlocken willst, die auf der Straße feilgeboten werden! Wenn ich dir schwankend in meinen Absichten erscheine, so ist es, weil ich meinen ursprünglichen Weg, den ich in meiner Jugend ging, verloren habe. Solange ich meinen Mittelpunkt entbehre, ist mir das Wanderleben gerade recht. – Es könnte aber sein, daß ich ihn wiederfinde." Hier stockte Dion und schien es kaum zu bemerken.

Euphrates legte die Medaille, an der er arbeitete, aus der Hand.

„Da ist es wieder, das Geheimnis, das du mir verbirgst, indessen ich dir doch bewiesen habe, daß ich dein Freund bin, bereit zu raten und zu helfen. Aber wenn du nicht offen gegen mich sein willst . . ."

Dion dachte: Ob dieser wirklich mein Freund ist? Aber er war zu zartfühlend, um einen Zweifel merken zu lassen. Entgegenkommend sagte er:

„Ich meine doch, Euphrates, ich hätte dir einmal von Apollonius aus Tyana erzählt, mit dem ich in meiner Kindheit und Jugend eng verbunden war. Dieser zog mit einundzwanzig Jahren auf eine weite Wanderschaft nach dem Osten und ist bisher noch nicht von dort zurückgekommen. Ich aber glaube fest an seine Wiederkehr. Nur manchmal ängstige ich mich sehr um ihn."

„Und diesen Apollonius, der ein Magier werden wollte, hoffst du auf deinen Streifzügen durch Asia wiederzufinden?" fragte

Euphrates, und ein schärferer Beobachter als Dion hätte aus dem gewollt gleichgültigen Ton seiner Stimme gehört, daß eine starke Spannung sich dahinter verbarg.

„Apollonius war ein Magier von Natur und von Jugend an. Er konnte in dieser Richtung nur zulernen", antwortete Dion lebhaft. „Schon als Knabe vermochte er es, mich in eine Art von verzücktem Schlaf zu versenken. Schon als Kind und Jüngling hatte er selbst Gesichte von weit entfernten Gegenden und Menschen. Wir alle, die um ihn waren, ahnten etwas Göttliches in ihm."

Euphrates hörte aufmerksam zu. Seine klugen Augen lauerten und blitzten. Aber er sagte gleichgültig und bewegte eine Medaille unter der Flamme hin und her:

„Göttlich brauchen diese Kräfte nun noch nicht zu sein. Auch andere besitzen sie, die sich niemals ein so erhabenes Beiwort für sie anmaßen würden. Und wenn du, mein Freund, heute zum erstenmal von deiner geheimen Neigung zur Magie sprichst, so will auch ich dir bekennen, daß ich selbst nicht ohne diese Kräfte bin, wie sie im Mineralreich dem Magnetstein innewohnen, und daß ich dich wohl auch in jenen Tiefschlaf versetzen könnte, von dem du sprachst."

Dion starrte den Erzgießer an.

„Du?" fragte er langsam, „du hättest – magische Kräfte?"

Euphrates erhob sich, wischte mit einer schnellen Handbewegung sämtliche für den Verkauf bestimmten Schaustücke aus Bronze und Silber zur Seite wie wertlosen Plunder. Sein Körper reckte sich, ähnlich dem Leib einer Katze, wenn irgendeiner ihrer unzugänglichen Entschlüsse in ihr aufspringt.

„Dies alles, guter Dion, ist Maske", sprach er scharf, „so wie dein Handel mit Zeltstoffen und Byssus Maske sein mag. Seien wir aufrichtig miteinander! Dort hinter jener Tür ist meine wirkliche Werkstatt."

Dion überlief ein kalter Schauer. Warum nur? Etwas an des Euphrates wild und zäh aufgerichteter Gestalt, an seiner entschlossenen Stimme warnte ihn. Aber seine Begierde, zu erfahren, was sich hinter jener Tür verbarg, war stärker als seine Vorsicht. Auch er war aufgestanden und ging nun dem Erzgießer zögernd nach. Vor der verschlossenen Tür blieb dieser stehen und sah Dion durchdringend an.

„Als du zuletzt, vor etwa drei Jahren, hier warst", begann er mit Nachdruck, „und diese Leidenschaft für die ‚Tänzerin von Ephesos' über dich kam" — hier machte Euphrates eine Pause, wie um zu beobachten, ob diese Passion noch bestände; doch in Dions Antlitz regte sich kein Zug — „da erschien es mir widernatürlich, ja, nur okkult erklärbar, daß du auf der Schwelle ihrer Tür, im Augenblick, als mit meiner Hilfe alle Schwierigkeiten für eine Liebesstunde beseitigt waren, ganz plötzlich aufschriest und zurücktaumeltest. Du erinnerst dich dessen, Dion? — Meine geheimen Künste hatten schon damals für dich gearbeitet. Du aber wußtest es nicht. Du standest an der Stelle, wohin all dein Begehren, all der wilde Aufruhr in deinem Blut drängte, und — du wanktest zurück, wie wenn du eine Erscheinung sähest. Du warst nicht zu halten und stürztest in die Nacht hinaus. Dion, hattest du eine Erscheinung?"

Immerfort beobachtete Euphrates den Mann, zu dem er tastend und kühn zugleich sprach, und als er Dions Erschrecken gewahrte, fuhr er leiser fort:

„Jetzt fange ich an zu verstehen, daß dieser Apollonius dich zurückhielt, daß seine Magie stärker war als die meine. Er also war durch Zauberei bei dir? Er ist stark. Er vermag viel."

Nachdenklich blickte er vor sich hin in einer Mischung von Genugtuung und Beklommenheit. Dion, der über dies Gesicht immer geschwiegen hatte, war jetzt stumm vor Überraschung. Euphrates wollte weitere Erörterungen oder Widersprüche vermeiden und lächelte plötzlich liebenswürdig.

„Gehen wir nun zu meinem kleinen Geheimnis", sagte er und steckte den Schlüssel in das Schloß der Tür. Dabei blitzte ein großer Goldtopas an seiner linken Hand auf und lockte mit verwirrender Lüsternheit zu Zauberei und Wunder.

In dem Raum, den sie betraten, sah es nach einem flüchtigen

Blick ähnlich aus wie in dem ersten. Aber außer den üblichen Geräten zur Kunstgießerei lagen hier viele Pergamentrollen, Zirkel, Triangel und dergleichen umher, und in alexandrinischen Kristallphiolen schimmerten farbige Flüssigkeiten. Auch funkelten Edelsteine verschiedener Art in einer kupfernen Schale. Eine Lampe brannte hier nicht. Mondlicht erhellte weiß und kalt den Raum.

„Ehe ich dir einiges erkläre, schwöre mir Schweigen", flüsterte Euphrates mit verschleierter Stimme und so hastig, als fiele ihm dieses Gebot jetzt erst ein, und Dion schwur.

Euphrates hob ein seidenes Tuch von einem der Tische und deutete mit seinen unruhigen Fingern auf mehrere silberne und goldene Medaillen, in welche Buchstaben, Zahlen und Glyphen in wunderlicher Form eingeritzt oder im Relief modelliert waren.

„Diese Talismane", erklärte der Erzgießer, „sind nach uralten okkulten Regeln der Chaldäer und Ägypter entworfen. Sie besitzen Kraft zu lösen und zu binden, zu zwingen und zu zerstören. Ich bin Schüler vieler Meister in der Magie gewesen. Mein erster war ein Hebräer in Alexandria. Dann war ich bei den Astrologen in Babylon. Aber mein tiefstes Wissen erfuhr ich hier von den Priestern der Artemis, die Chaldäer sind. Artemis nennen sie die Große Göttin, um den Griechen einen Gefallen zu tun. Ihre wahren Namen sind ihre uralten Namen: Astarte – Hekate – Melitte. Denn sie ist die Natur, die geheime, die dunkle. Sie ist die Eine große Göttin über die Mächte der Finsternis und des Mondes. Sie ist der Schoß unserer Welt."

Dion bebte.

„Ist Artemis nicht die Schwester Apollons? Kommt nicht ihr Licht von ihm?" wagte er einzuwerfen.

Euphrates zuckte die Achseln.

„Astrale Märchen! Dies aber, was ich dir sage, ist Wirklichkeit. Du kannst sie nachprüfen. Sahst du nie, wie schwarz das Antlitz der Göttin ist? Es wird niemals hell, obwohl es aus Silber gegossen ist. Auch nicht unter der Sonne Apollons, auch nicht unter dem Widerschein von tausend Juwelen und Goldgehängen."

„Artemis, die Nachtseite der Natur? Wo aber ist ihr Licht?" fragte Dion.

„Suche das Licht!" lächelte Euphrates zynisch. „Vielleicht bringt es dir dein Apollonius. Vielleicht aber ging er selbst lange in das Reich der Artemis ein – in dieser Welt oder in der Amentet, der Stätte der Toten."

Dion erblaßte.

„Apollonius – tot?" flüsterte er.

„Möchtest du wissen, wo er sich befindet?"

„Kannst du es mich sehen lassen?"

„Versuchen wir es!"

Sie setzten sich.

Euphrates legte seine Hände auf Dions Schultern. Er richtete seinen stechenden Blick auf die Stelle zwischen Dions Augen oberhalb der Nasenwurzel und flüsterte in einer fremden Sprache eine Beschwörung. In wenigen Sekunden schlief Dion. Euphrates lächelte spöttisch.

„Leichtes Spiel", murmelte er, und dann gebietend und laut fuhr er fort: „Du schläfst, Dion! Du schläfst tief! Nun ziehe deinen fluidischen Leib aus dem fleischlichen. Schlafe hier und wache dort! Suche den Tyanäer! – Hast du ihn gefunden? Schau ihn an! Sprich!"

Dion stöhnte auf. Er weinte. Wild bäumte sich sein schlafender Leib. Vor seine Lippen trat leichter Schaum. Seine Stimme – seltsam dünn und klagend – bildete suchend die Worte zu seiner astralen Schau.

„Ich sehe ein Schiff. Ich erkenne die Galeone der Antiochier. Es zieht im Mondschein über dunkles Wasser. Säulen spiegeln sich unbestimmt. Da sind Stufen. Das Schiff legt an. Über die Falltreppe geht ein Mann, ganz weiß, ganz hell – Apollonius!"

Dion schrie auf. Dann flüsterte er weiter:

„Er hat goldene Haare. Sie sind bleich im Licht. Er trägt ein weißes Kleid. Neben ihm steigt ein anderer die Stufen empor. Zwei Sklaven folgen. Sie tragen Gepäck. Der Mann, der ihn begleitet, ist groß und breitschultrig. Er hat schwarze Haare und einen langen schwarzen Bart. Wer ist es? Ich kenne ihn nicht. Apollonius hält einen Stab. Sieben Knoten sind an ihm. Sieben Knoten? Was bedeuten sie? Sieben – Knoten."

Gierig hat Euphrates das Ohr an den Mund des Schauenden gebeugt. Aber Dions Stimme ist schwankend geworden – lallend – unverständlich. Jetzt schweigt er ganz. Sein Atem geht stoßweise, röchelnd.

Eindringlich gebietet Euphrates:

„Bewahre, was du sahst, im Gedächtnis. Dion, halte das Bild! Apollonius ist hier, ist in Ephesos! – Und nun: Erwache!"

Stöhnend richtet sich Dion aus dem Tiefschlaf empor. Er zuckt an Leib und Gliedern. Langsam nur erkennt er die Umgebung, begreift, was ihm geschehen. Geheimnisvoll flüstert er:

„Er ist hier, Euphrates. Ich sah Apollonius. Ich werde ihn wiederfinden. Oh, Euphrates, von welch tödlicher Sorge hast du mich befreit!"

„Vergiß das nie, Dion! Vergiß es niemals, wie ich dir heute half!" sagt Euphrates eindringlich.

Dion umarmt den Magier mit überströmender Dankbarkeit. Der blickt zur Seite.

„Ruhe, Mann!" warnt er. „Und nun muß ich dich bitten, mich zu verlassen. Ich brauche die Stunde des Sonnenaufgangs, um ein Amulett zu vollenden. Nur der aufsteigende Aszendent bewirkt den Zauber in dem Metall, das er beherrscht."

Durch das hohe Fenster dämmert das Morgengrau des Festtages. Dion verläßt den Erzgießer.

II

Er ist hier! Ich werde ihn wiedersehen! jubelte es in Dion, und er war früh schon auf den belebten Straßen, um an alle Orte gelangen zu können, wo etwa Apollonius zu finden sein würde am großen Festtag der Göttin von Ephesos. Er hatte sich aber trotz seiner Spannung festlich gekleidet und sah eigentümlich jung aus in dem langen, blumigen, ephesischen Rock und sorgfältig gelocktem Haar.

Er war vom Tempelbezirk aus durch den Hain Ortygia gegangen und stieg nun zur höher gelegenen Stadt empor, wo man den Festzug erwartete und alles Volk schon jetzt auf den Straßen war.

Dunkelblau leuchtete der Himmel. Vom Koressos wehte ein kühler Wind. Narzissen und Jasmin dufteten aus den Gärten am Pion. In noch milder Wärme strahlte die Sonne.

Dion strich am Hafen entlang. Er beobachtete die hereinsteuernden Schiffe. Jeden Aussteigenden verfolgte er gespannt. Apollonius war nicht unter ihnen. Da fiel ihm ein, daß sich im Gewässer seines Traums schwindelnd hohe Säulen gespiegelt hatten. Die Säulen des Artemisions? Dann mußte es der Pilgerhafen sein, in den Apollonius eingefahren war, und beim Artemistempel vielleicht war er zu finden.

Aber nun war es zu spät geworden, um dorthin zu gelangen. Außerdem konnte sich Apollonius jetzt ebensogut in der Stadt auf dem Forum, auf der Agora befinden, den Umzug der Göttin anzuschauen. Schon war das Gedränge auf den Straßen und Plätzen groß. Schon hörte man den dumpfen Schlag der Pauken, Trompetenstöße, helles Klingeln von Zimbeln. Dion gewann auf einem Säulenfuß des Cäsarentempels einen günstigen Platz und blickte in fatalistischer Benommenheit den Ereignissen, die kommen würden, entgegen. Ruhelos durchforschten seine Augen die dichtstehende Menge in den Straßen, an den Fenstern, auf den Mauern; denn von Schaulustigen war keine Stelle frei geblieben.

Und langsam nahte der prahlende, lärmende Zug. Landarbeiter und Fischer, Hirten und Jäger des Tempeldominiums schweiften voran, mit Blumen bekränzt, von Bändern umflattert. Sie bliesen auf Flöten und Schalmeien. Sie schlugen auf Trommeln und kupferne Becken, sie klapperten mit hölzernen Klappern und klatschten in die Hände, sangen und jauchzten. Gellend war ihre Musik, aus Zeiten stammend, da Artemis noch Astarte hieß und von kriegerischen Priesterinnen verehrt und verteidigt wurde.

Die Artemis-Ephesia war auch heute nicht von Nymphen umspielt und nicht von leichtgeschürzten Jägerinnen begleitet. Gepanzert, in silbernen Rüstungen schritten ihre Priesterinnen im Zuge, wehenden Roßschweif auf männlichem Helm.

Also hatten in uralten Zeiten die Dienerinnen der Großen Göttin ihr Heiligtum gegen hereinbrechende Feinde – Griechen oder Asiaten – beschützt, kriegsgeübte Amazonen, befremdend und gefürchtet.

Die waffenstarrenden Priesterinnen führten an blauem Zaumzeug zwölf makellos weiße Hirsche mit vergoldeten Geweihen, die – gezähmt und gepflegt im Hain Ortygia – den edelsteinsprühenden Muschelwagen zogen, auf dem das Götterbildnis aufgerichtet stand, die toten Augen unter dem Mauerkranz der Krone seelenlos ins Weite gerichtet.

Dunkel stieg ihr schwärzliches Haupt, traten ihre schwarzsilbernen Hände und Füße aus dem steinernen Gewand hervor. Dieses, gemeißelt aus dem bläulichweißen Marmor des Pion, umschloß eng ihren unwirklichen Leib, sich nach unten verjüngend gleich dem Sockel einer Herme.

Hinter dem dunklen Antlitz richtete sich die Scheibe des Vollmonds auf. Und aus diesem Mond, aus diesem steinernen Kleid quollen Geschöpfe – Tiere, Dämonen und Menschen, der Göttin geweiht – in drängender Fülle. Ihre unzähligen Brüste, wie Trauben gereiht, schimmerten unter goldenen Schleiern, zartgliedrigen oder schweren Ketten, Topasen, Saphiren und Opalen hervor, mit denen die Göttin vom Haupt bis zu den Füßen behängt war. Denn dies war Brauch und Ehrgeiz der Ephesier, ihre Gottheit überschwänglich zu beladen mit allem, was kostbar und prunkend war, und dem Juwelengeriesel des Tempelschatzes einten sich die neuen Gaben aller derjenigen, die ihren eigenen Reichtum, ihre Frömmigkeit und ihre Macht an ihr zur Schau stellen wollten. Selbst zu Füßen der archaischen Gestalt schäumte und klirrte Gold, rieselte zartes, reines Silbergeschmeide. Es war, als stiege sie aus einem metallischen Meer, so wie einst Amphitrite aus den lebenzeugenden Gewässern hervorging.

Die steinerne Artemis, die im Tempel wohnte und nur zu den Festen der Äquinoktien durch die Stadt gezogen wurde, hielt dennoch zum Zeichen ihres ruhelosen Wandelns als Mondgottheit zwei lange Pilgerstäbe in ihren Händen, und diese Stäbe, auf die sie sich nicht stützte, die sie nur spielerisch auf den Boden gerichtet hielt, gaben ihrer schweren Gestalt etwas seltsam Flüchtiges, Ziehendes, Vorübergleitendes. Oder waren es Zauberstäbe? Oder waren es Geißelstöcke, die Pest und Peinigungen über die Welt brachten, wenn das dunkle Antlitz es so beschloß?

Denn alles gab diese Gottheit: Fruchtbarkeit und leichte Geburt, Hellseherei und dunkle Brünste, schmerzhafte Lichtsehnsucht und acherontische Finsternis.

Dion begriff: Diese war nicht die Schwester des sonnenhaften Gottes, die Zwillingsschwester Apollons. Oder war sie es doch? War Weltoffenbarung immer Licht und Dunkelheit, immer olympischer Glanz und blasses Grauen?

Jetzt gleißte und flötete und rasselte der Zug dicht an ihm vorüber.

Er sah die Priester – feiste und hagere – mit edelsteinbesetzten, spitzen Mützen, in seidenen Gewändern. Er sah die Tempelhierodulen – käufliche Dirnen und gemalte Knaben – in durchsichtigen, choïschen Gewändern, Lotusblumen in golden oder rot gefärbten Haaren. Er sah die heiligen Tiere der Göttin: Rehkitzchen, Tauben und Katzen, vorübergetragen auf Scharlachkissen oder in versilberten Käfigen. Er sah Hunderte von Menschen, die das Asylrecht des Tempels benutzten und sich hinter der Mauer des Tempelbezirks vor gerechter oder ungerechter Verfolgung bargen. Heute gehörte die ganze Stadt der Artemis. Heute war sie gefahrlos für jeden entlaufenen Sklaven, für jede gehetzte Unschuld, selbst für jeden Mörder, der sich unter den Schutz der Göttin gestellt hatte.

Dion stieg langsam von seinem Sockel herab auf die leer gewordene Straße. Das Volk war in dichtem Gedränge dem Zug gefolgt, der langsam den Pion umschritt, am Hafen entlangwanderte, um endlich zur Stunde des Sonnenuntergangs ins Heiligtum zurückzukehren. Wohin nun? Wo würde er Apollonius finden, der nichts von seinem Hiersein ahnen konnte?

Als Dion so überlegend vor dem Cäsarentempel stand, hörte er einen jungen Römer neben sich zu seinem Gefährten sagen:

„Es scheint, daß heute alles in Ephesos zusammentrifft, was Namen und Ruf hat. Gestern erfuhr ich, daß der Prokonsul nach einer Reise durch die Provinz bei den Priestern abgestiegen ist, und jetzt vernahm ich, daß der Wundermann aus Kappadozien, der von Antiochia kommt und den sie den Tyanäer nennen, ebenfalls in Ephesos anlangte. Was an ihm ist, weiß ich nicht. Aber man rühmt seine Weisheit und hält ihn für einen großen Zauberer."

Dion erglühte. Kaum beherrschte er seine Stimme, als er den Jüngling um nähere Auskunft über Apollonius bat. Doch der schüttelte seine ölglänzenden Locken.

„Wo er sich aufhält? Das weiß ich nicht. Aber beim Fest der Diana findet man schließlich jeden, den man sucht."

Und Dion suchte weiter. Er suchte Apollonius im Gymnasium, wo zu allen Zeiten gelehrt werden konnte, das aber heute verödet lag. Er suchte ihn in den Hafenhallen und in allen Tempeln der Stadt, die teils von Griechen, teils von Römern erbaut waren, den Tempeln der vertrauten Mächte: Apollon und Asklepios, Aphrodite und Hermes. Er fand ihn nicht.

Am Nachmittag hatte das Theater am Pion seine Pforten geöffnet. Ein Ausrufer verkündete, was man darstellen würde. Es war keine Tragödie des tiefsinnigen Sophokles oder des großen Menschenschilderers Euripides. Es war eine Pantomime mit Tanz und Tierkämpfen.

Dion eilte vorüber. Er umschritt den Pion, Schatten unter reichlich gepflanzten Ulmen und Platanen suchend. Er kam an den Pilgerhafen. Vom Kaystros her nährte ein breiter Kanal sein Bekken. Die Reisenden aus dem alten Griechenland, aus Rom oder vom Golf von Tarent schifften durch das Ägäische Meer, bogen in den Kanal ein und landeten im Pilgerhafen zu Füßen des Artemisions.

Dions Schritt stockte. Er blieb am Hafen stehen, überwältigt vom Anblick des Tempels auf dem jenseitigen Ufer. Oft schon hatte er ihn, der eines der sieben Weltwunder hieß, auf dieser Stelle angestaunt. Nie aber war er ihm so unirdisch, so groß, gleich einem Gebilde aus Luft und Licht, erschienen wie an diesem Nachmittag, da die Sonne das bläuliche Weiß seines Marmors mit zartem Rosa wärmte und das goldene Dach aufblitzen ließ wie einen Götterhelm. Wahrlich, ein Wunder war dieser Tempel! Kaum glaublich schien es, daß Menschenhände ihn schufen, wenn sie auch hierzu hundertundzwanzig Jahre brauchten, wenn auch Könige und Fürsten jede einzelne seiner hundertsiebenundzwanzig ionischen Monolithen stifteten, die, in schwindelnde Höhe aufstrebend, das Dach trugen und die Cella mit Bildnis und Altar der Göttin umgaben wie eine Kette jungfräulicher Priesterinnen.

Ein Wunder war dieser Tempel, in langgestrecktem Viereck, auf zehn mächtigen Stufen über den riesigen Platz emporgehoben, der wiederum in schimmernden Treppen zum Hafen hinabsank, zum blauen Wasser, das wie ein demütig hingehaltener Spiegel Prunk und Glanz und Pracht des Artemisions auffing und alles in zitternder Treue, in gedämpfter Farbigkeit wiedergab, sich auflösend, sobald ein Windhauch über die Fläche strich.

Ein Wunder war dieser Tempel, zu dem die Menschen aller Länder pilgerten, ihn anzustaunen im Licht des Tages, seine Göttin zu verehren im Geheimnis der Nacht.

Dion raffte sich zusammen, rief eine Fähre an und fuhr hinüber zum Tempelufer zwischen Seglern und langgestreckten Galeeren, schweren Flößen und eleganten Barken der Ephesier hindurch, die, von verschlafenen Sklaven bewacht, auf dem Wasser schaukelten. Denn ihre Herren waren jetzt im Tempel, in der Stadt am Pion oder auch im Hain Ortygia, um dort Schatten und Kühlung zu suchen.

Dion schritt die Stufen hinan, die zum Tempelplatz führten, in dessen Mitte ein breiter Altar stand. Seine vier Wände waren mit Reliefskulpturen des Praxiteles bedeckt, aber Dion betrachtete sie heute nur flüchtig und zerstreut, zu sehr erregt, um Form und Mythos erfassen zu können. Wieder waren all seine Gedanken bei Apollonius.

Und wenn es eine Vorspiegelung gewesen wäre, was ich bei Euphrates sah? grübelte er. Gibt es nicht eine schwarze Magie, die solche Bilder hervorrufen kann, wie sie das Hirn des Magiers erfindet und andere durch sie zu binden sucht zu einem Zweck, der ihm dient? Aber dann erinnerte er sich der Bemerkung des jungen Römers vom Wundermann aus Kappadozien; denn dieser konnte nur Apollonius sein. Endlich vertrieb ihn die Hitze vom Tempelplatz, und müde betrat er durch das offene Tor den Hain Ortygia.

Er hatte erwartet, auf jedem Weg, an jedem schattigen Platz hier dichtes Gedränge zu finden. Aber tiefe Stille und Einsamkeit atmete ihm entgegen. Manchmal äugte eine zahme Hirschkuh aus den Gebüschen. In den Volieren kreischten ausländische Vögel. Dann war es wieder still, und Lorbeerbüsche dufteten bitter und kühl.

Dion wanderte weiter, todmüde, aber vor innerer Spannung unfähig, sich niederzulegen und auszuruhen. Schließlich sah er wieder Menschen, viele festlich gekleidete Menschen, die sich auf einem milde ansteigenden Grashügel, beschattet von uralten Steineichen, gelagert hatten. Sie sprachen nicht miteinander, diese Menschen, sie scherzten und lachten nicht. Über ihre schweigsame Versammlung tönte, rhythmisch bewegt, eine einzige reine, starke, zwingende Stimme, eine Stimme, die der Knabe Dion in Tarsus geliebt, die der Jüngling in Aegea angebetet hatte, nach der der Mann sich gesehnt durch vierzehn lange Jahre.

Dion hörte die Stimme, ehe er den Redner sah, und es schien fast zu viel, ihn auch noch sehen zu dürfen. Seine Knie wurden seltsam schwach, sanken unter ihm fort. Dion lag im Grase, krampfte die Hände in die Halme, preßte das Gesicht gegen den kühlen Grund, um nicht aufzuschreien vor Glück, um nicht hinzustürzen zu ihm, der dort stehen mußte, der dort stand, in goldenem Haar und weißem Leinenrock, die blauen Flammenblicke über die Hörer sendend – Apollonius – Apollonius – der Freund. Und allmählich verstand er auch, was die geliebte Stimme sprach, und es kamen zu ihm, dem Lauscher eines unsichtbaren Redners, diese Worte:

„So ihr aber meint, Epheser, es gereiche eurer Stadt zum Wohl, wenn ihr euch weiter spaltet in die Trabanten der Priesterschaft und in die demokratisch gesinnten Griechen, so antworte ich euch: Gut ist die uneinige Eintracht, sofern sie das Ziel der Gemeinschaft im Auge hat, wo jeder Bürger das vertritt, was er zum Segen seiner Mitbürger ersonnen und erprobt hat, sei es an städtischen Einrichtungen, Gymnasien, Bauten oder am heiligen Dienst der Gottheiten. Mit Einem Ziel uneinig sein – das, Epheser, ist lebendiger Fortschritt! Wetteifernd ringt einer dem anderen nur das Eine ab: den besten Rat zu geben, die genialste Tat zu tun – einmündend in das Gemeinsame, in Blühen und Gedeihen von Stadt und Provinz, von Seefahrt und Sittlichkeit. Bei euch aber sehe ich nur den Ehrgeiz, daß jeder für sich eine Rolle spielt, daß jeder an seinen Vorteil denkt, und jeder sein eigenes Ziel hat. Ein gemeinsames Ziel aber sehe ich nicht."

Dion hatte sich jetzt weiter vorgewagt. Unter den hängenden Zweigen einer Ulme verborgen, hörte er und – sah den Jugendfreund, und sein Herz schlug stark und gleichmäßig; denn er wußte: Nun hatte er seine Mitte wiedergefunden.

Hinter Apollonius aber kauerte auf einem Stein der dunkle Ninivit und ritzte mit eiliger Hand Stichworte in eine metallene Tafel.

Apollonius fuhr fort:

„Ihr murrt? Ihr meint, ich kenne euch nicht, weil ich erst in dieser Nacht zu euch gekommen bin? Oh, Epheser, es ist mir gegeben, dieses zu wissen – und mehr. Epheser, ich beklage euch! Das Haupt eurer Gottheit brütet Verderben. Schrecken wird kommen über diese blühende Stadt."

Als er schwieg, war es so still, daß man das Zwitschern der Sperlinge hören konnte, die nicht weit von Apollonius in einer großen Schar am Boden hüpften und pickten. Und aller Augen richteten sich plötzlich auf die kleinen Vögel. Und aller Augen sahen, wie ein fremder Sperling hinzuflog, lebhaft piepsend, als wolle er ihnen etwas mitteilen. Schreiend erhob sich der ganze Schwarm und fuhr in einer Wolke durch die Luft dem nahen Nebenausgang des Haines zu.

Alle schauten ihnen unwillkürlich nach. Auch Apollonius hatte den Vorgang beobachtet. Etwas Fernes trat in seinen Blick. Dann, sich an seine Hörer wendend, sagte er mit leiser Ironie:

„Diese Vögel haben den Gemeinsamkeitssinn, den ich euch wünsche. Drunten in der Gasse beim Pförtchen hat ein Knabe Weizen verschüttet, und viele Körner blieben liegen, nachdem er den Haufen flüchtig zusammengerafft. Dorthin holte der Sperling zu brüderlichem Mahl seine Gefährten."

Zuerst lachten die Hörer, dann begriffen sie mehr, wurden stutzig.

„Kann er denn in die Ferne sehen? Ist er wirklich ein Zauberer? Dann weiß er auch um die Zukunft – und was droht von da?"

Zwei Jünglinge sprangen auf und rannten zur Pforte. Gespannt warteten die anderen Menschen auf ihren Bericht. Apollonius setzte sich und wartete mit ihnen. Dabei blickte er über die Köpfe der Epheser hinweg nach den hängenden Zweigen der Ulme, sah einen Mann dort sitzen, der ihn unverwandt anschaute – erkannte den Mann. Leuchten glitt über sein Gesicht. Seine Lippen formten lautlos und unwillkürlich den Namen: Dion.

Blick sank in Blick, abgrundtief, fragte stumm:

„Bist du derselbe?"

„Bist du es noch?"

Sie rührten sich nicht, sie sprachen nicht. Sie brauchten für ihr Wiedersehen keine Gebärde und keine Worte.

Inzwischen kamen die Jünglinge zurück und berichteten aufgeregt:

„Ja, der Weizen war verschüttet! Ja, die Sperlinge schwelgten in den verstreuten Körnern!"

Bestürzt redeten alle durcheinander: Wenn er das richtig gesehen, wenn er den Raum durchdrang, vermag er dann nicht auch die Zeit zu durchschauen, die Zukunft zu erkennen? Und was sieht er dort?

Eine einzelne Männerstimme erhob sich plötzlich mit lauter Frage aus dem drängenden und redenden Haufen:

„Tyanäer, was prophezeist du uns? Wir verlangen es zu wissen! Was wird über Ephesos hereinbrechen?"

Apollonius' Gesicht wurde ernst. Schmerzhaft glitt sein verdunkelter Blick über die geschmückten Menschen, die voll Spannung, zweifelnd und ungeduldig zu ihm aufsahen. Wie in Abwehr hob er einen Augenblick die Hand, fast, als bereue er, so viel gesagt zu haben. Sie aber, sein Zögern bemerkend, forderten und drängten:

„Was wird über Ephesos kommen?"

Da sprach er – und zögerte noch – mit leiser Stimme:

„Die Pest."

Gellend schrien die Menschen auf.

„Sage das nicht! Nur das sage nicht, Tyanäer!"

Und sie krümmten sich und verbargen die Gesichter in den Händen.

Apollonius hatte sich von seinem Sitz erhoben. Allen sichtbar, stand er unter der dunklen Eiche. Rötlich flimmerte sein helles Haar in den verirrten Sonnenstrahlen, die durch das Gezweig fielen.

Dion, wie im Traum, sann: Apollon.

Damis, erinnerungsvoll, dachte: Krishna.

Apollonius sprach – und die Freude, Dion wiedergefunden zu haben, gab seiner Stimme eine solche Weichheit, daß sich jeder von ihr geliebkost glaubte:

„Epheser, ich kann nicht zurücknehmen, was ich gesagt habe, denn der Sonnengott gab mir, die Wahrheit zu schauen. Epheser, reinigt eure Häuser, reinigt eure Herzen! Enthaltet euch vom Beseelten! Meidet Schwelgerei! Lebt enthaltsam! Legt ein reines, heiliges Leben wie einen Panzer um euren Leib! Epheser, betet!"

„Zu wem sollen wir beten?" murmelten sie. „Ist es nicht Artemis, die Gottheit, welche wir vor allen ehren, die uns nun das Verderben sendet, wie du sagst?"

Er dämpfte die Stimme und sprach, indem er sich zu ihnen herabneigte:

„Wißt ihr nicht, daß Artemis zwei Gesichter hat? Wißt ihr nicht, daß Artemis auch Hekate ist? Wißt ihr nicht, daß ihre Priester – kastrierte Herrschsüchtige und asiatische Zauberer – den dunklen Dienst im Hekatesium vor allen anderen versehen? Oh, Epheser, auch die Götter tragen Licht und Finsternis in ihren unsterblichen Herzen. Auch in den Göttern könnt ihr das Trübe aufrühren durch Blutopfer und durch Verbrechen wider die Natur. – Ihr habt zu lange zur Hekate gebetet, Epheser. Sucht das helle Antlitz der silbernen Artemis, der Schwester Apollons, die ihr reines Licht von seiner Sonne empfängt, die euer Land segnet mit weißen Mondstrahlen und eure Frauen mit dem Fruchtwasser schöpferischer Gnade. Weckt in der geheimnisvollen Gottheit – oh, jede Gottheit ist voller Geheimnisse – ihr Lichtgeheimnis. Neigt euch der segnenden Gottheit, Epheser! Menschenhände meißelten die Götterstatuen. Menschenherzen lernten den Götterzwang. Zwingt die reine Göttin zu euch herab, Epheser, und sie wird ein Segen über euch werden."

Er schwieg. Sie regten sich beunruhigt.

„Er lästert", flüsterte eine zage Stimme. „Kann ein Mensch die Götter verwandeln? Er will uns versuchen. Er ist ein Zauberer."

Er aber stand furchtlos, sah sie aus ernsten Augen an und schwieg. Die Abendsonne berührte mit glühendem Strahl seinen Scheitel, so daß sein Haar aufflammte wie rotes Gold, das brennend über seiner Stirn sich sträubte. Sehr hoch, sehr hell, sehr gelassen wirkte seine Gestalt, und Güte lag auf der festen Form seines geschlossenen Mundes, seines kraftvollen Kinns.

Da sprach eine erregte, mühsam gedämpfte Stimme, die von jenseits des Hügels unter der Ulme hervordrang:

„Seht ihr nicht, daß es der Bote des pythischen Gottes ist, der zu euch spricht? Erkennt ihr nicht, daß Apollon Loxias ihn euch sendet?"

Sie horchten auf, sie wandten sich zu dem Sprecher.

Er schien ein Grieche zu sein, in ephesischem Gewand, zartgliedrig, scheu von Angesicht und wie zum Zeugnis getrieben durch eine innere Gewalt. Er stand nur einen Augenblick noch still. Dann durchstürmte er den Raum zwischen sich und dem Propheten.

„Apollonius!" schrie er auf.

Einen Augenblick war es, als wolle er in die Knie sinken, aber von Apollonius gehalten, schlang er die Arme um seinen Hals – lange – ohne ein Wort zu sagen.

Dieser Vorgang überwältigte die eindrucksfähigen Ionier mehr in seiner spontanen Deutlichkeit als irgendein Wort des Redners es getan. Sie wurden still, sie sannen gerührt. Schließlich sagte Apollonius, der sich aus Dions Umarmung sanft gelöst hatte, mit großer Schlichtheit:

„Ich habe den Freund meiner Jugend wiedergefunden, Epheser. Er kommt zu einer guten Stunde. Er wird mit uns zur Artemis beten, zur griechischen Artemis."

Das Sonnenrot war erloschen. Am grünlichen Himmel schwamm die Mondsichel, wie eine zarte Wolke aufsteigend, über den Wipfeln der Eichen. Apollonius hob ihr die Arme entgegen. Seine Gebärde war priesterlich. Hinter ihm standen die beiden Jünger. Vor ihm lagerten wartend die Epheser.

„Will er denn hier zur Göttin beten? Ohne Tempel und ohne Altar? Ohne das Rauchopfer von Manna, das ihr zukommt?"

Doch keiner widersetzte sich dem Ungewöhnlichen, eingefangen vom Zauber seiner Persönlichkeit.

Und Apollonius sprach. Er begann leise, die Worte suchend. Er wuchs mählich hinein in die Inspiration seines Gesichts, sich dem Vorstellungsbild seiner Hörer einschmiegend. In seltsamer Ekstase steigerte sich dann seine Stimme. So stand er – ‚Bacchant der Nüchternheit', wie er sich einmal vor König Bardanes genannt –, und dieses waren die Worte seines hymnischen Gebetes:

„Königin, höre mich an,
Vielgerufene Tochter des Zeus,
Erhabene Bogenschützin!
Allerleuchtende, Fackelträgerin,
Helferin in den Wehen,
Selbst aber dem Kindbett fremd.
Gürtellöserin, Freundin des Wahnsinns,
Sorgenlösende, Jagende,
Rennerin, schleudernd die Pfeile,

Freundin der Jagd, die die Nacht durchstürmt,
Erlösende, männlich Gestaltete!
Du besitzest als Eigen
Die Eichenwälder der Berge,
Hirschjägerin, Heilige, Hehre,
Allkönigin, herrliches Reis!

Komm, helfende, freundliche Göttin,
Dem Flehn der Geweihten geneigt;
Herrliche Früchte entsende der Erde,
Frieden und lieblich gelockte Gesundheit;
Krankheit und Leiden laß fahren dahin
Auf die Gipfel der Berge!"

Die letzten Worte schleuderte der Rhapsode wie einen Befehl an die Göttin über die Hörer hin, die erschauernd seiner Prophezeiung gedachten. Und stürmisch wiederholte ein Chor leidenschaftlicher Stimmen:

„Krankheit und Leiden laß fahren dahin
Auf die Gipfel der Berge!"

Noch ehe die religiöse Erschütterung von den Ephesern fiel, war Apollonius entwichen, mit ihm Damis und Dion.

Schweigend durchstreiften sie den Hain, durch dessen Eichenkronen heller und heller die Mondsichel blinkte, in dessen Gebüschen manchmal der leichte Tritt der Hirsche zu hören war oder das Aufsingen eines träumenden Vogels. An einer leise klingenden Quelle erfrischten sie sich. Damis bot Früchte und Weißbrot. Dann legte er sich abseits nieder und schlief bald ein.

Apollonius aber hatte Dions Hand ergriffen, und flüsternd erzählten sie einander von den langen vierzehn Jahren, da ihr Leben getrennt verlaufen war, und fanden sich wieder in immer gleichgesinnter Freundschaft. In großen Zügen berichtete Apollonius von seiner weiten Fahrt. Er erzählte, wie er in Antiochia gewesen, wie er in Ninive Damis gefunden, der ihm ein treuer Weggenosse geworden war, wie sie dann in Babylon und Taxila waren und den Berg der Weisen nach unendlichem Suchen erreicht hatten.

„Dort", sagte er, „empfing ich meine vierte Einweihung, die heilige, ersehnte. Oh, Dion, ich habe dir viel anzuvertrauen, aber nicht in dieser Stunde. Denn noch ist das Fest der dreifachen Göttin nicht vorüber. Wir wollen um Mitternacht in den Tempel gehen. Wir wollen die Priester bei ihrem verborgenen Dienst überraschen, dem Dienst an Hekate, dem dunklen Aspekt der vieldeutigen Göttin."

„So ist es also, wie ich immer geahnt: die Kräfte, die wir rufen, antworten uns auch. Du rufst die reine Artemis, und sie wird sich dir offenbaren. Und wer zur Hekate betet – er wird von den Mächten der Finsternis erhört werden?"

„So ist es", antwortete Apollonius leise. „Denn noch sind die Menschen nicht fähig, das Geheimnis der unteilbaren Gottheit zu empfangen. Alles, was wir, die wir mehr erkannten, tun können, ist: sie zu den lichten Göttern zu führen und vor den chthonischen Mächten zu warnen, die immerfort um sie geschäftig sind."

Dion grübelte. Er zögerte lange. Endlich fragte er hastig:

„Apollonius, als du auf deiner Rückfahrt von Indien zum zweitenmal in Antiochia warst, hast du dort von dem Zeltbahnweber aus Tarsus gehört, dem Juden Paulus und seinen Anhängern?"

Apollonius nickte.

„Wohl hörte ich dort von den Nazarenern. Paulus aber hatte sie schon wieder verlassen. Es hieß, er sei nach Ephesos gefahren."

„Und was sagte man dir über die Gemeinde des Paulus?" fragte Dion gespannt.

Apollonius schwieg lange. Dann sprach er bedeutsam:

„Die Christusgemeinde in Antiochia verehrt einen Meister, der aus überströmender Liebe ‚das Geheimnis des Worts', das er bei seiner Einweihung empfing, der Menschheit preisgab. Darum mußte er sterben. Der Hohepriester in Jerusalem überredete die Römer, Jesus von Nazareth ans Kreuz zu schlagen. Denn die Priesterschaft aller Zeiten und Länder besteht darauf, ‚das Geheimnis des Worts' zu wahren. Sie weiß, daß jetzt und lange Zeiten noch nur sehr wenige Menschen fähig sind, dieses Geheimnis zu begreifen. Die Priester kennen das Volk und geben ihm das heilige Symbol, und die Menschen ahnen im Bild den unsichtbaren Gott."

Nach einer Weile wandte Dion zögernd ein:

„Ich hörte von Paulus, daß er der Gemeinde die Lehre seines Meisters deutlich mache."

Apollonius fragte sanft:

„Weißt du mehr von diesem Paulus und seinem Leben?"

„Er war zuerst ein harter Verfolger der Nazarener, lieferte sie ihren Feinden aus, den Pharisäern, zu denen er gehörte. Dann, sagt man, wurde er durch ein Gesicht auf dem Wege nach Damaskus bekehrt. Er war zweimal in Ephesos. Ein drittes Mal soll er vorübergeschifft sein. Ich sah ihn nie. Aber — o Apollonius, verzeih es mir! — in der Zeit, da ich an deiner Wiederkehr verzweifelte, habe ich manchmal daran gedacht, dem Paulus nachzuziehen."

Und Apollonius:

„Dich hat viel bewegt und hin und her gerissen. Schäme dich

dessen nicht! Dieser hier" – er deutete auf den schlafenden Damis – „ist wie ein glückliches Kind, sehr stark, sehr gläubig, sehr schlicht. Du mußt mehr leiden als er, Dion. Du mußt durch alle Abgründe des Zweifelns und des Suchens gehen. Du bist weicher und tiefer als er. Die weich und tief sind, haben die leidenden Herzen."

Während Apollonius und seine Jünger im Hain Ortygia wenige Stunden Ruhe und Schlaf fanden, durchraste die Stadt Ephesos der Lärm der Gelage, die dem Geburtstag der Artemis folgten, die ganze Nacht. Der Oberpriester gab dem Volk eine üppige Schmauserei. Auf den Straßen wurde bei Fackelschein frisch gebratenes Fleisch verteilt, wurde der schwere, süße ephesische Wein in hingehaltene Becher gegossen. Man hätte meinen können, daß ein entartetes Fest des Bacchos die Stadt in seine wilden Orgien gerissen habe. Kreischende Weiber, betrunkene Männer durchzogen die Straßen am Hafen.

In den Villen der reichen Bürger am Pion lag man um üppige Tafeln, nach römischer Sitte auf kostbaren Stickereien aus Sardes hingestreckt, spielte und trank, schwärmte und lästerte, buhlte und verschwendete. In einige dieser Kreise war die Prophetie der Pest und die Mahnung zur Mäßigkeit des Tyanäers gedrungen. Wo sie die Ausgelassenheit zu dämpfen drohte, wies man sie empört zurück. Wozu sich etwas versagen, wenn die Pest doch kam! Und kam sie nicht, und hatte sich der Wundermann aus Kappadozien getäuscht, um so sinnloser, sich der guten Geschenke des Lebens zu enthalten!

Hatten sie nicht der Großen Göttin alles gegeben, was sie verlangte und liebte? Goldenen Schmuck und Juwelen, Rinder mit breiten Stirnen, jungfräuliche Sklavinnen, die für sie ihre Keuschheit bewahrt und ihr zu Ehren reisenden Fremden oder Priestern preisgegeben wurden, arkadische Knaben, der Lust geweiht.

Oh, es gab nichts, was der Göttin mangelte, der rätselhaften, zwiegeschlechtlichen – Jungfrau und Jüngling zugleich –, der Läuferin des Sternkreises, der Erspäherin jeden Geheimnisses, Artemis-Kybele-Astarte.

„Groß ist die Diana der Epheser!" klang es hundertfältig durch die unheiligen, von Sternen und Fackeln überflammten Straßen.

„Groß ist die Diana der Epheser!"

III

Um Mitternacht wurden die Tore des inneren Tempels geschlossen. Seine riesigen Säulenhallen durchstrichen behutsam vereinzelte Gestalten, um irgend etwas zu erhorchen, zu verspüren vom geheimen, nächtlichen Kult der Artemis, den in der Cella am Altar der Gottheit Priester und Tempelhierodulen verrichteten.

Aber kein Ton drang durch die ehernen Torflügel; aus keiner Spalte schimmerte Licht. Dennoch vermochten sich die von Grauen und Neugierde Angezogenen nicht loszureißen. Flüsternd oder stumm lagerten sie zwischen den Säulen, schlichen umher wie ruhelose Nachttiere.

Totenstille herrschte in den Hallen des Artemisions. Kein Laut vom Lärm der Stadt drang bis hierher. Nur das Wasser hörte man leise über die untersten Stufen der Treppe plätschern. Auf den vereinzelten Barken im Pilgerhafen war kein Leben mehr.

Groß, schwarz, flimmernd von Sternen, überwölbte der Himmel den bleichen Riesenbau, weißblendend wie in jener sagenhaften Märznacht vor unausdenklichen Zeiten, da Leto, von Hera verfolgt, die Artemis im Hain Ortygia gebar unter jenem Lorbeerbaum, der heute noch stand, der nie verdorren wird.

Aus dem Dunkel des Parks traten jetzt drei Männer, zwei im leinenen Rock der Pythagoräer, einer im langen, blumigen Gewand der vornehmen Epheser. Unter leisen Gesprächen erstiegen sie die zehn Stufen des Tempels, wanderten langsam durch die Doppelreihe der schlanken ionischen Säulen und betraten an der Tempelfront, die dem Hafen zugewandt war, den Pronaos, die Säulenhalle. Von hier aus konnte man tagsüber in das Innere des Tempels eintreten, um Opfer darzubringen und am Kult der Göttin teilzunehmen. Jetzt aber waren die Tore gesperrt, und das Gelichter folgte schleichend den drei Männern, bereit, in höhnisches Grinsen auszubrechen, wenn auch diese sich ausgeschlossen fänden.

Im Pronaos wurde die Säulenhalle zum Säulenwald. Sechsunddreißig riesige Monolithen trugen hier das Dach des Tempels. Auf den vier Seiten ihrer Sockel, auf dem unteren Teil ihres Schaftes quoll es von überlebensgroßen menschlichen Leibern, gedrängten Gestalten – Göttern, Heroen, Dämonen –, von griechischen Bildhauern gemeißelt, die nun im Schatten- und Licht-Spiel der hellen Mondnacht geisterhafte Beweglichkeit gewannen.

Staunend sah Damis auch hier, wie im Tempel des Vishnu, wie Stein sich verwandelte in Muskel, Tat und Seele, ehrfürchtig nannte Dion der Ionier als Schöpfer der Werke Namen, die den Griechen heilig sind: Skopas, Praxiteles, Agasias. Bewundernd schritt Apollonius von Bild zu Bild. Dann aber, einen Blick zu den Gestirnen werfend, sprach er leise:

„Laßt uns eintreten!"

Sie standen vor der verschlossenen Tür. Das Tempelgesindel umschlich sie schadenfroh, von ihnen nicht beachtet. Apollonius hob den Pilgerstab, an dem die sieben magischen Knoten dunkel hervortraten. Siebenmal schlug er gegen die vergoldete Pforte. Da tat sie sich langsam vor ihm und seinen Freunden auf, als sei sie von eigenem Willen ergriffen. Sie verschwanden in der Cella. Lautlos schloß sich hinter ihnen das erzene Tor.

Blutdunst, Geruch von schwelenden Fackeln und schwülem Weihrauch schlug ihnen entgegen. Weiß strömte Mondlicht durch die zwei mächtigen Fenster herab, vermischte sich mit den rot aufzuckenden Pechfackeln, mit dem Geglitzer der Öllampen. Riesig dehnte sich der Raum der Cella, angefüllt von Menschen, durchatmet vom heißen Hauch Unzähliger, die seit Stunden den wilden Dienst der Göttin begingen.

Blut von Rindern war geflossen – ihr zu Ehren. Mädchen, ihr geweiht, mit choïschen Schleiern nur wenig umhüllt, vom Opferblut bestrichen, waren zu heimlichsten Ausschweifungen entführt.

Jünglinge hatten ihre Mannbarkeit hingegeben und feierten das Fest ihrer Einweihung in der Geburtsnacht der Göttin.

Knaben in seidenen Kleidern aus Sidon, berauscht vom schweren Chioswein, waren von unheimlichen Gestalten in entlegene Tempelräume zu lasterhaften Orgien gelockt.

Jetzt brütete das finstere Geschehen von allem diesem schwer über der Priesterschaft, über den unzähligen Tempelhierodulen – Männern und Weibern, Tänzern und Tänzerinnen, Winzern und Hirten –, die in ein träges, erschöpftes Schweigen gesunken waren nach den Aufpeitschungen ihrer Sinne in den letzten Stunden. Priester in Purpurgewändern, mit goldenen Stirnbinden warfen Manna und Styrax in das Feuer auf dem Altar und sangen dumpfen Tons mit heiser gewordenen Stimmen zum hundertstenmal den düsteren Hymnos an Hekate, die Artemis ihrer nächtlichen Feier, die von ihrem Piedestal steinern und schwarz, goldüberrieselt, juwelenumglänzt, von den Brüsten ihrer Fruchtbarkeit beschwert, über alle Sterblichen hinweg in die Abgründigkeit ihres Ursprungs starrte.

Und diese Worte sangen die Priester:

„Ich preise, die an den Wegen thront,
Des Kreuzwegs Schattenherrscherin Hekate,
Himmelskönigin, Erdenfürstin,
Meeresgöttin im Safrangewand.

Herrin der Gräber, mit Seelen der Toten
Fahrend im nächtlichen schweifenden Zug!

Ungegürtete, tierverschlingende,
Unbezwinglichen Angesichts
Fährst du mit Stieren dahin,
Schlüsseltragende Herrin des Alls.

Ich preise, die an den Wegen thront,
Des Kreuzwegs Schattenherrscherin Hekate!“

Apollonius und seine Jünger waren langsam bis an den Altar der Göttin vorgedrungen, sahen nun die Purpurgestalten der Priester dicht vor sich, wie sie ermattete Arme hoben und, schwankend im Rhythmus ihres mystischen Sanges, Schulter an Schulter stützten.

Keiner der Anwesenden hatte die Eindringlinge bemerkt. Betäubung, halber Schlaf lastete auf allen. Wein und Mohnsaft hatten ihren Rausch erhöht. Viele lagen schon bewußtlos am Boden, schnarchten oder redeten aus wirren Träumen.

Apollonius suchte den Oberpriester mit aufmerksamem Blick. Leise stellte er sich hinter ihm auf, der gleich den anderen im Takt des Hymnos schwankte.

„Willst du zu diesen Betrunkenen reden, Apollonius?" fragte Damis bestürzt. „Sie werden dich nicht so schnell verstehen wie die Priester in Ninive beim Kult der Io."

Unwillkürlich griff auch Dion angstvoll nach seiner Hand. Er aber beachtete beide nicht. Denn er ging seine Bahn im Sternbild der Jungfrau, die Tat verlangt, Zeugenschaft für die Gottheit und Kampf gegen die Verbrechen der Menschheit. Apollonius mußte in Wesenhaftes verwandeln, was er als wesentlich im Geist erkannt.

Noch schwang die Beschwörung an Hekate, der Schattenherrscherin am Kreuzweg der Menschheit, düster widerhallend durch den mondhellen Raum, da griff auch er nach der Schale mit Manna und Styrax, räucherte und sprach — und es wunderte sich keiner seiner Anwesenheit:

„Furchtbare Priester! Verführte Tempeldiener! Ich komme zu euch vom Lande Indiens als der Viermaleingeweihte, als der Zweimalgeborene. Laßt eure Trunkenheit von euch abfallen und hört mir zu!"

Die Wirkung dieser langsam gesprochenen Worte war ungeheuer. Die Priester erstarrten mitten in ihrem Hymnos, schwiegen und horchten auf. Die Tempelhierodulen weckten die Schlafenden und drängten unruhig vom Altar zurück. Apollonius stand jetzt auf dessen oberster Stufe – hinter ihm, bereit zum Schutz, den er nicht brauchte, Dion und Damis. Und er fuhr fort:

„Priester der Großen Göttin! Zu euch kann ich nicht sprechen wie zu den Ephesern im Hain Ortygia. Euch kann ich nicht an die Stelle der Hekate das lichte Bild der griechischen Artemis stellen. Denn ihr seid Eingeweihte. Ihr wißt von den drei Reichen, von denen ihr euch das chthonische, das furchtbare Reich dunkler Leidenschaften, kranker Süchte, grausamer Wollust, erwählt habt. Priester der Hekate, auch ihr seid Meister, ich weiß es. Ich weiß, daß euer Blutzauber Wirkung hat auf die Sinne der Menschen und daß eure Beschwörungen und Meditationen Wunschbilder erzeugen – Elementare mit eigenem Leben –, die sich von euch lösen und hinausstreben in die Menschenwelt. Ich weiß, sie dringen in die Aura derer ein, die ihr bezwingen wollt, in die Aura derer, die bereit sind, sie aufzunehmen, sich dem Gift auszuliefern, das ihr ausgesandt habt. Und anderes noch weiß ich.

Ich weiß, daß diese Artemis nicht mehr allein aus Stein und Erz besteht, sondern daß die Wünsche, die Brunst, die Gier und die Gewalt eurer unheiligen Gebete längst einen unsichtbaren Mantel um sie gelegt haben, der brennt, wenn ihn ein Wehrloser berührt. Ich weiß noch mehr.

Ich weiß, daß ihr die Toten aus der Amentet ruft, die Sehnsuchtgebundenen, die noch am Diesseits hängen, sie auszuforschen. Die wahren Geheimnisse des Jenseits aber verkünden sie euch nicht; denn auch sie sind Verhüllte. Auch sie sind Schatten nur in jenem Reich, gleich wie ihr in dieser Welt.

Ihr schweigt? Ihr staunt, daß ich so tief in das Geheimnis eures Wesens eingedrungen bin? Priester der Hekate, ich war bei den Weisen. Sie wohnen auf schwer auffindbaren Bergen in einem fernen, fernen Land. Sie haben mich gelehrt, der Dinge Außenseite, ihren körperlichen Leib für nichts zu achten, wenn die Schau über mich kommt. Und wie ich das entsetzliche Netz zerreiße, das Maya über euch warf in der hundertfältigen Wiederkehr eurer verstrickten Seelen, so erkennt nun ihr, wo ihr steht im rollenden Rad eures selbsterzeugten Karmas. Denn solches lehrte mich mein Meister, der ein Meister des Lichtes ist, mir gegenwärtig in dieser Stunde, unsichtbar für euch, fühlbar, hörbar, sichtbar für mich."

Apollonius schwieg und blickte wie horchend in sich hinein.

Dion war leichenblaß geworden. Damis gedachte des Berges der Weisen in freudiger Zuversicht.

Flüsternd fuhr der Seher fort, und ohne Atem schien die Cella, in der die Pechflammen erloschen waren und die Dochte der Lampen ausgebrannt, in der nur weißes Mondlicht über entsetzten Augen, verzerrten Gesichtern, verschobenen Priesterbinden lag:

„Wenn der Leib, den ihr pflegt, als ob er euer Ich wäre – wenn dieser Leib von eurer Seele fiel und Hermes Chthonius die Unsterbliche hinabführt an den Kokytos, dann, ihr Priester und Hierodulen, betretet ihr das Reich, das ihr selbst erschuft, das traurige Reich, gebildet aus allen Martern, die ihr anderen ersonnen habt, aus allen entsetzlichen Wünschen, die in euch gelodert haben als Lebensfeuer.

Dann werdet ihr fragen: ‚Was ist das für ein Ort, an den ich geraten bin? Er besitzt nicht Wasser, er hat keine Luft. Er ist tief und unergründlich. Er ist schwarz wie die schwärzeste Nacht, und hilflos irren die Menschen in ihm umher. Hier kann keiner in Seelenruhe leben.'

An diesem Ort, ihr Priester, werdet ihr durch Jahrtausende festgehalten. Aber dort hält euch kein rächender Gott und kein tyrannischer, kein Dämon eurer Art, kein Henkersknecht anderer Welten. Nur eure Taten, Wünsche und Gelüste halten euch fest in jener trostlosen Welt, im tiefsten Abgrund der Erde und dem Himmel, und von dem ihr zur Erde zurückstrebt in immer neue Leiber, zu immer neuen Einkörperungen, die wieder dunkel und voll Verbrechen sein werden, weil eure entheiligten Seelen nach Dunkelheit und Verbrechen verlangen.

Es ist aber die Erde der Kreuzweg, an dem die Gottheit steht, Hekate, die Schattenherrscherin. Hekate ist ‚der schweigende Wächter', der eurer Taten Gespinst bewahrt bis zum Tage ‚Kehrwieder' und es über eure Seelen wirft, jeder das ihre, wenn sie die Schwelle zum Diesseits wieder überschreitet.

Wie der Mond vom Gestirn der Sonne abhängt, also Artemis in ihrer erleuchteten Finsternis vom Feuer der Wahrheit, der Sonne hinter der Sonne."

Nach diesen Worten war der Seher verschwunden. Mit ihm die Jünger. Als es den Priestern und Tempelhierodulen zum Bewußtsein kam, entsetzten sie sich der festverschlossenen Türen, untersuchten sie aufgeregt.

„Wie kam er herein?"

„Wie ging er hinaus?"

Ein Mann aber, der Goldschmied Euphrates, der Freund der Priester, trat hinter der Säule hervor und sprach:

„Erkanntet ihr ihn nicht, den siebenknotigen Wanderstab? Er mag wohl alle Tore der Erde öffnen, wenn ihn ein Kundiger handhabt. Hütet euch vor Apollonius aus Tyana. Denn er ist mit den Zauberkräften Indiens ausgerüstet und besitzt die Gabe des zweiten Gesichts."

„Ist es der, welcher dem Volk die Pest prophezeit hat?" fragte eine angstvolle Stimme.

„Derselbe", antwortete Euphrates.

Das Tempelvolk heulte auf. Die Priester flüsterten untereinander.

„Er bringt den Aufruhr wie Paulus, der Zeltweber aus Tarsus. Er greift die große Göttin an wie jener Jude. Doch ist er kein Nazarener. Sollte man auch ihn bei den Römern verklagen? Aber diesen Paulus haben sie bisher nicht gerichtet, wie doch seine eigenen Leute verlangten. Es heißt, er begehrte nach Rom vor das erhabene Gericht des Kaisers gebracht zu werden. Vor Neros Gericht? Der Narr! – Doch dieser Tyanäer? Wer ist der Mensch?"

Euphrates sah die verstörten Priester aus kalten Augen an. Ironisch sagte er:

„Ihr hörtet es! Er nannte sich ‚der Viermaleingeweihte', ‚der Zweimalgeborene'."

Da schwiegen die Verstehenden.

Fahl dämmerte der Morgen über erloschenen Bränden, über erloschenen Gesichtern.

IV

Der Mauer gegenüber, die das Tempelgebiet in weitem Umkreis umschloß, lag das kleine Haus eines griechischen Arztes, bei dem Apollonius und Damis und jetzt auch Dion Aufnahme gefunden hatten. Wer zwischen seine zierlichen Säulen trat, blickte gerade auf eine Nische in der Mauer, in der die langgliedrige Amazone des Polyklet sich dehnte, müde den schönen Arm über das träumende Haupt gelegt.

Hier zwischen den vier korinthischen Säulen, deren Kapitäle wie übervolle Fruchtkörbe schwollen, liebten es Dion und Damis, auf den flachen Stufen zu sitzen und in endlosen Zwiegesprächen sich von Apollonius zu unterhalten, wobei meistens Damis der Mitteilende und Dion der Zuhörende war. Auch aus seinem Tagebuch las Damis vor, und Dion freute sich an der unmittelbaren Ergreifung der Gegenstände, ob er auch manchmal über die naive Erzählerlust des Assyrers lächeln mußte. Denn die geheimnisvollsten und geistigsten Begebenheiten standen unmittelbar neben Schilderungen wilder Tiere, erstaunlicher Bräuche, unwahrscheinlicher Abenteuer. Dion hütete sich aber irgendein Befremden zu zeigen, und nahm alles, was Damis erzählte, oder was er aufgeschrieben, mit gleicher Aufmerksamkeit entgegen. Dabei glitt sein formgeschulter Blick unwillkürlich immer von neuem am Wunderwerk der steinernen Amazone auf und nieder, an den jünglinghaften Schenkeln und Beinen, dem prachtvoll gewölbten Thorax, den breiten Schultern und dem schwermütigen Haupt. Oh, süße Erscheinung des Seins, wer ganz an dich sich geben könnte! Ihm war das versagt von seiner frühreifen Kindheit an. Ihm war der Zwang zum Grübeln ins Herz gesenkt. Ihm war alles, Weltliches und Geistiges, zum Problem hingestellt, das gelöst werden sollte. Leben bedeutete ihm: Suchen. Und nur im Glauben an Apollonius und seine übernatürliche Berufung war Ausruhen und Sicherheit gewesen, früher – und wohl auch jetzt.

Seine Gedanken glitten in Vergangenes. Was denn hatte ihm die sinnliche Erlebniswelt geschenkt, wenn er sich ihr unsicher und doch bezaubert genaht? Außer den unbedeutenden Vorspielen der Jugend dieses verzehrende, fast tödliche Begehren nach jener Tänzerin von Ephesos, einer fremdartigen, schönen, ungriechischen Frau von unbestimmbarem Alter, von unbekannter Herkunft, von sinneverwirrendem Können in ihrer Kunst. Um diese Tänzerin, die ganz Ephesos anbetete, lag lauter Geheimnis. Und ob man sie auch zugleich die große Hetäre nannte, so wußte doch eigentlich niemand, wer ihre Gunst genoß, ob sie überhaupt einen Geliebten hatte, oder ob sie sich nur dem schönen Augenblick, der launisch aufglühenden Lust hingab.

Es wurde von ihr erzählt, daß ein Jüngling, der bei ihr Einlaß fand und sie auf ihrem Lager ruhend erblickte, von ihren nächtigen Augen umfaßt, ohnmächtig hinsank, noch ehe er sie berührt, daß sie ihn durch Essenzen ins Bewußtsein zurückrief und er nun in ihren erfahrenen Armen einer Wonne genoß, die ihn in Zukunft unfähig machte, Liebesglück bei anderen Frauen zu finden, so daß er ruhelos und ungestillt Ephesos verließ, weil die schöne Kurtisane ihn niemals wieder empfangen wollte.

War er nun ein Seliger mit dem Erlebnis dieser einen Nacht? War er ein Unseliger, ein Gefolterter von nie schlafender Erinnerung? Dion hatte viel über das Schicksal des Unbekannten nachgedacht. Wie jenen Jüngling hatte es ihn vor die Schwelle der Tänzerin gerissen, nachdem er sie gesehen bei einem nächtlichen Dienst im Tempel der Hekate, bei einem orphischen Kult am Altar des Bacchos. Denn es schien, daß diese Tänzerin alles auszudrücken vermochte, strengste Formung ritualer Beschwörungen aus archaischer Zeit, wildgelöste Gesten einer Bajadere, die lockt, betört und selten nur gewährt.

Dion hatte noch nicht zu Apollonius von dieser Frau gesprochen. Scham hielt ihn zurück. Er sprach auch niemals mit

Damis von ihr. Sie war die Wunde in ihm, die noch nicht ganz verheilt war, das ungelöste Geheimnis, der schreckende Abgrund, an dessen Rand die lichtvolle Gestalt des Freundes aufgetaucht war, rufend, warnend, gerade zu der endlich erreichten Stunde, da seine namenlose Sehnsucht sich erfüllen sollte.

Jetzt vermied es Dion, am Palast der Tänzerin – denn sie besaß einen Prunkbau am Pion – vorüberzugehen, weniger weil er einen Rückfall seiner Gefühle für sie fürchtete, als weil er selbst seiner Erinnerung nicht gestattete, in die Wirrnis von damals zurückzutauchen.

Apollonius hatte die Hände von Dion und Damis ineinander gefügt und bittend gesagt:

„Werdet Freunde! Ihr bleibt nicht die einzigen, die mit mir ziehen werden. Von jetzt ab will ich Schüler um mich sammeln, die mit mir reisen und bei mir sich entwickeln sollen, und die ich in die Lehren des Pythagoras und der indischen Weisen einführen werde. Ihr, meine ersten und nächsten Freunde, sollt die anderen mit mir leiten."

Freudig hatte Damis zugestimmt. Mit unterdrücktem, schmerzlichem Aufzucken dachte Dion: Soll ich Apollonius nie allein besitzen? Nie?

Damis' Gefolgschaft für Apollonius hatte einen durchaus männlichen Charakter, ging um die Sache, ging um des Erwählten Werk. Dions Freundschaft vibrierte unruhig wie die Liebe einer Frau, schwankend zwischen Hingerissenheit und empfindlichem Sichzurücknehmen. Aber alles dies spielte sich im Verborgenen ab, und nur der durchdringende Blick des Apollonius erkannte, wie schon in der Kindheit, Flut und Ebbe hinter der glatten Stirn.

So saßen die beiden Jünger zwischen den Säulen, als es Abend war, und erwarteten Apollonius. Da trat er zu ihnen, das Antlitz umwölkt. Der griechische Arzt brachte ihn heraus, sagte hastig, daß er seine Arzneien ergänzen wolle, verschwand in dem kleinen Atrium mit dem Hausaltar des Asklepius.

Apollonius lehnte sich an eine der Säulen und blickte schweigend über die Köpfe der Sitzenden hinweg auf die marmorne

Amazone, die, weich berührt vom Abendrot, in der Schwermut ihres jungen Leibes dastand und auf eine Erlösung zu warten schien, die niemals kommen würde.

„Wir wollen hier aufbrechen", sagte Apollonius nach langem Schweigen. „Die Epheser ertragen meine Gegenwart nicht mehr in ihrer Stadt, seit ich ihnen die Pest verkünden mußte. Die Priester möchten mich beim Prokonsul von Rom verklagen, weil ich sie beim zuchtlosen Götterdienst überrascht. Die Herren am Pion murren, weil ich sie warnte, wollene Stoffe und Teppiche, in denen sich die Keime der Pest verbergen, in die Tore einzulassen. Ihre Handelsinteressen stehen ihnen über der Gesundheit ihrer Mitbürger. Sich selbst meinen sie durch kostbare Gewürzkugeln, die sie im Munde tragen, schützen zu können. Ihr unreines Leben aber, ihre Trunksucht, ihre Ausschweifungen, zieht die Seuche unabwendbar herbei. Sie steht dicht vor der Stadt. – Wir wollen nach Smyrna fahren. Ein Schiff geht morgen in See."

Dion dachte an die Zeiten, da Apollonius durch Träume, die Asklepios ihm sandte, viele Kranke geheilt hatte. Bestürzt fragte er:

„Kannst du sie nicht gesund machen wie damals, als man dich den ‚Jüngling von Aegea' nannte?"

Apollonius blickte ihn schwermütig an.

„Hast du vergessen, Dion, daß ich in Tarsus beim Tode meines Vaters dieses Gesetz fand, daß nur dem geholfen werden kann, der an den Arzt glaubt? Wenn sie mich rufen, werde ich wiederkommen. – Unser Gastfreund bereitet Mittel zur Bekämpfung des Fiebers."

So fuhren sie am folgenden Morgen mit einem Handelsschiff die Küste hinauf, kehrten im breiten Hafen von Smyrna ein, besuchten Pergamon mit seinem gigantischen Zeusaltar, wanderten nach Troas.

Wo immer der Tyanäer und seine beiden Freunde erschienen, kamen ihnen schon jetzt die Gelehrten, die Ärzte, die studierende Jugend, ja, sogar die Priester lernbegierig entgegen; denn der Ruf eines Heilers und Weisen hatte sich über die ganze

Küste verbreitet. Nirgends aber war man so süchtig nach neuem Wissen, neuen Systemen, neuem Glauben wie in der Provinz Asia. Hier, wo die alte Kultur von Attika in feinen ionischen Köpfen seltsame Wandlungen durchmachte, hier, wo die Poesien von Horaz, Ovid und Vergil gelesen und nachgeahmt wurden, wo in ihren abgesonderten Stadtvierteln die hochmütigen, gelehrten Hebräer spekulative Werke verfaßten, und alexandrinische Gnosis in geheimen Zirkeln besprochen wurde, hier war der Boden, den Wundermann aus Kappadozien mit Spannung zu erwarten, den Mann, von dem es hieß, daß er in Babylon Astrologie getrieben und bis an den sagenhaften Indus auf seinen Forschungsreisen vorgedrungen sei.

Doch erst als er in Smyrna und Pergamon gefeiert wurde, erkannten die Epheser, welchen Menschen sie leichtfertig hatten ziehen lassen, und unruhig bangten sie, daß seine furchtbare Prophezeiung sich bewahrheiten werde.

Vor dem Palast der Tänzerin von Ephesos hielt eine Sänfte mit geschlossenen Vorhängen. Als der Sklave die Türe öffnete, stieg, in einen safranfarbenen Kaftan gehüllt, Euphrates der Erzgießer vorsichtig heraus, in der Hand einen kleinen Gegenstand haltend, der in ein seidenes Tuch gehüllt war.

„Wartet hier", gebot er seinen Leuten, und der dicke Eunuch am Tor ließ ihn ohne irgendeine Frage ins Innere des Hauses ein.

Euphrates ging über weiche Teppiche aus Smyrna, zwischen Wandstickereien aus Sardes hin, des Zieles sicher wie im eigenen Hause. Lautlos verneigten sich Sklaven und Sklavinnen.

In den Nischen des Atriums standen tönerne Vasen, bedeckt mit jenen raffinierten frühen Schildereien der griechischen Mythologie, wo die Göttinnen in reichgeschlitzten Kleidern auf zerbrechlichen Thronen sitzen, und nackte Götter mit rundschwellenden Muskeln und überfeinen Gelenken vielsaitige Leiern schlagen oder Pferde bändigen, die geschmeidige Schwanenhälse beugen und schmale Hufe in grenzenloser Nervosität über den Boden spielen lassen.

Vor dem Gemach der Tänzerin hielt Euphrates einen Augenblick an, den Blick auf einen Eros gerichtet, der dort in lockender Pose stand, mit verstohlenem Lächeln und leise deutender Hand zum Eintritt ladend! Dieses Werk war, wie so viele andere, aus dem verarmten Hellas in das reiche Ephesos gekommen, und Euphrates hatte es für die Hetäre erworben. So leise des Euphrates Schritt war, die alte Dienerin hatte ihn doch gehört. Auf einmal stand sie vor ihm, weißes Haar um lederbraune Stirn. Auch sie verneigte sich tief vor dem Magier.

„Meine Herrin erwartet dich", sprach sie und hob den Vorhang aus Perlenschnüren. Er nickte flüchtig und trat ein.

Die Tänzerin lag ausgestreckt auf einem breiten Ruhebett, vollkommen in weißes Leinen gehüllt. Sogar ihr Gesicht war mit weißen Binden umwickelt. Eine junge Sklavin saß am Fußende des Lagers und las ihr aus einem griechischen Text vor.

Man sah von der liegenden Frau nur die Augen, große dunkle Iris in blau schimmerndem Weiß, und Euphrates aus Alexandria dachte: Wie eine Mumie der Ägypter liegt sie da, gesalbt mit ihren kosmetischen Ölen, und keiner vermöchte das hundertfache Leben zu ahnen, das in diesen reglosen Gliedern eingeschlossen ist.

„Bringst du den Talisman?" fragte die Frau gespannt, und als er nickte, schickte sie das junge Mädchen fort. Die weißhaarige Alte blieb und kauerte still auf dem Teppich. Vor ihr rann eine Wasseruhr.

Euphrates enthüllte die Medaille mit den zitternden Fingern des Künstlers, der sein Werk zum erstenmal vor ein anderes Auge stellt.

In weißem, sehr hellen Silber schimmerte die Medaille, die der Erzgießer in entsprechender Entfernung vor die Augen der Liegenden hielt, sie leicht im Licht bewegend und von einer Seite zur andern wendend; denn die Ruhende konnte sie nicht selbst halten, weil auch ihre Hände in das Leinentuch eingehüllt und dicht an den Leib gelegt waren. Klug glitt ihr aufmerksamer Blick über das feine Kunstwerk.

Die Mondgöttin, die schlank und nackt, auf weichen Sohlen

über den Himmel schritt, war der Tänzerin nachgebildet. Sie hatte ihre jünglingshaften, langen Beine, ihre geraden Hüften, ihre kleinen, festen, herben und süßen Brüste. Ihr kühnes Haupt, das man ihm Profil sah, trug den Sichelmond wie einen natürlichen Schmuck, leicht und königlich. Der Wanderstab in ihrer Hand glich dem der Artemis im Tempel. Man wußte auch hier nicht, war es das Zepter unermeßlicher Gewalt? Hatte er Macht über schwankende Seelen? Im Wasser, das sich zu Füßen der Hinschwebenden in zierlich steifen Wellen kräuselte, schlängelte sich der Skorpion, das Zeichen des Tierkreises, in dem die Hetäre geboren war, und auf der Rückseite der runden Medaille war das Zahlenquadrat des Mondes eingeritzt.

Doppelsinniges Werk, auf die Göttin und auf die Frau zu beziehen.

„Dies ist dir gelungen, Euphrates", sagte die Kennerin tief aufatmend, und gespannt fügte sie hinzu: „Und der Zauber?"

Es flüsterte der Magier:

„Blutzauber ist über das Silber gesprochen, das Metall des Mondes, als es — aufgelöst in siedendem Strom — in die Form floß. Artemis-Melitte wirkt in ihm. Ihre Götterkraft ist hineingezwungen. — Wenn ein Mann diesen Talisman erblickt, so glaubt er in der Wandernden seine Jugendgeliebte zu sehen, ihm schicksalhaft verbunden. Er muß sie begehren, sie und dich, die du an ihre Stelle tratest."

Die Tänzerin fragte:

„Und dieses Amulett willst du dem Kaiser bringen?"

„Dieses Idol will ich dem Cäsar schenken", sagte er mit großer Geste. „Verfallen wird dir Nero, der an die übrigen Götter den Glauben verloren hat. Dieses Bild allein wird er anbeten. — Lockt dich die Macht über Rom? Willst du eine zweite Poppäa Sabina werden? Willst du Kaiserin sein? Denn jetzt zeigt sich das Ziel, um dessentwillen ich dich in Babylon aus den Händen deines greisenhaften Gatten befreite. Unser Ziel, Latifa! Wir wollen die Tyrannis von Rom an uns reißen. Wer vor diesem Idol niedersinkt, der sinkt vor dir nieder — und vor mir."

Euphrates schwieg. Sie aber lag da, regungslose und doch lebendige Mumie, mit riesenhaften, schwarzen Augen zwischen den weißen Binden ins Leere starrend. Sie antwortete nicht. Wie Schleier zog es über das purpurne Schwarz der Iris. Traum kam in ihren Blick. Euphrates wurde unruhig. Wieder begann er:

„Wir haben das kleine Spiel verschmäht um kleine Throne, um kleine Reiche. Jetzt stehen wir vor dem großen Wurf! Meine Magie allein zwingt nicht den Kaiser nieder. In dir, dem Weib, muß er geschwächt werden. – Bist du bereit, den Cäsar zu umarmen?"

Latifa wandte leise das Haupt zur Seite. Langsam legten sich die breiten Lider über die Augen.

„Weißt du kein größeres Reich für mich?" fragte sie schleppend.

Der Magier war verwirrt.

„Größer als Rom? Du hast dich aufgespart für unser höchstes Spiel. Ich war einverstanden. Du hast nach deiner Laune geliebt, und wir teilten die Schätze, die unsere gemeinsamen Künste errafft. Ich ließ dir Zeit. – Die Jahre werden nun schneller vergehen. Ohne mich würde deine gepflegte Jugend sich rasch verzehren. Ich gebe dir die Mittel zur Erhaltung von Schönheit und Kraft. Meine Geheimnisse sind in den Salben, die jetzt auf dich einwirken. Dein Fleisch wird blühen, solange meine Wissenschaft es bedient. Jetzt stehen wir vor dem Eingang zum Weltreich. Geheimnisse, die ich den Chaldäern entriß, habe ich in dieses Idol gebannt. Unwiderstehlicher Zauber wirkt in dem Amulett. Es wird Nero zu deinen Füßen niederwerfen im Namen der dreifachen Hekate, der du hörig bist, der Göttin, die in Babylon Melitte heißt. – Weiß du ein größeres Reich als Rom, kennst du einen gewaltigeren Cäsar als Nero, so sage es mir."

Hier stürzte die aufmerksame Alte die Wasseruhr und erhob sich. Sie begann, die Leinen zu entfernen und den Körper der Tänzerin sanft zu reiben, an den Füßen beginnend, dann hinaufsteigend an den Beinen, Schenkeln, Schoß, bis sie die Brust, den Rücken, Schultern und Arme erreichte. Schweigend ließ Latifa sie gewähren, drehte sich, hob sich auf dem Lager, den Bewegungen der Dienerin folgend. Ihre Augen blieben geschlossen. Sie lag nun völlig nackt auf der gelben Seide, matt schimmernd im goldenen Glanz ihrer wundervollen Haut, langsam die Glieder dehnend, an denen jeder Muskel spielte und dennoch nirgends hervorsprang, vielmehr sich einordnete in die Harmonie dieses ausgeglichenen und erfrischten Körpers.

Gleichgültig duldete sie es, daß des Magiers Blicke in aufmerksamem und immer neuem Verwundern über die Vollkommenheit dieses Leibes glitten, daß er ihn mit seinem kleinen Idol verglich und um eine Schattierung erblaßte wie in Reue. Denn er, der Berechnende, hatte dem Reiz dieses Körpers widerstanden, um Herr zu bleiben, frei von sinnlicher Bindung, ihn benutzend als ein Instrument für seine ehrgeizigen und geheimnisvollen Zwecke.

Die Alte hatte ihre Herrin jetzt mit einem weichen Kaschmirschal bedeckt, reichte ihr ein Getränk aus Orangensaft und entfernte sich lautlos. Und Euphrates wiederholte seine Frage:

„Kennst du einen gewaltigeren Cäsar als Nero, so nenne ihn mir."

Da sprach Latifa – und ihre Stimme klang kindhaft wie aus einem Traum:

„Apollonius von Tyana."

Der Magier stutzte. Latifa aber blickte ihn aus schmal geöffneten Lidern, aus schräg gerichteten Augen lauernd an. Euphrates faßte sich schnell.

„Also von Apollonius hast du gehört, dem Wanderpropheten, der die Tempel reformiert und die Epheser mit der Pest geängstigt hat? Dieser Tyanäer ist ein Asket, kein Cäsar, ein Bettelphilosoph, kein Herr über unermeßliche Reiche. Was soll er uns?"

„Eben Herr über unermeßliche Reiche – eben Herr!" beharrte Latifa.

Euphrates wurde unruhig.

„Du kennst diesen Apollonius?" fragte er scharf.

Da richtete sich Latifa auf, Geschmeidigkeit einer Wildkatze in jeder Bewegung. Des Euphrates Frage beachtete sie nicht.

„Diesem Apollonius sollst du das Amulett bringen; denn er herrscht über die unermeßlichen Reiche, die ich gewinnen will."

„Und was — gewinne ich?" fragte Euphrates kalt.

Sie faßte jäh nach seinem Handgelenk.

„Du mußt es ja wissen, Euphrates. Dieser Apollonius ist dein Feind. Seine Magie ist weiß, wie deine schwarz ist. Nur wenn ich ihn festhalte, kannst du wirken. Die Welt gehört dir erst, wenn der Tyanäer in meinen Armen liegt."

Euphrates schwieg betroffen. Sie war klug geworden, listig wie er. Was sie sagte, war gut gedacht. Dennoch log sie. Aber es war weise, ihrem Weibtum jetzt nicht zu widerstehen, es nicht zu reizen. Heimlich gedachte er des zweiten, völlig gleichen Talismans, vom selben Zauber geweiht, der verschlossen in seiner Werkstatt lag.

„Übrigens hat der Tyanäer Ephesos schon vor einiger Zeit verlassen. Ob er wiederkehrt, weiß ich nicht. Er fürchtet wohl die Pest, die er heraufbeschworen", bemerkte er nachlässig.

„Du wirst ihm nachreisen und ihm das Amulett bringen", befahl die Hetäre mit unerschütterlicher Festigkeit.

Ihm und Nero, beschloß der Magier bei sich und erklärte sich bereit.

Bald hiernach verließen Latifa sowohl wie Euphrates die Stadt, um ihre Villen auf Samos zu beziehen. Denn die ersten Fälle der Pest waren in Ephesos bekannt geworden, und wer nur die Mittel aufbringen konnte, entfloh der gefährlichen Stadt.

Euphrates hatte in Ephesos seine Spione zurückgelassen, die ihn von allem, was dort geschah, unterrichteten. So erfuhr er auch, daß die Epheser eine Botschaft nach Troas gesandt, die den Apollonius anflehen sollte, zurückzukommen. Er wußte, daß Apollonius wieder in der Stadt war, daß er, der keiner Seuche zu verfallen schien, seine Hände auf viele Kranke gelegt hatte, daß das zersetzende Fieber unter seiner Berührung auf unerklärliche Weise erlosch. Euphrates erfuhr, daß die Epheser den goldenhaarigen Mann Asklepios nannten, daß sie in ihm einen Gottgesendeten erkennen wollten. Er hörte von den paulinischen

Juden, die hoffend erwogen, ob er nicht der Christus sei, der wiederkehren sollte, nachdem er im Fleisch getötet war, der Messias der Welt. Er begriff mehr und mehr, daß diesen Apollonius zu bezwingen wichtiger für ihn war, als den Herrscher Roms in seine Gewalt zu bekommen, daß Latifa recht hatte, wenn sie ihn den größten Cäsar nannte. Er schliff seine Pläne messerscharf. Er war ausdauernd und geduldig, wie diejenigen sind, denen Intrige und heimlicher Kampf tiefste Leidenschaft, ja, Lebensbedingung sind – sie, die kämpfen müssen, sogar ohne Ziel. Aber die Zeit des Handelns war noch nicht gekommen. Latifa erfuhr nicht, daß Apollonius ihr wieder nahe war, nur durch einen Streifen des Meeres von der Insel getrennt. Sie ließ keinen Sklaven aus der verseuchten Stadt in ihre Villa kommen und hielt sich völlig abgesondert, bis die Gefahr vorüber sein würde. Euphrates unterstützte ihre Furcht.

Als sie nach Monaten wieder in Ephesos weilte, brauchte sie nicht erst nach Apollonius zu fragen. Ganz Ephesos klagte, weil er eines Tages, als die Seuche vorüber war, die Stadt wieder verlassen hatte – man wußte nicht, ob zu Fuß über die Königstraße der Seleuciden oder auf einem Schiff. Und es gab Menschen, die erklärten: Körperlich sei Apollonius überhaupt nicht in Ephesos gewesen; denn man wollte ihn gleichzeitig in Troas gesehen haben.

Man war bereit, seinen ausgesandten fluidischen Leib als eine Emanation des Göttlichen zu verehren. Alle Sekten, Platoniker, Pythagoräer, Gnostiker und Nazarener, beschäftigten sich mit ihm. Im Artemision aber brüteten die Priester böse Ränke gegen ihn aus, Verleumdungen, die sie jetzt zurückhalten mußten – denn die Liebe des Volkes war auf seiner Seite –, die aber einmal hervorbrechen würden. Schlinge, die ihn erdrosseln, Beil, das ihn erschlagen sollte.

Blaß vor Zorn hatte Latifa Euphrates gefragt, warum er Apollonius aus den Augen verloren habe, ob er ihn jetzt zu suchen beabsichtige.

„Noch mußt du dich gedulden", antwortete der Magier fest,

„mußt warten, wie Gefeite gegen Alter und Verfall zu warten vermögen. Denn noch ist die Sternenstunde nicht erschienen, in der du, Skorpiongeborene, dich Apollonius nahen darfst. Kannst du warten, Latifa?"

Sie sah ihn durchdringend an, fühlte gepeinigt den Meister, von dessen Kunst sie abhängig war, seit er sie aus des Babyloniers Haus befreit hatte, unterdrückte qualvolle Auflehnung, die nie in dieser Stärke in ihr emporgequollen war, versank einige Sekunden in den Brand ihres geheimsten Wunsches und sprach entschlossen: „Ich warte."

V

An Samos vorüber war das griechische Schiff gesegelt, das Apollonius, seine Freunde und Schüler von Ephesos nach dem Piräus trug. Kühler, gleichmäßiger Ostwind lag in den Segeln, seit sie den Hafen verlassen hatten. Der Mann am Steuer lenkte mühelos das Schiff. Herbstlich flimmerten die Sterne in den grauen Nächten, als müßten sie ihr Licht durch Schleier niedersenden.

Damis dachte an die Nächte von Babylon und an des Apollonius Worte, daß nur dort die Sternenweisheit erwachsen konnte. Für Damis war es die Fremde, wenn sie an den Inseln des Ägäischen Meeres mit ihren hohen Felsenufern, schwarzen Zypressen, bläulichen Olivenwäldern hinstrichen, wo weiße Häuser und säulengetragene Tempel in geschützten Buchten schimmerten, und hinfliegende Galeeren von Hafen zu Hafen eilten.

Apollonius und Dion aber zogen der Heimat entgegen, die ihre Jugend schon in Aegea erträumt, Griechenland – Hellas! Sage und Geschichte tauchten in ihnen auf, des attischen Theaters Wundergestalten, von denen Alkimedon erzählt, angedeutete Geheimnisse aus den Mysterienspielen der Demeter, des Bacchos, Weissagungen aus des delphischen Gottes Bereich.

Es war die letzte Nacht vor ihrer Landung. In immer gleichem Ostwind flog das Schiff über die Wellen; leise knatterten die geschwellten Segel. Im Heck des Schiffes lag, in seinen Mantel gewickelt, Damis und schlief, um ihn her die jungen Schüler aus Ionien, die Apollonius nach Griechenland und Rom folgen wollten.

Im Bug aber lehnte er selbst, die Arme über die Reling gekreuzt, und neben ihm stand Dion. Sie waren stumm vor tiefer Spannung. Beider Blicke senkten sich in die verhüllte Ferne, aus der noch kein Land auftauchen wollte, nachdem die Insel Tenos hinter ihnen zurückgeblieben war.

Gleichmäßig rauschten die zerteilten Fluten um den Kiel des dunklen Schiffes. Herbstlich graues Gewölk trieb über ihnen hin. Stärker wehte der Ostwind. Sie schlossen ihre Mäntel fest vor der ungewohnten Kühle. Sie dachten an die „grauliche Flut" des Odysseus, sie dachten an Platons freundschaftliche Symposien, die Euxenos, der streberische Lehrer, nachgeahmt, sie flüsterten manchmal ein Wort, einen Namen aus ihrer Knabenzeit in die wehende Luft.

Endlich sagte Dion:

„Apollonius, du Wunderlicher, wie nah bist du mir heute noch! Zum erstenmal fühle ich dich wieder als wesensgleich. In den langen Jahren, da ich dich entbehrte, da ich dich suchte, wurdest du mir mehr und mehr eine ungewisse Lichtgestalt. In Ephesos warst du der Prophet, wurdest du der Arzt, der Heiler, der Heiland. Jetzt bist du mir wieder der Freund."

„Dein Freund blieb ich immer, auch wenn ich fern war. Hast du das nie erfahren?" fragte Apollonius und spielte hierdurch zum erstenmal auf sein magisches Erscheinen bei Dion an, damals, als er ihn warnte – er wußte nicht, vor wem.

Dion verstand ihn sofort. Er rückte näher. Mit klopfendem Herzen begann er:

„Ach, Apollonius, ich habe dir noch nicht alles von mir bekannt. Ich habe dir noch nicht von dieser Betörung gesprochen, die in Ephesos über mich kam vor Jahren, damals, als du neben mir standest, du, scheinbar körperlich und doch geisterhaft – ich erkannte dich gleich – und mit deiner Stimme sprachst, die ich verstand und doch nicht hörte: ‚Hüte dich, daß du dich nicht verlierst!' "

Apollonius hatte gespannt in Dions erregte Züge geblickt. Langsam senkte er jetzt den Kopf, sah wieder hinab in das schäumende Wasser, fragte ernst:

„So war es. Aber vor wem hat dich mein ausgesandtes Ich geschützt?"

Dion griff nach seiner Hand.

„Du weißt es also, daß du bei mir warst? So beherrschest du also deinen fluidischen Leib wie deinen fleischlichen? Du sendest ihn an einen anderen Ort? Du wirkst in ihm? Oh, du bist ein großer Magier geworden. Und dennoch, Apollonius, bist du mein Freund. Aber du bist zugleich der ‚Heilige'. Du kannst es nicht begreifen, was mich damals in Ephesos befallen hatte. Du weißt nicht, wie es über einen Mann hereinbricht, das Begehren, die Sehnsucht, die Brunst nach dem Weib. Nicht nach irgendeiner Frau, Apollonius. Oh, nein. Das ist ein Leichtes, zu irgendeiner Frau zu gehen. Aber die Bezauberung durch die eine Frau, die eine, Apollonius, die nun dort steht, wo dein Glaube stand, deine Gottheit, und die jetzt dein einziges Ziel geworden ist, dein Abgrund, dein unabwendbares Geschick. Dies kennst du nicht, du Gewappneter. Ich aber, ich habe es erfahren. Ich habe die Tänzerin geliebt, die aus der Fremde kam, die wissend war in allen Geheimnissen der Liebe, die der Männer Sinne durch ein einziges Lächeln unterwarf, um die einer wie ein Irrer aus Ephesos floh, weil er ihr nach ihrem Willen eine einzige Nacht nur angehören durfte –, um die zwei andere sich das Leben nahmen –, die wieder andere in mörderische Eifersucht trieb –, und die dennoch sanft erschien, wie wir uns Aphrodite denken, wenn die Mondsteine von ihren Schleiern tropfen und ihre riesengroßen Augen uns anschauen, fromm, still, unbegreiflich tief. Die eine Bajadere war, wenn sie die Gewänder im Tanze raffte und aus glühenden Lippen den Schrei der Wollust stieß. So sah ich sie bei den Priestern im Hekatesium, so am Altar des Bacchos, so im Hause eines Lebemanns am Pion."

Dion schwieg erschöpft. Apollonius half ihm durch keine Frage. Er hatte sein Gesicht in den Mantel gehüllt und wartete schweigend. Dion fuhr fort:

„Diese Frau gewann man nicht durch übliche Werbung, durch Geschenke oder Versprechen, obgleich sie sich von den Kostbarkeiten der Epheser überschütten ließ. Diese Frau gab ihre Gunst aus unbegreiflichen Launen, bald dem, bald jenem. Mir ist es schließlich mit Hilfe eines – Freundes gelungen, von ihr empfangen zu werden. Als ich endlich ihre Schwelle betrat, standest du neben mir und sprachst. – Da floh ich vor ihr in die Stadt unserer Jugend. Ich ging nach Tarsus."

Dion schwieg. Die Wasser rauschten unter ihnen. Aus den Falten des Mantels kam Apollonius' Frage:

„Und wie hieß jene Tänzerin?"

„Latifa", antwortete Dion.

Dion konnte es nicht begreifen, warum Apollonius nun, da er sein Herz vor ihm auseinandergerissen, in Schweigen und Regungslosigkeit neben ihm verharrte. Er konnte es nicht fassen, daß der, welcher so viel von Menschenherzen wußte, nur wortloses Verachten für ihn zu haben schien. Wußte der Makellose denn nichts vom Aufruhr des Blutes, vom Dämon der Geschlechtlichkeit? Wußte er, noch heute, nichts von der Frau? Ging er nie durch eine Versuchung? Zog ihn nie eine Sehnsucht in den brodelnden Schoß der Welt, wo Blut zum Schöpfer wird, und die Liebesnacht ins Chaos treibt, in uferlose, selige Dunkelheiten? Hatte ihn nie eine solche Stimme betört, ein solcher Ruf getroffen, wie jener, der ihm, Dion, von Latifa kam?

Endlich ertrug er das Schweigen nicht mehr. Scheu berührte er des Freundes Schulter, fühlte ihr Beben, fühlte, daß sie unter seiner Hand zurückzuckte. Er wich erschrocken zurück und fragte angstvoll:

„So verachtest du mich, Apollonius, so, daß du nicht ein Wort für meine Schwachheit hast?"

Da wandte ihm dieser ein fahles, zerrissenes Gesicht zu, in dessen Schrift er nicht zu lesen vermochte, das neu, fremd, unbegreiflich war, als stünde ein Apollonius neben ihm, den er noch nie gesehen hatte.

Dion taumelte, klammerte sich an die Reling, starrte wie auf eine Erscheinung. Aber Apollonius sagte still – und ganz erkannte er ihn wieder an seiner Stimme:

„Ich habe alles verstanden, was du mir gesagt hast. Dies ist die Versuchung zur Welt, vor der jeder von uns einmal steht. Ich stand dort auch. Sage mir nur noch eines: Woher kam diese Latifa?"

„Man sagt, aus Babylon", antwortete Dion leise.

Nun schwiegen beide, schwiegen lange, lehnten am Schiffsrand, schauten in Dämmerung und Meer. Und Apollonius tauchte tief, tief in sich hinab und fand Gedanken, die er noch nicht erforscht, und erkannte ein Verhängnis, das er noch nie berührt hatte.

Daß Latifa, die sein Freund begehrt, einst jenes junge Weib, jenes Kind gewesen, das er in der Nacht der Melitte verzichtend am Herzen gehalten hatte, wußte er mit untrüglicher Sicherheit. An Latifa hatte er seine jünglingshafte Unberührbarkeit geprüft und bewährt. Beherrscht durch seinen überlegenen Willen, war sie mit ihm hineingezogen in das kosmische Kreisen, war unter der Berührung seiner Hand hinübergeglitten in den magischen Schlaf.

Wie aber war sie aufgewacht? Daß er dies nie bedacht hatte! Mußte sie nicht erwachend eine Leere um sich finden, von der sie nichts gewußt, ein hilfloses Erstarren vor einer Welt, die plötzlich beziehungslos zu ihr geworden war, die Einsamkeit nur bot mit allen Schrecken des Alleingelassenwerdens?

Vielleicht hatte sie bisher dumpf und seelenlos vor sich hingelebt, die ungeweckte Frau eines trüben Asiaten, gedankenlos treibend zwischen dem gleichgültigen Gatten, zwischen Sklaven und Nebenfrauen. Nun aber, da ein erster Schleier von dieser Träumenden gehoben war, mußte Psyche nicht entsetzt, vereist, verzweifelt in das Dasein blicken, behaftet mit einer Sehnsucht nach dem Niemalswiederkehrenden, der sie verwarf und dem sie dennoch in einem unbegreifbaren, ihr völlig dunklen, hoffnungslosen Sinn zu eigen gewesen war?

Es konnte für Latifa nur einen Weg geben: Aus dem unheilbaren Schmerz der Jugendlichen stieg mit Notwendigkeit die Hetäre, welche die Straße der Leidenschaft beschritt, erbittert und entschlossen. Es konnte gar nicht anders sein. Wie er nur dieses alles heute erst begriff?

Er, der bestanden hatte, mußte sich nun erkennen als der Urheber dieses Geschickes, und er erblaßte wie ein Schuldiger. Schuldig aus Tugend! Konnte es das geben? Ja, auch das gab es in der grenzenlosen Wirrnis dieser Welt, sobald man mit ihr in Berührung getreten war – auch das.

Der Weise muß begreifen, daß Urheber eines Schicksals werden nicht unbedingt dasselbe ist, wie Schuldiger an einem Schicksal sein, dachte er weiter. Denn jeder Mensch trägt sein Karma in sich, das abläuft, zwingend wie ein physisches Gesetz der sinnlich-wahrnehmbaren Natur, wie das Gesetz von Kraft und Stoff, von Stoß und Bewegung.

Und das gleiche Gesetz wirkte auch in Latifa, die schwerbelastet in dieses Leben eingetreten sein mochte und nun die Probe früher Entsagung, die ihr ein Wanderer aufgezwungen hatte, nicht bestand und nicht bestehen konnte.

Apollonius wurde ruhiger. Der Zwist in seinem Innern stillte sich.

Er blickte auf den Freund, der mit keiner Silbe ihn in seiner Schau unterbrochen hatte als der ehrfürchtige Verehrer des Schweigens, das Pythagoras gelehrt. Und wie nun Apollonius Dions gesenktes Haupt sah, auf dem die leichten, hellbraunen Haare, vom Ostwind im Nacken gefaßt, aufgerichtet standen, dachte er zärtlich: Ihn durfte ich schützen, als mein fluidischer Leib ausfuhr aus meinem Körper, um sich zwischen die beiden Wesen zu werfen, die nie sich angehören durften, zwischen den Freund und dieser Frau. Denn Dion wäre an ihr zerbrochen, die stark ist und wild und erbarmungslos wie jemand, der ein Ziel verfolgt und nicht weiß, daß es kein Ziel gibt, nur einen Pfad.

Dion wäre nicht stärker gewesen als jene Männer, die in Wahnsinn fielen, die Selbstmörder wurden oder einander töteten, nachdem sie der Tänzerin begegnet waren. Auch Dion wäre nicht mehr unter den Lebenden, wäre ein von den Bildern des unerfüllten Wunsches gepeinigter Schatten, ein treibender Schatten, Verzweifelter in der Amentet, im Zwischenreich. Jetzt verbirgt er noch – vielleicht – eine heimlich schmerzende Wunde, die langsam heilen wird.

„Mein Dion", sagte Apollonius weich – und blickte in das aufgewendete Gesicht des Freundes –, „schäme dich nicht, daß du so sehr geliebt hast, auch wenn die Gier des Körpers in deiner Liebe war. Denn du hast die Herrschaft zurückgewonnen über die entnervende Wollust, wie Pythagoras in seinen ‚Goldenen Sprüchen' es fordert. Du hast die Folter des Geschlechtes bezwungen in dem Augenblick, als du meiner Stimme gefolgt bist, die an Stelle deines himmlischen Daimons zu dir sprach. Ich durfte dich warnen; doch mein wacher Wille wußte es erst, als es geschehen war, und meine wandernde Seele erkannte nicht, vor wem. Du hast dein geistiges Selbst zurückerobert, auch du hast ‚bestanden'."

Wieder schwieg er, hörte das Rauschen um den Kiel, hörte aus unbegreiflicher Ferne – oder in seinem Hirn – oder in seinem Herzen – die Musik, die nicht enden wollte, die gleichförmig tönende, sah das Kind im Mondsteingeriesel, erbebte wieder unter der Lockung der Schönen, sank in das Kreisen des Alls, in die ewige Bewegung, wo Menschen mit Sternen den gleichen Rhythmus haben.

Er kannte sonst solche Träumereien nicht. Er wies sie von sich – und vernahm plötzlich im Wellenrauschen die Stimme des Chaldäers in Babylon: „Der Skorpion? – Wir wissen nicht, was dieses Zeichen dir bedeuten wird. Manchmal ist es besser, dem Sternenzwang zu folgen als ihm zu widerstehen. Deine Mannesjahre, Apollonius."

„Land!" schrie der Matrose im Mastkorb.

Fahlrot entstieg im Norden Kap Sunion dem grauwogenden

Meer. Wuchtig lastete auf seinem Felsenkamm des Poseidontempels breitgelagerte dorische Pracht.

Sie segelten vorüber.

Das Deck belebte sich.

Der Schiffshauptmann gab Befehle. Die Seeleute arbeiteten an Tauen und Rahen. Damis kam mit den ionischen Jünglingen nach vorn.

„Attika?" fragte er gespannt, fast zweifelnd. Alles war ihm neu. Alles erschien seltsam intim, ineinandergeschoben – nach den Riesenlandschaften, die ihm bekannt waren.

Frühwind kam auf, wehte aus Süden, preßte das Schiff gegen die Wasserfläche. Die Segel knatterten, der Mast ächzte. Glühend erröteten die Küsten. In opalen Wellen glitzerte die morgendliche See. Alle Wolken waren vom Himmel verschwunden.

Die Reisenden sprachen nicht mehr. Sie sahen, staunten, schwiegen überwältigt, alle, die Griechen aus Tyana, Tarsus, Ephesos, Smyrna und woher sonst sie sein mochten. Mit ihnen schwieg ergriffen der dunkle Ninivit.

Die lieblichste der Küsten blühte wie eine Rosenhecke auf, in leuchtendem Strand, in lichtgrünen Abhängen, in dunklen Eichenwäldern, die von den rötlichen Bergen schatteten. Dahinter blendete der Schnee vom Gipfel des Hymettos.

Niedrige Landhäuser mit zarten, weißen Säulen und flachen Giebeln schmiegten sich in heimatliche Buchten. Immer mehr Segler und Galeeren glitten von Hafen zu Hafen. Möwen strichen über Ufer und Meer.

Um die Mittagsstunde fuhren sie in den Piräus ein. Aus langen Hallen, die bis an den Strand griffen, stürzte ihnen der Lärm eines großen Marktes entgegen.

Aus der Höhe grüßten die Götter der Hellenen in schimmernder Bronze:

Zeus mit dem Zepter, Athena, schlank, streng, aufgerichtet, mit ehernem Speer.

Nun wanderten sie auf der alten, heiligen Straße, die vom Piräus durch die attische Ebene führte und dann in schönen Windungen zu den Propyläen aufsteigt, dem einzigen Zugang zur Akropolis.

Die Straße war belebt von der Geschäftigkeit eines kleinen, dichtbevölkerten Landes. Reiter trabten darüber, beladene Karren knarrten hinauf und herab. Männer und Frauen trugen Lasten mit blutroten Trauben. Fremde stiegen, gleich den Apolloniern, vom Hafen herauf. Denn es war der zehnte September, und in fünf Tagen würden die bacchischen Feste beginnen – Wein, Tanz, Theater, Rausch für jedermann – und zugleich in Eleusis, nur den Neophyten und Mysten zugänglich, das heilige Drama von Demeter und Persephone.

In den Vignen zu beiden Seiten der Straße hörten die Wanderer frohe Stimmen. Unter schattigen Weinlauben ernteten singende Winzer. Bis zu den Gebirgen erstreckten sich die Weingelände, unterbrochen von gelben, abgeernteten Feldern, blaugrünen Olivenwäldern, ernteschweren Fruchtgärten. Und überall, am Abhang der Akropolis, in der Ebene, auf den fernen Bergen leuchteten die weißen Häuser.

Am Rand der Straße reihte sich Grabmal an Tempel, Tempel an Siegesbild, Siegesbild an Herme. Manchmal beugte sich Dion zu einer Inschrift nieder, las: Menandros, las: Euripides, lächelte wie bei einem Wiedersehen. Apollonius und Damis aber blickten sich plötzlich an.

„Die Akropolis!" sagte Apollonius erklärend.

„Sie gleicht ihr!" rief Damis und meinte die Burg der Weisen. Apollonius verstand ihn sofort. Er nickte zustimmend. Denn schimmernd und rund, von glatten Felsenwänden umfaßt, erhob auch sie sich aus grünen Hängen – auch die Weihestätte des Göttlichen, wie jener Berg im Schutz des Himavat.

Tempel neben Tempel stand auf dem Bergsockel, stand in golden schimmernden Silhouetten vor dem wolkenlosen Mittagshimmel. In brennenden Farben leuchtete es von den Friesen der Giebel und Metopen, enzianblauer Grund hinter rot und weiß gewandeten Gestalten, mit vergoldeten Waffen und Helmen, mit schwarzem oder gelbflammendem Haar.

Sie erreichten den Fuß der Propyläen. Zehn Jünglinge im grauen Mantel der griechischen Philosophen stiegen die Treppe herab ihnen entgegen, stutzten vor der priesterlichen Gestalt im weißen Leinenrock und goldrötlichem Haar, erkannten Apollonius, von dem in Hellas so viel gesprochen wurde wie in Asia, flüsterten aufgeregt untereinander. Einer fragte – und jubelnde Zuversicht schwang in seiner Stimme:

„Bist du nicht Apollonius aus Tyana? Beim Bild der Athena, wir wollten soeben im Piräus das Schiff besteigen, das nach Smyrna segelt, um dich dort zu suchen. Nun kommst du selbst hierher! Nun nimm uns alle als deine Schüler auf!"

Apollonius lächelte und sah sie lange prüfend an, einen nach dem anderen. Dann sprach er:

„Sucht ihr die Weisheit des Pythagoras, so folgt mir! Die Philosophen bilden heute die tapfere Phalanx gegen die materielle Welt, die überall den Geist erniedrigt oder ableugnet. Ihr werdet Prüfungen zu bestehen haben. Nicht alle werdet ihr dem Logos treu bleiben. – Ich gehe von hier nach Rom. Das Rom des Nero liebt uns nicht. Wir werden die Feinde derer sein, die heute herrschen, die das Volk schwächen durch Gladiatorenspiele und wollüstige Feste, die es dumpf machen und gedankenarm, um es beherrschen und ausbeuten zu können. Denn der Westen ist die Entgeistigung der heutigen Welt. Euer schönes Athen, das ich soeben erst betrete, ist Rom zinspflichtig. Zinspflichtig ist ihm der bekannte Erdkreis. Dennoch ziehe ich gegen Rom, gegen Rom als Idee.

Und ihr wollt mit mir wandern, Unerprobte, Jugendliche? Ist eure Begeisterung und euer Wille groß genug? Ist euer Verstand zur Unterscheidung scharf geschliffen? Seid ihr reif, Duldende, Lernende, Entsagende und Siegende zu sein? Könnt ihr schweigen? Könnt ihr euch versenken? Könnt ihr euch unterwerfen? – Dann folgt mir nach!"

Die Jünglinge umdrängten ihn atemlos, hingerissen einige, leise bestürzt die anderen. Dennoch gelobten ihm alle bedingungslose Gefolgschaft. Dann mischten sie sich unter die Ionier.

So betraten sie, eine groß gewordene Schar, die königliche Treppe der Propyläen, die in breiten Stufen zwischen niedrigen Mauern und kleinen Tempeln gelassen hinaufsteigt, einmündend in den Portikus einer Halle mit schimmernd weißer, steinerner Decke.

Diese Halle durchschritten sie langsam und traten hinaus auf die Akropolis, wo Götter in marmornen Tempeln wohnen und vor bilderreichen Altären verehrt werden.

Unübersehbar für den ersten Blick erhoben sich hier die Tempel und Statuen, die Hermen und Opfersteine, alle beherrschend der Parthenon in strenger, dorischer Majestät und die gewaltige Städtebeschützerin mit Speer und mächtigem Schild. Auf hochgestuftem Sockel, abgesondert von dem Gedränge unruhiger Menschen, gegossen aus den Beutestücken von Marathon, gestaltet vom wuchtigen Genius des Phidias, stand sie, jungfräulich stark, die Göttin, die nur Gedanke ist, kühn formender, kühl wägender Gedanke, mutterlose Tochter des Zeus: Pallas Athene.

Und wieder Athena. Und wieder Phidias ihr begnadeter Bildner! Denn jetzt stehen sie in der Cella des Parthenons zwischen den Reihen der wuchtigen schmucklosen Säulen, die in zwei Stockwerken übereinander in die Tiefe des Raumes leiten.

Geheimnislos erscheint dieser Raum, Gefäß des Lichtes, das von der Göttin ausstrahlt, die an seinem Ende gigantisch ragt, die kassettierte Decke fast berührend mit dem gesträubten Roßschweif des Helmes.

Athenas Linke ruht auf dem gerundeten Schild. Auf ihrer rechten Hand steht mit geöffneten Flügeln Nike, die Siegesfrohe. Von übermenschlicher Größe ist sie und wirkt doch nur wie eine zierliche Figur auf der Hand der Schicksalsgestaltenden, die Sieg gewährt oder versagt.

Neben Athena richtet die Schlange sich auf, nicht die, welche den Schwanz zwischen den Zähnen hält, Symbol der zyklischen Wiederkehr, sondern die Schlange der Einflüsterung, des Scharfsinns, die Schlange, welche Klugheit und Überredung bedeutet.

Die Göttin ist ganz mit Gold umhüllt, blendet wie ein einziger, senkrecht herabgeschleuderter Blitz, der zu seinem Ursprung zurück will, zum Haupt des Zeus. Arme und Antlitz aber, aus Elfenbein gebildet, schimmern bleich, glatt, hautartig. Im elfenbeinernen Antlitz mit strengem, kaum wahrnehmbarem Lächeln glühen unter geschwungenen Brauen saphirne Augen, dunkelblau und himmlisch strahlend, Hoffnung weckend über der bedürftigen Welt. Über den herben Brüsten schließt eine Gorgonenmaske aus Elfenbein das goldene Gewand. Und geheimnisvoll brütet über dem männlichen Helm die Sphinx.

Als Apollonius die Sphinx auf dem Helm der Athena entdeckt, stutzt er, nickt dann, senkt das Haupt, und wie im Zwiegespräch mit der goldenen Jungfrau beginnt er leise – und begierig lauschend stehen seine Freunde und Schüler um ihn her:

„Das zwitterhafte Emblem aus Ägypten, du mußt es tragen, Athena, damit dein eigenes Licht dich nicht verzehrt, damit ein Schatten kommt über deine Helle. Denn auch deinem gedankenreichen Haupt entsteigt die Sphinx, das Niebegreifliche. Überschattet vom Weltgeheimnis bist sogar du, klarste der klaren Olympier! Das Geheimnis erdulden und dennoch strahlen im unermeßlichen Licht heißt: Schöpfer sein – bei Göttern wie bei Menschen."

Vielleicht versteht nur Dion diese dunklen Worte.

Dann ist Apollonius in Athen von Tempel zu Tempel gegangen. Er hat mit den Priestern über den Dienst vor den Göttern gesprochen, Tieropfer verurteilt, das Opfer des Herzens verkündet, den verborgenen Sinn von Gebeten erklärt, den Dienern des Asklepios neue Wege gezeigt. Aufmerksam und schweigend begleitete ihn Dion, begeistert folgten ihm die jungen Schüler und der Ninivit. – Einmal ging Dion mit ihm bis an die Pforte des Eleusinions in Athen. Dies war ein einsames Haus, an einer Quelle gelegen, das den Priestern von Eleusis gehörte. Ein sehr alter Tempel der Demeter und Persephone erhob sich ihm zur Seite. Die eleusinischen Priester empfingen hier Griechen oder Fremde, die um Einweihung in die Mysterien baten, prüften ihre Bereitschaft, ihr Wissen, ihre Moral. Denn so stand es über den Toren der Heiligtümer eingemeißelt:

„Nur reinen Seelen steht der Zutritt offen!"

Seit beinahe tausend Jahren lagen die Mysterien von Eleusis in den Händen der Priesterfamilie der Eumolpiden, und in monarchisch strengem Erbfolgerecht übernahm der älteste Sohn von seinem Vater das Amt des Hierophanten, vorbereitet durch mündliche Überlieferungen. Seine Gattin, die Oberpriesterin der Demeter, mußte aus einem anderen Zweig des weitverästeten Geschlechtes stammen. Nur so vermochten es die eleusinischen Priester, das Heiligtum vor Neugier und Entweihung, vor Verrat und Entartung zu schützen. In dieser Zeit, da Griechenland seine politische Freiheit an Rom verloren hatte, da die Götter auf der Akropolis zwar noch ritual verehrt, aber dennoch von den Skeptikern angezweifelt oder verneint wurden, da eine Veräußerlichung des Kults bei Priestern und Laien immer mehr um sich griff, da die pythischen Aussprüche in Delphi immer weniger begehrt und immer schwächlicher in ihrer Treffsicherheit wurden, bewahrte einzig Eleusis den unbestrittenen Ruhm übersinnlicher Einweihungen, glückte es nur dort einzelnen inbrünstigen Suchern, durch lange Fasten, Übungen und Belehrungen fähig gemacht, sich vom Plan dieser Erde zu erheben und astrale Bezirke zu erreichen, wo die große Schau sich auftut über die Welten der Seelen und des Kosmos. Nur die eleusinischen Priester bewahrten in Griechenland noch das Wissen, kraft dessen der fluidische Leib aus dem physischen Leib zu lösen ist, damit er teilnehmen kann am Leben der Entkörperten, der Dämonen und der Götter.

Die Nacht war hereingebrochen, als sie am Quell des Eleusinions standen, der aus neun steinernen Delphinmündern neun silberglänzende Strahlen in ein steinernes Becken fallen ließ. Ehe Apollonius das schwach erhellte Atrium betrat, wandte er sich an Dion:

„Es hängt von dieser Unterredung mit dem Eumolpiden ab, ob ich mich jetzt in Eleusis weihen lasse. Vielleicht ist meine Seele nicht bereit."

„Deine Seele?" Dion war fassungslos. Er tat unwillkürlich einen Schritt zurück. „Du, Eingeweihter der indischen Weisen, Träger der planetarischen Ringe, Besitzer des mystischen Pilgerstabes, du, Zweimalgeborener —?"

„Es gibt kein Gesetz darüber, wie oft man wiedergeboren werden kann, und jede Einweihung erschließt ein neues Geheimnis. Keine steht im Grunde über der anderen. Ihr Wert hängt von dem Grad unserer Bereitschaft ab."

„Und du bist — nicht bereit?" fragte der Jünger stockend.

„Dies eben soll der Eumolpide entscheiden; denn er ist hier der Meister."

Apollonius grüßte mit der Hand und stieg die wenigen Stufen zum Atrium hinan. Dion sah, wie eine schmale Gestalt zwischen den Säulen ihm entgegentrat. Er wandte sich zum Gehen. Nachdenklich streifte er durch das nächtliche Athen, schritt wieder zur Akropolis hinauf, angezogen von den stummen steinernen Gestalten, die im immer heller werdenden Mondlicht ein seltsames, lautloses, magisches Leben begannen, mit erhobenen Armen einander Zeichen gebend, unter schattenden Locken beredte Blicke wechselnd.

Voll Neugierde trat Dion unter sie, wie er schon als Kind zu den Göttern gegangen war, bezaubert von ihrer Herrlichkeit, leise beunruhigt durch ihr wortloses Insichverschlossensein. Wieder stand er vor der gewaltigen Pallas, wieder vor der jünglingschönen Gestalt eines Apollon. Er grüßte in Hermes die immer bereite Kraft, die von den Menschen zu den Göttern emporsteigt und von den Göttern zu den Menschen sich senkt.

Er sah die priesterlichen Jungfrauen des Erechtheions geduldig fromm das Dach tragen, unter dem Athena, ihre Herrin, in älteren Zeiten verehrt wurde, damals, als es den Wunderbau des Parthenon noch nicht gab. Dunkel gegen den erhellten Nachthimmel, feierlich hintereinandergereiht, ragten sie in unerschütterlicher Ruhe, dienten und trugen. Er sah sie lange an. Dann ging er von den Statuen zu den Altären. Er bemerkte einen kleinen Altar dicht vor sich, den er zuvor noch nicht gesehen. Kein Relief schmückte seine Wände. Bescheiden stand er da, nüchtern und wie wartend.

Der Mann aus Tarsus stieg auf die flache Schwelle, die ihn umgab, von etwas Rätselhaftem angelockt. Er entdeckte eine griechische Inschrift, unauffällig eingemeißelt unter dem Kranzgesims. Er las:

DEM UNBEKANNTEN GOTT!

Er griff sich an die Stirn.

„Wer betet hier?" fragte er halblaut, und eine leise Frauenstimme antwortete ihm:

„Die Nazarener."

Dion fuhr auf, blickte um sich, erkannte undeutlich neben dem Erechtheion eine dunkle Gestalt, die im Begriff war, hinter dem Tempel zu verschwinden. Er trat einen hastigen Schritt auf sie zu, hob bittend die Hände, flehte:

„Noch ein Wort!"

Die Schattenhafte stand, stand furchtlos wartend vor dem hellen Nachthimmel, stand wie zu heiligem Dienst bereit, wie die Priesterjungfrauen über ihr, bewegungslos gleich ihnen, aber mächtig des Wortes, das Antwort zu geben vermag. Dion fragte:

„Kennen die Nazarener ‚den unbekannten Gott'?"

Sie antwortete:

„Der Mann aus Tarsus sprach an dieser Stelle zu den Athenern: ‚Ich verkünde euch den unbekannten Gott, dem ihr unwissend Gottesdienst tut, und fürwahr, er ist nicht ferne einem jeglichen unter euch. Wie auch etliche Poeten bei euch gesagt haben: ‚Wir sind seines Geschlechts!'"

„Der Mann aus Tarsus?" stammelte Dion.

„Paulus, der Verkünder des Herrn, der Zeltweber aus Cilicien."

„Und wer bist du?"

„Ich bin Damaris, eine Griechin dieser Stadt. Ich stand dabei, als er solches sprach. Da wurde ich gläubig."

Dion hatte für Sekunden die Augen geschlossen. Schauer liefen über seinen Rücken. Er griff nach seinem Herzen; denn es schlug laut und hart. Wie betäubt suchte er die Herberge auf.

Ihm war, als habe er alles geträumt. „Wir sind seines Geschlechts"? Wir alle?

In Apollonius hatte er immer den Gott erkannt. Nun sollte er auch in ihm selber sein? Nun waren alle Menschen göttlicher Abstammung? Wie nur? Wie nur?

„Wir sind seines Geschlechts. Da wurde ich gläubig."

Die Worte wiederholten sich in endlosem Kreis. Seine Gedanken begannen zu flattern. Gegen Morgen schlief er ein. Da erst kehrte auch Apollonius von seinem nächtlichen Besuch bei dem Eumolpiden zurück.

So aber lautet der Schluß des Gespräches, das diese beiden Eingeweihten im Atrium des eleusinischen Priesters geführt, während die wächsernen Masken seiner Ahnen aus ihren geöffneten Schreinen herabblickten und im Licht der Gestirne unruhiges Leben gewannen — das Scheinleben der Götterstatuen, das Dion auf der Akropolis verwirrt.

Apollonius:

„Du kennst nun den Weg, den ich gegangen bin. Du hörtest, daß Hiarchas geheime Worte zu mir sprach. Ich habe dir mein Wollen und mein Schicksal aufgedeckt. Sprich nun du, sprich als Priester der dunklen Kore: Bin ich im Stande der Weihe, das Reich zu betreten, dessen Schwelle du bewachst? Denn nur Teile der Welt sind uns gegeben. Mein Reich war nicht von deinem Reich. Ich kenne die Dunkelheit nicht, die du verwaltest. Ich kenne das Licht. Aber das Licht brach aus der Finsternis."

Der Eumolpide:

„Du, Apollonius, bist durch den Sternkreis gewandert, frömmster der Pilger! Im Zeichen des Widders, unter Narzissen tratest du in deinen sterblichen Leib. Im Zeichen des Stiers tauchtest du, ein halbes Kind noch, unter die Erde, berührtest du flüchtig Tod und Blut, nahmst die Tragödie des Menschen bewußt auf dich. Die Zwillinge segneten deine Freundschaft, lösten gebundene Kräfte in dir, Kräfte zu schauen und zu heilen. Aber der Krebs hielt dich zum erstenmal in deinem Stürmen auf. Er zwang dich, stillzustehen. Die Wasser des Erdenlebens rauschten vor dir auf. Latifa lockte. Du widerstandest dem Ruf. Du gingest weiter, Unermüdlicher. Das Feuer des Löwen schlug über dir zusammen. Hiarchas verwandelte dich, Gesegneter! Dann warst du von neuem der Erde nah. Die Jungfrau führte dich zur Tat, Magier! Jetzt wirst du im Zeichen der Waage wirken, vor den Menschen der Klarste, der Vollbringer, der Wissende, der Bewährte, Ausgewogene! So habe ich deinen Pfad gedeutet bis zu dieser Stunde. Was weiter geschehen wird, ist mir verhüllt wie dir. Denn, Apollonius, hast du es wohl bemerkt? Das zweite Gesicht ist dir nur im Dienste anderer gegeben, nicht aber, um deine eigene Zukunft zu schauen."

Apollonius:

„Ich habe es bemerkt. Ich versuche nicht, Grenzen zu sprengen, die ein kosmisches Gesetz mir zog. Ich befrage dich um die Gegenwart. Priester, ist meine Seele im Stand der Bereitschaft für die Einweihung in Eleusis?"

Der Eumolpide:

„Nein. Noch ist deine Seele zu leicht, das Brautbett der Persephone zu besteigen."

Apollonius:

„Zu leicht ist meine Seele? Die durch vier Elemente der Welt ging? Und durch vier Einweihungen?"

Der Eumolpide:

„Eleusis ist die fünfte Einweihung. Du, unter Narzissen Geborener, du fandest die Narzisse der Kore noch nicht. Du, unter Chaldäern und Weisen Gereifter, du warst noch nie bereit zum Untergang.

Höre uns, selige Göttin!"

Apollonius:

„Sage mir, Priester, noch eins: Welches ist das Mysterium der Kore?"

Der Eumolpide:

„Das Brautbett."

Apollonius:

„Die Liebe?"

Der Eumolpide:

„Lebe – und du weißt!"

Von dieser Unterredung sprach Apollonius nicht zu Dion und nicht zu Damis. Er sagte ihnen nur, daß seine Einweihung in Eleusis jetzt nicht statthaben werde.

Damis sah hierin die Entscheidung des Bewunderten, nach dessen Gründen er auch im stillen nicht forschte.

Dion fragte sich gepeinigt: Warum nicht bereit zu jedem Mysterium, wenn er von dem Geschlecht des unsichtbaren Gottes ist? Beide, als geschulte Pythagoräer, schwiegen.

Und sie und die Jünglinge aus Asia und Griechenland begleiteten Apollonius von Tempel zu Tempel, sahen mit ihm im Gymnasium der hellenischen Männer Wettstreit im spielenden Kampf, hörten zu, wenn er vor den Athenern auf der Agora sprach. Und er sprach viel zu diesen klugen Menschen, deren Ahnen größer gewesen als sie, die von vergangenen Ruhmestaten zehrten und eine zerfallende, abhängige Gegenwart mit Spielen, Sophismen und grenzenloser Neugierde nach allem Fremden zu vergessen suchten, die nicht die innere Kraft und auch nicht die Macht zur Auflehnung gegen Rom mehr besaßen, die es nicht mehr vermochten, einen großgriechischen Gedanken ins Leben zu rufen und seine Taten zu tun.

Apollonius war wie Dion zu den hellenischen Griechen mit vielen Illusionen gekommen. Doch mehr und mehr enthüllte sich vor ihnen ihre Unfähigkeit, ein Ideal zu schaffen, eine Treue zu halten.

Apollonius sah Hellas zerrinnen vor Rom, vor Asien – dem Westen und dem Osten –, die sein Herz, das griechische Herz, zwischen ihre beiden gewaltigen Kraftzentren nahmen und zu zerdrücken suchten.

Hellas – Heimat – Griechenland – dachte Apollonius in aufquellender Liebe, und nirgends hat er so hinreißend gesprochen wie in Athen.

Seine Reden wirkten auch auf die stets aufnahmebereiten Hellenen, aber was er sagte, entglitt ihnen wieder, war zu stark für ihren entarteten Willen, ängstete sie. Er aber dachte traurig: Ist es nicht hier wie mit der Heilkraft des Asklepios bei den Kranken? Nur wer an den Arzt glaubt, unwandelbar glaubt, kann durch ihn gesund werden.

Seine eindringlichste Rede hielt Apollonius kurz vor seinem Scheiden, und es hörten ihm die Archonten und einige Mitglieder des Areopags im Hain des Arestempels in verschwiegener Nacht. Mit ihm waren nur Dion und Damis. Hier erzählte Apollonius – und im Verhalten des Zorns flackerte seine Stimme –, daß er mit seinen Freunden und jungen Schülern, soweit diese nicht Athener waren, das griechische Theater aufgesucht habe, das Theater des Dionysos am Fuß der Akropolis. Er sprach von den Zeiten, da ihn und Dion und mit ihnen viele ionische Jünglinge die Sehnsucht nach diesem Theater beherrscht habe, dem Theater, von dem ihre Väter erzählt, das sie aus den Werken der Tragiker ahnten und liebten. Er sprach von den Geheimnissen, die Sophokles verschleiert angedeutet, vom wehen Menschentum, das Euripides enthüllt. Er sprach von den Gestalten, die ihm besonders nahe gekommen waren: von Antigone, die liebend und furchtlos um Recht und Ehre gestritten, von Herakles, dem duldenden Halbgott.

„Und hier", so fuhr er mit drohender Stimme fort, „wo das herrlichste Theater sich fächerförmig gegen die Akropolis auseinanderfaltet, wo der mythenschwere Himmel über der Szene blaut, wo alle eure Götter, welche die Kunst schützen, Apollon, Athena, Dionysos, unsichtbar Zuschauer sind, wo Aischylos, der Priestersohn aus Eleusis, sein Drama vom Prometheus schuf – er selbst den kühnen Liebenden darstellend –, er, der Auserkorene des Dionysos-Bacchos, hier sahen wir, als wir uns unwissend und erwartungsvoll dem Theater näherten, eine trunkene Menge aus seinen Toren strömen, johlend, verkrampft von einer widerlichen Wollust, eingehüllt in stinkende Dämpfe von Blut – Menschenblut.

Ist das Dionysostheater ein Schlachthaus geworden? rief ich entsetzt. Und ein Athener antwortete mir, lüsternen Blicks:

Du kommst zu spät, Tyanäer! Wir sahen ein Gladiatorenspiel nach dem Muster Roms. Es war prachtvoll. Einige kämpften mit Schwertern und Speeren, einige mit Fangnetzen und Harpunen. Fünfzig Männer wurden umgebracht. Fast wie in Rom. Fast so viele wie in Rom!

Wer kämpfte? Griechenland hat keine Gefangenen wie die Römer. Es hat auch keine Gladiatorenschulen, wo die Unglücklichen ausgebildet werden, gegeneinander oder gegen wilde Tiere zu rasen, rief ich. Der Mann entgegnete – und andere bestätigten es –, daß diese Fechter Verbrecher waren, teuer zusammengekauft aus allen Gefängnissen Griechenlands, und daß nun diese Leute, elende, verkommene, feige und gewalttätige Seelen, zur Lust der Athener erneut die entsetzlichen Triebe in sich aufpeitschen mußten, um aufeinander loszuwüten in befohlener, quälerischer Grausamkeit. Dies geschieht in Athen mit dem Einverständnis der Archonten, unter den Augen des Areopags, der einst die geheiligte Richtstätte der Welt genannt wurde. Athener, Hellenen, Brüder, die ich gesucht, wäret ihr doch Griechen geblieben wie jene armen Eretrier am Euphrat, ein reines Geschlecht. Denn furchtbar wird der Gott über euch kommen! Seine Bildnisse auf der Akropolis sind zu Götzen erniedrigt, wenn ihr den Geist nicht mehr in ihnen erkennt, sie, Symbole des Geistes! Wehe über die blinden Nachahmer Roms! Wehe über die Anbeter des entseelten Westens!

Die Seelen aber, die ihr gezwungen habt, in der letzten Stunde ihres Erdendaseins ihre verbrecherischen Instinkte aufzustacheln, anstatt sie zu beschwichtigen, ehe sie vor den Richter in der Unterwelt treten, diese Seelen werden, angelockt vom Blut der Arena, vom Blut ihrer Opfer, vom Blut ihrer eigenen hingemordeten Körper, die entheiligte Stätte umschweben, euch umschweben, euch ängsten mit dem rasenden Durst, den ihr in ihnen entfacht habt, dem Durst nach Blut. Und wenn sie von neuem in einen Menschenleib treten, diese Seelen, so werden sie auch diesen zum Leib eines Verbrechers machen, und Verbrecher werden in Hellas geboren werden und eure Kinder umlauern und vernichten und erniedrigen, und eure Freiheit, Hellenen, wird niemals wieder auferstehen!"

Er schwieg in Erschöpfung, in Gram.

Damis glühte wie damals zur Mitternachtsstunde im Artemision in Ephesos. Dion beobachtete staunend, wie ein Archont zu reden versuchte, wie seine Worte ohne Kraft und Logik sinnlos in sich zusammenfielen. Die übrigen Athener schwiegen betroffen, einige gingen unbemerkt davon. Dion grübelte: Was macht es, daß sie ihm nicht antworten können, die Archonten, die Männer des Areopags? Ist er — oh, er vor allen — wirklich ein Teil des Unbekannten Gottes? Aber wir? Aber ich? Aber die Archonten, die das Schreckliche geschehen ließen?

Apollonius verhüllte sein Gesicht mit dem Mantel.

„Laßt uns gehen, meine Freunde", bat er leise, und wie Trauernde verließen sie den Tempelhain.

VI

In Korinth wartete der Philosoph Demetrius ungeduldig auf das Erscheinen des Wundermanns aus Kappadozien, bereit, ihn mit der Schärfe seiner Dialektik, die an Platons Dialogen geschliffen, nicht aber von seiner Metaphysik durchleuchtet war, die Schwärmereien des Pythagoräers zu widerlegen. Doch schon nach wenigen Gesprächen mit Apollonius bekehrte sich der gereifte Mann unbegreiflich schnell, mit der Entschiedenheit eines großen Herzens, dem die Sache über der Person steht, zu der Lehre des Tyanäers. Er forderte ihn auf, in seiner Philosophenschule zu reden. Er führte ihm seinen glänzendsten Schüler zu, den schönen Menippus, den Bewunderten von Männern und Frauen, der dichtend und denkend und Spiele liebend ein vollkommener Typus des griechischen Jünglings aus den Zeiten Platons zu sein schien und der dennoch seit einiger Zeit durch sein verstörtes Wesen seine Freunde und seinen Lehrer beunruhigte.

Apollonius erkannte sogleich eine verschwiegene Hilflosigkeit in den goldbraunen Augen, ein verborgenes Weh um seinen scheu lächelnden Mund. Wo der Isthmus am schmalsten ist und man von der niedrigen Felsenküste an beiden Seiten das blaue Meer gegen die rötlichen Küsten branden sieht, hat er an einem Vormittag mit Menippus unter einer Eiche gelegen und des Jünglings Seele zur Beichte gelockt.

Da trat das seltsame Geheimnis zutage von einem Schönen an Leib und Seele, einem Begabten an Sinnen und Geist, der sein verwirrtes Herz an das Marmorbildnis der Aphrodite gehängt hatte, die in ihrem großen Heiligtum in Korinth verehrt wurde, bedient von einer lasziven Priesterschaft, und, wie man sagte, von Tausenden von Tempelhierodulen. Denn Korinth glich in der Ausschweifung seiner Sitten, seiner ritualen Entartungen der Metropole von Asia, und wie in Ephesos der Artemis-Astarte, so wurde hier der Aphrodite orgiastisch wild in öffentlichem und heimlichem Kult geopfert. Im Tempel stand eine herrliche Kopie der Aphrodite von Knidos, und ihr lockendes Frauenlächeln, ihr unbeschreiblich weicher, zärtlicher, reifer Leib – dieser Leib, welcher der Phryne, der sagenhaft schönen Hetäre, nachgebildet war – hatten des jungen Menippus Wünsche zu verbotener Glut entzündet.

Ja, Menippus liebte die Göttin, und, trunken von unehrerbietigen Phantasien, glaubte auch er sich von ihr begehrt. Schon wähnte er sich im Schlaf von ihr umarmt. Schon zog ihn Nacht für Nacht der verbotene Traum. Schon verzehrte er sich am Tage nach den Verzückungen seiner nächtlichen Wollust. Menippus hatte von diesem Zustand geschwiegen. Selbst Demetrius ahnte nicht, woher die Blässe auf seinem weichen Gesicht, woher die dunklen Schatten unter seinen Augen herrührten. Apollonius aber zwang den Verhaltenen zu reden. Und indem er sprach, lange, fieberhaft, ohne durch ein Wort unterbrochen zu werden, verwandelte sich sein Entzücken in Grauen, seine Begierde in Scham, seine Überzeugung, daß ihn die Göttin umarme, in Zweifel, ob es nicht etwas Entsetzliches sei, etwas trügerisch Zerstörendes, was Nacht um Nacht von seinen Kräften trank.

Nach diesem Bekenntnis faßte Apollonius des Menippus Hände, die zitterten und flogen. Er hielt sie mit ruhiger Festigkeit, und der Jüngling wußte nicht, daß er Ströme geheimer Kraft empfing. Dann erst sprach Apollonius zu Menippus, und Menippus hörte ihm bezaubert zu. Er schloß mit Platons schönen Worten:

„‚Die Liebe ist das Zeugen in dem Schönen, in schönen Körpern und in edlen Seelen. Allen Menschen reift im Leibe und in der Seele der Samen, und es kommt die Zeit, da die Natur in uns zeugen will.' — Du, Menippus, Auserwählter an Körper und Geist, willst du dich an ein Phantom verschwenden und ausgedorrt dastehen, wenn dich der Eros ruft? Das darf nicht sein! Der Stern Aphrodites steht über deiner Geburtsstunde, und sie wird dein Leben bestimmen. Ihr Bild im Tempel ist das irdische Symbol ihrer himmlischen Natur. Niemals stieg die Göttin in deine Arme herab. Ahnst du es, Menippus, welch eine Wesenheit an deinen ruhelosen Leib sich drängte?"

Er nahm des Jünglings erblaßtes Gesicht zwischen seine Hände, sah ihm tief in die bezwungenen Augen, flüsterte, beschwor, enthüllte.

Da erzitterte Menippus, ins Innerste getroffen. Er ahnte das Laster, das er begangen am Göttlichen, an sich. Er schluchzte auf, weinte, verzweifelte — und war schon fast geheilt.

Apollonius behütete ihn noch eine lange Zeit, stützte ihn durch gute Worte, bis er es vermochte, mit gereinigten Sinnen vor des Praxiteles himmlische Aphrodite zu treten und in ihrer Schönheit die Emanation des unsichtbar Göttlichen zu erkennen, von dem Apollonius nur zu den reifen Herzen sprach, mochten sie nun in der Brust eines Jünglings oder eines Greises klopfen.

In Griechenland aber entstand das Gerücht, Apollonius habe den Menippus vor der Umstrickung einer Lamie bewahrt, eines Vampyrs, an dem er ohne diese Rettung hingesiecht wäre.

Menippus verließ nun Heimat und Familie und hatte den einzigen Wunsch, Apollonius anzugehören.

„Folge mir nur", sagte dieser lächelnd, „folge mir, bis der Eros an deine Seele rührt, du, unter dem Stern der Aphrodite Geborener."

„Nie will ich dich verlassen um des Weibes willen!" schwur Menippus.

„Schweige, schweige", flüsterte Apollonius. „Nicht zählbar sind die Wege, welche die Götter die Menschen führen, und keinen, den sie für uns wählen, dürfen wir hochmütig zurückweisen."

„Aber wo erkennen wir die Wahl der Götter?"

„In unserem Herzen."

Auch Demetrius vermochte es nicht, sich von Apollonius zu trennen. Er schloß seine Schule in Korinth und folgte ihm auf seiner Wanderschaft, wenn auch nicht für immer, wie er sagte, so doch für mehrere Jahre. Es ist aber Demetrius ein treuer und tapferer Freund geworden, der sich immer wieder zu Apollonius fand, auch wenn er längere Zeit von ihm getrennt lebte, und der ihn nicht verließ, als sich die Gefahr um sein Leben zusammenballte.

NERO

I

Mit vierundzwanzig Begleitern hatte Apollonius Korinth verlassen. Jetzt wanderten auf der Via Appia acht Getreue mit ihm – außer den Sklaven, die das wenige Reisegepäck trugen. Die Jünger waren bedrückt. Er lächelte.

„Scheltet selbst in eurem Herzen die Freunde nicht, die es fürchteten, sich Nero entgegenzustellen", sagte er milde. „Der Pythagoräer Philolaos sprach aus bitterer Erfahrung, als er uns beim Tempel der Diana warnte, nach Rom zu gehen. Er selber wurde aus Rom verbannt. Nero haßt die Philosophen, weil sie die einzigen Menschen sind, die es wagen, ihm entgegenzutreten, da sie die Unwirklichkeit seiner Welt durchschauen und noch in einer anderen leben, die er nicht kennt. Nichtsdestoweniger ist er noch Herr über den Leib, und wer nicht die Kräfte der hohen Magie besitzt – und wer von euch besitzt sie? –, ist seinen Machtmitteln ausgeliefert, ist ihm in diesem Leben untertan. Dies, meine Freunde, müßt ihr verstehen. Ihr geht einer Gefahr entgegen. Wie weit ich sie von euch ablenken kann, läßt sich nicht vorher bestimmen. Ich bin nicht allmächtig. Philolaos wich der Gewalt, um an anderer Stelle für den Geist zu zeugen. Er tat recht; denn er will wirken, und in Rom wäre er getötet worden. Es hatten in einem anderen Sinn auch die Schüler recht, die uns verlassen haben. Ihnen bedeuteten Dinge des Lebens noch mehr als die Lehre, die ich verkünden muß. Nur wer um des Pfades willen, den er erkannt hat, zu allen Gefahren bereit ist, darf mir folgen. Ich verurteile keinen, der jetzt noch eine andere Entscheidung trifft."

„Wir folgen dir!" antworteten vier Männer. Schweigend, mit

Tränen in den Augen, wandten sich vier andere. Er drückte diesen gütig die Hand zum Abschied. Sie gingen zögernd den Weg zurück, den sie gekommen waren. Apollonius wanderte mit Dion, Damis, Demetrius und Menippus der Metropole des Westens entgegen.

Drohend und schwarz wie geschliffene Schwerter ragten Zypressen in den fahlroten Abendhimmel, aufschießend zwischen mächtig geschichteten Grabmonumenten vornehmer Römer. An das Gemäuer lehnte sich dann und wann die Gestalt eines einsamen Hirten, der ohne gastlichen Zuruf schweigend auf die Wanderer blickte und ängstlich seine Herde hütete.

Vor ihnen breitete sich, weitgedehnt, mit spärlichen Lichtern, eine unabsehbare Häusermasse aus – Rom!

Da brach Apollonius noch einmal das Schweigen, und sein starker Blick umfaßte die vier Freunde, umfaßte Melytos und Paris und die übrigen Sklaven. Er sprach – und seine Stimme klang dunkel vor Schwermut und verhaltener Rührung:

„Liebe Freunde, ich danke euch, daß ihr mit mir kommt. Ich danke euch für Mut und Treue. Du, Damis, zogst mit mir durch die östlichen Länder. Verirrte Seelen begegneten uns da, Priester und Könige. Nie aber trafen wir auf das Scheusal Mensch! Das Scheusal Mensch – erkrankte Abart des gottentsprungenen Geschlechts –, wir wollen auch dieses kennenlernen. Wir wollen untersuchen, ob an ihm noch eine weiche Stelle ist, die wir anrühren, ein einziger guter Gedanke, dem wir Schwingen geben können. Denn die Wut dieses Herzens ist zerstörerisch gegen die ganze Menschheit und gegen sich selbst gerichtet. Aus Rom ist alles vertrieben, was Geist und Güte besaß. Diese Stadt brannte sechs Tage, und es heißt, der Cäsar deklamierte zum Schauspiel der Flammen den ‚Fall von Ilium', den er gedichtet hatte. In dieser Stadt werden ‚die Totgeweihten' zu gräßlichen Kämpfen aufeinandergehetzt, und Nero verfolgt ihre Todesqualen durch einen geschliffenen Smaragd. In dieser Stadt bestrichen sie die Nazarener mit Pech und ließen sie wie Fackeln brennen, weil die Freigelassenen des Nero die Schuld am Brande Roms auf sie gewälzt, um den aufkeimenden Verdacht gegen ihn selbst abzulenken. Sie aber, die Nazarener, sind Zeugen für den Geist gleich uns."

Hier wurde Dion unruhig, drängte sich an Apollonius, Frage im Blick, und dieser, seinen Gedankengang unterbrechend, wandte sich an ihn:

„Was willst du wissen, Dion?"

Der blasse Dion stammelte:

„Die Nazarener beten zu dem Unbekannten Gott."

„Tun wir nicht ebenso?" fragte Apollonius.

Dion senkte den Kopf, nickte verwirrt und schwieg. Aber im stillen dachte er: Ist es das gleiche? Und quälte sich mit Unverstandenem.

Die Torwächter ließen die Männer in schlichten Leinenrökken und langen Haaren verächtlich spöttelnd einziehen.

„Asiatische Gaukler", meinten sie gleichgültig.

Nach kurzem Suchen in den dunklen Straßen fanden sie eine Herberge. Sie setzten sich an einen schmalen Tisch im Hintergrund der Gaststube und forderten zu essen.

„Ich kann euch nur gekochte Linsen und Brot vorsetzen", sagte der Wirt unwirsch. „Der Kaiser hat andere Kost in den Wirtschaften verboten."

„Das ist für uns gerade das Richtige", antwortete Apollonius freundlich. „Bringe uns nur deine Linsen und dein Brot, und vergiß nicht einen Krug mit frischem Wasser."

Als sie ihre Mahlzeit bekommen hatten und sie unter leisen Gesprächen verzehrten, sah ihnen der Wirt aus scheuen Augen mißtrauisch zu. Auch die wenigen anderen Gäste betrachteten sie neugierig.

„Fremdartiges Gesindel. Alles das kommt jetzt nach Rom, riecht den Verfall von weit her", murmelte der Wirt vor sich hin und fühlte doch sein Urteil unsicher werden, wenn er diese stillen Männer ansah, die nichts von Gauklern oder Possenreißern an sich hatten, wie man das sonst unter fahrendem Volk antraf. Besonders der Führer erschien ihm von unverkennbarer Würde.

Schön und ruhig heiter saß er zwischen den anderen Männern, gelassen, wie heute in Rom kein Mensch mehr aussah. Apollonius bemerkte seine verstohlenen Blicke und winkte ihn heran.

„Setze dich zu uns, Wirt. Wir sind Fremde und möchten wissen, ob es in Rom so schlimm aussieht, wie man uns in Asia erzählt hat."

„Schlechte Zeiten", antwortete der Wirt und blieb vor Apollonius stehen.

„Aber das Volk liebt doch den Kaiser? Gibt er ihm nicht Korn? Gibt er ihm nicht Spiele?

„Der Kaiser saugt das Land für seine Bauten, für seine Schwelgereien aus. Dann stopft er den Römern das Maul mit Brot und Schaustellungen, und sie vergessen alles darüber."

„Du bist wohl kein Römer, Wirt?"

„Nein", sagte der knapp.

„Ist es wahr", fragte jetzt Damis, „daß Nero des Nachts wie ein Wegelagerer durch die Straßen zieht, heimlich von seiner Wache begleitet? Bürger verprügelt, Frauen schändet, Kaufläden ausplündert?"

Der Wirt lachte höhnisch auf.

„Das war ein kleiner Spaß, den er sich oft am Anfang seiner Regierung leistete. Jetzt muß schon eine Stadt brennen, damit er Unterhaltung hat."

Ein Gast mischte sich in das Gespräch:

„Aber es ziehen jetzt Landstreicher durch die Stadt, die den Cäsar nachäffen. Sie spielen wie er die Zither. Sie singen seine Lieder. Sie erschrecken die Leute, weil sie sich sein Gesicht anschminken und eine gelbe Perücke aufsetzen, wie er sie trägt. Gestern noch war ein solcher Kerl bei meinem Schwager. Er winselte seine Lieder und bot eine Saite feil, die er angeblich von der Zither Neros auf irgendeine Weise bekommen hatte. Er wurde so zudringlich, daß mein Schwager endlich die Saite kaufte aus Angst, sich gegen den Kaiser unehrerbietig zu zeigen."

Die übrigen Anwesenden rückten zusammen, wurden erregt, gesprächig. Wunderbarerweise fürchtete keiner die Fremden. Es war, als habe der Name Nero jedem die Zunge gelöst, als vermöge keiner zu schweigen, wenn von dem grauenumwitterten Kaiser die Rede war.

Apollonius war jetzt ganz verstummt. Sein ernster Blick ruhte wägend auf den nervösen, gepeinigten Gesichtern. Dion fragte – und in seiner Stimme klang es fast wie eine Bitte:

„Aber der Kaiser liebt doch die Kunst, ihr Römer? Er hat euch die attische Tragödie gebracht. Er selbst – so hörte ich sagen – unterwirft sich ängstlich jeder Regel des Spiels und tritt selbst auf in des Aischylos großen Masken, oder er singt Hymnen pathetischen Stils. Ist es nicht so? Saht ihr ihn im Theater?"

Die Männer schwiegen. Erneut sprang Mißtrauen in ihnen auf. Waren diese Fremden Späher des Nero? Fragten sie die Bürger aus, um sie den Prätorianern und Gerichten auszuliefern?

„Kannst ihn dir ja ansehen! Die fünfjährlichen Spiele fangen gerade an", sagte schließlich einer mit heiserer Stimme.

„Aber stärke dich vorher!" warnte der Wirt, und sein Gesicht war fahl vor verhaltener Wut. „Du mußt die ganze Zeit Kräfte zum Aufmerken haben. Wenn es dir passiert, daß du bei einer traurigen Stelle gähnst oder grinst, so kann es geschehen, daß einer von des Kaisers Schnüfflern dich abführt und in Neros Kerker wirft. Weißt du, was die bedeuten?"

Dion stöhnte auf.

„Ja, du harmloser Schwärmer!" schrie der Wirt plötzlich fassungslos, „so haben sie mir meinen einzigen Sohn umgebracht! Geh doch in die attische Tragödie!"

Die Tyanäer schwiegen erschüttert. Die Römer lachten höhnisch über ihr Entsetzen. Apollonius richtete sich auf, begann zu sprechen. Der Ton seiner beherrschten milden Stimme beruhigte die geängsteten Menschen.

„Sagt mir noch eines, ihr Römer", schloß er, „der Kaiser hatte in seiner Jugend zwei gute Führer, den Gardepräfekten Burrus und Seneca, den Stoiker. Vermögen diese Männer nichts mehr über seine Handlungen, der eine als ehrenvoller Soldat, der andere als Philosoph?"

„Beide tot", antwortete der Wirt lakonisch. „Das weißt du nicht? Burrus wurde durch eine ‚Arznei' vergiftet, die ihm der Kaiser gegen sein Halsleiden sandte. Seneca schnitt sich auf Befehl des Kaisers die Pulsadern auf. Sein Blut floß langsam, denn er war alt. – Würde ich dir aber die Namen aller Patrizier nennen, die in den letzten Jahren umgebracht worden sind, du würdest meinen, es gäbe keinen freigeborenen Römer mehr. Und es sind ja auch fast nur Freigelassene, die den Kaiser umgeben."

„Doch Tigellinus, sein Vertrauter, wie ich hörte, ist doch ein Edelmann?"

„Tigellinus, der Polizeichef? Ja, ein Edler und ein Fresser. Der versteht es, dem Nero Symposien zu erfinden. So einer ist sein Freund – und der Knabe Sporus, den er sich in roten Brautschleiern als Gemahlin antrauen ließ."

Apollonius beachtete das letzte nicht und fragte weiter:

„Und die Kaiserin?"

„Welche Kaiserin meinst du? Daß die junge Octavia, des Kaisers Claudius Tochter, in heißen Dämpfen erstickt wurde, ist dir doch wohlbekannt? Daß Nero seine Geliebte Poppäa Sabina durch einen Fußtritt tötete, als sie zum zweitenmal schwanger war, weißt du doch auch? Du meinst also vielleicht Messalina, des Vestinius Gattin, von der es heißt, er begehre sie. Aber er müßte erst den Gatten ermorden, um sie zur Frau zu nehmen. Vielleicht erleben wir das noch. Von Poppäa hatte er eine kleine Tochter, die er vergötterte und die bald starb. Sie war der jüngste Zweig am heiligen Lorbeerbaum des Augustus."

„Sie war der letzte Zweig", sagte Apollonius mit seltsam fremder Stimme. Die Römer horchten auf.

„Du weißt viel, und Bekanntes weißt du nicht, fremder Mann", bemerkte der Wirt. „Bist du ein Zauberer? Bist du hellsichtig?"

„Hellsichtig? Manchmal", erwiderte Apollonius.

Die Männer wurden aufgeregt.

„Kannst du in die Zukunft schauen?" fragte einer mit verhaltenem Atem, blaß vor Leiden und Spannung. Apollonius blickte ihn gütig an.

„Die Zukunft ist noch trübe für euch, ihr Römer", sagte er ernst.

Da schwiegen sie, vor sich hinbrütend. Matt flimmerten die Öllämpchen in dem weiten Raum. Einer der Anwesenden trällerte leise vor sich hin:

„Wahrlich, ein echter Sproß von Aeneas Stamme ist Nero,
Schafft er die Mutter doch wie jener den Vater beiseit'."

Plötzlich gellten Angstrufe, Schreie und Gejohle herein. Der Lärm kam näher. Singen Betrunkener, grelle Flötentöne. Der Wirt fuhr sich mit beiden Händen durchs Haar.

„Wieder so eine Bande, die mitternachts umhertobt und Fleisch und Wein haben will. Aber Fleisch darf ich nicht geben, und vom Wein blieb mir nur ein Fäßchen. Dies Pack aber will fressen und saufen und schlägt alles kurz und klein, wenn es nichts vorfindet."

Er rannte zur Tür. Als er sie aufmachte, schrillte eine Frauenstimme. Männer lachten roh. Im Türrahmen stand auf dünnen Beinen mit schwerem Oberkörper und fettem Nacken ein taumelnder Mensch von etwa dreißig Jahren, stützte sich mit dem linken Arm auf die Schulter einer Frau, umhalste mit dem rechten einen Jüngling, dem die erwärmte Schminke vom Gesicht lief, und schrie nach Wein. Hinter diesen drängten sich mehrere dicht vermummte Gestalten.

„Das scheint mir der Kerl zu sein, der mit der Saite von Neros Zither bei meinem Schwager war", flüsterte erschrocken der Gast, welcher diese Begebenheit vorhin erzählt hatte.

„Säulen meiner Kraft, oh, ihr beiden Zeugen meiner Stärke", lallte der Mensch in der Tür, „wankt nicht, fallt nicht um!"

Die Dirne in schmutzigen Fetzen, der Jüngling fast nackt, von üppigem Wuchs, mühten sich sichtbar, den Körper des Trunkenen aufrecht zu halten, der hin und her schwankte. Unter mißfarbenen, hellen, verwirrten Haaren suchten die schwachsichtigen Augen des Fremdlings durch den Raum, streiften flüchtig die kauernden Römer, blieben an der Gruppe der Männer in weißen Röcken haften, erkannten den Herrn unter ihnen.

Apollonius hatte sich aufgerichtet. Ungewiß aus dem Dämmern schimmerte seine lichte Gestalt vor der dunklen Mauer.

„Wer – ist – das?" stammelte der neue Gast.

„Ein Gaukler aus Asia", beeilte sich der Wirt zu antworten. „Gaukler und Zitherspieler, das paßt zusammen. Setz dich zu uns und ruh dich aus! Nachher spielst du uns etwas."

Der fremde Mensch löste mit überraschender Geschwindigkeit seinen Arm vom Nacken des Jünglings und griff nach der Zither.

„Hast recht, Wirt", sagte er und suchte einen volkstümlichen Ton zu treffen. „Hab meine Weisen dem Nero abgelauscht. Wenn ich spiele, ist es, als ob der Kaiser dastände. Wer lacht?"

„Keiner lacht! Alle lauschen!" versicherte hastig der Wirt, schwankend zwischen Spott und Furcht. Denn man wußte ja nie. – Auf einmal schoß dem Zitherspieler, nachdem er ein paar Saiten gegriffen hatte, ein neuer Gedanke durch den Kopf. Er reichte das Instrument einem Mann, der, in einen gallischen Kapuzenmantel eingehüllt, nicht von seiner Seite wich, und befahl:

„Kränze her! Seht ihr nicht? Hier wartet Sokrates auf Alcibiades beim Gastmahl. Kränzt meine Locken! Schnell! Spiel doch die Flöte, faule Hure!"

Die Frau setzte mit unsicheren Fingern die Flöte an die Lippen. Ein paar dünne, wimmernde Töne flatterten durch den Raum. Überraschend schnell war ein Kranz zur Stelle. Lachend drückte ihn der Zitherspieler auf sein fahles Haar. Dabei wich sein mühsamer Blick nicht eine Minute vom Gesicht des Apollonius, der noch kein Wort gesprochen hatte, nur reglos wartete. Der Mensch kam, wie von einem Willen gezogen, schwankend auf ihn zu, stand vor ihm, durch den schmalen Tisch getrennt, sah ihm neugierig und dicht in die Augen. „Sokrates ist schön geworden", grinste er. „Sokrates trägt eine Maske. Ich trage auch eine Maske. Wein her! Das Symposion des Agathon beginne!"

Der Wirt fing an zu begreifen, wer hier befahl. Mit fliegenden

Händen stellte er Weinkrüge auf, schob Schemel an den Tisch, nötigte die Angekommenen, sich niederzulassen.

Lässig gegen die Wand gelehnt saß Apollonius, von den vier Freunden umgeben, die es noch nicht völlig verstanden, warum er dem betrunkenen Musikanten eine so sichtliche Aufmerksamkeit schenkte. Aber an schweigendes Warten gewöhnt, wenn Apollonius handelte, sahen sie auch hier dem Verlauf des Abenteuers still entgegen.

Der Zitherspieler saß diesem nun gerade gegenüber. Die Arme aufgestützt, den Kopf in den Händen, starrte er ihm von unten frech und zudringlich in die Augen.

„Nun, Sokrates, bist du wirklich ein Hellene?" fragte er, und über sein einst schön geformtes, jetzt verwüstetes Gesicht glitt ein faunisches Spiel sarkastischer Grausamkeit, hob den rechten Mundwinkel zuckend empor, ließ die farblosen Augen wie Metallsplitter zwischen den angeschwollenen Lidern glitzern. Jede Betrunkenheit schien von ihm abgefallen.

„Meine Maske ist immerhin echter als die deine, obgleich wir beide keine Athener sind", antwortete Apollonius gleichmütig, schwieg von neuem.

Wieder hatte der Laut seiner Stimme die Wirkung, daß alle wie fragend nur auf ihn blickten.

Der Zitherspieler zog mit federnder Gewandtheit die dünnen Beine empor, umschlang sie mit den Armen und fragte lauernd:

„Weshalb sagst du, daß ich kein Athener bin? Wimmelt es nicht von Griechen in Rom? Treiben sich hier nicht genug Künstler herum, die aus Attika stammen, weil der Kaiser die Künste schützt?"

Apollonius lächelte. Und dieses Lächeln von unbegrenzter Überlegenheit und Nachsicht wirkte auf den Zitherspieler wie ein niegesehenes Wunder.

„Was bedeutet das?" fragte er verwirrt. „In Rom lächelt man nicht wie du, Asiat! In Rom hat der Kaiser solch ein Lächeln verboten. In Rom lacht man oder – man heult!"

Ein fürchterliches Schweigen lag jetzt über dem weiten Raum.

Hatten sie alle vorhin gemeinsam auf Nero geschimpft, so wagte jetzt keiner, den Worten des Fremden etwas hinzuzufügen.

„Du bist kein Grieche", wiederholte Apollonius, „aber das Edle in dir sehnt sich nach Griechenland."

„Und werde ich Achaja kennenlernen?" fragte der Mensch begierig.

„Willst du, daß ich dir weissage?"

Der Zitherspieler zuckte zusammen. Furcht und Lüsternheit kämpften in seinem Gesicht.

„Bist du ein wirklicher Seher?" fragte er scheu.

„Ich sehe, wenn ich es will", antwortete der Magier.

Der Mensch blickte wild um sich.

„Kannst du meine Gedanken sehen?"

Apollonius winkte dem Melytos. Der zog einen feinen Wollstoff aus dem Reisesack und reichte ihn seinem Herrn.

„Wenn ich mich in diesen Schleier einhülle, isoliere ich mich von der materiellen Welt. In der astralen Welt, in die ich dann eingehe, kann ich deine Wünsche lesen, die Taten sehen, die du begingst, die Zukunft erahnen", sagte er mit Nachdruck.

Der Römer im Kapuzenmantel näherte sich dem Zitherspieler, schien ihn zu warnen.

„Possenreißer", hörte man ihn flüstern.

Der Zitherspieler hatte nur eine schroffe Geste gegen ihn, den Blick in die Augen des Apollonius unlösbar vergraben.

„Zeig deine Kunst!" befahl er kurz.

Apollonius entfaltete den Schal, stellte die Füße hinein, wikkelte ihn aufmerksam um Leib und Glieder, zog ihn über den Kopf.

„Frage!" gebot er.

„Ich beginne mit der Zukunft. Wo werde ich in einem Jahre sein?"

In die absolute Stille fielen rasch und bestimmt des Apollonius Worte:

„Ich sehe eine griechische Stadt. Sie liegt am Meer. In ihrem Hintergrund steigt ein Fels empor. Es ist Korinth. Ich erkenne den Isthmus. An seine beiden Küsten brandet das Meer. Viele Menschen stehen am westlichen Strand. Sie halten Spaten in ihren Händen. Sie scheinen auf etwas zu warten. Auch den Zitherspieler erkenne ich jetzt. Er trägt wie die anderen einen Spaten. Er hält auch einen Korb. Er sondert sich von der Menge ab. Er gräbt. Er füllt den Korb mit Sand. Er trägt ihn zurück, schüttet ihn aus."

Gellendes Hohngelächter schrillte von den empörten Lippen des Vagabunden und unterbrach schneidend die Rede des Apollonius.

„Alberner Schwätzer! Meinst du, ich zöge nach Griechenland, um dort Erdarbeiter zu werden – ich, der ich in Rom ein – Künstler bin?"

„Ich sage dir, was ich sehe", antwortete Apollonius gelassen. „Ich deute nicht. – Soll ich weitersprechen?"

„Weiter!" grollte der Mensch.

Apollonius fuhr fort:

„Ich höre eine Ansprache. Ein Grieche hat das Wort. Er sagt: ‚Der Kaiser läßt den Isthmus von Korinth durchstechen. Der Kaiser verbindet das korinthische mit dem saronischen Meer. Nicht länger werden die Schiffe den Peloponnes umkreisen in weiter, gefährlicher Fahrt. Die Landenge wird gesprengt. Der Cäsar, der Griechenland liebt, tut selbst den ersten Spatenstich. Ihr Griechen, huldigt dem Nero Claudius Cäsar! Erweist dem Vater des Vaterlands göttliche Ehren!'"

Apollonius schweigt und nimmt langsam den Schleier vom Gesicht. Vor ihm, eine weißgraue Maske zwischen den stützenden Händen, liegt das Gesicht – des Kaisers.

Die anwesenden Römer, der Wirt schleichen hinaus. Des Apollonius Freunde gehen ebenfalls auf einen Wink von ihm. Das Gefolge Neros verläßt bestürzt den Saal. Wer wagte es, Zeuge weiterer Enthüllungen zu sein? Unter den dunklen Mänteln klirrt es leise von Waffen. Nur der große Mann mit der Kapuze bleibt regungslos an der inneren Tür stehen.

„Was werde ich in Achaja tun?" fragte der Kaiser bezaubert.

Apollonius blickte ihm durchdringend in die wehrlos gewordenen Augen.

„Es muß wohl so sein, Cäsar, denn noch nie trog mich ein Gesicht. ‚Vater des Vaterlandes', den heiligen Ehrennamen des Augustus, gab dir der Redner. Oh, werde es den Griechen, Claudius Nero!"

„Den Griechen!" ruft der Kaiser schwärmerisch. „Du allein hast mich verstanden! Ach, keiner hier begreift es, wie mich die Sehnsucht meines ganzen Lebens nach Hellas zieht. Kalt sind die Römer, feindlich der Kunst. Blutige Spiele lieben sie. Nur widerwillig huldigten sie ihrem Kaiser, wenn er, die Leier schlagend, vor sie hintrat, um von Apollon zu singen. Nur langsam erkannten sie die himmlische Gabe meines Gesanges. Einen wütenden Eroberer wollten sie aus mir machen, einen Schüler des harten Afranius Burrus, einen Prätorianerhäuptling, sonst nichts. Ich aber bin geboren für edlen Wettkampf mit fliegenden Rossen. Ich bin geboren für Poesie und Zither, für Gesang und Tragödie. Und mehr als die Binde der Cäsaren liebe ich den Lorbeerzweig, den Athen verleiht."

Apollonius hat den Blick vor dem deklamierenden Kaiser gesenkt. Schmerzliche Resignation liegt auf seinen schweigenden Lippen. Doch dann beginnt er von neuem:

„Wenn du so die Griechen liebst, Kaiser Nero, so schenke ihnen, was nur du diesem edelsten Künstlervolk schenken kannst: die Freiheit! Hebe den Druck der Steuern von ihnen! Gib ihnen eine eigene Verwaltung!"

Über Neros graubleiche Züge gleitet ekstatisches Zucken.

„Mensch, wunderbarer Mensch!" ruft er. „Wie greifst du in mein Herz und ziehst seinen geheimsten Gedanken ans Licht! Ja, ich verspreche dir, was du wünschest; denn klüger scheinst du mir zu sein als Burrus und Seneca, die toten."

Hier flackert tückischer Triumph in seinen kleinen Augen. Mit Pathos wiederholte er:

„Ich verspreche dir, fremder Magier, den Griechen ein Geschenk zu bringen, das des Nero würdig ist. – Nun aber prophezeie weiter!" Apollonius verhüllt sein Haupt nicht wieder, aber er schließt die Augen. Was er nun spricht, und was Nero mit durstiger Begierde verschlingt, ist Prophetie der vielen Wettkämpfe, in denen der Kaiser bald als Wagenlenker, bald als Tragöde und Zitherspieler auftritt und überall den Siegespreis erhält. Schließlich schweigt der Seher und öffnet langsam die Augen.

Der Kaiser hat den Tisch zur Seite gestoßen. Auf den Knien liegt er vor Apollonius – und weiß es wohl kaum. Er umklammert seine Schenkel. Saugend hängt sein kurzsichtiger Blick an seinem Mund.

„Dich hat Apollon zu mir gesendet", flüstert er mit demütiger Frommheit, die vielleicht auch nur gespielt ist, und nach einer Pause:

„Wer bist du?"

„Apollonius von Tyana."

Der Kaiser stutzt.

„Das ist ein Philosoph?" fragt er unsicher.

Apollonius lächelt sonderbar.

„Du siehst, die Philosophen sind nicht so staatsvernichtend, wie du dachtest."

Der Kaiser setzt sich neben ihn auf die schmale Bank.

„Nun – die Vergangenheit!" flüstert er lauernd. „Denn die Gegenwart ist ohne Wert geworden, seit ich die Zukunft kenne."

„Gib mir deine Hand, damit wir eng verbunden sind", fordert Apollonius.

Zögernd tut es Nero.

Dieses Mal schweigt der Seher länger. Dann hebt er tastend an:

„Wieder sehe ich das Meer. Aber nun ist es Nacht. Es ist auch nicht das griechische Meer. Das Ufer weitet sich zu einer Bucht. Das Meer ist so still, daß sich die Sterne in ihm spiegeln. Ich sehe ein Schiff. Unter dem bleiernen, purpurumhüllten Dach steht ein kaiserliches Lager. Auf ihm ruht eine römische Frau. Ihr Haar ist hell. Du gleichst ihr, Cäsar. Eine zweite Frau sitzt am Fußende des Bettes. Ein Mann steht in höfischer Haltung zur Seite. Er sagt zu der Liegenden: ‚Agrippina Augusta, dein Sohn –'

Wütend entreißt der Kaiser Apollonius die Hand.

„Ich will nicht! Ich will das nicht hören!" schreit er außer sich.

„So löse deine Gedanken von diesem Mord", sagt Apollonius streng. „Ich sehe, was am lebendigsten in deiner Aura steht."

Nero sucht sich zu fassen. Er überläßt ihm seine Hand nicht wieder. Apollonius wartet. Der Kaiser stöhnt auf.

„Es kommt immer, was ich nicht sehen will!" klagt er in jäher Angst. „Ich bin nicht Herr über meine Gedanken. Du behext mich!"

„Herr über seine Gedanken sein, ist die schwerste Kunst."

„Wer hat sie dich gelehrt?"

„Die Weisen Indiens."

„Weiter! Was siehst du jetzt?"

Nach einer Weile, während der Apollonius von den jagenden Visionen um den Kaiser verwirrt sein mochte, beginnt er wieder mit Sicherheit:

„Ich sehe eine fürstliche Tafel. Du, Cäsar, liegst auf einem Tigerfell ausgestreckt. Dir zunächst die Frau, die ich vorher unter dem bleiernen Dach des Schiffes gesehen habe. Doch erscheint sie jetzt jünger. Hochmut und Unruhe wechseln auf ihrem Gesicht. Du aber bist ein Jüngling. Du bist der junge Kaiser. Du scheinst kaum achtzehn Jahre alt zu sein. Du träumst noch manchmal von der Gnade, die Seneca dir riet. An deiner anderen Seite liegt eine sehr junge Frau – Octavia, deine Stiefschwester und Gemahlin, wie ich vermute. Sie hat ein kindliches Gesicht, und ihre Blicke lassen nicht von dir, aber mehr aus Furcht als aus Liebe. Nicht fern von deiner Tafel steht der Tisch der Prinzen und anderer Patrizierknaben mit ihren Erziehern. Sie sitzen auf Stühlen, während sie das Mahl einnehmen. Schön ist der Knabe Britannicus. Sehr groß gewachsen, von schon männlicher Gestalt, noch aber mit der weißen, purpurgesäumten Toga praetexta, dem Gewand der Kindheit, bekleidet. Seine vierzehnjährigen Glieder sind spielgeübt und stark. Seine Lippen sind rot, sein Blick furchtlos, unschuldig sein Lächeln. Aber wenn er zu dir hinüberschaut – und er tut es oft – verändert sich sein Gesicht. Wie Grauen geht es darüber hin. Der weiche Mund schließt sich gramvoll. Warum quält er sich so? Was quält ihn so? Nero! Was tatest du deinem jungen Stiefbruder?"

Hier bricht Apollonius unwillkürlich aus seiner Entrücktheit, schleudert die Frage wie einen Speer auf den gegenwärtigen Kaiser. Der zuckt zusammen, dann sagt er kalt:

„Das Fragen ist meine Angelegenheit. Dein Gesichte-Sehen ist erstaunlich, Tyanäer. Es ist ein wollüstiges Spiel, dir zuzuhören. Sprich weiter!"

Apollonius starrt jetzt gerade vor sich hin, als sähe er die offenbarten Geschehnisse vor sich im Raum. Er spricht mühelos. Jetzt hilft ihm der Kaiser; denn der ist gänzlich in die Nacht vor dreizehn Jahren versunken.

„Du spielst mit deinem Homerbecher. Deines Bruders Augen verfolgen deine Hände. Er sucht deinen Blick, aber der weicht ihm aus. Er ruft etwas zu dir hinüber, aber du antwortest ihm nicht. Er legt seinem jungen Nachbarn die Hand auf die Schulter und sagt:

‚Kennst du schon die neue Melodie zu den Marsyasversen des Ovid, mein Titus? Nein? Ich habe sie mir vortragen lassen. Willst du sie hören?'

Der angeredete Knabe schweigt befangen. Der Erzieher gibt einen Wink, nicht von Gesang zu reden, deutet mit der Wimper auf dich. – Bist du eifersüchtig auf des Knaben Stimme gewesen, Claudius Nero? – Britannicus beachtet die Warnung nicht. Herausfordernd summt er vor sich hin, summt zuerst nur, erhebt dann seine jugendklare Stimme. Wie ein kurzer, heller, sieghafter Vogelschrei jauchzt des Liedes Anfang auf:

‚Kläglich war, sehr kläglich des Satyrs Marsyas Schicksal,
Der von Apollo besiegt im Getön des tritonischen Rohres
Jetzo die Strafe bestand. – Was entziehst du mich selber
mir? rief er.

Oh, mich graust's, oh! schrie er. So viel nicht gilt mir das Schallrohr!
Doch wie er schrie, zog jener die Haut ihm über die Glieder!'

Der Knabe schweigt, blickt verstohlen zu dir hinüber. Kein Zug in deinem Gesicht hat sich verändert. Du scherzest mit deiner Mutter. Sie ist erblaßt. Britannicus, der glüht, verlangt zu trinken. Sein Vorkoster nimmt einen Schluck, reicht ihm den Becher. ‚Zu heiß!' ruft der Knabe ungeduldig.

Aus einem schmalen Krug gießt der Sklave kalte Flüssigkeit zu der geprüften. Ohne von neuem zu kosten, reicht er dem Knaben den gekühlten Trank, seine Hände zittern.

Britannicus stürzt das Getränk hinunter. Hinter ihm, zwischen den Säulen, dir gerade gegenüber bewegt sich ein Vorhang. Ein gelbes, aufmerksames Weibergesicht starrt auf den Prinzen, beobachtet ihn. – In deiner Aura, Kaiser Nero, steht ihr Name mit unverlöschbaren Zeichen: Locusta, die Giftmischerin. – Du aber sprichst zu Agrippina von weißen Hengsten, die du einfahren willst, indessen du denkst: Auch dieser ist vom Stamm des Augustus, auch dieser.

Dein schräger, von niemandem bemerkter Blick streift sekundenlang den Bruder. Der ist auf einmal so bleich geworden. Er greift angstvoll durch die Luft, klammert sich an die Tischkante, schlägt wie rasend die Zähne aufeinander. Agrippina will aufspringen, zum Sohn des Claudius eilen, sinkt wie gelähmt zurück.

Die junge Kaiserin ist schneeblaß geworden. Doch auch sie wagt es nicht, dem Bruder Hilfe zu leisten. Sklavenhände, der Arm des Erziehers stützen ihn.

Du aber, Adoptivsohn des Claudius, du wirfst einen einzigen, abwägenden Blick auf den Sterbenden und sagst mit gespielter Gleichgültigkeit: ‚Tragt ihn fort! Der Knabe leidet seit langem an epileptischen Anfällen. Dies wird vorübergehen.'

Man trägt den Toten hastig hinaus. Du wendest dich mit zynischem Geflüster an deine Mutter. Die erstarrte, die jugendliche

Gattin beachtest du nicht. Das Bankett geht weiter. – Ich sehe nichts mehr."

Erschöpft kehrt Apollonius aus der Schau über Raum und Zeit zurück. Mit unentrinnbarer Anklage liegt sein Blick auf dem Kaiser. Der hat das Gesicht in die Hände vergraben, sitzt regungslos.

„Verschwinden diese Bilder denn nie?" flüstert er kaum vernehmbar.

„Nie!" antwortet der Seher.

Dann schweigen beide. Aber der breitschultrige Mann im gallischen Kapuzenmantel nähert sich unruhig, blickt bestürzt auf den zusammengekauerten Tyrannen, sieht fragend in des Magiers streng blickende Augen.

„Willst du den Kaiser vor seinem Gewissen schützen, Tigellinus? Rette ihn vor seinem eigenen Dämon, wenn du kannst", sagt Apollonius schroff.

In des allmächtigen Präfekten Augen flammt es wie aufspringender Zorn. Der Kaiser richtet sich empor, sieht beide Männer an, als erkenne er sie nicht. Sein Gesicht ist naß. Tigellinus prallt zurück.

„Der – Kaiser – weint?" stammelt er ratlos.

Nero hebt die Hände abwehrend gegen den Seher.

„Fort! Aus meinen Augen! Fort!" ruft er in nervöser Angst. Triumphierend fragt der Polizeipräfekt:

„Befiehlst du, göttlicher Augustus, daß dieser Gaukler zu Musonius in den Kerker geworfen wird?"

Und schon steht er bereit, die Wache zu rufen. Nero jedoch, in abergläubischer Furcht vor dem allessehenden Auge des Magiers bis ins Innerste aufgewühlt und erschüttert, flüstert entsetzt:

„Nein! Nein, Tigellinus! Diesem Menschen darf nichts geschehen. Nero ist großmütig. Nero vergibt dem Apollonius, daß er die Schatten beschwor. Nero gedenkt seiner Weissagungen über Griechenland. Der Tyanäer gehe frei in Rom umher!"

Der Kaiser ringt um Fassung. Seine Seele ist noch immer in Verwirrung. Die Ängste um die kürzlich aufgedeckte Verschwörung des Piso steigen von neuem beklemmend in ihm empor. Er darf diesen Zauberer nicht zum Feind haben. Hat er ihm nicht Ruhm in Achaja prophezeit? Könnte er diesen vielleicht widerrufen? Unausdenkbare Möglichkeit! Wie angeschmiedet hängt sein hilfloser Blick an Apollonius' Mund. Wird er sich nun zu einer Verwünschung öffnen?

Aber der Seher, der nicht einen Schritt vor dem Cäsar und Tigellinus zurückgewichen ist, schweigt. Sein Auge umklammert den Kaiser, der sich nicht von ihm zu lösen vermag.

„Sieh mich nicht so an, Tyanäer!" schreit der Kaiser. „Ich tu dir nichts. Aber geh nun! Geh!"

Wortlos verläßt Apollonius den Raum.

Sogleich dringt das Gefolge Neros herein, die Günstlinge, die maskierte Leibwache. Der Kaiser hat sich wieder gefaßt. In der Stellung eines Tragöden öffnet er die Hand mit einer verlorenen Geste, als griffe er nach etwas Entschwindendem.

„Achaja —", flüstert er schmachtend.

Alle sehen ihn bewundernd an, applaudieren. Er winkt dem Jüngling:

„Sporus, mein süßer Knabe, bring mich zu Bett —"

Die Flötenspielerin setzt das Instrument zu girrendem Laut an die Lippen. Der Kaiser und seine Geschöpfe verschwinden in die Nacht.

II

In Rom nahm Apollonius seine reformatorische Tätigkeit wieder auf, so wie er sie in Griechenland und Kleinasien ausgeübt hatte. Er wohnte in offenen Tempeln, die er häufig wechselte. Er redete mit Priestern und zu versammelten Laien. Er vermochte es, sich in die Heiligkeit jeden Kults zu versetzen, und aus jedem wußte er das zum Symbol geformte Eine aus der Fülle von Formeln und leergewordenen Riten zu schälen. Er deutete den Vestalinnen des Feuers heiliges Urwesen. Zu den Jupiterpriestern sprach er vom Demiurgen, der geheimnisvollen ersten Emanation der ewig unerkennbaren Ursache, die nie geschaffen ist und nie hinunterreichen kann in die Erscheinungswelt aus ihrem wandellosen Sein. Sprach er aber zu dem römischen Volk, so ermahnte er es zur alten Römertugend und regte es zum Dienst vor den Göttern an. Einfach und sehr bestimmt war da seine Rede.

Geschützt durch des Kaisers Befehl, ihn ungehindert forschen und wirken zu lassen, waren er und seine vier Freunde nahezu die einzigen Philosophen, die es wagen durften, öffentlich in Rom aufzutreten. Alle anderen waren, wie Philolaos, verbannt oder siechten, wie der Babylonier Musonius, in Neros Kerkern dahin.

Aber mehr als seine Reden gewann Apollonius' Heilkraft die Liebe des Volkes. Denn er und seine Jünger hielten sich tage- und wochenlang in den Baracken auf, in denen die Opfer des riesigen Brandes untergebracht waren und in Armut, Elend und Krankheit darauf warteten, daß sie wieder in die neuerbauten Häuser der Stadt einziehen könnten. Ein großes Barackenlager war außerhalb von Rom entstanden in Neros Parks jenseits des Tiber am vatikanischen Hügel. In niedrigen, überfüllten Räumen wurde hier immer von neuem die Frage erörtert, wer schuld am Brande Roms vor zwei Jahren gewesen war. Waren es wirklich diese Verächter der latinischen Götter, die Christiani, die sich weder vor dem Bildnis des Jupiter noch vor dem des Kaisers beugten, die nie ein Opfer auf den Altären Roms darbrachten und aus jenem unruhigen Judäa stammten, in dem die hochmütigen Hebräer ihren allen anderen Völkern feindlich gesinnten Jehova fanatisch verehrten, waren es die Christiani, die Rom angezündet? Hatten diese Nazarener, die sich vor der Berührung mit Andersgläubigen scheuten und von denen es hieß, daß sie unter der Erde Roms, draußen vor den Sandhügeln der Porta Nomentana, ihre Schlupfwinkel besäßen – hatten sie die leichtbrennenden Kramläden am Zirkus Maximus, seitlich vom Palatin, angesteckt?

Waren sie jene Gestalten gewesen, die man bei Ausbruch der Feuersbrunst im Süden und im Zentrum Roms mit Werg, Fackeln und ölgetränkten Scheiten schleichend und huschend bemerkt hatte? War es ihr ‚unbekannter Gott', der solches zuließ, befahl? Wollte er Rom vernichten, die Metropole des Erdkreises?

Des Kaisers Freigelassene hatten es in den leergebrannten Palästen der Augustianer behauptet. Des Kaisers Söldner versicherten es den Heimlosgewordenen. Das Volk von Rom hatte gemeinsam mit den Häschern Neros die Christiani aufgespürt, verfolgt, verraten, den gräßlichen Gerichten überantwortet. Tausende waren hingerichtet worden, und die Patrizier und das übrige Volk hatten ihren Martern im Zirkus zugesehen und sich daran ergötzt.

Dennoch waren sie nicht ausgerottet. Immer wieder schleppte man einzelne Opfer in die Kerker.

Unter den Bewohnern der Barackenlager aber tauchte die Frage stets von neuem auf: Hatten denn diese Christiani die Strafen für Brandstiftung wirklich verdient? Brannten wirklich Schuldige als Fackeln in den neronischen Gärten am Esquilin? Zerissen die hungrigen Bestien wirklich Verbrecher, wenn sie sich in der Arena des Kaisers auf die in Felle genähten Christen — Männer, Frauen und Kinder—stürzten? Hingen dort in unbegreiflicher Bereitschaft wirklich Sünder am Kreuz, die im qualvollen Todeskampf noch ihren rätselhaften Gott priesen — der ihnen sogar jetzt keinen Retter sandte?

Oder — oder — und hier wagte man nur zu flüstern — hatte ein anderer den Brand befohlen, diesen Riesenbrand, der zehn Stadtteile von den vierzehn Roms mehr oder weniger in Asche legte? Der systematisch im Süden begann, ganze Straßenzeilen in seiner Glut zerbersten ließ, Tempel und Paläste zertrümmerte und — fast gelöscht — im Norden wieder aufflammte?

Denn dieser Brand schuf Platz für das neue Rom, wie der Kaiser es ersonnen, mit breiten Straßen, niedrigen Häusern und der Riesenanlage seiner Domus Aurea, der Stadt in der Stadt, der sich mit Gärten, Seen und Tierparks auszudehnen begann zwischen Palatin, Esquilin und Quirinal und dem alles weichen mußte, was dem Tyrannen ‚häßlich' erschien. Neropolis auf den Trümmern Roms, und die römischen Bürger, Heimatlose, Verarmte, Kranke,

Betrogene, trotz aller Zirkusspiele und Getreidespenden, mit denen der Kaiser das Volk in den ersten Zeiten beschwichtigt hatte.

Solche Gespräche waren gefährlich und verstummten jäh, wenn man den schweren Tritt der wachhabenden Kohorte vernahm.

In dieser Barackenstadt gingen die Tyanäer in ihren weißen Leinenröcken von Tür zu Tür. Und es kam einige Male vor, daß beim Eintritt des Apollonius oder eines seiner Jünger in den ärmlichen Raum sich eine unscheinbare Sklavengestalt erhob und unhörbar hinausglitt, eine Gestalt, die soeben noch, wie die Fremden, pflegend und lehrend und tröstend am Lager eines Unglücklichen gesessen hatte. Fragten diese, wer jener Mensch gewesen, so begegnete ihnen verlegenes, aber undurchdringliches Schweigen.

Einmal schlich Dion einem solchen Schatten nach. Er verriet aber nie, ob er ihn erreicht und gesprochen habe. Er wurde nur noch stiller und versonnener.

Apollonius sah ihn manchmal sonderbar prüfend an. Dann wich er seinen Blicken aus mit irgendeiner Frage.

Er hat noch nicht – gefunden, dachte Apollonius schwermütig und ehrte in ihm die selbständig suchende Seele.

Über Rom stand eine silberne Mondnacht, hell wie damals in Ephesos. Es leuchteten die Tempel. Es blendeten von fern die neuen weißen Säulen von Neros goldenem Haus auf dem Palatin. Den Hügel hinab bis zum Forum Romanum und wieder hinauf zum Esquilin zogen sich seine Gärten, schimmerten künstliche Teiche, spiegelten sich Mondgestalten in gekräuselten Wellen.

Apollonius saß auf der obersten Stufe des Jupitertempels auf dem Mons Capitolinus und konnte sein Auge nicht losreißen von der Schönheit dieser nächtlichen Stadt, die in ihrer Lautlosigkeit ergreifend war.

Seine Freunde waren in der Fremdenherberge der Priester zur Ruhe gegangen. Nur Dion war noch eine Weile bei ihm geblieben. Jetzt stieg auch er die mächtige Treppe hinab, bog in Gedanken versunken in eine seitliche Straße ein und sah sich plötzlich einem Mann in safrangelber, asiatischer Tracht gegenüber, der lautlos aus dem Portikus eines Hauses getreten war. Dion erkannte ihn sofort.

„Euphrates!" wollte er rufen. Da legte ihm dieser leicht die Hand auf die Lippen und flüsterte:

»Dion, mein Freund! Zweimal durfte ich dir in deinem Leben einen Dienst erweisen. Heute kannst du das gleiche für mich tun. Ich erinnere dich an dein Gelübde der Dankbarkeit, das du mir in meiner Werkstatt in Ephesos ablegtest. Dion, bist du bereit, dein Versprechen einzulösen?"

„Was forderst du von mir?" fragte Dion zögernd.

Der Alexandriner lächelte.

„Nicht eben viel, Dion. Nur um dein Schweigen über mich vor Apollonius bitte ich dich. Du und ich, wir wollen uns nie gekannt haben. – Du antwortest mir nicht? Du bist betroffen? Du meinst, ich habe feindliche Absichten gegen ihn? Oh, Dion, was für ein mißtrauischer Mann du doch bist! Nach den Beweisen meiner Freundschaft für dich könnte ich wahrhaftig verlangen, daß du mir sofort und ohne Einwand vertraust. Aber ich weiß, du hast eine selbstquälerische Seele, und so will ich dir gern gestehen, was mich zu deinem Meister führt."

»Ich bitte dich darum«, sagte Dion gepreßt, schwankend zwischen einem warnenden Gefühl und der Beschämung, gegen einen hilfreichen Freund Mißtrauen zu zeigen.

Euprathes umfaßte seine Schultern. Er überragte ihn, war aber schmal wie er und sehr geschmeidig. Unter seiner zugespitzten Mütze fielen glänzende Locken auf das gelbe Gewand. Seine langen Finger spielten wie gedankenlos mit Dions leichten Haaren.

„Lieber Freund", flüsterte Euphrates mit vibrierender Stimme, während er Dion in Nebenstraßen zog und weiter vom Tempel entfernte, »lieber Dion, wie ergreift es mich, uns nun zu Füßen des Meisters vereinigt zu sehen! Denn seit ich von seiner Prophetie der Seuche in Ephesos hörte, seit ich die Kraft seiner Magie erprobte, seit ich ihn selbst im Artemisium wirken sah, seitdem treibt mich die Sehnsucht umher, ihn wiederzufinden, ihm mein geringeres, aber geprüftes Können zur Verfügung zu stellen, zur Wandlung in ein höheres ihm anzubieten. Dion, die Stunde ist gekommen, wo nun auch du mir helfen kannst. Mein erster Freundschaftsdienst für dich ging um Latifa. Nun, ich habe längst eingesehen, daß du nicht zum Opfer für diese Hetäre von den Göttern bestimmt warst. Dein großer Freund hatte recht, dich aus der Ferne zu schützen. Aber daß du ihn dann nach deinem jahrelangen vergeblichen Suchen hellseherisch in Ephesos landen sahst und ihn darauf in der Wirklichkeit des Lebens fandest, auch das, Dion, verdankst du einzig mir. – Wirst du mir meine kleine Bitte nun erfüllen, edler Dion? Willst du mich nie zuvor gesehen haben?"

Noch einmal suchte Dion, sich der Überredung des Alexandriners zu entziehen.

„Aber warum dieses Geheimnis?" fragte er zaudernd und ein wenig mißtrauisch.

Euphrates schüttelte die glänzenden Locken.

»Meinst du nicht, daß es für deinen Meister ein leichtes ist, mich und mein Wesen zu durchschauen? Denn daran kannst du doch nicht zweifeln, daß der, welcher bei den Weisen Indiens die vierte Einweihung empfing, durch mich hindurchzusehen vermag wie durch einen Kristall? Oder – bezweifelst du es doch, Dion? Dann freilich wäre dein Glaube an ihn nicht mehr so groß wie einst."

„Mein Glaube an Apollonius?"

„Eben der. Doch weil er noch so groß ist wie in Ephesos, kann es dich doch nicht beunruhigen, wenn ein Lernbegieriger wie ich des Apollonius Fähigkeiten ganz beobachten, ganz in sich wirken lassen möchte. Ihr alle tratet doch einmal als Fremde vor ihn hin. Ich wünsche mir nur die gleiche Vorbedingung. Denn Blatt für Blatt, wie man eine Zwiebel entrollt, wird mich der Meister auseinanderfalten. Oder meinst du, Dion, daß ich mich, selbst wenn ich es wollte, vor ihm verstellen könnte?"

Dion blickte ihm gepeinigt in die flimmernden Augen, deren Blick sich dicht und zwingend in die seinen bohrte.

„Nein, das könntest du wohl nicht", sagte er gequält und dachte zugleich: Verberge ich mich nicht auch vor ihm? Weiß er, wohin ich mich – vielleicht – verirre?

Euphrates umschlang ihn fester.

„Du hattest immer eine ungerechte Abwehr gegen mich als Antwort auf mein herzliches Vertrauen. Du bist ein selbstzerstörerischer Grübler, armer Dion. Raffe dich auf! Vertraue mir endlich ganz! Zersetze nicht jedes schöne Gefühl mit der Lauge deiner zweifelsüchtigen Gedanken."

Dion sah verstört auf.

„Du hast recht, Euphrates. Ich denke zu viel. Ich glaube zu wenig", antwortete er, im Innersten getroffen, unbesonnen.

In des gelben Zauberers Blicken funkelte es sekundenlang auf. Weich bat er:

„So versprichst du mir, zu schweigen?"

„Ich verspreche es dir", hauchte Dion wehrlos.

„Ich danke dir für dein Zutrauen. Geh nun zur Ruhe, lieber Dion. Ich werde jetzt Apollonius vor dem Jupitertempel, wo ich ihn sitzen sah, aufsuchen und ihm meine Bitte vortragen, sein Schüler zu werden."

Ehe Dion nochmals antworten konnte, war Euphrates verschwunden. Ungewiß, beunruhigt, ging der Mann aus Tarsus in die Priesterherberge.

Apollonius hatte die Tagesschau beendet, die Pythagoras als Abschluß jeden Abend von seinen Bekennern fordert. Nun aus der Versenkung in sich der Außenwelt zurückgegeben, träumte er ausruhend im Anschauen des gewaltigen Stadtbildes, das in dieser Mondlichtverklärung die gräßlichen Risse und Lücken, die der große Brand ihm geschlagen, verbarg. Denn selbst die Ruinen von Tempeln, öffentlichen Gebäuden und Straßenzeilen boten sich in grotesker Erhabenheit, lichtgebadet, dar. Und Neues war mit unerhörter Schnelligkeit entstanden. Ein schwacher, frühlingshafter Duft von Veilchen wehte zum Tempel des

Jupiter Capitolinus empor, umatmete den Ruhenden. Er lächelte, dem Genuß tiefen Erholtseins hingegeben, erlöst vom Zwang der Gedanken, einsam genießendes, naturverbundenes Wesen in der stillsten Stunde der Nacht, Emporgehobener auf Tempelstufen über der schlafenden Stadt. – Plötzlich aber zerbrach das strahlende Schweigen in ihm. Ohne daß er begriff, wodurch, lief eine Welle aufgeschreckter Vorstellungen über seine Seele. Er richtete sich auf, blickte die Treppe hinab und bemerkte einen Mann in safranfarbenem Rock langsam emporsteigen. Als er vor Apollonius in ehrfürchtiger Haltung und um mehrere Stufen tiefer stehenblieb, fragte dieser:

„Was wünschest du in dieser späten Stunde von mir?"

Der Gelbe sprach – und er verneigte sich, als sei Apollonius der Flame des Tempels, vor dem er saß.

„Du bist Apollonius der Tyanäer. Wer erkennte dich nicht! In Ephesos, in Pergamon, in Tarsus und Antiochia hörte ich von dir reden, sah ich dein Bild. Aus Samos kommend, suche ich dich seit zwei Jahren in den römischen Provinzen und finde dich endlich in der Metropolis. Ich habe nur den einen Wunsch: Weisester, laß mich dein Schüler werden!"

„Ehe du mich gehört hast, ehe du mich persönlich kennst, willst du dich zum Neophyten bei mir machen? Was hat dich zu diesem Entschluß geführt?" fragte Apollonius mit Zurückhaltung.

Und der geschmeidige Mann antwortete:

„Ich bin Euphrates aus Alexandria, meines Gewerbes Erzgießer und Bildner. Aber ich bin außerdem ein rastloser Erforscher der Natur und ihrer geheimen Kräfte, der Seele und ihrer geheimsten Wünsche. Ich weiß Seele und Natur in Wechselwirkung zu bringen, Kräfte zu lenken und zu bannen. Ich, eingeführt durch vieles wissende Magier, ich vor allen Menschen vermag zu erkennen, wer du bist und was du geleistet hast. Deine Voraussicht der Pest in Ephesos, deine Warnung vor ihr, dein Beschwören der Seuche – alles dieses hat in mir die Überzeugung geweckt, daß außergewöhnliche Kräfte dir von den Göttern verliehen sind, daß vor allem unsere Große Göttin in Ephesos dich liebt. Denn du, Viermaleingeweihter, hast ihren Kult vor entarteten Priestern geschützt. Dein heiliger Stab öffnete dir die Türen, die Laien zur Nacht verschlossen sind. Dein Wille legte Bann über die orgiastische Schar. Sie konnten dich nicht anrühren. Als ihr Besieger entwichest du ungehemmt."

Apollonius fragte verwundert:

„Woher, Euphrates, ist dir dies alles bekannt? Die Artemispriester und Hierodulen werden schwerlich von dieser Nacht berichtet haben. Warst du unter ihnen?"

„Ich war unter ihnen. Und in ihre Bestürzung hinein zeugte ich von dir, du mystischer Bote der lunaren Gottheit, der auch ich ergeben bin."

„Du irrst dich in mir, Euphrates. Ich verkündige nicht die Göttin Hekate-Astarte-Artemis, wenn ich auch in ihr die Große Mutter erkenne, welche die Ägypter Isis nennen und die Hellenen Demeter. Eher noch dürftest du von mir annehmen, ich sei der Gesendete Apollons des Sonnenhaften. Aber auch das trifft nicht ganz zu. Ein Höheres wirkt hinter allen diesen Göttergestalten, und dieses Höhere suche ich zu verkünden."

Euphrates hatte ein Knie gebeugt. Sein kühnes Vogelgesicht war jetzt, da er es ungestüm zurückwarf, sehr hell vom Mondlicht beglänzt. Jeder Zug schien von Hingabe, schien von Bereitschaft zu zeugen.

„So lehre mich die Ursache aller Gottheiten kennen, großer Wissender! Ich bin nicht unerfahren, aber ich bin verwirrt. Dir gestehe ich es, du weißt es ja doch. Nicht immer benutzte ich mein Können zu lauteren Zwecken. Dich, den weißen Magier, flehe ich an: Nimm mich in deine Gemeinde auf, heilige meine Kräfte!"

Hier hob er bittend seine unruhigen Hände, und ein riesiger Goldtopas funkelte wie ein Katzenauge an einem Ringe auf.

Noch zögerte Apollonius mit der entscheidenden Antwort; denn etwas in den exzentrischen Worten des Fremden, ebenso wie seine schmeichlerischen Wendungen warnten ihn, wenn er sich auch verpflichtet fühlte, jedem Suchenden oder Fehlgegangenen Aufklärung zu gewähren. Da wechselte Euphrates jäh das Thema, setzte sich neben ihn und sagte leise und dringend, fast beschwörend:

„Ich weiß, Apollonius, du bist auch Kenner in künstlerischen Dingen, und zu meinen Träumen über dich gehörte es immer, dir eine kleine Arbeit von mir zu verehren, die mir besonders gelungen scheint. Ich modelliere in Wachs und gieße in Silber und Bronze. Meine Diener bewahren meine Arbeiten drunten in einer römischen Herberge. Nur eine Medaille trage ich stets bei mir, seit ich weiß, daß du dich in Rom aufhältst. Erweise mir die Ehre, Apollonius, sie als eine erste Huldigung aus meiner Hand entgegenzunehmen."

Hierbei reichte er ihm das Amulett mit der ephesischen Göttin, wie sie, vom Sichelmond gekrönt, in den Händen die rätselhaften Stäbe, über die Erde schwebt, indessen der Skorpion in den zierlich gekräuselten Wellen zu ihren Füßen seinen ungeheuerlichen Schlangenleib ringelt und drohend mit dem Stachel spielt.

Als Apollonius sich schweigend in die vieldeutige Medaille versenkte, die silbern wie der Mond war, der sie beschien, atmete Euphrates unhörbar auf und schloß für einen Moment die Augen, um durch keinen unbeherrschten Triumph im Blick die Wirkung dieses Anschauens in Frage zu stellen.

Je länger Apollonius das kleine Meisterwerk betrachtete, je deutlicher fühlte der Erzgießer: Gelingen wird mein Zauber.

Um Apollonius' Seele aber, die so leicht der Schwere seines physischen Leibes entrann, zogen sich magische Ringe. Diese Ringe waren Licht und Ton zugleich, waren kühl wie Wasser und brennend wie Feuer. Und so wie er vor kurzem in die mentale Ebene des reinen Geistes entrückt war, so zogen ihn nun die dämonischen Kräfte, die das Geheimnis seiner Seele aufgespürt hatten, in den Zwang ihres siderischen Reiches. Denn von den kosmischen Mächten kann nur angerührt werden, was ihnen verwandt ist. Auch das Ungelöste in einer Seele hat unzerstörbares

Leben und ist erkennbar und ergreifbar für die ihm gemäße Sphäre.

Und wie Apollonius nun starren und unbewußten Blickes den Zauber bergenden Talisman anschaut, umklingt ihn von neuem die Musik aus der Nacht der Melitte, wiederholt in vollkommener Klarheit die immer gleichen Kadenzen, hört nicht auf, kennt keine Pausen, keine Gliederung, ist wie Wasser, das rinnt, endlos aus einer ewigen Quelle. Latifa aber, die kindhafte Frau, bebt wie eine Geopferte zu seinen Füßen. Und in diesem Frauenkörper, der wie entkörpert vor ihm liegt, ist der Rhythmus des Ozeans, ist das Wandern der Gestirne, ist Entrücktheit aus der Zeit, ist alles – alles.

Und er begreift, nicht mit Worten, sondern durch unmittelbare Schau: Kein Verzicht und kein asketischer Lebenswandel, kein Schweifen über die Menschengrenzen hinaus ins Reich der Vollerwachten kann den gebändigten Wunsch in der Tiefe seiner Seele vernichten, den Wunsch nach Latifa, den Wunsch nach – Kore.

Dionysos, welcher der andere Aspekt von Apollon ist, blutet in seinem Herzen. In ihm zerreißt sich der Gott, will hinab in die Welt, will seine Glieder über die Schöpfung streuen, will im Wesen zeugen, sterben und auferstehen, er, Dionysos-Zagreus.

Licht strebt hinab in die Dunkelheit, in den Schoß. – Und wie damals in der Nacht der Melitte schweigt plötzlich die gleichmäßig schwingende Tonwelle, verschwebt die Vision, öffnen sich die Ringe von Klang und Glanz und entlassen ihn, den Tieferschütterten.

Apollonius löst den Blick von der blendenden Silberfläche des Amuletts. Vor ihm liegt Rom, fremd, wie noch nie gesehen. Neben ihm kauert der Magier, der Macht hat über die Verborgenheiten des Herzens. Apollonius blickt ihn rätselnd an – schweigt. In seinem Herzen wühlt eine nieempfundene, zehrende Unruhe: Sehnsucht ist in seinem Herzen aufgebrochen.

„Wir wollen schlafen gehen, Euphrates", sagt er mühsam. „Morgen reden wir weiter über dich."

„Ich danke dir, Herr", antwortet der Erzgießer und folgt ihm lautlos und schattenhaft.

Niemals hatten Dion oder Damis Apollonius so in sich selbst versunken gesehen wie in den Tagen, die jener Mondnacht folgten. Damis nahm auch diese Abgekehrtheit des Verehrten in Demut hin. Dion entbehrte seine teilnehmenden Fragen, denen er bisher, da sie ihm gestellt wurden, ausgewichen war.

„Er verkehrt mit dem Meister vom Himavat", flüsterte Damis ehrfürchtig.

Dafür ist sein Gesicht zu unruhig, er kämpft mit sich selbst, ahnte Dion, aber er schwieg.

Dion hatte recht. Apollonius erschien sein Meister nicht in dieser Zeit. Allein stand er, wie jeder Mensch es tut, dem Gorgonenangesicht seiner aufblühenden Liebe gegenüber, dieser Liebe, die eingekapselt in ihm geruht hatte, nur leise und nur selten sich bewegend, und die jetzt in ihm sich aufrichtete mit der Ungeschwächtheit einer gefesselten und daher unverbrauchten Kraft.

Latifa! – Wo aber lebte sie? Ihre letzte Spur wies nach Ephesos; denn sicher stand es für ihn, daß jene Tänzerin, die Dion betört hatte, das einstige Kind von Babylon war, das süße, unvergessene, mit dem Lächeln und dem Wunsch der wissenden Frau, die er verschmäht hatte. Welch Schicksal sie von Babylon nach Ephesos verschlagen, das zu erkennen vermochte er nicht, aber ihm schien, als ob Euphrates geheimnisvoll in alles dieses verkettet sei – in Latifas Lebensweg und in den seinen.

Dion aber, der sich einst so tief in jene Leidenschaft zu der Tänzerin von Ephesos verstrickt hatte, so hilflos tief, daß Apollonius ihn – unbewußter Wisser – zurückriß von der Frau, die ihm selbst vielleicht noch Zukunft werden sollte, hatte das überwunden, was für ihn nur Irrung und Blendwerk gewesen war, nicht Mysterium, nicht unlösliche Verbundenheit. Deshalb auch sah Dion jetzt die Medaille des Euphrates mit Kälte an, als Apollonius sie ihm püfend zeigte. In Dion rührte sich kein letztes Geheimnis auf, keine verdeckte Glut schlug in ihm empor zu unlöschbarer Flamme. Dion erkannte nicht Latifa in der Mondgöttin. Für ihn war die Medaille ohne Bezug und ohne Verhängnis.

Ich rettete ihn wirklich vor einer Jugendgefahr, die ihn wie die anderen Besessenen zertrümmert hätte. Auch ohne mein Wissen und daher ohne Verantwortung nahm ich ihm nicht, was mir vielleicht zu eigen werden wird, dachte Apollonius erleichtert. Oh, Weltenwirrnis, wie dicht du gleich an mich heranrückst, wo ich dir zum erstenmal nahe gekommen bin!

Und weiter sann er des Chaldäers Worten nach, die dieser im Observatorium in Babylon zu ihm gesprochen hatte bei der Auslegung seines Horoskops, bei der Betrachtung des Skorpions: ‚Was dieses Zeichen dir noch einmal bedeuten wird, vermögen wir nicht zu ergründen. Die Waage steht im Zenith deines Lebens. Dann kommt das große Geheimnis, vielleicht der Abstieg, der auch uns verhüllt ist. Aber es gibt Lebenswenden, in denen wir uns besser für als gegen den Sterneneinfluß entscheiden, ihn besser formen zu unserem Heil als brechen zu unserem Verderben.‘

Er gedachte auch der überraschenden Entscheidung des Eumolpiden in Athen, ihn noch nicht in die eleusinischen Mysterien einweihen zu wollen, weil ihm das Reich der Kore fremd war, weil er ausschließlich das Lichtreich gesucht hatte. Auch der Eumolpide hatte ihn davor gewarnt, sich für immer dem Eros zu entziehen, wenn er das ganze Ausmaß der Welt erkennen wolle. Und Apollonius erwog: Jetzt befinde ich mich auf meiner Sternenwanderung im Zeichen der Waage, und das Element Luft, Atem des Weltgeistes, umfängt mich. Aber ich werde dann in das Reich des Skorpions eingehen, wo mich die Wasser des Lebens umspülen, so wie sie es schon einmal taten im Zeichen des Krebses, unter dem ich Latifa traf. Sie traf – und von ihr ging, zu jung, zu furchtsam noch zur Bejahung, aber keusch und entschlossen genug zum Verzicht.

Das Ja steht über dem Nein! Das Ja ist das Bekenntnis der Reife! Ja sagen und dennoch den Pfad nicht verlieren, ist vielleicht die fünfte Einweihung, die zugleich die letzte ist.

Er zog die Medaille des Euphrates aus der Tasche seines priesterlichen Gewandes und betrachtete mit immer neuem Staunen, wie der Skorpion sich zu Füßen der ephesischen Göttin schlängelte und wie diese Göttin, die jünglingshafte, schlanke, kühn schreitende, sich zur Vision erweiterte, aus unergründlichen, dunklen Augen in seine Augen starrte mit dem Blick der Io, die Melitte war oder Astarte, Isis oder Demeter.

Welches Schicksal bewahrten die Mächte für ihn, dem er sich nicht entziehen sollte? Weshalb mußte er, der Geistige, der Freie, in die Materie hinabsteigen, genießen, zeugen, leiden, sinken?

Oder sollte er diesem allen doch widerstehen? War all das Neue, Süße, Unbestimmte doch die Versuchung zur Welt, die ihm so spät noch einmal entgegentrat, während andere Erleuchtete sie nur zur Zeit ihrer Jugend antrafen und besiegten, so wie auch er es tat, damals in Babylon? – Wie immer, wenn es sich um ihn selber handelte, hob sich kein Schleier vor der Zukunft. Um zu erkennen, mußte er erleben, mußte ins Dunkle tauchen. Begegnen mußte er dem Unbekannten – er, ein Nichtwissender, ein vom Wunsch Ergriffener, ein Mensch – nur ein Mensch, er, der mit dem Meister von Jugend an verkehrt, er, dem sich Hiarchas offenbart hatte!

Apollonius der Mensch! Es quoll in ihm auf wie von neuen Kräften. Es dehnte sich als wie in fremde Weiten aus. Er, der die Höhen erstrebte, schwoll wie ein Katarakt, der in die Tiefe muß nach dem Gesetz seiner stürzenden Schwere – Kore – Latifa.

Mein Herz wächst ihr geheimnisvoll entgegen, dachte er staunend, und doch weiß ich nicht, ob ich sie jemals finden werde, ja, ob sie noch lebt. Aber mein Herz wächst ihr entgegen.

Und in ihm wurden Worte aus einem alten indischen Werk lebendig, und, bezaubert von dem neuen Sinn, den sie für ihn gewannen, sprach er sie leise vor sich hin:

„Wahrlich, so groß dieser Weltraum ist, so groß ist dieser Raum inwendig im Herzen. In ihm sind beide, der Himmel und die Erde, beschlossen; beide, Feuer und Wind; beide, Sonne und

Mond, der Blitz und die Sterne, und was einer hienieden besitzt und was er nicht besitzt, das alles ist darin beschlossen. – Beide: Sonne und Mond", flüsterte er, „beide: Himmel und Erde! Ich kannte nur die Sonne, und nur dem Himmel strebte ich zu. Aber die Seele des Menschen ist größer als der Himmel. Himmel und Erde haben in ihr Raum. Himmel und Erde reißen sie nicht auseinander. Auch was sie nicht besitzt, ist in ihr."

Jetzt gingen Apollonius und die fünf Männer, die mit ihm lebten – denn auch Euphrates durfte sich zu ihnen zählen – ihre eigenen Wege, jeder auf eine andere Art in das Problem der Welt und seiner Stellung zu ihr vertieft. Das Gemeinsame schien vor dem Individuellen in dieser Zeit zurückzutreten.

Damis verrichtete in wandelloser Treue die Meditationsübungen, wie er sie in Indien gelernt hatte. Gerade und hemmungslos strebte seine Seele ins Licht. Menippus hielt sich zu ihm, da Apollonius jetzt schwerer zugänglich war, und lernte die geistige Disziplin kennen, die neue Kräfte weckt. Euphrates, der undurchdringliche, tauchte auf, zeigte sich wißbegierig und verschwand auf Tage in sein rätselhaftes anderes Dasein, von dem keiner der Tyanäer etwas erfuhr. Dion ging ebenfalls auf unbekannten Wegen, wurde immer blasser, immer vergrübelter, immer schweigsamer. Der Philosoph Demetrius, der von Geburt ein Römer war, erneuerte alte Beziehungen und gesellte sich zu der kleinen Gruppe von Senatoren und Gelehrten, die in wortlosem Widerstand gegen Neros ausschweifende Perversitäten verharrten, die es fertigbrachten, dem Kaiser, dessen Stirnrunzeln schon Todesurteil bedeuten konnte, nicht in allem Gefolgschaft zu leisten, ihm und seinen Talenten nicht blindlings zu schmeicheln, die Göttlichkeit der verstorbenen Augusta Sabina Poppäa nicht anzuerkennen, für die Singstimme des Kaisers keine Opfer an den öffentlichen Altären darzubringen. Diese wenigen aufrechten Männer, die nach der entdeckten Pisoverschwörung noch übriggeblieben waren, nachdem Nero und Tigellinus außer Seneca und dem Dichter Lucanus noch unzählige andere, aus Rachsucht oder Habgier nach ihren Besitztümern, hingerichtet oder heimlich vergiftet hatten, versammelten sich manchmal im Hause des Thrasea zu heimlichen, aber hoffnungslosen Beratungen, wie dem Wüten des wahnsinnigen Kaisers zu steuern sei. Und der Stoiker Thrasea, dessen Verurteilung außer Zweifel war, liebte es, sich mit Demetrius in weitläufige philosophische Erörterungen einzulassen: über die Trennung von Seele und Leib nach dem Tode, über Vergänglichkeit oder Unsterblichkeit. Demetrius sprach als überzeugter Pythagoräer zu den zerquälten Römern, die nur noch den Kaiser und seine Willkür, nur Unterwerfung oder Vernichtung kannten.

Es war wenige Tage vor dem Triumphfest über den Partherkönig Tiridates, das Nero in niegesehenem Pomp, in blendender Eindringlichkeit auf dem Kapitol veranstalten wollte, um nach all seinen Bluttaten den versteckten Groll im Volke durch einen berauschenden Akt des Cäsarentums zu verdrängen. Schon liefen die Römer gaffend zum Forum, staunten, schwatzten und vergaßen darüber die wenigen mutigen Männer, die noch am Leben geblieben waren.

Thrasea war nicht unter den Geladenen zu diesem Fest. Diesen Umstand faßten seine Freunde als gefahrdrohendes Symptom auf. Mehr denn je umgaben sie ihn, hilflos doch, wenn Nero ihn vernichten wollte. Im Senat waren furchtbare Beschuldigungen gegen Thrasea erhoben worden, furchtbar deshalb, weil sie auf das Unverzeihlichste, auf mangelnde Ehrfurcht vor dem Augustus, aufgebaut waren. Denn andere Vergehen vermochte selbst die korrupteste Anklage nicht gegen Tharsea ausfindig zu machen.

Im Garten seines Hauses hatten sich wie gewöhnlich seine Gäste versammelt. Unter ihnen befanden sich sein Schwiegersohn Helvidius und Demetrius der Philosoph. Das Gespräch dieser Männer hatte sich soeben den Quälereien des Tages ab- und zeitlosen Fragen zugewandt, als ein befreundeter Senator hereintrat und mit bleichem Gesicht und mit stockender Stimme sagte:

„Der Quästor des Kaisers wünscht dich zu sprechen, Thrasea."

Thrasea nickte.

„Die Stunde ist also da", sagte er leise.

Er erhob sich, um den Abgesandten im Atrium zu empfangen. Seine Gäste folgten ihm beklommen. Schneeweißes Haar umstarrte, kurz geschnitten, den feingeformten, runden Römerkopf. Um seine aufrechte, hagere Gestalt fiel streng gefaltet die dunkle Tunika.

Als er dem jungen Quästor entgegentrat, verneigte dieser sich tiefer, als es die Vorschrift forderte, und nannte den Befehl des Kaisers:

Thrasea werde es freigestellt, sich die Pulsadern zu öffnen oder sich dem Gericht des Tigellinus zu überantworten. Thrasea hörte aufmerksam und gelassen zu, sprach dann nachdenklich und voll Güte:

„Du lebst in einer Zeit, junger Mann, wo es gut sein mag, die Willenskraft durch Vorbilder von Standhaftigkeit zu stärken. Folge mir nur in mein Schlafzimmer!"

In diesem Augenblick schob sich der Vorhang zu dem neben dem Atrium gelegenen Gemach ungestüm auseinander, und des Thraseas Gattin und seine Tochter stürzten herein, laut weinend und ihn umklammernd. Mit Schaudern wurde Demetrius Zeuge einer dieser furchtbaren Szenen, wie sie in Rom jetzt Regel geworden waren: ein bis ins äußerste gewissenhafter Staatsbürger, geliebter Gatte, ein guter Vater wird plötzlich – denn auch Gefürchtetes wirkt hier als plötzlich – in der Mitte seiner Familie aufgefordert, Hand an sich zu legen, andernfalls ihm erniedrigende Hinrichtung droht. In dieser Stunde wünschte sich Demetrius, daß er Wunder wirken, daß er eine schützende Wolke um die Verzweifelten erschaffen könne, und er fragte sich in seiner Herzensangst, ob der Tyanäer die Macht dazu hätte, wenn er jetzt an seiner Stelle stünde.

Aber zu schnell für irgendeinen Hilfeversuch spielte sich nun alles ab. Der junge Quästor, wohl noch ein Neuling in seinem Amt, erblaßte unter seinem silbernen Helm, als die Gattin des Thrasea mit zuckenden Lippen begehrte, den gleichen Tod mit ihm zu sterben, als die Tochter aufschrie und sich jäh vom Vater zur Mutter wandte, in qualvoller Angst, beide Eltern auf einmal zu verlieren. Thrasea, der jünger sein mochte, als seine schlohweißen Haare glauben machten, verlor seine Fassung nicht. Mit einem ungewissen Lächeln um den bleichen Mund umfing er seine Gattin, sah ihr tief und flehend in die Augen, flüsterte Worte, die nur sie verstand und die wie ein Zauber auf sie wirkten. Dann nahm er seiner Tochter Hand und legte sie fest in die ihre.

„Arria", sagte Thrasea mit allen vernehmlicher Stimme, „du bist groß wie deine große Mutter, des Konsularen Cäcina Paetus unsterbliche Gattin, Cäcina nämlich" – und hier wandte sich der Verurteilte an Demetrius –, „Cäcina wurde unter dem Kaiser Claudius gezwungen, sich zu erdolchen. Als er zögerte, ergriff Arria, die Mutter meiner Frau, den Dolch, stieß ihn in ihr Herz und sagte: ‚Paetus, es tut nicht weh.' Um dieser Tat und anderer Worte willen lieben ihre Nachkommen sie. Dich aber, meine Arria, flehe ich an: Lebe für unsere Tochter! Noch ist über Helvidius nur die Verbannung ausgesprochen. Wer aber weiß, was morgen schon geschieht? Arria, die Angst um unser Kind könnte mir das Sterben noch schwerer machen. Du darfst sie nicht verlassen!"

Da verhüllte die Römerin schweigend ihr Haupt. Thrasea winkte, und Helvidius, Demetrius und der Quästor folgten ihm in sein Schlafgemach. Hier öffnete er sich die Pulsadern, und während sein Blut erst ungestüm, dann zögernd verrann, lauschte er aufmerksam den Worten des Demetrius über das Schicksal der Seele nach dem leiblichen Tod, langsam und wie in Verklärung scheidend.

„Warum, Apollonius", begann Dion mit plötzlichem Entschluß als sie miteinander vom Tempel der Luna in ihr Quartier am capitolinischen Hügel zurückkehrten, „bemühst du dich überall, den Dienst der alten Götter neu zu beleben, wo du doch zur tieferen Einsicht vorgedrungen bist: Es ist nur Ein Gott, und der ist unsichtbar?"

„Endlich stellst du die Frage, die ich lange von dir erwartet habe, und ich werde dir antworten:

Die Menschen sehen mit den Augen, hören mit den Ohren und tasten mit den Händen. Wenige sind, die über alles dieses hinausgewachsen sind und einen anderen Plan erreicht haben, wo das Leiblose – das Dämonische oder das Göttliche – sie anrührt. Sollen nun diese Millionen von Menschen, in denen der Geist nicht unmittelbar, sondern nur mittelbar wirken kann, weil sie auf der karmischen Stufe ihrer Entwicklung noch zu tief im Körperlichen verhaftet sind, nicht mit den Mitteln erfaßt und angerührt werden, die sie verstehen, die sie aufwärts führen?

Denn auch du, Dion, der du dich über die Tempel und Götterbilder erhaben fühlst, auch du vermagst es nicht, den reinen Geist zu begreifen. Denn der Geist ist außerhalb alles Erschienenen. Du stiegst nur etwas höher als die Vielen, nur um wenige Stufen höher. Darüber hinaus beginnt auch für dich das Dunkel. Was dir das Göttliche scheint, auch das ist nur Gleichnis des Göttlichen. So laß den Einfachen die einfachen Gleichnisse! In Tempeln und vor Götterbildern sammelt sich des Menschen Herz. Wo dieses Herz Ehrfurcht fühlt – sei es vor welcher der himmlischen Kräfte immer, die ihm im Gleichnis dargestellt sind –, da macht es eine Bewegung zum Höheren hin. Das ‚Höhere' aber ist für jede Seele ein anderes, gemäß ihrer eigenen Reife. Und auf was sonst als auf diese Bewegung zum Höheren kommt es an?"

Dion schwieg lange, dann sagte er zögernd:

„Du hältst nicht viel von den Menschen, Apollonius, wenn du ihnen nicht ihr Spielzeug nehmen willst, um ihnen die Wahrheit zu geben."

Apollonius sah ihn fast streng an.

„Was ist Wahrheit?" fragte er. „Dem Pfad treu zu sein und ihn nicht zu verlieren trotz der letzten Verschleierung: das, Dion, fordert der Geist von uns. Wir alle wandern ins Uferlose."

Dion sagte scheu:

„Paulus, der christliche Apostel aus meiner Vaterstadt, hat an die Römer geschrieben: ‚Wißt ihr nicht, daß ihr Gottes Kinder seid und der Geist Gottes in euch wohnt?' – Als ich diese Worte vernahm, konnte ich keinen Tempel aus Stein mehr betreten."

Apollonius blickte lange schweigend vor sich hin, die seltsame Ferne im Blick, die Dion schon als Knabe bei ihm gekannt hatte und die ihn immer erschauern ließ, weil es unerreichbar blieb, was er dann sah.

„Dennoch, mein Dion", sagte Apollonius mit der Traumstimme seiner Visionen, „dennoch werden deine Christen in Tempeln beten, die groß und prunkvoll sein werden wie die Tempel der Griechen und Römer, die Tempel der Asiaten und Ägypter. Und in die Tempel werden sie Bildnisse stellen und Reliquien und heilige Gegenstände und werden diese anbeten an Stelle des unsichtbaren Gottes, den sie nicht begreifen, so wie ihn auch heute die Menschen nicht zu fassen vermögen. Auch sie werden den Unsichtbaren in ihrem Herzen durch sichtbare Gleichnisse vor ihren Augen verbildlichen. Nein, Dion, ein ‚Spielzeug' erhalte ich den Menschen nicht, wenn ich sie aus Skepsis und Aberglauben vor die Altäre der alten Götter zurückführe. Zwischen dem Einen und dem Reich der Menschen dehnen sich die Zwischenreiche, und es ist besser, die guten Genien in ihnen in die Standbilder der Götter herabzuziehen, als die glaubenslosen Menschen dem Einfluß dunkler Dämonen preiszugeben, die ebenfalls in diesem Zwischenreich geschäftig sind. Unsere geistigen Ahnen wußten dies. Was sie in Tempeln und Götterbildern als Wahrzeichen aufrichteten, ist das Geheimnis der Kraft. Abnutzung der Symbole durch lange Zeit, Mißbrauch von Generationen entstellte und verwirrte den uranfänglichen Zweck. Ich suche, die Verdunkelungen zu entfernen und siehe: Die Götter lächeln und entzünden neuen Glauben, Impulse und Mut."

„Die Christen wurden reif ohne Tempel und ohne Bilder, den unbekannten Gott in sich zu finden", beharrte Dion.

Und Apollonius antwortete:

„Die Christen meinen, das Absolute zu besitzen. Aber ein Absolutes gibt es nicht auf Erden. Nebeneinander besteht, was den

Menschen erleuchteter und freier macht. Nicht soll sich eines über das andere erheben. Die Christen verachten jeden anderen Glauben, so wie die Hebräer es stets getan haben. Sie sind unduldsam gegen Andersgläubige und erregen den Zorn der übrigen Völker. Das ist schlimm. Aber sie opfern sich für geistige Ideen. Das an ihnen ist groß. Die Christen werden durch viele Wandlungen gehen. Ich sehe vom Kreuz auf Golgatha blutige Ströme über die Erde rinnen. Jetzt sterben die Christen als Zeugen für den Geist. Einst werden sie morden um des Buchstabens willen. Jetzt leben sie der Liebe. Einst werden sie Taten des Hasses tun."

Dion schwieg beklommen.

„Bist du ein Christ?" fragte Apollonius – und Sorge schwang in seiner Stimme.

„Ich – suche", antwortete der Freund. „Meine Liebe hält mich fest bei dir, aber sie sagen: ‚Man muß Gott mehr gehorchen als den Menschen.'"

„Gott gehorchen! Sagen sie das? Es ist das höchste Gebot. Gott aber ist bei uns wie bei den Nazarenern."

III

„Welches sind die Namen der Tyanäer, die sich zu den Feinden des Kaisers halten?" fragte Tigellinus und hielt das Schreibrohr über die Anklageschrift, um sie hinzuzusetzen.

Der safrangelbe Magier beugte sich geschmeidig zu dem Sitzenden herab.

„Demetrius aus Korinth wurde häufig bei dem Rebellen Thrasea getroffen, und Dion schleicht sich heimlich zu den Christiani."

Tigellinus setzte die Namen in die Schrift ein und überflog ihren Inhalt.

„Demetrius ist von Geburt ein Römer und kann nicht ohne

Verhandlung gerichtet werden", bemerkte er. „Wer aber ist Dion?"

„Ein Römer aus Tarsus, Herr, der auch auf sein Geburtsrecht pochen wird."

„Apollonius selbst wurde nicht bei den Feinden des Kaisers angetroffen?" fragte der Polizeipräfekt und sah dem Verräter scharf in die flimmernden Augen.

„Soviel ich beobachtet habe, verkehrt Apollonius nur mit den Priestern der verschiedenen Tempel, wie es ihm der Cäsar gestattet hat", antwortete er zurückhaltend.

Tigellinus schwieg und dachte: Die Laune Neros schützt ihn noch. Laut sagte er:

„Es ist gut, Euphrates. Ich brauche für heute deine Dienste nicht mehr. Laß dir die versprochenen Sesterzen von meinem Freigelassenen auszahlen."

Euphrates entwich nach tiefer Verbeugung.

Der Tag, an dem der Partherprinz in Rom einziehen sollte, war erschienen. Von allen Straßen drängte das Volk zum Zentrum der Stadt, schaulustig, gierig nach Neuem, ruhmsüchtig, aufgeregt. Vielleicht aber keimte doch in manchem Herzen etwas wie Erleichterung darüber auf, daß der Kaiser bei diesem Fest die Macht des römischen Reiches gleichsam symbolisch und ohne Blutvergießen darstellen wollte. Denn man war müde geworden der Hinrichtungen und Martern.

Nach den Katastrophen der letzten Jahre, dem sechstägigen Brand, den öffentlichen Gerichten an den Christiani, den umstürzlerischen Plänen der Pisoverschwörung, den darauf einsetzenden Verfolgungen und Verurteilungen unzähliger wirklicher oder vermeintlicher Mitverschworener: nach allem diesem sollte nun ein triumphales Fest stattfinden, das ohne Blutrausch und ohne Gewaltakte dennoch die ganze Machtvollkommenheit des Cäsarentums veranschaulichen würde, so wie es unter den Tribunen und unter Augustus Brauch gewesen war.

Alles drängte in die Mitte der Stadt, und je mehr sich die Menge ihr näherte, um so dichter wurde das Geschiebe. Vor allen

Tempeln im Umkreis des Forums, wo der Staatsakt sich abwickeln sollte, standen Prätorianer mit silbernen Helmen, schimmernd und klirrend in schweren Rüstungen. Vornehme Römer ließen sich von geputzten Sklaven in geschlossenen Sänften durch die Zuschauer tragen. Aber selten nur blickte ein beliebter Tribun, ein verdienstvoller Senator zwischen den Vorhängen grüßend hervor. Wer lebte denn noch von diesen aufrechten Männern? Petronius und Lucanus. Piso und Seneca, Thrasea und Subrius Flavus, sie alle waren dem Zorn oder der Furcht des Tyrannen zum Opfer gefallen. Die heute in den Kissen der Sänften ruhten, waren meist Freigelassene von zweifelhaftem Wert, waren Günstlinge Neros, und ob das Volk sie auch durch Zurufe ehrte, sein Vertrauen besaßen sie nicht.

Als die Sänfte des Prätorianerpräfekten Tigellinus vorübergetragen wurde, entstand ein jähes Schweigen, ein Zurückweichen der Menge, so als fürchte jeder einzelne, von dem finsteren Auge des Entsetzlichen erkannt und vernichtet zu werden.

Zwischen den Sänften, die dem kurulischen Sitz gegenüber Aufstellung genommen hatten, befand sich auch die des Magiers Euphrates, und während er selbst sich tief in ihrem Schatten verbarg, beugte sich eine verschleierte Frau hinaus und beobachtete aufmerksam alle Vorgänge. Euphrates nannte erklärend manchen Namen. Die Fremde achtete auf jedes seiner Worte. Es war nichts von ihr zu erkennen. Dunkelblaue Schleier verhüllten Gesicht und Schultern. Manchmal nur griff eine wunderschöne Hand aus den Falten und raffte die gleitenden vor der Brust zusammen. Und immer größer, immer geballter, immer beklemmender wurde die Menschenmasse. Nicht nur auf allen Tempelstufen, zwischen den Säulen der Basilika, in der Via Sacra und auf dem freigegebenen Teil des Forums drängte sich das Volk, auch die Abhänge des palatinischen und capitolinischen Hügels, auch die ferneren des Cälius und Esquilin quollen über von Schaulustigen, die Mitwirkende und Publikum zugleich bei dem imposanten Schauspiel sein würden. So erwarteten Tausende von Menschen die Ankunft des Cäsars, der dem Tiridates entgegengezogen war, um ihn, der sich mehr durch ungeheure Versprechungen als eigentlich besiegt nach Rom hatte verlocken lassen, feierlich einzuholen und ihm auf dem Forum vor allem Volk das Diadem aufs Haupt zu setzen, welches das Imperium seinen Vasallen verlieh. Auf dem Marsfeld hatte der Festzug begonnen. Er ging durch die Porta Triumphalis über blumenbestreute Straßen und Plätze am Südwestabhang des Palatin entlang, am Zirkus Maximus vorüber. Er bog zwischen Palatin und Cälius in die Via Sacra ein, die, nur an ihrer äußeren Seite mit Hallen und Tabernen bebaut, an der inneren völlig frei, das Forum im Osten und Norden umschlang.

So bot sich allen Harrenden das entrollte Bild des wundervollen Zuges dar, wie er langsam das Forum im Halbkreis umschritt, um es dann in seiner ganzen Länge zu durchschneiden und endlich vor der Estrade der Rostra haltzumachen.

Den Zug eröffneten Zitherspieler, Flötenbläser, Rauchfässer schwingende Knaben, Lictoren in purpurner Tunika.

Auf dem schmucküberladenen Wagen, von vier Pferden edelster Zucht gezogen, stand der Cäsar, hinter ihm ein Sklave, der eine goldene Krone über seinem Haupt hielt und nach alter Sitte von Zeit zu Zeit die Worte sprach:

„Bedenke, daß du ein Mensch bist!"

Dann folgten zu Fuß der Senat und der Magistrat von Rom. Hinter ihnen fuhr der Wagen des Partherprinzen, und dann stampften in endloser, blitzender, dröhnender Kette die Legionen vorüber, Standarten über wehenden Roßschweifen schwingend, mit Schwertern und Rüstungen rasselnd. Wie das Brüllen eines Orkans, ausbrechend und langsam verhallend, donnerte über das Forum der alte Siegesschrei der Römer, von den Soldaten immer neu geweckt und aus Tausenden von Kehlen phrenetisch nachgejubelt:

„Io triumpe!"

Vor der Rednertribüne stieg Nero von der Quadriga, schritt langsam die Stufen zur Estrade empor – leicht schwankend im Mißverhältnis des schweren Oberkörpers zu schwächlichen Beinen – und ließ sich mit äußerster Feierlichkeit auf dem kurulischen Sitz nieder.

Tiridates verharrte am Fuß der Treppe.

Nero, in dessen fahlem Gesicht Lippen und Wangen nach alter Tradition mit Mennige bemalt waren, trug über der Tunika Palmata die weiße, von massiven Goldstickereien funkelnde und lastende Toga Picta, das triumphale Gewand der kaiserlichen Sieger. Sein dünnes, helles Haar war in drei Stufen geschnitten, zu Locken gebrannt und mit einem Lorbeerkranz geschmückt. Wie er so auf dem kurulischen Stuhl saß, über den Knien die goldstarren Falten der Toga, im linken Arm den Elfenbeinstab, vom Adler Roms gekrönt, machte er mit dem rechten eine weitausladende Gebärde, dem Standbild des Germanicus nachgeahmt, und lud hierdurch den Tiridates ein, zu ihm emporzusteigen.

Die Zuschauer bei diesem historischen Spiel reckten die Hälse, um sich nicht eine der wohlberechneten und hundertmal geprobten Gesten des kaiserlichen Darstellers seiner selbst entgehen zu lassen.

Neros Stirn zog sich krampfhaft zusammen in der Anstrengung des Sehens. Seine kurzsichtigen Augen verengten sich zu Schlitzen. Sensitiv wie ein Tragöde, dem der Kontakt mit dem Publikum brennendste Angelegenheit ist, dürstete er danach, dieser lautlos gewordenen Menschenmasse zu imponieren, sie in den Bann seiner Schauspielkunst zu zwingen, diejenigen, welche sich unter den Tausenden vielleicht schon von ihm abgekehrt hatten, mit dem Zauber seiner Persönlichkeit zurückzuerobern.

Tiridates, der Partherjüngling, schwarzlockig mit langem gekräuseltem Bart, ein ewiges Lächeln in den ausrasierten Mundwinkeln, auch er überzeugt von der weltgeschichtlichen Bedeutung der Stunde, näherte sich in der gemessenen Würde des Orientalen dem neronischen Thron. Von seinen Schultern flossen streng gefaltete lange Gewänder aus tyrischer Purpurwolle. Juwelensprühend umschloß die fürstliche Tiara seine niedrige Stirn. Langsam ließ er sich auf ein Knie nieder und verharrte so in der Reglosigkeit einer Statue. Aber ehe er noch seine stolz verbrämte

Bitte, welche die Gnade des Kaisers anrufen sollte, begann, gellte es noch einmal aus der entzückten Volksmenge über das Forum hin, widerhallend aus den Straßen und von den Hügeln Roms: „Io triumpe!"

Nero atmete tief auf in gesättigtem Stolz.

Der Partherprinz hielt seine Rede, die vom Prätor übersetzt und mit lauter Stimme wiederholt wurde.

Nero nahm ihm mit eigener Hand die Tiara seiner fürstlichen Geburt vom Haupt und drückte ihm auf seine schwarzen Locken das Diadem, das ihn zum König von Armenien machte, der Rom tributpflichtig war. Dann hob er ihn mit der Rechten zu sich empor und ließ ihn an seiner Seite niedersitzen.

Wieder brüllte das Volk sein: „I–o tri–um–pe!"

Nero lächelte, wunschgestillt. Und fast war sein verwüstetes Gesicht in diesem Augenblick schön, als er sich vom kurulischen Stuhl erhob und unter dem klingenden Spiel von Flöten, Zimbeln und Tuben am Saturntempel vorüber zum Capitol hinanstieg, um am Altar des Jupiter die goldene Krone des Triumphators niederzulegen.

Langsam verebbte das Fest. Die Menschen fluteten vom Forum, von den Hügeln, aus den Straßen des Zentrums in ihre verschiedenen Quartiere zurück. Wimmelndes Gedränge herrschte überall.

Die Sänfte des Euphrates kam nur langsam vorwärts. Immer wieder wurde sie durch gestaute Massen aufgehalten. Die verschleierte Frau lag erschöpft in den Kissen. Der Magier beobachtete sie. Plötzlich flüsterte er an ihrem Ohr:

„Dieser ist der Herr über unermeßliche Reiche. Willst du Kaiserin werden? Hast du Mut?"

Aus den Schleiern kam eine gebrochene Stimme:

„Versuche mich nicht!"

Euphrates grinste zynisch. Überredend fuhr er fort:

„Ich bereitete hier vieles vor, auch gegen deinen Willen. Nero besitzt seit langem das Amulett mit dem Zauber der Hekate. Seitdem die Pisoverschwörung entdeckt wurde, glaubt er, daß dieses allein ihn schützt. Erblickt er dich, Latifa, so wird er dich zu seiner Göttin machen, die du ihm schon lange bist. Zur Göttin – zur Augusta über Rom! Rom aber ist – die Welt!"

Sie hörte seine heißen Worte. Sie erzitterte. Erregt riß sie den Schleier vom Gesicht. Ihre riesigen schwarzen Augen schauten ihn an.

„Will ich denn das? Über diese Welt herrschen? Über diesen entarteten Mann?"

Er aber:

„Zweimal bietet dir Hekate nicht das Imperium an. Entscheide dich! Ergreife, was vor dir liegt! Gewinne Rom!"

„Rom", stammelte die Hetäre, als spräche sie eine Zauberformel.

Euphrates flüsterte wild:

„Poppäa ist tot. Nero denkt an die Vermählung mit Messalina, des Vestinus Gattin. Ein Mord nur machte sie frei. Jetzt zeige du dich dem Kaiser! Ein einziger Blick auf dich, und er stößt alle Pläne um. Latifa! Träume nicht! Gewinne Rom!"

Seine Beschwörungen rieselten ihr wie feurige Ströme durch Herz und Glieder. In diesem Glutstrom schmolz das Grauen vor Nero, die Furcht vor seinen lasterhaften Trieben, seinen Quälereien, seinen unentrinnbaren Launen. Es verblaßte in wesenloser Ferne das nie vergessene geheimnisvolle Erinnerungsbild des goldhaarigen Jünglings, der sie betört und verschmäht, geweckt und verlassen hatte, damals, vor Jahren, in Babylon, in der geweihten Nacht, in der Nacht der Melitte. Schwindelnde Ehrbegierde durchraste sie.

Latifas Augen starrten in die menschenwimmelnde Straße, starrten und sahen nichts – sahen plötzlich und erkannten noch nicht – hafteten zerstreut an einem Vorgang, der sich vor ihr entwickelte:

Denn ein Prätor, begleitet von Söldnern, hemmte den Schritt von fünf Männern, die aus einer Seitengasse in die Hauptstraße einbogen, um sie in der Richtung zum capitolinischen Hügel zu kreuzen. Diese Männer trugen nicht die römische Toga, obgleich auch sie weiß gekleidet waren. Einem von ihnen fiel nach asiatischer Sitte langes Haar unter dem breitrandigen Pilgerhut auf die Schultern herab. Der, welcher ihr Führer zu sein schien, trug einen Stab, an dem sieben Knoten zu erkennen waren.

Die Leute auf der Straße verstummten plötzlich, wie um den Wortwechsel zwischen dem Römer und dem Wanderphilosophen zu verstehen, und auch Latifa, die ihr Gesicht wieder verschleiert hatte, und auch Euphrates, der sich hinter dem Vorhang der Sänfte verbarg, hörten deutlich, was der Prätor sprach:

„Bist du der Tyanäer Apollonius?" Der Fremde bejahte.

„Ich habe Befehl, die Römer Demetrius und Dion, die bei dir sind, im Namen des Kaisers zu verhaften. Welche von diesen Männern sind es?"

Die Genannten traten vor, Demetrius, der Stoiker, ernst und gefaßt, Dion in leichter Verwirrung. Die Prätorianer stellten sich an ihren Seiten auf. Im Volk hörte man flüsternde Stimmen:

„Der Wundermann aus Kappadozien. Der Weise, den die Priester hören. Was konnten seine Jünger dem Nero tun?"

Apollonius sagte – und hell und laut klang seine Stimme über die Straße:

„Der Kaiser gab dem Tigellinus in meiner Gegenwart den ausdrücklichen Befehl, mich und meine Freunde ungehindert in Rom umhergehen zu lassen. Wie kommt es, und zu welchem Zweck geschieht es, daß du diese ergreifst?"

Und der Prätor antwortete:

„Wendeten sich deine Schüler gegen den Kaiser, so kann selbst dies Versprechen sie nicht schützen. Gerade der Präfekt Tigellinus gab den Haftbefehl. Doch sie sind römische Bürger und als solche vom Gesetz geschützt. Willst du ihr Schicksal verfolgen, so stelle dich auf dem Forum ein, wenn die Verhandlung gegen sie geführt wird."

Dann gab er Marschbefehl. Aber bevor die Kohorte die Verhafteten umschloß, winkte ihnen Apollonius mit der linken Hand, an welcher der magische Ring wie eine Verheißung aufblitzte. Zwischen den klirrenden Tritten der Soldaten wurden Demetrius und Dion abgeführt, und kein Zug in ihren beherrschten Gesichtern verriet dem gaffenden Volk ihre Bestürzung über diese Gefangennahme und die augenscheinliche Gefahr, in der sie sich befanden.

Apollonius bog ohne Zögern in die Gasse ein, die zum Capitol führte. Neben ihm schritten in Fassung und Schweigen der große, schwarzbärtige Assyrer, dem Partherprinzen nicht unähnlich, und Menippus, der schöne Grieche.

Aber Latifa, die Blauverschleierte, war mit leisem Schrei in die Kissen gesunken, und ein unbezwinglicher Krampf, ein lautloses Schluchzen schüttelte ihre Glieder, schlug ihre Zähne zusammen.

Euphrates wütete innerlich. Welche Tücke des Zufalls mußte ihnen den Tyanäer in den Weg führen, ihn, den er sich für spätere Zeiten aufsparen, den er allmählich von seinen Freunden mehr und mehr isolieren wollte! Gerade in dem Augenblick, als der Pomp des Cäsarentums die Kurtisane zu blenden, zu umstricken begann, da er, Euphrates, endlich nahe davor stand, sie Nero anzubieten, durch sie den Kaiser in seine Hand zu bekommen, um – klüger, feiner und wissender als Tigellinus – über Rom, über die Welt zu herrschen.

Ohne die erschütterte Frau zu berühren, versuchte er es, sie durch magische Striche, die er über ihrer Stirn begann und zum Sonnengeflecht führte, zu beruhigen. Aber er fühlte sofort und zum erstenmal, daß seine Macht gebrochen war. Er vermochte es plötzlich nicht mehr, Latifas ätherische Form zu erreichen. Es trat ihm nicht einmal ein Widerstand entgegen. Es war vielmehr eine unüberwindliche Negation zu spüren, die seinen Strom nicht aufnahm, ihn ungenutzt verrinnen ließ.

„Der andere wirkt", knirschte er dumpf und, wie er meinte, lautlos vor sich hin.

Da aber richtete die Frau sich jäh empor, federnde Kraft im geschulten Körper, und mit der Härte eines endgültigen Entschlusses bestimmte sie:

„Sobald ein günstiger Wind weht, besteige ich meine Galeere und fahre nach Trinakria. Du, Euphrates, bringst mir den Tyanäer. Ist er in einem Monat nicht bei mir, so sind wir für immer – für immer, Euphrates – geschieden. Und nähmst du all meine Schönheit von mir, die mir dein Wissen erhält."

Euphrates begriff, nicht allein durch ihre Worte, sondern infolge seines mißglückten Experiments: Latifa sprach Unwiderrufliches. Trotzdem drängte er noch einmal seinen starren Blick in ihre Pupillen.

„Augusta", flüsterte er verführend.

Sie schwankte nicht mehr.

„Ich will das Leben, und Nero ist der Tod", sagte sie schaudernd. „Bringe mir Apollonius, den Tyanäer!"

Er erwiderte spöttisch und zuckte die Schultern:

„Du sahst es, schon kamen zwei Schüler des Wundermanns in die Gewalt des Cäsar. Apollonius wird sie ohne Frage zu retten suchen. Wer weiß, ob er nicht selbst bei diesem gefährlichen Spiel seine Freiheit verliert!"

Latifa sah den Magier durchdringend an. Ihre Lippen waren weiß geworden, aber sie sagte kalt:

„Ich werde dich nie – oder mit Apollonius in meiner Villa in Trinakria aufnehmen."

„Undankbare!" entfuhr es ihm.

Da lächelte sie zum erstenmal, lächelte mit eisigem Hohn.

„Lernte ich anderes von dir, meinem Meister und Mitschuldigen, seit ich mit dir aus Babylon floh?"

Schweigend legten sie den letzten Teil des Weges zurück.

Sofort begann Latifa ihre Reisevorbereitungen zu treffen, um mit ihren Sklaven nach Ostia zu fahren, dem neuen, von Nero erschlossenen Hafen, wo ihre Galeere vor Anker lag. Sie wußte zu gut: In Rom blieb sie der Gefahr ausgesetzt, auch gegen ihren Willen, durch irgendeine List des Euphrates den Blicken des Kaisers ausgesetzt zu werden. Ekel und Furcht packten sie bei der Vorstellung, was eine solche Möglichkeit an Konsequenzen nach sich ziehen könnte. Jede Verlockung, die das Imperium noch vor so kurzer Zeit für sie gehabt hatte, war beim Anblick des Jugendgeliebten in ihr erloschen. Und doch war Apollonius vor ihr nicht als „Herr über unermeßliche Reiche" erschienen, sondern nur als ein Pilger, der von Nero abhängig war, als ein Fremdling, der um seine Freunde zittern mußte. In Latifa aber richtete sich bei seinem Anblick, lodernd und steil, die einzige ungelebte Leidenschaft, die Traumliebe ihrer Seele empor, jede andere Lockung auslöschend, und sie handelte mit der Unbeirrbarkeit einer Nachtwandlerin, die ihr einziges, von Ewigkeiten her bestimmtes Ziel erkannt hat.

Er, der um seine Freunde Sorge trug, betrat am festgesetzten Tage die Kurie, wo kleinere Rechtsfragen erledigt wurden. Ihm folgten Damis, Menippus — und Euphrates, dieser eine heuchlerische Teilnahme zur Schau stellend. Damis, der einen instinktiven Widerwillen gegen Euphrates nicht zu überwinden vermochte, Menippus, dem sein schmeichlerisches Wesen fatal war, wunderten sich immer wieder von neuem, daß Apollonius diesen Alexandriner um sich ertragen konnte, ja, daß er sich in lange Unterhaltungen über geheime Wissenschaften mit ihm einließ.

Sie wußten nicht, daß Apollonius' Blick diesem einen Menschen gegenüber verschlossen war, daß der Zauber des Amuletts seinen Schöpfer verschleierte, daß Apollonius ihn neben sich dulden mußte, weil er den Blutzauber über ihn ausübte, und daß er ihn ausüben konnte, weil Apollonius' ungelebte und verborgene Liebe die wehrlose Stelle in ihm war, die der Schwarzmagier entdeckt hatte, die er zu reizen verstand. Denn in dem Augenblick, als Euphrates begriffen hatte, daß sich Latifa unwiderruflich dem Kaisertraum ab- und wieder Apollonius zugewandt hatte, beschloß er, das Doppelspiel mit den beiden Amuletten aufzugeben und einzig die Herrschaft über den Eingeweihten zu erstreben, den er in Apollonius erkannt — so wie Latifa den großen Liebenden in ihm ahnte.

Aber ehe der Alexandriner es wagen durfte, Apollonius und Latifa zusammenzuführen, mußte Dion beseitigt sein, und er hoffte, daß dies nun durch die Gefangennahme und die Verhandlung geschehen werde. Wenn hierbei Demetrius mitgeopfert würde, um so besser. Die genauen Beziehungen dieses Römers zu allen bekannten Persönlichkeiten der Metropolis konnten ihn, Euphrates, nur stören. Damis und Menippus mochten einstweilen bleiben. Sie waren harmlos. Sie fürchtete er nicht.

In der Kurie befand sich Tigellinus selbst, mit ihm der Schreiber und der Ankläger, als Apollonius mit seinen drei Begleitern erschien. Die Gegenwart des Polizeipräfekten bei einem so geringen Anlaß bestürzte Damis und Menippus, befriedigte Euphrates. Denn sie ließ darauf schließen, daß ihm daran gelegen war, die Verhafteten möglichst ohne viel Aufhebens und endgültig zu beseitigen.

Vollkommen gelassen erschien nur Apollonius, der sich flüchtig verneigte und die Verhandlung erwartete.

In des Präfekten fettem Gesicht liefen messerscharf zwei tiefe Falten von den Mundwinkeln zum Kinn. Eng nebeneinander standen die stechenden Augen über der stark gebogenen Nase. Seinen schweren Körper umbauschte die weiß und purpurn gestreifte Toga des Richters. Er gab ein Zeichen, und die Gefangenen wurden durch zwei Prätorianer hereingeführt. Sie trugen Ketten. Dion hatte die Augen gesenkt, hob sie zu einem scheuen Gruß gegen Apollonius, schlug sie von neuem nieder. Eine erschreckende Blässe lag ihm auf Stirn und Wangen. Demetrius trug den kurzgeschorenen Römerkopf erhoben und betonte den Gleichmut des Stoikers.

Über Apollonius' Stirn zog brennende Röte, aber er bezwang den Zorn und erwartete das erste Wort aus des Tigellinus Mund. Der lehnte nachlässig im Sessel. Neben ihm saß der Ankläger und spielte mit einer versiegelten Pergamentrolle.

„Deine Jünger stehen unter schwerem Verdacht, Tyanäer", sagte der Präfekt, „und auch von dir wird behauptet, du ehrtest die göttliche Majestät des Augustus nicht. Was hast du hierauf zu sagen?"

„Ich ehre den Cäsar mehr als ihr, denn ihr nutzt ihn für eure eigenen Zwecke aus. Ich aber habe in seiner verdunkelten Seele wenigstens eine edle Absicht erweckt. Nero wird sich in Griechenland über sich selbst erheben. Er wird den Hellenen die

Freiheit wiedergeben, die Caligula ihnen nahm. Wer von euch hat in dem Kaiser je eine ähnliche Tat angeregt?"

Tigellinus überhörte die Frage und bemerkte beiläufig:

„Der Kaiser wird also nach Achaja reisen? Es wird nichts dazwischentreten, ihn zu verhindern?"

„Die Flotte, die in Antium wartet, wird Nero nach Achaja bringen und wieder zurück nach Rom", antwortete Apollonius mit großer Bestimmtheit.

Des Schreibers Rohr flog über das Protokoll. Tigellinus fragte nach einem Zögern:

„Was bedeutete deine Weissagung beim Gastmahl des Flamen, wo du, als der Mond die Sonne verdeckte und Finsternis über Rom lag, behauptetest, es geschähe etwas Bedeutendes, und es geschähe auch nicht?"

Apollonius zuckte die Schultern.

„Das solltest du selbst verstanden haben. Zur Stunde meiner Fernsicht wurde Nero der Becher durch einen Blitz aus der Hand geschleudert. Hart am Tode – blieb er doch unversehrt."

Tigellinus dachte nach.

„Weißt du, was in dieser Anklageschrift steht?" fragte er prüfend.

Apollonius schien zu überlegen. Plötzlich lächelte er. Der Präfekt fuhr auf.

„Du verhöhnst das Gericht des Kaisers? Fürchtest du Nero nicht?" fragte er empört.

Da antwortete Apollonius mit großer Ruhe:

„‚Gott, der Nero furchtsam gemacht hat, verlieh mir, furchtlos zu sein.'" *)

Tigellinus rief abschließend:

„Genug der anmaßenden Worte! Ankläger, verlies die Schrift!"

Hastig löste der Mann das Siegel und entrollte das Pergament. Er wollte ungestüm zu lesen beginnen, aber das Blatt flatterte in

*) Überliefertes Wort des Apollonius.

seinen Händen, die plötzlich zitterten. Er hob es dicht an die Augen, ließ es sinken, stammelte:

„Zauberei! Die Schrift ist ausgelöscht!"

Wütend riß ihm Tigellinus das Blatt aus der Hand. Es war weiß und leer. Der Polizeipräfekt wechselte die Farbe von bläulicher Röte, die ihm bis unter die Haare stieg, zu tödlich fahler Blässe. Furcht, seiner lasterhaften und grausamen, aber tapferen Natur fremd, rieselte ihm vereisend die Wirbelsäule herab. Was für Kräfte besaß dieser Mensch? Wozu könnte er sie mißbrauchen, wenn man ihn reizte? Konnte er nicht ihm selbst, dem Cäsar, Rom Gefahren heraufbeschwören, gegen die man mit natürlichen Mitteln, wie Gericht und Strafe, machtlos war? Sein unsicher gewordener Blick suchte das Auge des Verräters. Wie dachte Euphrates über diesen Streich? Und er traf ein Auge, unsicher wie das eigene, scheu, verwirrt. Er prüfte die anderen Jünger. Sie erschienen ihm zwar erregt aber doch so, als hätten sie das Unglaubliche erwartet. Der lange Assyrer strahlte sogar in unverhohlener Freude.

Erst als Tigellinus seine Haltung wiedergewonnen hatte, wagte er es, Apollonius anzublicken und fühlte sofort, daß dieser ihn die ganze Zeit streng und warnend im Auge behalten hatte. Gegen diesen blauen Blick wußte der Präfekt sich nicht zu schützen. Er hatte nur eine hilflose Geste und sagte mit heiserer Stimme:

„Verlaßt Rom, du und deine Leute! Ich verurteile euch nicht, aber ihr alle seid verbannt. Für deine Person mußt du einen Bürgen stellen."

Apollonius fragte nicht ohne Ironie: „Wer aber wird der Bürge sein für jemand, den keiner fesseln kann?"

Bestürzt schwieg der Präfekt.

Es war Apollonius, der den Wachen das Zeichen gab, Dion und Demetrius die Fesseln abzunehmen. Wie in Selbstverständlichkeit gehorchten ihm die Prätorianer. Schweigend verließen die Freigesprochenen die Kurie.

IV

Am nächsten Tage schon wanderten sie auf der Via Appia – Ausgewiesene! Apollonius erinnerte sie an die Warnung des Philolaos beim Tempel der Diana, als sie vor einem Jahr etwa dieselbe Straße in umgekehrter Richtung zogen, zuerst größer an Zahl durch die Jünglinge, die sie hier verließen, jetzt aber vermehrt durch die Person des Euphrates, dessen Verrat keiner der Tyanäer ahnte.

Apollonius hatte beschlossen, in Antium ein Schiff zu besteigen, das nach Gades segeln würde, nötigenfalls zuerst nur bis Trinakria zu fahren und dort ein größeres Fahrzeug abzuwarten, das sie zu den Säulen des Herkules trug. Euphrates triumphierte innerlich darüber, wie leicht es ihm gemacht wurde, Apollonius in die Netze der Hetäre zu führen, wenn auch sein Plan, Dion durch die Anklage vor der Kurie zu vernichten oder wenigstens zu entfernen, so jämmerlich gescheitert war.

Zum drittenmal besiegt mich dieser Mensch und weiß es nicht, dachte der Magier. Einmal rief er Dion zurück, als ich diesen an Latifa binden wollte. Dann betört Latifa, die Erfahrene, sein bloßer Anblick auf der Straße in Rom im Augenblick, da ich durch sie Nero zu bezwingen dachte. Und als drittes löschten auf seinen Befehl Dämonen die Schrift in der Anklage aus, die Dion beiseite bringen sollte. Jetzt aber ist der Wind in meinen Segeln! Und dieser treibt uns nach Trinakria. Nun muß ich diese vier Männer nach und nach von ihm ablösen, damit er allein steht zwischen dem Weib – und mir.

Diesmal schienen die Mächte, die hinter den Geschicken wirken, des Euphrates Wünsche zu unterstützen. Er folgte, an Dions Seite gehend, dem Apollonius und Demetrius, und, da Dion schwieg, vermochte er es, das Gespräch der Voranschreitenden zu belauschen.

Damis und Menippus waren ein Stück Weges zurückgeblieben. Ihnen folgten die Sklaven mit dem leichten Gepäck ihrer Herren.

Apollonius hatte zu Demetrius gesagt, daß er auf seiner Reise bis an die Stelle vorzudringen wünsche, die der Volksmund das Ende der Welt nennt. Ihm aber sei bekannt, daß hinter den Säulen des Herkules die andere Hälfte der Erdkugel beginne, die zum Teil von Wasser bedeckt sei, das einen sagenhaft gewordenen Erdteil verschlungen habe und nach unendlicher Ausdehnung Indien berühre.

„Ich will das Eindringen des Weltmeeres zwischen Gades und Libyen beobachten", erklärte Apollonius dem Demetrius. „Ich will die römische Kolonie in Gades besuchen, von der es heißt, daß alte griechische Kultur auch sie durchdrungen hat. Ich will auch nach Hispania die Weisheit des Pythagoras bringen."

Hierauf erwiderte Demetrius, daß ihn kein Forschertrieb in so entfernte Gegenden locke, daß er es vielmehr für seine Pflicht halte, in der Nähe Roms zu bleiben, seinen Freunden mit den empfangenen Lehren beizustehen, sie für das Leben und, wo es wie bei Thrasea nötig war, für den Tod zu stärken. Vor allem aber hoffe er, Menschenseelen, die vom Skeptizismus und Aberglauben der Zeit verflacht seien, einer neuen geistigen Deutung des Lebens zugänglich zu machen, sie auf die Wiederkehr des Apollonius in späteren Jahren vorzubereiten.

Apollonius hatte ihm schweigend zugehört, einverstanden mit seinen Plänen. Die Unbedingtheit des Demetrius, die sich, kaum daß er die tieferen Gesetze erkannt, in leidenschaftlichen Lehrbetrieb umsetzte, überzeugte ihn von seinem Wert am Dienste der Menschheit.

„Deine Absichten sind gut. Wo willst du deine Philosophenschule errichten?"

„In Aricia, an der Straße nach Antium, auf der wir uns befinden", erwiderte der Philosoph. „Und bis wir es erreicht haben, hoffe ich, noch manchen Rat von dir zu hören."

Apollonius blickte in des Römers entschlossenes Gesicht. Seinetwegen brauchte er nicht in Sorge zu sein. Sie berieten Einzelheiten und entfernten sich schneller schreitend von den Nachfolgenden.

Einer löscht sich selbst aus, den anderen muß ich von ihm

lösen, dachte Euphrates, und prüfend blickte er auf Dions gesenktes Haupt, auf seine blassen, verschlossenen Züge, die der breite Pilgerhut überschattete. Euphrates hatte Dion eine lebhafte Teilnahme nach seiner Freilassung bezeugt. Wie hätte dieser darauf verfallen können, zu glauben, daß er hinter der Intrige stand!

Da plötzlich fragte Dion aus tiefster Versunkenheit heraus:

„Kannst du mir sagen, Euphrates, warum Judas Ischariot seinen Meister Jesus an die römischen Gerichte auslieferte?"

Der Magier wechselte die Farbe. Durchschaute dieser harmlos scheinende Mensch aus Tarsus doch sein Spiel? Zog er gefährliche Parallelen? Aber Dion blickte ihn so offen, so hingenommen von der unpersönlichen Wucht seiner Frage in die Augen, daß er diesen Argwohn fahren ließ. Er stellte eine Gegenfrage:

„Sagen die Christen nicht, Judas verriet den Rabbi um Geld?"

Dion nickte.

„So sagen sie. Ich aber kann nicht glauben, daß eine so armselige Bestechung eine so ungeheuerliche Tat hervorrufen konnte. Das wäre ein zu großes Mißverhältnis zwischen Ursache und Wirkung. Diesem allen muß etwas anderes zugrunde liegen. Steht vielleicht immer neben dem ‚Christus' der ‚Verräter'?"

Wieder wurde Euphrates unsicher, und wieder beruhigte ihn Dions ganz in den fremden Geschicken eingesponnenes Wesen. Die Frage an sich, ihm selbst so brennend nah, fing an, auch ihn zu packen. Fast wider Willen versenkte er sich in das Problem. Daneben bot sich hierdurch Gelegenheit, seine Ergebenheit für Apollonius zu betonen.

„Vielleicht hast du recht, Dion. Vielleicht ist es so, daß dem Verrat des Ischariot ein tieferer Zwang zugrunde liegt. Denn wenn wir es genau besehen: Warum geht denn ein Weiser, wie beispielsweise unser Apollonius und wahrscheinlich auch jener Jesus, seine unveränderliche Bahn? Siehst du ein Ziel? Sieht er ein Ziel? Gibt es überhaupt ein Ziel? Apollonius spricht nur vom Pfad. Seinen Pfad muß und will er wandern, nach einem Gesetz, das in ihm war von der ersten Stunde seines bewußten Denkens an. Könnte es nicht sein" – und hier verstrickte sich Euphrates in seine eigenen Spekulationen und fürchtete nicht mehr, Dion meine ihn, wenn er von dem Verräter sprach – „könnte es nicht sein, daß in einem Ischariot gleicherweise ein dämonischer Zwang herrscht, der ihn auf seinen Pfad treibt, der finster ist, der Verneinung ist, Gegensatz zum Licht, kurz: das Böse um des Bösen willen, ziellos vielleicht, aber unabwendbar auch er, so wie der Lichtpfad des anderen? Könnte es nicht sein, daß hier Kraft auf Kraft prallt? Denn das Böse ist nicht die Abwesenheit des Guten. Es ist eine Kraft an sich, eine Kraft wie diese, eine positive Energie. Der Kampf zwischen diesen beiden Gewalten aber erscheint den flachblickenden Menschen so sinnlos, daß sie ihm ein Motiv unterschieben, das sie begreifen. Und so erfanden sie den Sack mit Silberlingen und meinen, einen Willen erklärt zu haben, der so unergründlich, so elementar ist wie der Wille ihrer Tugendapostel, den sie so gut zu verstehen meinen, die Lächerlichen!"

Dion war überrascht. Er hatte eigentlich nur laut gedacht, als er die Frage nach dem Grund zum Verrat aussprach. Er hatte nicht erwartet, von Euphrates, der selten philosophierte und dann nur mit Apollonius, eine so tiefgreifende metaphysische Antwort zu erhalten. Grübelnd versank er von neuem in sich selbst. Auch der Alexandriner schwieg. Bestürzt erkannte er in seinen Darlegungen sein eigenes Ich. Nie hatte er dies alles so schneidendhell beleuchtet, nie so seherisch als Trieb erkannt, was von Tat zu Tat, von Zerstörung zu Zerstörung ihn peitschte – genießerisch, wollüstig, ziellos im letzten Sinn. Denn ob er auch vor sich selbst immer neue Motive aufrichtete: ziellos blieb doch sein Wille, so wie vielleicht der Lichtwille des anderen ziellos war. Da flüsterte Dion:

„Der Christ hat ein Ziel."

Euphrates horchte auf.

„Hast du es erforscht, Dion? Lehrte dieses dich dein Landsmann, der zu den Römern kam?"

„Paulus starb bei der Verfolgung des Nero. Ihn traf ich nicht mehr in Rom", sagte Dion traurig. „Aber es sind andere da, die lehren das Wort."

Er verstummte. Fast fürchtete er, zu viel gesagt zu haben.

Da sprach Euphrates – und legte einen feierlichen Klang in seine Stimme:

„Wenn du bei den Christen die Wahrheit gefunden hast, so mußt du ihnen folgen!"

Dion wurde totenbleich.

„Weißt du mein Geheimnis? Kennst du es, Euphrates?"

„Ich kenne es", antwortete der Magier geheimnisvoll. Denn nun hatte er mit dem Spürsinn seines scharfen Verstandes erkannt, daß Dion nicht mehr des Apollonius Jünger war.

Als die Wanderer Antium erreichten, begleiteten Apollonius nur noch drei Männer. Demetrius war bei seinen Freunden in Aricia geblieben. Dion hatte sich im Hain des Dianatempels in einer Nacht, die er allein mit seinem Jugendfreund verbrachte, diesem unter Tränen zu Füßen geworfen und ihm bekannt, daß er ein Christ geworden sei.

Apollonius, der es erwartet hatte, war dennoch tief erschüttert. Daß dieses treueste Herz von ihm ging – ging in einem Augenblick, da in ihm selbst noch niegekannte Unruhe des Gemütes war, da Zwiespältigkeit zwischen Menschenschicksal und Berufung ihn überfallen hatte –, das traf ihn mit der Härte einer Verurteilung, mit der Erschütterung eines Zweifels fast, an sich, am Pfad.

Schweigend hatte er dem Beichtenden zugehört. Denn über Dions sonst so verhaltene Lippen waren unzählige zurückgedrängte Worte getaumelt, eigene Worte, vermischt mit Stellen aus den Briefen des Paulus, die seine Gemeinde in Rom als Heiligtümer verbarg, vermischt mit lodernden Gebeten fanatischer Nazarener, die ein Gottesreich auf Erden erwarteten, bald, in nächster Zukunft, trunken von Glauben, Leidenswillen und Hoffnung. Apollonius hatte erkannt, wie die Opferbereitschaft in Dions Seele durch die Ereignisse an den Märtyrern entzündet war, wie in den wenigen Tagen seiner Gefangenschaft, um ihretwillen alle Ekstasen der Zeugenschaft ihn durchglüht, wie der

Verkehr mit den unterdrückten Christen, nicht aber seine maßvolle Führung, die tiefsten Quellen dieser Seele aufgerissen hatte. Und wie in den Tagen ihrer Kindheit hatte er sanft die Haare des schluchzenden Freundes gestreichelt und ihn mit gütigen Worten beruhigt.

„Dion", hatte er fast bittend gesagt, „was die Christen der Welt geben wollen, ist es nicht im Grunde dasselbe, wie das, was ich ihr biete? Nur in einer anderen Form? Die Christen tragen den Gedanken der Barmherzigkeit in die Reihen der Enterbten und Sklaven. Die Hilflosen sollen – nach ihrer Überzeugung – das Hilfswerk tragen. Ich aber will die Könige für meinen Gedanken gewinnen. Wenn ich den Herrscher finde, der sein heiliges Amt erkennt, so muß von ihm der Segen über die Menschen strömen. Denn er allein hat die Macht, seine Träume zu verwirklichen. Wir sahen es, wie die blutigen Träume der Lasterhaften, die Träume des Tiberius, Caligula und Nero, irdische Wirklichkeiten wurden. Ich will in einem Herrscher das Traumbild von Gerechtigkeit, Güte und Weisheit aufwecken, damit er, der die Macht dazu besitzt, es in der Wirklichkeit aufrichtet. Damit Wunschbild Weltbild werde. Schon Platon sagt uns: ‚Nur wenn die Philosophen Könige werden und die Könige Philosophen, wird die Menschheit glücklich sein.'"

„Auf diesen Herrscher wirst du vergeblich warten", hatte Dion mutlos geantwortet.

Und Apollonius mit Zuversicht:

„Ich glaube, daß ich ihm begegnen werde. – Du hast einen anderen Weg für dich gefunden als den meinen. So mußt du ihn gehen. Es gibt keinen höheren Befehl für uns als die innere Stimme. Dion, ich habe dich in dieser Nacht erkannt. Du bist dir treu im Wandel, wie ich mir treu im Immergleichen bin. Gehe nun von mir, mein ewiger Freund. Selbst wenn es der Märtyrertod ist, zu dem es dich treibt, ich darf dich nicht zurückhalten. Und was bedeutet denn uns der Tod, uns, die wir um die Wanderung von einer Gestalt in die andere wissen? Uns, denen das Werden der Wesenheit nur eine Phase des Seins ist?"

So waren Apollonius und Dion voneinander geschieden und wußten nicht, ob sie einander in diesem Leben wieder begegnen würden.

Apollonius saß bis zum Morgengrauen in regungsloser Meditation. Als er zu den wartenden Jüngern trat, sahen sie, daß eine weiße Strähne durch sein blondes Haar lief.

Damis aber dachte, als er vom Abfall des Dion erfuhr:

Ich habe gemeint, daß dieser Dion für ihn sterben könnte, und nun stirbt er vielleicht für einen fremden Gott.

LATIFA

I

Die Galeere hatte ihr großes dreieckiges Segel gesetzt. Gleichmäßig wehender Nordwind legte sich mit ruhigem Druck hinein, wölbte es zu gerundeter Muschel, trieb das Schiff durch die dunkelgrauen Wogen des tyrrhenischen Meers. Die Ruderer räkelten sich auf den Bänken, spielten Mora, schwatzten, lachten. Der Steuermann hielt mühelos den Kurs nach Süden.

Nur wenige Gäste trug das Schiff von Antium nach Trinakria: einige Freigelassene, die von römischen Herren auf ihre sicilischen Güter geschickt wurden, ein paar Steuerpächter, die dort Zins einzuziehen hatten, und den Apollonius mit seinen drei Begleitern.

Über Apollonius war eine seltsame Träumerei gefallen, vielleicht unterstützt durch diese ruhige Fahrt, bei der nicht der geringste Widerstand zu überwinden war, weil Wind und Wellen mit dem Fahrzeug zogen, weil dieses dahinflog, beschwingter Wandervogel, blühend im Glanz des besonnten Segels, tanzend über einem riesigen, glitzernden, lichtsprühenden, in Wasser aufgelösten Saphir. Und immer tiefer wurde der Traum in seinem

Herzen, so als wäre er in ein neues Dasein getaucht, in dem die rätselhafte Wonne einer unbestimmten Erwartung zitterte, für das alle Leiden der Welt erloschen waren, das ganz überschimmert war vom beseligenden Bild der Landschaft, den zerklüfteten Küsten, dem ruhig atmenden Ozean unter dem Kiel des ziehenden Schiffes. Eines Nachts erglühte die Feuerrose von Stromboli am schwarzen Himmel, schwebend über ihrem unsichtbaren Krater, brennend und wieder erlöschend. Um Mittag schlängelten sie sich durch die Meerenge, und Menippus trug ihnen den Gesang der Odyssee von Scylla und Charybdis aus der alten Handschrift vor, von der er nie sich trennte.

Eines Morgens stieg im sonnengoldenen Schneemantel in einem Himmel, der sich noch nicht zum Blau bekannt hatte, der noch schwankte zwischen den geisterhaften Tönungen der Nacht und den ätherischen der ersten Morgenstunde, der Ätna empor, breit gelagert hinter der weißen Küstenstadt Tauromenium. Von des höchsten Gipfels nieschmelzendem Schnee ringelte sich ununterbrochen, bleigrau und drohend, die Rauchsäule aus seinem innersten Herzen, diesem Herzen, das geheimnisvoll und todbringend ist, und das dennoch mit unwiderstehlicher und schweigsamer Majestät die Siedler zu sich lockt, sie zwingt, ihre gefährdeten Häuser in seinem Umkreis zu bauen – immer wieder, immer von neuem, von Vernichtung zum Werk, vom Werk zur Vernichtung. In den Hafen von Tauromenium segelte das Schiff, und in die griechische Stadt mit dem wundervollen Amphitheater am rauschenden Meer, den Mispel- und Olivenwäldern, die sie umschlangen, den Steinbrüchen und weglosen Gebirgsklüften in ihrem Hintergrund stiegen die Tyanäer empor unter des Euphrates Führung.

Der war während der Reise kaum von Apollonius' Seite gewichen. Unter dem Vorwand, von ihm zu lernen, drängte er seine dunkle Seele dichter und dichter an die helle des anderen heran, und weil in dieser der zuckende, wehe Funke einer nur halb begriffenen und tiefen Sehnsucht glomm, gewann er Gewalt über sie, eine Gewalt, die Apollonius wohl fühlte, der er sich aber nicht entziehen konnte. Durch den Willen des Euphrates wurden Damis und Menippus zur Seite geschoben. Damis war zu bescheiden, um eine Nähe zu erzwingen, die ihm gerade jetzt von dem Verehrten nicht angeboten wurde. Menippus besaß noch keinen Anspruch auf sein engstes Vertrauen. So umschmeichelte Euphrates diese Seele, die sich zum erstenmal entspannte von der ungeheuren Zucht und Wirkungsenergie ihres bisherigen Lebens, die es noch nie gekannt hatte, getragen zu werden, die nur getragen hatte, und hinter der dennoch der schweigende Wächter stand, der ihr die letzten, die entscheidenden Befehle geben würde auf ihrem Lauf durch den Sternkreis.

Sie hatten einige Tage in Tauromenium zugebracht und endlich ein Schiff gefunden, das nach den Säulen des Herkules fahren wollte.

Der Kapitän erklärte sich bereit, die vier Männer und ihre Diener mitzunehmen. Euphrates schien ihn zu kennen. Soeben veranlaßte er Damis und Menippus, sich auf dem Fahrzeug umzusehen, indessen Apollonius in einer Grotte der Steinbrüche oberhalb der Stadt zur Mittagsstunde zurückgeblieben war, die er stets allein und in Meditationen verbrachte.

Der Tag war heiß. Die Sonne brannte ermüdend vom wolkenlosen Himmel herab. Euphrates hieß die Sklaven am Heck des Schiffes ein kleines Zelt errichten. Es bot kümmerlich genug Schutz vor den heftigen Strahlen. Er überredete Damis und Menippus, sich für eine kurze Weile dort niederzulegen. Sie folgten widerwillig dem Rat, von seltsamer Unruhe befallen. Besonders Damis konnte dieser Unruhe nicht Herr werden, die ihm dennoch nicht Kraft genug gab, der Müdigkeit zu widerstehen, die über seinen Gliedern lag.

„Wir fahren doch erst – morgen", lallte er.

„Gewiß, erst morgen", bestätigte der Alexandriner und heftete seinen stechenden Blick zwischen die Augen des Liegenden. Da schlief er schon. Menippus war einige Augenblicke vorher in tiefe Bewußtlosigkeit gesunken. – Aufmerksam beobachtete Euphrates die beiden Männer, die wie in einer Todesstarre lagen. Dann gab er dem Schiffspatron, der unsicheren und lüsternen Blicks hinter ihm stand, einen gefüllten Geldbeutel.

„Die Sklaven lässest du von deinen Leuten binden, sobald das Schiff in See sticht", flüsterte der Magier. „In Gadira gibst du alle unbeschädigt frei."

Der Bestochene verneigte sich devot und furchtsam. Euphrates stieg in die Gondel, die ihn schnell ans Ufer trug. Als er sich umblickte, zogen dunkle Männer den Anker hoch, andere arbeiteten an den Rudern. Die Segel waren nicht gesetzt; denn nicht der leiseste Wind regte sich, um sie zu blähen.

So glitt das große Schiff, durch die Ruderschläge vieler nackter Arme bewegt, langsam und lautlos aus dem Hafen von Tauromenium. Ein paar empörte Schreie gellten noch über das Wasser. Dann hörte man nichts mehr. Die Takelage erschien dem Auge des Nachblickenden immer feiner. Immer mehr verschlang die dunkelblaue Luft das Schiff, das wie in ein raumloses Nichts entglitt. Würde es daraus hier einmal wieder emportauchen? Der Magier zuckte die Achseln.

Das erste Spiel war geglückt. Doch nun kam seiner Aufgabe zweiter, der schwerere Teil. Langsam stieg er zur Stadt hinauf, umging die Grotte, in der er Apollonius wußte, verschwand im Park einer römischen Villa.

Der Nachmittag kam. Es wurde Abend. Apollonius wunderte sich, daß keiner seiner Freunde ihn aufsuchte. Doch sie hatten alle drei eifrig von Reisevorbereitungen gesprochen und mochten wohl noch in den Kramläden der Stadt umherstreifen, Menippus nach seltenen Pergamenten suchend, Damis Früchte und Nüsse einhandelnd in nieermattender Sorge für ihrer aller Wohl, Euphrates — ja, was mochte Euphrates Liebhaberei sein? Im Grunde kannte er ihn wenig. Dunkel war dieses Herz, wollte sich nicht öffnen, und wo es gelöst erschien, verstellte es sich.

Doch auch diesen gab mir ein Gott, auch diesen. Zum Schüler oder zum Lehrer oder zum Feind? Er hatte es noch nicht durchschaut. Er schwankte, wie er nie im Wissen um einen Menschen geschwankt hatte.

Apollonius lag im Hintergrund der Höhle auf einer natürlichen Felsenbank, und durch das Gewirr herabhängender Efeuranken sah er den Himmel blasser und blasser werden, überhaucht vom rosa Widerschein, den die Abendsonne sandte, die, unsichtbar für diese Küste, hinter dem Ätna versank. In dieser Höhe vernahm man nicht das Rauschen der See, und auch in den Oliven- und Mandelbäumen war nicht das leiseste Blätterrascheln.

Um so deutlicher, um so reiner vibrierte plötzlich durch die dünne Luft eine zarte Flötenweise, ansetzend zu einer einfachen Melodie und ohne Unterbrechung den Schluß immer wieder in den Anfang verflechtend. Sehr hoch, sehr süß, sehr erregend war dieses Abendlied, und Apollonius fühlte eine starke Bewegung am Herzen, einen jähen Schlag, wie wir ihn empfinden, wenn aus vergessenen Bewußtseinslagen ein dennoch treu Bewahrtes sich wieder emporringt an den Horizont unserer Wahrnehmung. Noch hatte er die Weise nicht erkannt, doch er kam ihr sehr nahe und horchte mit vorgebeugtem Kopf. Da erschienen hinter dem Blättergefäll zwei schlanke Knaben, und während der eine vorsichtig das Gerank auseinanderbog und so das Zwielicht des verlöschenden Tages in den Raum einließ, stand der andere in der Lichtung und blies auf seiner einfachen Flöte langsam und feierlich die kleine Melodie. Dann ließ er die Flöte sinken, und beide Knaben traten vor Apollonius, verneigten sich tief und sahen ihn aus sehr dunklen Gesichtern mit großen, freundlichen Augen an. Sie waren nackt. Nur um ihre Hüften schmiegte sich ein Fell, gefleckt wie das Fell des Leoparden, und auf ihren krausen Haaren lagen Narzissenkränze von leuchtendem Weiß, weiß wie ihre schimmernden Zähne. Der eine Knabe trug außer seiner Flöte einen schweren Kranz aus Eppich und Rosen über dem Arm, der andere hielt mit beiden Händen einen wundervollen Granatapfel. Staunend blickte Apollonius auf die schönen Epheben, und lächelnd fragte er:

„Wer seid ihr, und wen suchet ihr?"

Da sprach der Flötenspieler – und sein Latein klang gebrochen und unbeholfen:

„Wir sind Sikelerknaben und gehören der schönen Herrin aus Ephesos. Wir suchen dich, Apollonius von Tyana."

„Ihr sucht mich?" fragte er beklommen und wußte schon, daß seine Träumerei und seine Einsamkeit das Erscheinen dieser Knaben vorbereitet hatten, daß er sich einer Erfüllung nahte, die hinter dünnen Wänden wartete.

Da kniete der zweite Knabe vor ihm nieder, hielt in geschickten Knabenhänden die Frucht, die man in Italia Feuer des Jupiter nennt, und sagte schmeichelnd:

„Unsere Herrin bittet dich, von dieser Frucht zu essen und uns dann zu folgen."

Schon teilte er mit zierlichem Messer den Apfel und hielt, gleich vollen Schalen, die beiden Hälften dem Überraschten entgegen.

Apollonius blickte dem Knaben in die schmachtenden Augen. Er sah auf die durchschnittene Frucht. Blutroter Saft rann über des Dienenden Hände, tropfte perlend über den bröckligen Stein. Im quellenden Fruchtfleisch reihten sich zahllose Kerne, weich, üppig, die Zunge reizend. Gedankenvoll ergriff er eine der lieblichen Schalen. Er fragte nicht nach der Herrin Namen. Ahnte er ihn? Er setzte wie verzaubert den Purpurrand an die Lippen. Er sog mit dem kühlen Saft die weichen Kerne lechzend an den Gaumen, wie ein sehr Durstiger, wie ein Spieler – oder wie ein Verführter. – So mit wachsendem Genuß leerte er auch den zweiten Becher, ohne daß ein Wort zwischen ihm und dem Schenkenden gewechselt wurde.

Indessen drückte ihm der zweite Knabe den Kranz auf die Stirn. Schwer lastete der dunkle Eppich über dem Gold seiner Haare, verschmälerte die dem Apollon ähnliche Stirn und gab ihm das Nächtige eines bacchischen Antlitzes, voll Geheimnis und tragischem Rausch.

Sanft zogen die Knaben ihn an den Händen von der Bank empor, führten ihn aus der Grotte. Apollonius aber blieb Besinnung genug, seinen Wanderstab zu ergreifen. Der erste Knabe setzte wieder die Flöte an die Lippen, der andere wies mit vieldeutiger

Gebärde, der Gebärde eines Eroten, den verwachsenen Pfad hinauf.

Einen Augenblick noch zögerte Apollonius, schaute hinab über die weißen Häuser der Stadt, schaute bis zum geschlängelten Schaumbad der Brandung, an das sich dunkel das Meer drängte, das Meer, das ein Schiff in die Ferne trug, von dem er nichts mehr wußte, das Freunde von ihm riß, an die er nicht mehr dachte, er, der vom Apfel des Vergessens aß.

So lockten ihn die Epheben, sanft blasend, sorglich führend, den schmalen Pfad zwischen den zerrissenen Bergen hin, dem Massiv des mondweißen Ätna entgegen, höher, immer höher, dann abwärts steigend in ein Tal, das, zwischen Schroffen und Zacken gelagert, in einen verborgenen, geheimnisvollen Park verwandelt war.

Hier breiteten sich regungslose Piniendächer über einen dunklen See. Schwarzer Buchs und glänzender Lorbeer, zu Hecken geschnitten, zu Lauben gewölbt, begleiteten Wege, mit blankem Kies bestreut, die alle vor einem griechischen Hause endeten, das hinter stygischen Wassern zu warten schien. Die Knaben wichen vom Wege. Sie führten Apollonius über feuchte Wiesen, die bis zum See sich dehnten.

Über den See zogen weiße Schwäne. Auf der Wiese blühten Narzissen, unzählbar, makellos, den purpurgoldenen Kelch im Zentrum milchweißer Blätter, Sterne der Erde auf dem nächtigen Dunkel des Grases.

Über Apollonius kam ein Erinnern. Erzählte nicht Atthis einst, die Mutter, unter Narzissen sei er geboren, Schwäne aber hätten seinen Eintritt in diese Welt bewacht?

„Pflücke die Narzissen", flüsterte der Knabe, der seine Hand hielt.

Er schien es schon oft gesagt zu haben, es klang wie eine endlose Wiederholung:

„Pflücke die Narzissen."

Da beugte sich der Mann zur feuchten, lebenträchtigen Erde und brach gehorsam die Blumen, brach der Kore geheimnisvolle

Blüte, atmete ihren Duft, der wie ein Schleier über seine Sinne fiel.

Und zum zweitenmal trat des Apollonius Seele unter Narzissen in ein neues Leben, und des pythischen Gottes Vögel kreisten schützend auch um diese Geburt.

Als die Knaben Apollonius über die Schwelle des Hauses führten, trat zwischen den Säulen, unbemerkt von ihm, eine Gestalt hervor und deutete mit lautloser Gebärde auf den siebenknotigen Stab. Der Flötenspieler schüttelte den Kopf. Da verschwand ein gelber Schatten gleitend im Park. Die Knaben aber geleiteten Apollonius in ein Bad. Sie wuschen und rieben mit kundigen Händen seine Glieder. Sie lockerten seine Haare, kleideten ihn in ein neues weißes Gewand und drückten ihm wieder den Kranz aus Eppich und roten Rosen ins Haar. Er ließ alles schweigend geschehen. Nur nach dem Stabe griff er wieder mit fester Hand und streifte sie mit leise spottendem Blick, als er ihre Enttäuschung bemerkte.

Dann öffneten sie eine Tür aus Silber und Elfenbein und fügten, als er eingetreten war, die Flügel lautlos hinter ihm zusammen.

Er stand im lustgeweihten Raum der großen Kurtisane. Zwischen Vorhängen, die schwer und schalldämpfend von allen Wänden hingen, wartete das Bett, breit, von silbernen Löwenpranken getragen, mit scharlachroten Kissen und weißen Fellen bereitet.

Hier lag die Frau, die ihm die Boten sandte, lag auf die Seite gewendet, den Kopf in die Hand gestützt, das bleiche Gesicht im Rahmen schwarzer Haare gegen die glutroten Kissen gelehnt, ganz eingehüllt in ein Gewand aus goldstarrenden Stickereien. Schwarze Sterne, schwimmend im bläulichen Weiß der Augäpfel, glommen ihm entgegen, abgründig, saugend, furchtbar in unabwendbarer Entschlossenheit.

Aus des Apollonius Gesicht wich jede Farbe. Von seinen Sinnen fiel die weiche Träumerei. Wissen um die Bedeutung der Stunde erhellte ihn jäh.

„Latifa —“ flüsterte er, und eine Inbrunst, jahrzehntelang im

Unterbewußtsein bewahrt, schwoll wie ein Jubelschrei in diesem Namen auf.

Die reglose Frau, die das erste, das richtunggebende Wort zu dem Verwirrten hatte sprechen wollen, erblaßte bis in die Lippen beim Klang dieser Stimme.

„Du weißt meinen Namen? Du kennst mich noch?“ kam ihre Frage, und sie konnte es nicht hindern, daß ihre Stimme wie gesprungen schwankte.

„Kenn' ich denn eine andere Frau als dich?“ – und langsam kam er Schritt um Schritt ihr näher. Mit einem Blick, dessen rätselhaften Ausdruck die Kundige nicht zu deuten wußte, umfaßte er ihre stolzgelagerte Gestalt, eingehüllt in hundertfarbige Seide, umspielt von unzähligen Gebilden – Blumen, Göttern und Sternen –, die in den Stoff gedichtet und gestickt waren.

Latifa hatte sich noch nicht gerührt. Er, dessen Blicke unverwandt auf ihr ruhten, sah ihr maskenhaftes Gesicht mit den düsteren Augen und zuckenden Lippen, sah ihre plastisch wundervolle Hand die silberblauen Falten zusammenraffen.

Und zwischen ihnen schmolzen zwei Jahrzehnte.

Sehr gedämpft begann hinter der Tür des matt erhellten Raumes die Melodie aufzuklingen, welche der Sikelerknabe während des ganzen Weges gespielt, die Apollonius getroffen hatte wie ein Schlag, und die er dennoch nicht erkannt, bis es ihm jetzt geschah.

„Die Musik der Melitte“, flüsterte er, und ein sehr junges Lächeln glitt lösend über seine ernsten Züge.

„Auch dieses weißt du noch?“

Er deutete auf ihr geheimnisvolles Gewand.

„Damals trugst du Mondsteine über weißen Schleiern“, sagte er sinnend. „Heute besitzt du das Wissen um die Mysterien der Elemente und der Gestirne; denn auch du wurdest eingeweiht, so wie ich eingeweiht wurde. Du trägst ein priesterliches Kleid, Latifa.“

Latifa erstaunte immer mehr. Aber auch ein nie gekanntes Bangen um die Gefährdung ihres Willens durch diesen Mann kam über sie. – Nie gekannt? – Ein einziges Mal erfahren, eben damals in der Nacht der Melitte, da sie, hilflos trotz ihrer jungen Liebeskunst, der Entscheidung dieses Jünglings ausgeliefert war, der ihre aufbrennende Sehnsucht gedämpft, der wie ein Cherub sie geküßt, der keusch und schweigend sie verlassen hatte.

Latifa regte sich. Aus blauer Seide glitt ein weißer Arm, strich fragend über die gestickten Bilder.

„Deute mein Kleid, Weiser aus Tyana! Komm näher!"

Da reichte er ihr – und gerade das hatte sie nicht erwartet – seinen Pilgerstab, auf dessen Bedeutung Euphrates sie hingewiesen, dessen Besitz ihm das Wesentlichste schien, um des Apollonius Magie zu besiegen. Er reichte ihr den siebenknotigen Bambusstab und sagte ernst:

„Bewahre mir meine einzige Kostbarkeit, Latifa, und wenn ich weiterwandere, so gib sie mir zurück."

Verwirrt, fast widerstrebend öffnete sie die Hand. Schon lag der Stab, seltsam leicht, kühl und körperlos, zwischen ihren heißen Fingern. Suchend blickte sie im Raum umher, erhob sich dann, öffnete eine lange Truhe, legte den Stab hinein, verschloß den Deckel. Als sie sich wieder auf das Bett niedergelassen hatte, spielte sie mit einem kleinen goldenen Schlüssel.

„Herr über unermeßliche Reiche? – Herr? –" stammelte sie.

Er setzte sich auf den Rand des Lagers. Still glitt sein Blick über das Gewand, das sie umhüllte, als werde es sich niemals von ihr lösen, das vom Genie eines vieleswissenden Künstlers entworfen schien und ausgeführt von geschickten und nachfühlenden Händen. Und er begann zu deuten:

„Ich sehe den Mond auf deinem Kleide, Latifa. Ich sehe seinen Lauf durch den Gestirnkreis, den eiligen, wechselvollen. Der Sonne Umlauf sehe ich nicht. Und es ist richtig so. Denn du, Latifa, bist des Mondes Eingeweihte, und des Mondes Phasen begrenzen deinen Pfad.

Ich sehe mehr. Ich sehe die Große Mutter, welche die Babylonier Melitte nennen und die Ägypter Isis. Die Griechen aber gaben ihr den Namen Demeter. Sie hält zwei Kinder im Arm, zwei zarte Wesen, Sol und Selene. Sie heißen auch Dionysos-Zagreus und Kore. Rosiges Licht fließt von den Kleidern über den heiligen Busen der Göttin. Sie saugen an ewigen Lebensbronnen. Oh, wie hell spielen die Flämmchen um des Knaben goldenes Haar! Wie hyazinthenblau schillern des Mädchens dunkle Locken!

Wo aber ist der Thron der Mutter aufgerichtet? Unbegreifliches Reich, leuchtend in niegesehenen Farben! Doch weiter abwärts erkenne ich Erde und Meer, wie sie sich wechselnd suchen und fliehen, sehe ich unsere Welt. Du aber, Persephone" – hier beschattete der Seher seine Augen mit der Hand, und die Gesichte waren jetzt hinter seiner Stirn und nicht mehr auf dem Gewand der lauschenden Frau – „du, Himmlischgezeugte, süchtig nach dieser Welt, ewige Psyche, du glittest aus den Armen deiner erhabenen Mutter, du brachtest die weißen Narzissen, die Blumen des Vergessens deiner göttlichen Abkunft. Du stiegest tiefer und tiefer, Seele, süchtig nach Schicksal und Lust, Seele, süchtig nach Qual und Wonnen, Seele, ewige Wanderin! Du tauchtest in die tiefste Tiefe. Du aßest vom Granatapfel des düsteren Freiers. Du, Geschlechtslose, sankest ins Geschlecht. Denn er, den der Mythos Aïdoneus nennt, ist der Ausgestoßene vom Olymp, der Seelenlosbegierige, der Erdengott, der Dämon der Lust. Zu dir, Latifa, kam er in hundert Gestalten: der Mann, der dich begehrt.

Einmal aber kam zu dir der Bruder, der mit dir an den Brüsten der Großen Mutter hing, dort, wo einst alle Seelen lagen. Aber du hast ihn nicht erkannt. Dennoch, vergessen hast du ihn nicht, und zum zweitenmal steht er vor dir."

Latifa hatte sich aufgerichtet, Zornglut über empörten Zügen.

„Wieder willst du mich mit Märchen einschläfern, trügerischer Verführer?" rief sie flammend. „Ich aber bin das Kind nicht mehr aus der Nacht der Melitte! Die Wissende täuschest du nicht! Warum kommst du ein zweites Mal zu mir, der du das Friedlose in mein Blut gesenkt in jener Nacht, in der du mich verworfen hast? Denn aus jener Nacht erwachte ich zu dieser unseligen Pilgerfahrt der nieerfüllten Liebe, erwachte ich zu der Jagd nach

Genuß, zum traurigen Triumph über jeden, der meinen Künsten verfiel – und jeder verfiel meinen Künsten. Ich aber, die Immergebende, Berauschende, Beglückende, ich, die Priesterin an Kybeles Altären, ich blieb der Krug, der nie sich füllt, blieb die Zimbel, die nie erklang. – Dich, Apollonius von Tyana, der mich weckte und mich verschmähte, der mich den Eros ahnen ließ und mir den Halbschlaf wieder über die blöden Augen warf, dich klage ich an, böse Zauberei an mir begangen zu haben. Denn du warfest den Hunger in meine Sinne, der nie sich sättigen läßt. Du bist von mir geflohen, nachdem du mich hörig gemacht. Du flohest, um dich zu schützen, vor mir, vor deinem eigenen Blut! Du bist geflohen in Kälte und Eigensucht! Du hast mich verlassen aus selbstherrlicher Verantwortungslosigkeit!"

Latifa schwieg, erschöpft wie ein Mensch, der nach jahrzehntelangem Schweigen zum erstenmal von dem gesprochen, was seines innersten Lebens Antrieb und Geheimnis ist. Sie sank in die Scharlachkissen zurück, zog fröstelnd das mystische Gewand enger um ihre Glieder.

Apollonius hatte schweigend ihre Anklage entgegengenommen, mit gebeugtem Kopf, ohne Gebärde, mit blassen Lippen – tief in ein aufmerksames Lauschen versenkt.

Jetzt, da die furchtbare Beschuldigung gegen den Reinsten geschleudert worden war, wunderte sich Latifa über sein Schweigen, über die Demut seines geneigten Nackens, über die stillen Hände, die lose ineinander gefaltet in seinem Schoß lagen. Was ging in dem Reglosen vor? Sann er von neuem auf Flucht? Das durfte nicht sein! Angst überrann sie. Mit zitternden Händen tastete sie an seiner Schulter empor.

„Apollonius", flüsterte sie, und ihre Stimme war verwandelt, war weich und flehend.

Da traf sie sein Blick. Und vor diesem Blick erbebte Latifa. Denn es war nicht mehr der Blick des Jünglings, der sie in Babylon bezaubert und bezwungen hatte. Es war nicht der Blick des Abgewandten, nicht der Blick eines schönen Asketen, streng und lockend zugleich. Es war der Blick des Mannes, der sein Sternenschicksal erkannt hat, der ihm nicht mehr ausweichen, der es bestehen will, der entschlossen ist zum Wagnis.

Vor diesem Blick, der mit der zentralen Kraft des großen Magiers sie durchdrang, erschauerte Latifa. Und vielleicht war er es, den sie durch ein ganzes Leben lang gefordert und gesucht hatte.

Da näherte er ihrem Gesicht sein üppigbekränztes Haupt. Dionysisches Lächeln erblühte auf seinen Lippen, als er sie zum Sprechen öffnete.

„Auch ich, Latifa", flüsterte er wie ein Geständnis – und ihre Klage gegen ihn war durch seinen Ton wie ausgelöscht – „auch ich, Latifa, aß vom Granatapfel. Auch ich brach die Narzissen der Persephone, die Blumen des Vergessens. Doch ich vergaß nicht ganz. Ungewiß steht die Gestalt des ‚Wanderers' im Schatten meiner Gedanken, des Wanderers, der ich war, der ich sein werde und der nur rastet bei dir. – Noch weiß ich, daß ich viermal eingeweiht wurde. Die fünfte Einweihung aber verweigerte mir der Eumolpide in Eleusis."

„Warum?" hauchte die Frau, angerührt vom Geheimnis, das um ihn wirkte.

Zögernd fuhr er fort:

„Der Eumolpide sprach: ‚Noch ist deine Seele zu leicht, das Brautbett der Persephone zu besteigen; denn noch, o Chela des Geistes und der Tat, kennst du nicht das dunkle Reich entflammter Herzen.'"

Latifa erbebte.

„Und jetzt kommst du zu mir, du jungfräulicher Mann? Und von mir willst du vorbereitet werden zum heiligen Mysterium von Eleusis? Von mir, der Kurtisane, die unzählige Männer umarmt und entwürdigt haben?"

Wieder sank sein blaubrennender Blick in den ihren. Leise, beschwörend flüsterte er:

„Wohl umarmten dich viele. Du aber gabst dich keinem Mann vor mir. Latifa, ich will, daß du mich einweihst in dein dunkles Reich, gepeinigte Seele. Ich will auch *deinen* Dienst begehen lernen. Priesterin der Kybele. Ich will – dein Neophyt werden, Geliebte."

Er schloß die Augen. Sein Gesicht war ernst und bleich. Unter dem leisen Druck ihrer Hände sank er neben sie auf das Lager.

Sie saß über ihn gebeugt, sah ihn an, zitterte, kämpfte gegen Tränen, weinte doch, weinte und lachte wie eine Trunkene, griff mit schmeichelnder Hand nach der Schulterspange, öffnete sie, schlug sein Gewand über der Brust auseinander, sah diese weiße, stürmische atmende, hingegebene Brust unter ihrem Blick erbeben, suchte mit tastender Hand sein Herz, legte ihr Ohr auf sein Herz, hörte den jugendlichen Schlag des aufgeschreckten, unerfahrenen Blutes, preßte ihre Lippen auf die klopfende Stelle, küßte sie, küßte seinen Mund – und lehrte ihn die Liebe.

Sieben Tage und sieben Nächte versanken Apollonius und Latifa in das Geheimnis ihrer Einweihung. Als sie zum erstenmal das stille Haus verließen, in welchem Sklaven ihnen stumm gedient, das Euphrates in ungeduldiger Spannung umschlichen hatte, da traten sie wie Fremdlinge unter die Pinien des Parks. Die Insel blühte ihnen entgegen. Auf ihren Lippen war das Lächeln der Entrückten, vor dem zurückwich, wer es zu deuten wußte. Ihre dunkel umschatteten Augen hatten den Tod gesehen. Bereit zum Untergang, hatten sie einander doch die Zuflucht gegeben, die sie in diesem Leben hielt.

Furchtlos, wie einst bei den Einweihungen der Priester, war der Neophyt, einmal entschlossen zum Abstieg auch in dieses Reich, der Mystagogin in alle Labyrinthe der Lust gefolgt. Einmal aber, als sie in seliger Erschöpfung ineinander geschmiegt lagen, hatte er für Minuten das heimliche Tor geöffnet, das Diesseits und Jenseits trennt, und ihre Seelen wurden fortgerissen von unfaßbaren Strömungen, geblendet von verklärten Lichtmeeren – und hatten wieder zurückgefunden in den warmen, lustspendenden Leib.

„Was ist uns geschehen?" hatte Latifa nach dieser Entrückung flüsternd gefragt.

„Wir waren auf einem höheren Plan", antwortete er sanft.

Sie schwieg verwirrt, sie war wie ohne Schwere.

Er aber wußte: Auch der Leib ist heilig. Denn auch er empfängt in seinen höchsten Augenblicken den Gott, auch er. Gott dringt in alle Reiche ein, wenn man sie ihm bereitet. Unsterbliche Psyche, die du den Weg suchst, vom Demiurgen ausgesendet, durch unzählbare Daseinsformen dein Kleid verdichtend, bis es Leib der Welt wird, Fleisch der Menschlichkeit, ist es nicht der gottgewollte Weg, den du gehst? Ist das, was dich hinablockt, damit du dich verstofflichst, nicht das gleiche unbegründbare Gebot wie das, welches dich antreibt, den Stoff zu vergeisten? Sind Involution und Evolution nicht die beiden einzigen Bewegungen, an denen wir das Ur-Sein überhaupt wahrnehmen? Und wie die Schöpfung in diesen beiden Rhythmen hängt, hängt nicht so auch jedes einzelne Herz in ihnen? – Hinab – hinauf – Hinauf! Das war der Antrieb meines Wollens. Hinauf! Das ist beseligende Stufenleiter, die, zu der ich berufen bin, zu der ich rufe. Aber es gibt nur ein Hinauf, wenn es den Abgrund gibt. Immer wartet ein Unten auf ein Oben, in Weltperioden und im einzelnen Geschöpf.

Und Apollonius, der an den Altären des Apollon und des Asklepios gebetet, der um des geistigen Wachsens willen in Keuschheit gelebt – heimlich nur angerührt vom Sehnen nach der äonischen Braut –, der von den kosmischen Offenbarungen des Hiarchas erleuchtet wurde, er hatte jetzt in der Wollust ihrer schönen Leiber, ihrer empfindsamen Seelen ein Weltmysterium genossen und erkannt, tief, heilig wie die Geheimnisse des Hiarchas, gelenkt vom Gang der Gestirne, demütig eingereiht in das Gesetz der Anziehung, das Welten umeinander kreisen läßt – und Herzen.

Wer hat von der Liebe gesagt, sie sei verderblich für den, der weise werden will? Ach, auch der Leib ist weise.

Wer hat den Leib entheiligt? Unverständiger, Unbezwungener, Unwissender oder Getäuschter. Ja, Getäuschter.

Denn der Dämon des Lasters wohnt in allen drei Reichen: im Reich des Gedankens, der Tat und des Gefühls.

Alles, was geworden ist, hat zwei Aspekte, hat die rechte und die linke Seite, hat Erhöhung und Erniedrigung.

Im Lächeln der Liebenden ist Gott, wie er in der Weisheit des Erleuchteten ist und in der Tat des Heiligen.

Gott ist in Hiarchas und in Latifa.

Und beide weihten den Neophyten ein in zwei Bezirke des Seins.

Wer aber würde dies verstehen? Die Jünger? Und welche unter ihnen? Damis, der Einfache, Eindeutige?

Menippus, der von einem schwülen Wahn geheilte, der Liebe noch nicht kennt?

Euphrates, der Unergründliche, der Zauberkundige?

Dion, der die Menschenherzen kennt? Dion vielleicht. Aber Dion ist fern.

Über Trinakria glutete des Sommers fruchtbare Wärme. Unter ihren Gebirgsmassen kochte das ewige Feuer, züngelte manchmal glitzernd in den Rauchschleiern des Ätna auf, wenn der purpurschwarze Himmel sich zwischen den Sternbildern spannte in den warmen, duftenden Nächten. Dann gingen die Liebenden durch den Park, über Wiesen, auf denen das Gras am Tage verbrannt war, die nachts Gerüche von Heu, von Würzkräutern ausströmten. Wie kleine, zitternde Vollmonde hingen die Orangen im dunklen Laub, und an des reglosen Sees feuchten Ufern blühten immer neue weiße Sterne auf: Blumen der Kore.

Um Latifas nackte Glieder schmiegte sich wie in der ersten Nacht das Kleid aus blauer Seide, mit den mystischen Zeichen bedeckt. Er trug den priesterlichen Leinenrock. Nie kleidete sich Apollonius in ein anderes Gewand.

Der Vollmond erhellte den Park. Sie stiegen den schmalen Weg hinan. Noch war er wohlgepflegt. Später wird er ins Geröll und funkelnde Geschiebe des Lavagebietes münden. Sie setzten sich auf eine steinerne Bank im Halbkreis dichter Gebüsche von Maulbeerbäumen, Feigen und Oliven. Die linde Nachtluft tat ihnen wohl. Sie hielten sich umschlungen, stumm dem Wachsen ihrer

Liebe hingegeben, in sich hineinlauschend, wunscherlöst, gestillt in Blut und Seele.

Apollonius hatte die Lider gesenkt. In nie endendem Entzükken verfiel Latifa dem Anblick seiner schönen Züge; denn sein Haupt lag auf ihrer Schulter, die Stirn dem Mondlicht zugewandt. So war alles in diesem Gesicht deutlich zu erkennen, aufsteigend von dem rund geformten Kinn, über den der erblühte Mund voll sich wölbte, zu den sensitiven Flügeln der schmalen Nase, der kraftvollen Fläche der Wangen, bis in die dunklen Nischen der geschlossenen Augen, bis zum kühnen Bau der Stirn, die ungestüm hineinwuchs in das helle Geflimmer verwirrter Locken, die ihre Finger mit zärtlichem Griff durchschmeichelten.

Wie still er dalag! Wie er sich ihr gegeben hatte! Er, der Welten durchschritten, der tiefste Gedanken gedacht – endete er nun in ihr? – Im Weib? – In der Liebe?

Enden? – War dies enden? – Sie zittert plötzlich.

Das absolute Glücksgefühl verflüchtigt sich, wo die Frage beginnt. Frage ist schon Unruhe, ist Entbehren, ist Zweifel.

Und wie Latifa eine kleine Bewegung macht, die ihre schwache Disharmonie verrät, schlägt der Liebende die Augen auf, grübelnde Augen, und sagt wie zu sich selbst:

„Was ist es, das ich vergessen habe? Ich finde es nicht wieder. Als ich vom Granatapfel aß, als ich die Narzissen der Kore brach, sank auch über mich der Traum, der alle Menschen umhüllt, der sich nur selten von ihren Sinnen hebt. Doch als ich dich dann wiedersah, wich dieser Schleier von mir. Du weißt es. Der Wollende und Wissende hat dich umarmt. Wissend und wollend ward ich dein Gatte.

Aber die Erinnerung an das Vorausgegangene ist mir noch immer nicht ganz zurückgekehrt. – Wer begleitete mich nach Trinakria? War es allein der Magier im Safrangewand, den ich hier manchmal durch die Wege streichen sehe, Euphrates, der sich mein Schüler nennt? Nein, andere noch waren mit mir. – Dion?"

Latifa horcht auf.

„Wer ist Dion?" forscht sie gespannt.

Es ist, als erwache Apollonius' halbschlafendes Bewußtsein bei dieser Frage.

„Ja, es ist Dion, der dich geliebt, der durstig an deiner Schwelle stand, dem du die Ratlosigkeit deiner Sinne ins Blut geschüttet hättest, wenn du ihn je umarmt — wie jene anderen, von denen du mir erzählt hast. Es ist Dion, den ich vor dir zurückgerissen; denn er, Latifa, wäre an dir zerbrochen — und Dion war mein Freund. Doch er verließ mich."

Staunend lauscht die Frau. Schwer beugt sie sich über sein Gesicht. Dunkelsaugend stehen ihre Augen dicht über seinen Augen.

„Und du, mein Überwundener, zerbrichst du nicht an mir?"

Ohne Verwirrung nimmt er ihren Blick in den seinen, tief und still wie ein See, der das Mondlicht widerspiegelt, ohne daß seine Fläche sich regt. Und so sonderbar erscheint Latifa dieses ruhige Empfangen ihrer heißen Beschwörung, daß leises Frieren durch ihre Glieder rinnt.

„Du widerstehst mir?" fragt Latifa scheu und legt ihre Hand über seine Augen. Nach dem Schweigen weniger Sekunden richtet er sich auf.

„Es waren noch zwei Freunde mit mir, als ich nach Trinakria kam", sagt er, von seinen Gedanken hingenommen. „Blieben sie in Tauromenium, unten am Meer? Um dich habe ich alle Menschen vergessen."

Sie löst langsam die nackten Arme von seinem Hals. Das mystische Gewand ist bis zum Schoß herabgelitten. Ihr Duft umschauert ihn. Ihr schwarzes, warmes Haar rinnt über seine Schultern.

„Vergiß, vergiß, Geliebter", flüstert sie eintönig.

Er schweigt. Doch in dem Schweigen wacht sein gelähmtes Erinnern auf.

„Damis und Menippus! Wo sind sie? Ich bin so weit von allen Menschen fort, so unbegreiflich weit."

„Du Unerfahrener, du Kind", lächelt die Liebende. „Weißt du es nicht, daß die Leidenschaft den Menschen auf eine Insel verbannt? Ihn vereinsamt? Ihn taub macht für die Geschicke der Welt? Verständnislos für ihr Treiben? – Nur diese Liebe ist in dir, mein Apollonius. Nur – diese – Liebe, nur – ich."

Da aber antwortet er mit klarer Stimme:

„Oh, du Priesterin des Mondes, wohl weihtest du mich in die Liebe ein. Nun aber führe ich dich."

„Wohin?" fragt Latifa in aufjagender Angst. „Weißt du ein Glück, das größer ist als unsere Liebe? Kennst du Süßeres als meinen Schoß?"

Er sieht sie mit unendlicher Zärtlichkeit an.

„Auf Erden nicht", sagt er.

„So bleibe auf der Erde! Oh, die Erde ist gut! Erde ist Schutz. Erde ist Wollust. Ohne Gedanken, ohne Zweifel, ohne Fragen! – Die Erde ist gut."

Latifa steht vor ihm. Ihr silberblaues Kleid rauscht wie eine Welle an ihren Lenden hinab, bauscht sich knisternd. Sterne, Blumen, Meere, Götter flimmern in gebrochenen Figuren um ihre Füße. Amphitrite ist sie, die aus kosmischen Wellen steigt, aus Wassern ewiger Fruchtbarkeit. Gegen ihre schlanken Beine reckt sich eine zackige Falte. Auf ihrer Spitze schaukelt gelblichrot der Skorpion. Spritzt nicht ein Tropfen aus seinem gezückten Schwanz? Apollonius starrt das Reptil an. Sein Herzschlag stockt. Er begreift: Der Skorpion des Chaldäers.

Da sagt die Frau – und sie preßt sein Gesicht sanft gegen ihre Brüste:

„Wie kam es nur, mein Geliebter, daß du die ‚Tänzerin von Ephesos' noch nicht tanzen sahest? Ach, unsere Liebe verwehrte uns, anderes zu tun, als uns zu küssen. Welchen Tanz soll ich vor dir tanzen? Willst du, daß ich der Großen Göttin huldige, Melitte-Astarte-Hekate? Soll ich die Bacchantin tanzen, die des Orpheus Glieder zerreißt? Oder soll ich nur ‚Latifa' sein, die Apollonius in die Verzauberung der Erde lockt, der warmen, der sicheren, der zärtlichen Erde?"

„Tanze ‚Latifa'!" sagt er leise und sieht sie an, hellwachen Blickes und Willens.

Da steigt sie aus den schimmernden Falten der Seide. Um ihre Fußgelenke klirren feine, goldene Ketten. Ein einziger riesiger Opal schimmert auf ihrer blassen Stirn. Ohne Armspangen heben sich die Arme. Ohne Ringe spielen die Finger. Schillernd wie leichtgebräuntes Elfenbein spannt sich über den schmalen Lenden, dem kleinen, runden Leib, den herben, süßen, festen Brüsten die mattglänzende Haut.

Latifa tanzt.

Zu unhörbaren Rhythmen, Rhythmen, die gleicherweise in ihr und im Weltenraum schwingen, hebt sich die weiße Flamme ihres Körpers in die purpurne Nacht hinaus.

Um Latifas Haupt scheinen die Gestirne zu kreisen, wie sie es langsam hebt und senkt und wendet. Immer neue Sternbilder umkränzen eng die weiße Stirn mit dem mondgeweihten Opal; denn ihre schwarzen Haare hat der Himmel eingezogen in seine Dunkelheit. So treibt ihr Gesicht wie eine bleiche Maske – das Antlitz der Gorgone, das erstarrt, indem es lockt, zurückgelehnt ins Grenzenlose, schwimmend im Raum, und es ist, als wären der Leib und die Glieder nur dienende, wundervolle, bewegliche Sklaven, um dieses Antlitz dem Geliebten entgegenzuhalten, dieses Antlitz voll Lust, voll Gram und voll Ewigkeit, dieses Angesicht aller Menschen, die waren und die sein werden – Latifa – wandernde Psyche.

Er atmet schwer, als sie zu seinen Füßen niedersinkt.

„Liebst du mich, Apollonius?" fragt sie die ewige Frage.

„Ich liebe dich, heilige Seele!"

Sie schlingt ihre Arme um seine Knie.

„Wirst du mich nie verlassen – nie?"

Denn schon ist diese größte Angst aller Liebenden in ihrem Herzen.

„Ich kann nur gehen, wenn du selbst mir den Pilgerstab in die Hand legst."

„Ich – dir –?" Sie begreift nur halb. „Es ist ja alles anders geworden", flüstert sie ungewiß und zieht ihn zu sich auf das Gras der Erde.

Unter den Sternen küßt sie ihn.

Die Sonne steht dicht hinter der Horizontlinie. In wenigen Sekunden wird sie sich aus dem Ionischen Meer erheben. Morgenkühle schauerte über Trinakria. Latrifa hat sich in ihr bildreiches Kleid gehüllt. Der erste Lichtschimmer funkelt über die Figuren, machen ihre tiefsinnigen Zeichen beredt.

„Deute mein Kleid, Weiser aus Tyana", sagt Latifa. „Du hast mir nur die Legende der Schwester erzählt. Sage nun, was tat der Bruder?"

Sie hat sich auf die Marmorbank gesetzt, thronend im Prunk der starren Falten. Er steht betrachtend vor ihr. Über seinem Haupt blitzen die ersten Strahlen des Tagesgestirns. Langsam bildet sich um ihn die Aura. Er flüstert eindringlich:

„Der ewigen Mutter ewiger Sohn, Dionysos-Zagreus, hörte den Schrei der geängsteten Seele aus Aïdoneus' Reich. Er tauchte hinab durch alle Stufen des Gewordenen. Er kam in das tiefste Reich. Er ließ seinen Götterleib von den Titanen der Materie zerreißen. Er stieg in den irdischen Leib. Er umarmte die ewige Schwester, Kore, die äonische Braut. Indem er zur Erde wurde, hob er die Erde in den Geist. Indem er ins Dunkel sich senkte, durchdrang er das Dunkle mit Licht. Indem er die Liebe lebte, verband er den Menschen mit Gott. Denn ‚alles Dämonische, alles Heilende lebt zwischen Gott und dem Menschen.'"

Nun ist die Sonnenscheibe ganz aus den Fluten gestiegen. Für Latifa wird sie durch Apollonius verdeckt. Von seinem Haupt zucken konzentrische Strahlen in das Türkisgrün des Morgenhimmels. Um seine weiße Gestalt steht das Oval des Lichts, sich ausbreitend über die Erde.

„Apollon ist schön. Dionysos ist geheimnisvoller", flüstert Latifa seherisch und weiß nicht um ihre Worte, sie, Auge nur und langsam erwachender Geist.

Er beugt sich über sie und küßt sie zart.

„Dies war die Deutung deines Priesterkleides", sagt er weich.

„Dies war ein Gleichnis von dir und mir", antwortet Latifa mit brechender Stimme.

Er schweigt. Und dann, mit einem Lächeln der Erinnerung, fügt er hinzu:

„Lebe — und du weißt!"

II

Apollonius, der das Wagnis der Liebe, das dem Chela verboten zu sein scheint, herausgefordert und fast schon bestanden hatte, rief jetzt Euphrates zu sich und fragte ihn nach dem Verbleib der Freunde.

Der zögerte mit der Antwort. Er hatte den ‚Fall des Asketen in die Materie' voll Spannung beobachtet, sich so viel wie möglich verborgen haltend. Er hatte triumphiert, als er ihn — wie er meinte — in die Netze der Hetäre sich verstricken sah. Er hatte erwartet, nach dem Vergehen des Rausches einen Reuigen, einen Büßer vor sich zu sehen, einen, der durch seinen geschwächten Seelenzustand leicht zu beherrschen sein würde. Statt dessen erkannte er in ihm mit Bestürzung einen Mann, der durch sein gesammeltes Wesen, was er getan, bejahte und vertrat. Und dieser Mann, den durchdringenden Blick in seinen Blick gesenkt, fragte jetzt streng nach dem Ergehen von Damis und Menippus, fragte wie einer, der die Antwort schon weiß, wie einer, der den Befragten nur prüfen will. Wieder hatte Euphrates das peinliche Gefühl, als Schüler vor dem Wissenden zu stehen. Er hatte längst eine Lüge vorbereitet auf diese Frage, die zu erwarten war, aber nun begriff er sofort: Die Lüge wäre durchschaut worden, noch ehe sie ausgesprochen war. So entschloß er sich zur Wahrheit, und schmeichlerisch um Apollonius' Vertrauen werbend, begann er:

„Lieber, meinst du, ich wußte es nicht, was dein so lange gehütetes Blut begehrte? Was die heimliche Lockung war, die nach Trinakria dich zog? Glaubst du, ich kannte nicht den Sternenzwang, der dich im Zeichen des Skorpions zu Latifa — Latifa, die Skorpiongeborene — zu dir riß? Seitdem dein Auge die Medaille erblickte in jener Mondnacht auf dem Mons Capitolinus — seit jener Mondnacht bist du der großen Göttin verfallen, die das Geheimnis der Zeugung schützt. Zauber der Mondnacht fing dich da ein. Du, Göttersohn, stiegest aus deiner astralen Welt zum erstenmal hinab in das dritte Reich. Und du sahst: es ist gut. – Sollten nun dich Glücklichen – aber Gesunkenen – die knabenhaften Männer so erblicken, die dich mit vorwurfsvollem Geschwätz belästigt und gestört hätten? – Oh, nein, mein Vielgeliebter! Ich als der einzige, der deinen ‚Fall' begriff, ich entfernte diese Einfältigen von dir um deines Menschseins willen, das du dir – spät genug – gestattet hattest. Gab ich dir nicht, was du jetzt brauchtest, ich, dein wissender Freund?"

Apollonius schwieg lange. Verwirrend wirkten wieder des Euphrates Worte auf ihn. Denn hinter ihren Verschleierungen und Teilwahrheiten entglitt ihm wie stets dieser Seele Kontur. Euphrates gegenüber, der in manchem Wissen ihm ebenbürtig war, versagte auch jetzt sein entscheidender Blick. – Können sich vielleicht die unterschiedlichen Elemente nie erkennen? Irren die zwei Prinzipien der Welt in ewigem Mißverstehen aneinander vorüber?

Schließlich sagte er:

„Ob du mir Gutes oder Böses damit antun wolltest, da du die Freunde entferntest, ich weiß es nicht. Aber vielleicht bist du nur das Werkzeug in eines Meisters Hand und mußt das Gute wirken, wenn du das Böse willst."

Euphrates hörte nur das eine Wort: „Das weiß ich nicht." Mit ihm gab der Weise zu, im Dunkeln über ihn zu sein. Er, der nie lächelte, grinste hinterhältig. Apollonius bemerkte es nicht. Den Blick gesenkt, fuhr er fort:

„Ich sehe: die Freunde sind in Sicherheit. Doch wo sie sich befinden, vermag ich nicht zu erkennen."

Da berichtete Euphrates von der Abfahrt nach Gades, erleichtert, daß diese Unterredung so mühelos verlaufen war. Und heimlich wuchs und wuchs in ihm der dunkle Trieb, Apollonius zu erniedrigen und zu schwächen, wohl auch, um die Mittel seiner Magie in die Hände zu bekommen, hauptsächlich aber aus jenem unentrinnbaren Zwang, dem die tiefsten Kräfte des Lebens entsteigen, die kämpfen müssen ohne Zweck, kämpfen nach urwelthaften Gesetzen, die niemand deuten und erklären kann, denn sie sind immanent.

Euphrates sprach zu Latifa, die unruhig durch den Park strich, die Blicke, ohne es zu wollen und zu wissen, nach jener Seite gerichtet, wo der Ätna hinter den Klüften und gezackten Felsen aufstieg und wohin Apollonius seine Wanderungen machte – er sprach zu ihr und sah sie fragend an:

„Ist jener Grieche nun der Wundermann, den du ersehnt?"

Sie lachte auf.

„Dir soll ich darauf antworten? Oh, Euphrates, wie lästig bist du mir mit deinen Fragen!"

„Lästig oder nicht", sagte er schroff, „ich erinnere an den Pakt: Dir der Mann – mir der Stab! Gib mir den Wanderstab des Apollonius, und meine Neugier soll dich nicht mehr stören."

Latifa dachte nach. Was bedeutete dieser Wanderstab, der beiden Männern so wertvoll schien? Hatte ihn nicht Apollonius in der ersten Stunde als Kostbarkeit bezeichnet und in ihre Hände gelegt? Hatte er nicht vor kurzem wieder an ihn erinnert und gesagt, er gehe nur von ihr, wenn sie selbst diesen Stab an ihn zurückgeben werde? Was war an diesem Bambus? Wer hatte ihn dem Geliebten gereicht? Was wollte Euphrates durch ihn erlangen? Latifa schüttelte langsam den Kopf.

„Den Stab – ihn darf ich dir nicht überlassen, Euphrates. Wähle anderen Lohn."

Er höhnte.

„Kannst du mich entlohnen, Latifa? Hast du nicht alles durch mich? Und wenn wir deine Hurengelder teilen, wer hat dich zum Leben der Kurtisane frei gemacht? Wer verlieh dir die unvergänglich scheinende Jugend? Ich kann sie jede Stunde von dir nehmen. Dann bist du alt, und alles ist vorbei!"

Latifa sann: Kann Apollonius mir nicht alles geben, was jener gab – und mehr?

Euphrates antwortete auf das Unausgesprochene:

„Seine Gaben sind andere als die meinen. Er schenkt Gedanken, wo ich Schönheit biete, und Träume, wo ich dir Juwelen streue", und lockend ließ er eine Kette von Saphiren spielen.

Latifa sah die Steine, meerblau und wasserklar, erkannte ihre Erlesenheit, schätzte ihren Wert und fühlte keinen Wunsch, sie zu besitzen. Nichts lockte mehr an diesem Geschmeide. Sie forderte es nicht. Wozu auch sollte sie sich noch mit ihm behängen?

Euphrates stutzte, ließ die Kette gleichgültig in seinem gelben Kleid verschwinden, fragte:

„So willst du Apollonius eines Tages wieder ziehen lassen?"

Latifa erblaßte.

„Ihn ziehen lassen? Niemals wird Apollonius von mir gehen. Es sei denn", zögernd fügte sie dies hinzu, „daß ich selbst den wunderlichen Stab in seine Hände lege."

Euphrates erspürte die gefährliche Stelle. Gierig, dringend flüsterte er:

„Und darauf willst du es ankommen lassen, Latifa, hörig gewordenes Weib? Glaubst du denn wirklich noch an deinen eigenen Willen? Weißt du nicht, daß der Zauberer Apollonius aus Tyana ganz andere Willen gebeugt hat als den deinen? Denn er wußte selbst Neros, des Kaisers, Willen zu brechen, so sagten mir die Jünger. Er wußte die Priester der Hekate zu schrecken, so sah ich es selbst im Artemision. Meinst du nicht, dieser große Spieler hält nicht auch deinen Willen in seinen gewandten Händen und wird ihn biegen, wie er will, so daß du eines Tages, schwach und rätselhaft behext, den Stab ihm wiedergibst, genau zu der Stunde, da der Tyanäer wandern will? Oh, Latifa, einmal warst du stark! Ich wollte dich zum Kampf um Rom erziehen. Ich schätzte deine Kühnheit. Nun aber zerbrichst du wie jede kleine Bürgerin an einem weiblichen Gehorsam und weißt es selber nicht."

Latifa hatte schweigend zugehört. Denn irgend etwas war richtig in des Euphrates schneidenden Darlegungen. Würde sie, wenn Apollonius wollte – nicht wollen können?

So wurde der Stab in ihren Händen zur gräßlichen Gefahr für

ihr Glück. Wenn sie ihn nicht zu vergeben hätte, könnte Apollonius nach seinen eigenen Worten niemals sich von ihr trennen. Sie, sie allein hielt die Möglichkeit zu seinem Abschied verschlossen unter ihrer Habe. Wie aber, wenn sie ihm den Stab einmal wirklich nicht zu verweigern vermöchte? Dem zu entgehen, gab es nur ein Mittel: Den Stab für immer aus ihrem Bereich verbannen.

Eiskalt an allen Gliedern, gepeinigt durch Euphrates' lauernden Blick, dennoch entschlossen zur verbotenen Tat, reichte Latifa dem Magier den goldenen Schlüssel, bezeichnete mit kurzem Wort die Truhe, saß regungslos und wartete, sah ihn zurückkehren, den Stab mit den sieben Knoten in seiner Hand.

Euphrates strebte, schnell fortzukommen. Hastig sagte er zu der Frau, der er den Schlüssel zurückgab:

„Du hast nicht nur mir gegeben, was mein ist, du hast dich vor dir selbst geschützt."

Sie sah ihn unsicher an.

„Ich weiß es nicht", meinte sie zögernd und sank in ein hilfloses, beklommenes Sinnen.

Eilig verließ der Magier den Park. Leicht lag der Stab in seiner zitternden Rechten. Er ging, um seine Kraft zu erproben, die gleiche Kraft, welche die verschlossenen Tore des Tempels von Ephesos geöffnet hatte. Denn diese Kraft — so wollte es Euphrates — sollte jetzt den Felsenmantel des Ätna durchleuchten, des Riesen, der nach der Gigantenschlacht mit den Olympiern in Ewigkeit angeschmiedet auf der dreispitzigen Insel liegt und dessen glühendes Herz aufkocht, sobald er sich bewegt, aus dessen Rachen manchmal die Flamme steigt und immer dampfender, grauer, glühender Atem zwischen den eisigen Lippen von nie schmelzendem Schnee.

Einsam im safrangelben Magiermantel, den spitzen Hut fest über die schwarzen Haare gezogen, in der Hand den Bambusstab, dessen Natur er nicht verstand, dessen Gewalt er prüfen wollte, stieg Euphrates in das Geröll des Ätna empor bis zu einer senkrechten Felswand, die er schon lange für diesen Versuch sich ausgewählt hatte. Er legte sein Ohr an den Stein. Wie fernes Singen in einer Meermuschel brauste es an sein scharfes Ohr – Gärung der Erde.

Euphrates war nicht furchtsam. Dennoch durchschauerte ihn hier in dieser Abgeschiedenheit ein aufspringendes Entsetzen. Hier war nur er und die Erde mit dem siedenden Geheimnis in ihrem Innern. Hier war der Stab mit sieben Knoten, der verschlossene Tempeltore geöffnet hatte. Hier, völlig zeugenlos, würde er die Probe machen, ob dieser Stab ein Werkzeug war, das ihm gehorchte. Denn wenn der lebendige Fels vor ihm durchsichtig würde und ihm die Geheimnisse seines Schoßes entdeckte, so würde totes Gestein, von Menschenhand geschichtet, wie Spielzeug vor ihm zerbrechen. Und Euphrates murmelte die Formel, welche die Elemente bannt. Er rief die Namen der Geister an, die sie beherrschen. Er beschwor die Kräfte des Wassers, der Luft, der Erde, des Feuers. Siebenmal schlug er mit dem Stab gegen die Felswand.

Da begann das Gestein unter seinen Füßen zu schwanken. Bebende Stöße klommen bis in seine Knie empor. Rasendes Zittern durchflog ihn. Und auf der Felswand vor ihm erschien ein kohlschwarzer Riß, jäh auffahrend von unten nach oben. Schweflige Dämpfe leckten mit Zungen hervor. Das Atmen wurde zur Pein, doch hielt er dem erstickenden Brodem stand, das magische Zepter erhoben, den Blick bohrend auf den weiter und weiter klaffenden Spalt geheftet.

Und plötzlich fuhr aus diesem Riß die Flamme! Sie jagte gegen ihn. Sie zog sich wild zurück, einen Regen von grauen, prasselnden Flocken über ihn schüttend. Dann ward es wieder still wie zuvor. Nur lauter grollte es unter seinen Füßen. Er wartete, daß der Felsen sich erhellen sollte. Der aber blieb undurchdringlicher Stein.

Enttäuscht, zornig gebot der Magier von neuem den Elementen. Wieder lohte die Flamme vor ihm auf. Schon fielen Feuerfunken auf seinen gelben Rock. Schon fühlte er ein Brennen im Gesicht, an den Füßen, den Händen. Sinnlos vor Schmerz brüllte er auf, wollte zurück, konnte nicht, war ohne Kraft, taumelte in eine Ohnmacht. – Da riß ihn eine unsichtbare Hand zurück, riß ihn zur Seite, und um sein Gewand, das schon an hundert Stellen knisterte, preßte sich ein starker Körper mit klammerndem Druck. Auf kühles Leinen sank seine glühende Stirn. Seine Knie knickten vor dem Unsichtbaren zusammen, der den Stab berührte, ihn aber in seiner Hand ließ und mit eindringlicher Stimme befahl:

„Der Stab gehorcht nur dem, dem er verliehen. Räuber, bringe ihn der Hüterin zurück!"

Euphrates preßte die Hände vor die Augen. Er, der den Giganten herausgefordert hatte, wagte es nicht, seinem Retter ins Auge zu blicken. Und Apollonius verließ ihn ungesehen.

Nach Stunden todesähnlicher Erschöpfung schlich der Magier den weiten Weg zurück. Gekrümmten Rückens bot er der Hetäre den Stab, wehrte angstvoll ab, als sie nach der Bedeutung seines Tuns fragte.

Latifa saß, den Stab in der Hand, der nur – so ahnte sie – Apollonius gehören durfte, den er wieder an sich nehmen würde zu seiner Wanderung durch den Gürtel der Zeit. Latifa, dies erkennend, schrie auf. Aufschluchzend preßte sie das Gesicht in die Hände.

„Und ich – ich werde ihn geben", stöhnte sie, und ihr Jammerton machte die Sklaven erbeben und die uralte Dienerin, die erstarrt vor ihrer Tür kauerte, die alles miterlitt, was dieses Herz erfuhr, und nichts von allem verstand.

Latifa saß vor einem Kohlenbecken, obwohl der Tag glühte. Auch wärmte sie sich nicht an ihm. Langsam nahm sie Blatt auf Blatt aus einem Kästchen aus Zitronenholz, das neben ihr auf einem Tisch stand. Von den unzähligen Liebesbriefen – zärtlichen und frechen, unbeholfenen und schön geschliffenen, fordernden und flehenden –, die sie in ihrem Leben erhalten, hatte sie diese geringe Anzahl aufgehoben, in denen irgend etwas sie einmal angerührt, ein süßes Empfinden geweckt, ihren maßlosen Stolz befriedigt hatte. Sie wollte jetzt noch einmal sichten. Sie wollte den Zeugnissen ihres stürmischen Lebens, in dem es immer um Lust und Besitz gegangen war, noch einmal nachspüren, vielleicht, daß sich eine Begegnung, eine Erinnerung fände, die nicht so weltenweit von dem verschieden war, was sie durch Apollonius erfuhr. Und wenn sie eine solche Erinnerung entdeckte? Wollte sie sich dann von ihr betäuben lassen über die Möglichkeit von des Geliebten Abschied? Wollte sie sich dann selbst beweisen, daß es noch andere Wege des Beglücktseins gab als diesen einen, spät gefundenen, letzten, unerbittlichen, der ins Entsetzen führte oder ins Vollkommene, an das sie nie geglaubt – ins Glück der Wandellosen?

Ein Brief nach dem anderen sank, flüchtig gelesen, in das glimmende Becken, aus dem ein feiner Rauchstreifen durch das Fenster zog, sich auflösend in der tiefen Bläue des Mittags.

Dieser hier – sie hielt ein Blatt mit griechischer Schrift in der Hand – war der Brief eines Liebenden, der mit seinem Tod gedroht, wenn sie ihn nicht erhöre – und der sich dann vergiftet hatte, weil sie ihn nicht gerufen.

Dies waren die Worte eines Mannes, der den Wahnsinn nahen fühlte, weil er sie einmal nur umarmt hatte und dann von ihr abgewiesen worden war. Und sein Geist war in die Nacht gesunken.

Dieser – auch der flatterte in das Feuer, rollte sich verkohlend zusammen, zerfiel in Atome.

Latifa sann: Was machte es, daß ich sie alle gehen ließ, nicht nur die Lüstlinge, die es nicht anders verdienten, die viel zahlten, um plump zu genießen – nein, daß ich diese fortschickte oder sie einmal nur in die Arme nahm und an meiner Sehnsucht prüfte, sie verwarf als unfähig, mich hinreißen zu können? Denn immer versagten ihre blutarmen Seelen vor meinem fordernden Herzen.

Als letzten Brief hielt Latifa die Worte eines Dichters in der Hand, eines klugen Mannes, mit dem sie nachdenklich geplaudert hatte, der einzige, gegen den sie sich über das Erniedrigende ihres Berufes beklagt hatte. Auch dieser hatte einmal nur mit ihr geschlafen. Er war ohne Bitten um Wiederholung, dankbar und ehrerbietig, von ihr geschieden, ein feiner Liebeskünstler, und ehe er von Ephesos nach Rom segelte, hatte er ihr diesen Brief gesandt:

„Du verkaufst deinen Leib – das tun auch die Söldner, und du gehörst jedem Zahlenden – das tun auch die Lotsen. Wir trinken von dir wie von den Flüssen. Wir pflücken dich wie Rosen. Schäme dich nicht deiner Willigkeit, sondern rühme dich deiner Großmut! Auch das Wasser ist ja allen gemein, und das Feuer gehört nicht einem. Die Sonne ist die Gottheit über allem Volk. Dein Haus ist eine Burg der Schönheit, die Eintretenden sind Priester, die Bekränzten Schauer – das Geld ist die Abgabe nur. – Herrsche sanft über die Unterwürfigen."

„Elegante Lügen", murmelte Latifa bitter. Auch dieses Blatt verknisterte im Feuer. Nun waren alle Dokumente verbrannt. Sie hatten jede Bedeutung für sie verloren. Klarer nur erkannte sie: In Apollonius allein war ihr Schicksal eingeschlossen. Durch ihn lebte sie. Durch ihn würde sie sterben. Seligkeit oder Elend, Leben oder Tod – alles war er! Und er war mehr. Er brachte die geistige Trunkenheit, die eine andere war als die leibliche, die sie gekannt. In ihre Umarmungen blitzte göttliches Licht. Ihre Küsse wurden feurige Stufen, auf denen die Seelen traumhaft emporstiegen. Ihre Küsse verwandelten ihr Blut in singende Flüssigkeit. Schwerelos glitt ihr ätherischer Leib in höhere Daseinsschichten, von Strömungen ergriffen, die geistig waren und nicht zu benennen, an die man sich aber erinnern konnte in demütiger, unaussprechlicher Ergriffenheit.

Seit der Stab wieder in Latifas Truhe lag, zurückgekehrt wie aus eigenem Willen, seitdem zitterte sie in nie ruhender Angst, sie könne gezwungen werden, ihn Apollonius zu geben, oder dieser müsse, vom magischen Willen des Stabes angeregt, sich erheben, von ihr gehen, wandern durch die Länder, über die Meere, heimatlos wie bisher. Denn nie noch hatte Apollonius eine Heimat gehabt, wie er sie jetzt bei ihr gefunden, außer in seiner Kindheit. Und er hatte sie nicht entbehrt. Er hatte einmal zu ihr gesagt: „Das Haus ist noch ein Körper mehr, der die Seele umschließt, noch dichter, noch unbeweglicher, noch starrer als der Leib. Wie könnte ich, der ich mich so um die Gelöstheit der Seele bemühe, einen noch schwereren Mantel um sie legen wollen! Schon in der materiellen Welt ist der ‚Wanderer' der freieste Mann. Denn ihm, der nirgends gebunden ist, der nichts besitzt, gehört die ganze Erde."

Schrecklich hatten Latifa diese Worte geklungen. Denn dieser Hauslose, der nichts besaß als etwas Geld aus dem Nachlaß seines Vaters, das Kleid, das er trug, das Pergament, das er beschrieb, die Früchte, die er aß, den magischen Stab und die magischen Ringe, deren Geheimnisse er auch ihr nicht enthüllt – er allein war flüchtig wie der ziehende Vogel, war wandernd wie ein Gestirn, ja, er war das Gestirn, von dem sie in einer alten Schrift gelesen hatte:

„Ich bin ein Stern, der mit euch seine Wandelbahn zieht und aufleuchtet aus der Tiefe."

Wenn Apollonius bei ihr war, schwieg ihre Angst. In seinen Armen fühlte sie die Sicherheit der Dauer, vergaß sie, daß Gestirne weiterziehn, aufleuchten aus der Tiefe – und entschwinden. An ihrem Herzen war er der liebende Mann, der köstliche Besitz, der mitreißende Geist, der unzählbare Tore vor ihr aufgeschlossen, von denen sie geglaubt hatte, daß sie für keinen Sterblichen zu öffnen seien. Aber war Apollonius denn ein sterblicher Mensch, wie sie, wie andere, wenn auch der vollkommenste? An dieser Stelle ihres Denkens grauste es Latifa jedesmal, und ihr wollte es dann scheinen, als sei die Legende von Dionysos mehr als nur Legende und die Erlösung der Kore im dritten Reich mehr als ein Gleichnis. Dann erbebte die Frau, doch wagte sie es nicht, Apollonius danach zu fragen; denn sie fühlte tief die Weisheit jenes Wortes: „Lebe – und du weißt!"

Doch wenn sie allein war, wenn Apollonius sich zur Mittagstunde zu Meditationen zurückgezogen hatte, dann standen diese Gedanken wie selbständige Wesen um Latifa und bedrängten sie mit peinigenden Fragen, mit frevelhaften Versuchungen, mit listigen Überredungen: wie sie den Stab des Arglosen, der niemals nach ihm fragte und ohne den er nicht von ihr gehen würde, dennoch vernichten könne, Euphrates aber, der sie umlauerte, sprach zu ihr in einer solchen Stunde verzweifelter Anfechtung:

„Er bereitet den Abschied. Ich bin sein Schüler und weiß, was es bedeutet, wenn er stundenlang einsam in sich versinkt und seine innere Kraft anwächst wie eine heimliche Wurzel, tief, tief in ein Erdreich versenkt, das dir ganz und mir teilweise unzugänglich ist. – Weißt du nichts von seiner Wanderung durch den Sternkreis? Und bist du nicht, Skorpiongeborene, selbst eine Schwimmerin im ewigen Fruchtwasser der Welt, das ihn jetzt zum zweitenmal umspült? Damals in Babylon war er im Zeichen des Krebses zum erstenmal dir nahe und – entwich. Jetzt ist er dem Wasser, welches das Feuer kühlt, von neuem ausgeliefert im Zeichen deiner Geburt. Er ist die Sonne; du bist nur ein Stern. Wenn du aber den Zaubersaft zu nutzen wüßtest, den Saft des Skorpions, der jetzt noch, kurze Zeit noch – denn schon liebt ihr euch im siebenten Monat – euer Schicksal beherrscht, wenn du ihn in letzter Stunde nützen wolltest, du hieltest dann den Wanderer wohl fest, wohl fest für immer."

„Wie kann ich die Sonne halten?" höhnte Latifa. „Du sagst ja selbst, daß er die Sonne sei." Doch schon während sie dies sprach, stieg in ihr tödliche Angst auf um dieses Wandernmüssen des Lichts, dies Anderen-Welten-leuchten-Müssen des Lichts.

Euphrates schwieg, ließ die Furcht in ihr wirken, unterstützte die innere Qual durch übertragene Gedankenwellen. Schon sah sie ihn aus bangen Augen an.

„Gesetzt, ich wollte – doch will ich nicht!"

„Was wolltest du?" fragte er drängend.

Latifa stockte, dann begann sie von neuem:

„Einmal in Ephesos nannte ich dich den schwarzen Magier und ihn den weißen."

„Und heute tust du es nicht mehr?"

Aus Euphrates' Augen brachen grünliche Funken. Latifa blickte zur Seite.

„Auch heute nenne ich euch wie damals", sagte sie mit zusammengeraffter Stimme.

„Was weiter?"

„Kurz, Euphrates, antworte mir auf eine einzige Frage: Was soll ich tun, um Apollonius zu halten, der gar nicht gehen will?"

„Doch gehen muß!" ergänzte Euphrates. Dann fuhr er leise fort und legte Beschwichtigung in den Ton seiner Stimme. Er sprach von einem Saft, der die wachsten Sinne mit leichtem Schleier bindet und die intensivste Kraft mit merklicher Fessel lähmt.

Latifa fuhr zurück.

„Den Schönen soll ich zu einem Krüppel machen? Den flüchtigen Hirsch zu einer kriechenden Raupe? Den Halbgott zu einem verblödeten Schatten?"

Euphrates wehrte ab.

„Meinst du, zu einer solchen Verwandlung hätte ich die Kraft? Ich, Apollonius dem Gewaltigen gegenüber? Ja, wäre er irgendein Mensch gewöhnlicher Art, da möchte mir eine solche Seelenverstümmelung schon gelingen! Doch bei ihm? Selbst wenn ich es wollte – doch bei der Großen Göttin, ich will es nicht – mein Zauber prallte von ihm auf mich zurück und träfe mich. Denn dies ist das Gesetz der hohen Magie."

Latifa atmete auf. Euphrates hatte ernst gesprochen. Was er gesagt, verkleinerte ihn, erhöhte aber Apollonius. Bescheiden fuhr er fort, wie zu sich selbst redend, und eine kleine Flasche aus alexandrinischem Glas glitzerte in seiner Hand und zog Latifas Blicke zwingend an, die sich nicht von dem grünlichen Glas mit seinem farblosen Inhalt zu lösen vermochten.

„Ein paar Tropfen nur auf eines Schlafenden oder Ruhenden Stirn gespritzt – und auf immer hat ihn der Trieb verlassen, Zugvogel über der Erde zu sein. Seine Rastlosigkeit ist gestillt. Ewig gehört er der Heimat – der Frau."

„Aber – Apollonius will ja nicht gehen", versuchte Latifa noch einmal zu widerstehen.

Da öffnete der Magier plötzlich groß seine verschleierten Augen:

„Und die Einweihung in Eleusis?" fragte er laut.

Latifa erblaßte. Euphrates erhob sich schnell. Von seinen Knien war die kleine Phiole geglitten, funkelte in den Arabesken des Smyrnateppichs. Er achtete ihrer nicht. Scheinbar von anderen Gedanken ergriffen, scheinbar zerstreut verließ er die Frau.

Sie, den Blick auf das Glas gerichtet, rief ihn nicht zurück. Nein, sie bückte sich und hob das Fläschchen auf. Lange drehte sie es im Licht hin und her, blickte es rätselnd an, barg es im geheimen Verschluß des Jaspisgürtels, der ihr Kleid hielt.

„Eleusis, wie konnte ich Eleusis vergessen?" murmelte sie. „Oh, ich werde es nicht wagen, ihm Gewalt anzutun – dennoch."

Und sie fühlte ein seltsames Zurückkehren von Ruhe, seit sie das magische Mittel zu ihrer Verfügung wußte.

Als Latifa sich in dieser Nacht an des Geliebten Brust schmiegte, flüsterte sie flehend das eine Wort, das ununterbrochen in ihrer Seele lebte, seit Euphrates es ausgesprochen hatte:

„Eleusis?"

Kaum verstand Apollonius die leise Frage, doch er verstand den Sinn.

„Wolltest du mich nicht vorbereiten zu dieser Einweihung? War das nicht der Sinn unserer Liebe?"

Latifa erschrak.

„Ach, Apollonius, kann Liebe einen anderen Sinn haben als sich selbst?"

„Psyche", sagte er weich, „kommt dir noch immer kein Erinnern an die Welt, aus der du niederstiegst in dieses Leben?"

Sie umschlang ihn heiß.

„Ich will nur dich! Nicht will ich eine höhere Welt, wenn in ihr dein Leib nicht ist und dein Herz. Deine Hand, die mich liebkost. Dein Mund, der mich küßt. Dein Arm, der mich hält – fest hält. – Hast du es denn nicht erkannt, Apollonius, daß Liebe nicht über sich hinaus will? Daß sie das Höchste ist, das Letzte, das Endliche, nein, das Unendliche? Hast du das nicht begriffen? Oh, so weihte ich dich unvollkommen ein! Immer noch bist du der Myste, der Verschleierte. Ich aber, ich bin sehend geworden, sehend durch meine Liebe zu dir!

Was nie ich fand –
ich hab' es gefunden!
Was ich gesucht –
du hast es gegeben!

Dein Leib, dein Blut, deine Seele, dein Leben, deine Gegenwart: Das ist die Götterwelt, aus der ich einmal kam, in die ich wieder zurückgeführt wurde durch dich. Ging ich nicht ein in dich? Sind wir nicht eins?"

Die letzte Frage hauchte Latifa. In tiefer Rührung flüsterte er:

„Noch – nicht."

Sie stöhnte auf und wußte im Innersten: er hatte recht.

„Gib mir die Grenze!" flehte sie. „Ich fürchte mich vor dem Grenzenlosen in dir!" Da nahm er sie noch enger an sein Herz.

„Du fühlst es ja selbst, Latifa, Liebe ist der Versuch nur, sich in einem anderen aufzulösen, ist Sehnsucht nach Verschmelzung, beseligende Vorbereitung. Liebe ist die Erinnerung an Gott. Einmal wirst du auch das begreifen – heute noch nicht."

„Und bleibst du bei mir, bis ich es erkenne?" fragte sie scheu, halb bittend.

„Ich bleibe bei dir, bis du mich erkennst", antwortete er.

Da erschauerte sie, vom Geheimnis seines Wesens angerührt – und über beide sank der Liebesschlaf.

So war es des Nachts, wenn sie beieinander ruhten. Am Tage aber glitten ihre Seelen in getrennte Bahnen – er, weitergezogen von seinem Lauf durch den Gürtel der Zeit, sie, gehalten vom Zeichen des Skorpions, unter dem sie geboren war – er, wachsend und sich ausdehnend in allen Elementen, sie, gebannt in das eine, das Fruchtwasser, aus dem alles Leben der Erde quillt –er, inkarnierter Geist, sie, Seele, die zwischen Geist- und Körperwelt noch unentschieden taumelt.

Einmal sagte sie zu ihm:

„Du hast mir niemals auf meine Anschuldigung in der ersten Stunde unseres Wiedersehens geantwortet. War es nicht ungerecht, daß ich dir die Schuld gab an meinem schweifenden, verirrten, grausamen Leben? Wie könntest du die Schuld daran tragen!"

„Ich trage diese Schuld", antwortete er.

Latifa staunte.

„Du Reinster! Hättest du dich denn anders entscheiden können in der ‚Nacht der Melitte'? Hättest du mir den ‚Berg der Weisen' opfern dürfen?"

„Ich durfte es nicht. Ich gehorchte dem inneren Befehl. Trotzdem wurde ich schuldig an dir. Dies gehört zum Unlösbaren des Lebens, das sich leiblichen Augen verhüllt. Latifa, wir gehen durch zahllose Geheimnisse, auch die, welche schon vieles sehen lernten — auch die."

„Dann bist du jetzt zu mir zurückgekommen, getrieben durch das, was du deine Schuld an mir nennst?" fragte sie.

„Vielleicht lenkte mich dies. Vielleicht müssen wir immer an den Ort zurück, wo wir gefrevelt haben oder wo wir etwas versäumten. Vielleicht aber sind wir auch sternenhaft verbunden durch unzählbare Daseinsformen und treffen uns immer wieder — du und ich."

„Er geht! Er geht dennoch!" hetzte Euphrates die Frau, die, sowie Apollonius sie für Stunden verließ, ein ruheloses Wandern durch den Park begann, fast ohne es zu wissen, die Gesellschaft des Magiers und die Aufregung seiner Gespräche suchend, die immer noch leichter zu ertragen waren als jene gramvolle Angst um das Ende. Denn kein Blick, kein Wort, keine Versicherung des Apollonius vermochten das Gefühl in Latifa zu beschwichtigen, daß der Abschied nahe sei, weil sie ein Unwägbares von ihm schon nicht mehr bei sich fühlte.

„Wo ist er jetzt?" fragte Latifa. Und Euphrates:

„Er meditiert. Du weißt, er hat sich den kleinen Raum hinter der Säulenhalle für seine geheimen Übungen ausgewählt. Dort sitzt er stundenlang und versenkt sich in die Gesetze, die sein sonderbares Wesen lenken. Die ihn lenken! Deren Sklave er ist, nicht ihr Herr! So tat er immer zu der Stunde, welche die Griechen dem Dämon des Mittags, dem großen Pan, gewidmet haben. In Indien lernte er das. Vielleicht auch früher, als er des Goldenen Gottes Sprachrohr war, in Ägea bei den schlauen Asklepiospriestern. Denn dies erzählte mir einst Dion."

„Ich will ihn sehen, wenn er meditiert. Er muß einem Gott gleichen, wenn er entrückt ist", murmelte Latifa, flackernden Blicks. „Ich muß ihn so sehen."

„Bei Astarte, das darfst du nicht!" warnte Euphrates heuchlerisch. „Keiner seiner Jünger hat ihn in dieser Stunde je belauscht. Nicht ich – nicht Dion, den er am meisten liebte. Auch dir ist es verboten."

Er blickte sie erwartungsvoll an. Sie war ein Weib. Sie würde der Versuchung nicht widerstehen können, die jäh in ihr aufgesprungen war; denn das Gefährliche, ungewiß Drohende mußte diese kühne Seele verführen.

Und Latifa widerstand nicht.

An einem Mittag, als sie auch Euphrates entfernt wußte, schlich sie, zitternd und fiebernd, an die verschlossene Tür. Sie trug den siebenknotigen Bambusstab, von dessen toresprengender Kraft ihr Euphrates erzählt, deren Versagen in seiner Hand er ihr verschwiegen hatte. Obschon sie dies Versagen ahnte, beschwor sie, mit tonlosen Lippen Zauberworte murmelnd, den geweihten Stab. Der Stab gehorchte. Die Tür öffnete sich leise und schloß sich hinter ihr. Sie stand vor dem Entrückten.

Er saß im Hintergrund des kleinen Raumes, beschattet vom Laub der Platanen, die dicht vor der seitlichen Maueröffnung standen.

Er saß ohne die geringste Bewegung auf einem etwas erhöhten Platz, zu dem zwei Stufen emporführten. Das weiße Leinenkleid umschloß ihn schlicht wie immer. Über den rötlichen Haaren lag ein feiner, wollener Schleier. Nicht nur über den Haaren. Dieser Schleier war – sah sie jetzt – über sein Gesicht, über seine ganze Gesalt, über die Füße gezogen. Es war nicht die Dämmerung des Laubschattens allein, die ihn in eine leichte

Wolke hüllte; es war auch dieses dünne Gespinst aus Kaschmirwolle, das ihn in sich selbst isolierte, eine feine, aber ihr fühlbare Scheidewand zwischen ihm und dem Raum. Latifas Herz klopfte laut. Sehr zögernd kam sie näher, lautlos, in ehrfürchtiger Besorgnis, den Reglosen zu erschrecken, ihn in seinem unbegreiflichen Tun zu stören – kam näher in Neugier und zärtlicher Sehnsucht, um unter dem Schleier sein Gesicht zu erspähen, das, etwas nur gesenkt, aus der Entfernung nicht deutlich zu erkennen war.

Jetzt aber sah sie es – und sie erschrak. Denn sie wußte nicht: hatte sie dieses Antlitz je gekannt? Waren dies die Züge des Apollonius, der sie umarmt, der sie geküßt hatte? Geküßt? Und konnten diese Lippen küssen? Und wenn sie es einmal gekonnt, vermochten sie es noch? Nicht als ob seine Lippen zu Stein erstarrt oder streng oder abweisend geworden wären. Oh, nein. Dies alles waren die Lippen nicht, auf welche die fassungslose Frau starrte. Denn dieser Lippen Winkel hob ein immerwährendes Lächeln zart empor. Sie schienen umgeformt in eine übersinnliche Ekstase, dergleichen menschliche Lippen sonst nicht auszudrücken vermögen. In sie war etwas Fremdes eingedrungen, etwas, was wirklich des Gottes war, dessen Namen er trug: Apollon des Seherischen oder auch des Bacchos, seines dithyrambischen Bruders, der nur ein anderer Strahl desselben Urlichts ist.

Apollonius, dachte Latifa, seinen Namen auszusprechen wagte sie nicht. Und trug er denn noch irgendeinen Namen – er, mit dem verwandelten Gesicht, er, mit des Gottes Lächeln? War er nicht namenlos geworden vor ihr, hinausgestellt in die Unendlichkeit dieses unvergänglichen Lächelns, dieses dämmernden und halbverdeckten Blickes?

Kam dieser Blick aus Augen, die noch waren? Bestanden diese blauen, stillen, glühenden Lichter noch? Waren sie nicht entleert von Leben? Lebte Apollonius, den sie geliebt, lebte er noch in diesem erstarrten Leib, in diesem geheimnisvollen, untrüglichen Lächeln? In diesen Augen, die menschenferne Weiten durchmaßen und Nähe nicht mehr sahen? Nicht Erde, nicht das Weib.

Latifa trat ganz nahe an ihn heran. Brennende Wißbegierde verdrängte ihre Scheu. Immer mehr verdichtete sich in ihr das Gefühl, daß sie vor einer Statue stehe, die Apollonius' Züge und Gebärde trug – oder vielleicht vor dem, was Menschen „seinen Leichnam" nennen würden. Doch war selbst hierüber kein Entsetzen in ihr, nur tiefes Wundern.

Und dann kam der Entschluß!

Nun ließ Latifa sich auf der untersten Stufe nieder. Aufblickend in die regungslose Maske, lehnte sie still den Pilgerstab an Apollonius' Schulter. Leises Zittern rann durch die Gestalt. Dann wieder verharrte sie reglos – verwurzelt einem jenseitigen Reich.

Er wandert schon – er wandert weit –, wußte Latifa.

Sie fingerte an ihrem Jaspisgürtel. Vorsichtig zog sie den Stöpsel aus der kleinen Phiole. Betäubender Rauch umhüllte sie. Latifa lächelte in der Wonne dessen, der sich zum Opfer bringen will.

„Du wurdest zu schwer für ihn", flüsterte sie und meinte ihren Leib.

Den Blick eintauchend in das von unvergänglichem Lächeln vergeistigte Gesicht, trank Latifa die farblose Flüssigkeit, die den Schweifenden bannen, den Berufenen lähmen sollte, trank andächtig, trank sich an wenigen Tropfen den menschlichen Tod.

Aufzeufzend brach die Liebende vor ihrem Gott zusammen.

III

Als Damis und Menippus mit den treuen Sklaven endlich durch ein Schiff von Gades nach Tauromenium zurückgebracht wurden und in banger Sorge, ob Apollonius noch in Trinakria sei, schon im Hafen ungeduldig nach ihm fragten, berichteten ihnen eifrige Zungen von des Tyanäers Rast bei der Epheserin, von ihrem freiwilligen Tod, von seinem schweigenden Gram.

Und die Fragen, welche die Jünger sieben Monate lang gequält: Wer sie wider ihren Willen nach Hispania geschickt, ob Euphrates sie verraten, Apollonius um ihre Entführung wußte, verstummten vor dem größeren Rätsel, das hier geschehen war.

Aber als Apollonius die Freunde wiedersah, die, vor seinem leidenden Gesicht erschreckend, anhielten in ihrem freudigen Auf-ihn-zu-Eilen, da lächelte er zum erstenmal, lächelte voll Güte und sagte still:

„Gut, daß ihr wieder bei mir seid, ihr Lieben! Ich wußte es, ihr würdet wiederkommen. Und fragt mich nun um nichts. Denn noch ist mir die Seele zu schwer. Doch sie ist reif geworden für das Mysterium der Kore. Wir wollen nach Eleusis aufbrechen. Aufbrechen – wandern – kurze Ruhe – das ist ja unser eigentliches Leben. Zum Wandern, Lernen und Belehren kehre ich nun wieder zu euch zurück."

Damis und Menippus kämpften mit den Tränen. Ehrfürchtig schwiegen sie vor seinem Menschenleid.

In seiner Weise klärte sie Euphrates über das Geschehene auf. Da sie ihn beide nicht leiden konnten, vermochten seine niedrigen Auslegungen ihr Bild von Apollonius nicht zu trüben. Was sie am meisten ergriff, war Latifas Liebestod um Apollonius, dessen Wandernmüssen durch den Gürtel der Zeit sie erkannt hatte, indem sie ihm den Stab zurückbrachte und ihre Gemeinschaft freiwillig löste, sich selbst zum Opfer darbringend.

„Einmal glaubte ich", so sagte Damis sinnend zu Menippus, „ein Mann, ein Jünger – oh, ich vielleicht – könne für ihn sterben. Nun tat dies eine Frau. Ist die Frau Meisterin in den Taten der Liebe? Leistet sie das Unbedingte, und wir – denken es nur?"

Und Menippus erwiderte:

„Oder ist *das* nur Liebe, was auch durch alle Tiefen ging?"

Sie schwiegen beide; denn sie wußten nicht, hierauf zu antworten.

Im Februar war Apollonius nach Trinakria gekommen. In den ersten Septembertagen verließ er mit Damis, Menippus und Euphrates auf einem griechischen Schiff den Hafen von Tauromenium und segelte nach dem Piräus. Die See war unruhig, der

Himmel schwer und verhangen. Große Wolkenwände verdunkelten den Horizont.

Apollonius war voll zarter Freundschaft für Damis und Menippus, voll unbegreiflicher Nachsicht gegen Euphrates, der sich nicht von ihm losreißen konnte, mitgezogen von seiner größeren Kraft, in unruhvoller Spannung, was nun geschehen, was zwischen ihnen sich ereignen würde.

Damis versuchte es, Apollonius von Gades zu erzählen, von den griechischen Tempeln, die sie auch dort gefunden, von den Säulen, die man in Herakleum zum Gedächtnis seiner Taten dem Herakles errichtet, vom Einströmen des unerforschlichen Weltmeeres in das Mare Internum zwischen den Felsengebirgen von Hispania und Libyen. Doch Damis merkte bald, daß alles dies Apollonius noch nicht zu fesseln vermochte. Mehr und mehr begriff er, daß der Bewunderte um einen Menschen litt, von dem zu scheiden ihm doch vom Beginn seiner Wanderung an bestimmt gewesen war. Er sehnt sich, dachte Damis, und das Herz krampfte sich zusammen vor Mitgefühl; denn er selbst hatte es ja soeben erfahren, wie furchtbar das Entbehren des geliebten Menschen brennt.

So fuhren sie schweigsam über das Ionische Meer, und es ward eine lange Fahrt; denn der Wind stand ihnen entgegen, so daß sie häufig kreuzen mußten. An den Bänken ruderten die Schiffsleute Tag und Nacht.

Eines Tages aber kam Unruhe über die Besatzung. Man sprach erregt, man deutete nach Osten, wo in der Ferne Masten sichtbar wurden, viele Masten, eine Flottille von Schiffen, dicht nebeneinander fahrend, langsam näher kommend über die abendliche See.

Menippus spähte mit scharfen Augen in die Weite.

„Das müssen römische Galeeren sein!" rief er aufgeregt. „Weshalb aber sind es so viele? Sollten doch Piraten uns entgegenfahren? Gibt es Gefahr?"

Der Schiffspatron lächelte über den Unerfahrenen. Er warf noch einen langen Blick wie eine Angelschnur über das Meer, dann verkündete er, schwelgend im Bewußtsein seiner wichtigen Mitteilung:

„Mir scheint, das sind die Schiffe, die den Cäsar von Achaja zurückbringen. Denn du wirst ja wissen, daß er zu den griechischen Spielen fuhr, nach Olympia und nach Korinth?"

Nero – wieder Nero, sann Menippus, und er dachte daran, wie Nero der erste Mensch gewesen, mit dem Apollonius in Rom zusammengetroffen war, und wie er nun der letzte sein würde, der ihm vor seiner Rückkehr nach Griechenland begegnete.

Jetzt stand auch Apollonius am Bug des Schiffes, stand dort mit seinen drei Begleitern, abgesondert zu einer lichten Gruppe von der Schiffsmannschaft, die mit Rudern und Segelraffen beschäftigt war.

Und des Kaisers Galeere kam ihnen langsam entgegen. Sie fuhr den kleineren Fahrzeugen voraus, die Teile seines Gefolges und seiner unzähligen Requisiten tragen mochten. Des Kaisers Schiff war geräumig, war breit, vorn überwölbt von einem Purpurzelt, getragen von gewundenen, vergoldeten Säulen. Unter diesem Zelt stand das Lager, auf dem der Cäsar ruhte, seltsam aufgeputzt mit der sternenübersäten Toga picta, gekrönt vom Lorbeerkranz, im Arm die Kithara.

„Macht er in dieser Pose die ganze Reise?" staunte Damis.

Doch ihm antwortete niemand; denn jeder fühlte Spannung und seltsame Beklommenheit vor dem Anblick des allmählich deutlicher werdenden lebenden Gemäldes vor farblosem Meer. Ja, Nero stellte ein Bild dar, ob für seine Begleiter, ob für sich selbst, ob für die Fremden, die ihm begegneten? Wer konnte es wissen? Und die schimmernden Gestalten, die um sein Lager aufgerichtet standen, waren nicht, wie die Schiffer zuerst gemeint, seine Freigelassenen und Sklaven. Es waren Bildwerke in Mannesgröße, bronzene Siegesstatuen: Nero als Kitharöde – Nero als Rosselenker – Nero mit dem Zepter des Theaterkönigs im Arm. Alle diese Gestalten überragten den liegenden Augustus, schimmerten golden im Grau des abendlichen Septemberhimmels: reglose Götzen seiner ehrgeizigen Träume, heuchlerische Huldigungen für seine mangelhaften, aber inbrünstigen Versuche, in allen Künsten, in jedem gymnastischen Wettstreit Sieger zu sein.

Nero lag erwartungsvoll, hielt den geschliffenen Smaragd vor die kurzsichtigen Augen und blickte angestrengt auf die Männer in dem sizilischen Schiff – auf die große, ernste, stille Gestalt im Bug, die sich nicht bewegte, die nicht zu ihren Begleitern sprach, die ihm entgegenzog wie eine Erscheinung, ein Heros, wie sein menschgewordenes Gewissen. Und plötzlich wandte der pomphafte Kaiser den Kopf zurück.

„Sporus!" rief er leise, wie immer die Stimme schonend. „Wer ist der Mann an der Spitze des Schiffes?"

Sporus, in feuerfarbenen Schleiern, in tiefgeschürzten Frauengewändern, neigte sich zum Ohr des Cäsar, flüsterte, als könne man ihn sonst drüben verstehen:

„Es ist der Tyanäer, göttlicher Augustus."

„Dacht ich's doch!" rief Nero und faßte die weiße Gestalt noch krampfhafter ins Auge. Durch einen Wink rief er den Herold an seine Seite, der bei allen Anreden sein lautsprechender Mund sein mußte.

Der Herold setzte sein mächtiges Sprachrohr an die Lippen, und über die See hin hallten die Worte, die der Cäsar nur flüsterte, indessen die Schiffe sich noch um einiges näher kamen, jedes in seiner Fahrtrichtung, das eine nach Osten, das andere nach Westen.

„Wir hielten Wort, Tyanäer!" schallte es aus dem Sprachrohr. „Wir gaben den Achäern Steuerfreiheit und eigene Gerichtsbarkeit! Wir selbst taten den ersten Spatenstich zur Durchbrechung des Isthmus von Korinth! Wir, der Kaiser!"

Nero saß jetzt aufgerichtet in der wallenden Sternentoga, ganz Imperator, ganz Römer, ganz trunkene Selbstzufriedenheit.

Apollonius legte die Hände auf die Brust und verneigte sich wie zum Dank. Denn antworten konnte er nicht über die Wasserbreite zwischen den Galeeren hinweg.

Und wieder kam die Stimme des Herolds:

„Wir haben erkannt, daß du ein wahrer Prophet bist! Alle Siege in Olympia und Korinth, die du uns geweissagt hast, sind eingetroffen! Die kunstverständigen Griechen überschütteten uns mit Ruhm! Prophezeie nun weiter! Was wird das nächste Jahr dem Nero bringen?"

Jetzt kam der Augenblick, da die Schiffe sich am nächsten waren. Vielleicht hätte man des Tyanäers erhobene Stimme auf der Galeere des Kaisers verstehen können, wo jedes Ohr sich in Lauschen spannte, wenn er gesprochen hätte. Aber er sprach nicht. Er schwieg und schien doch die Antwort zu wissen, eine Antwort, die seine Züge reglos machte, seinen Mund schmal zusammenpreßte und seinen Augen einen dunklen, erbarmungsvollen Blick gab, den der Kaiser mehr ahnte, als daß er ihn erkannte.

Unruhig bewegte sich Nero unter dem Augustusmantel. Er reichte die Kithara einem Begleiter.

„Du sollst antworten!" befahl das Sprachrohr herrisch über die Wellen hin. Da schüttelte die weiße Gestalt sanft ihr Haupt. Und diese geringe Bewegung war von so furchtbarer Eindeutigkeit für alle, die sie sahen, daß Nero wie ein Rasender aufsprang, daß seine Begleiter bestürzte, flehende Gebärden hinübersandten, daß auf dem sizilischen Schiff Damis das unwiderrufliche Ende des Kaisers ahnte, daß Menippus mit heimlichem Jubel begriff: Nero wird noch in diesem Jahre sterben!

Da war das Schiff vorübergeglitten, in die Ferne, ins Abendgrau, und der Schlag der Ruder verhallte, und das Gold der Siegesstatuen erlosch.

Auf dem Kaiserschiff aber raffte sich der entsetzte Cäsar zusammen, strich theatralisch über seine Stirn und sagte, verzerrt lächelnd, zu Sporus:

„Und wenn ich auch mein ganzes Reich verlieren sollte, die Kunst findet überall auf Erden ihr Brot."

Apollonius kauerte sich auf einen Haufen zusammengerollter Taue nieder, grübelnd den Kopf in die Hände gestützt. Und bedrückt schlichen die Männer an ihm vorüber, sowohl seine Freunde als auch der Schiffspatron und die Sklaven. Denn wußte dieser Zusammengesunkene nicht um des Cäsars Geschick? Wer gab es ihm, daß er die Zukunft sah? Was alles verbarg sich hinter seiner verhüllenden Stirn?

Endlich hob Apollonius das Gesicht. Um ihn war es dunkel geworden. Durch das Nachtgewölk flimmerte nur dann und wann ein Stern, zuckend, als fände sein Licht keinen Weg herab zur leidenden Erde.

Als er Damis und Menippus an der Reling lehnen sah, rief er sie mit gedämpfter Stimme an. Sie setzten sich zu ihm, und er flüsterte:

„Und doch wird einer in der Todesstunde bei ihm sein, der ihn geliebt."

„Wer könnte Nero lieben?" fragte Damis ungläubig.

Und Apollonius: „Der Jüngling Sporus."

„Sporus?"

Damis und Menippus gedachten des phantastisch und weibisch aufgeputzten Menschen auf der Galeere. Sie erinnerten sich des halbnackten Epheben in der römischen Schenke, auf den der betrunkene Kaiser sich gestützt hatte. Und Menippus murmelte mit Widerwillen:

„Einen Besseren fand Nero nicht zum Freund als diesen Hurenknaben?"

Da blickte ihm Apollonius dicht in die Augen.

„Verachte den Sporus nicht", sagte er streng, „denn auch er weiß zu lieben, auch er."

Menippus schwieg verwirrt.

IV

Oh, ihr schwarzen Tempel von Eleusis, aufgerichtet über der Sommerstadt der Athener, ernst herabschauend von eurer Felsenhöhe auf den blauen Meerbusen, den Salamis begrenzt. Oh, ihr Berger himmlischer Geheimnisse, durch Jahrtausende von den Eumolpiden vor Neugierde und Schändung bewahrt! Arkanum ewig wirkender Schöpferkraft, Wohnstätten der Demeter, der Hekate, des Aïdoneus!

Ihr umschließt mit euren düster funkelnden Säulenreihen die verborgenen Räume, in denen vor den Mysten die Schleier sinken und sie sehend werden. Sehend geworden, kehren sie zurück, den Finger an die Lippen gelegt und nur das eine, vieldeutige, nie ganz enträtselte Wort flüsternd:

„Ich habe das Brautbett der Persephone bestiegen."

Die Männer und Frauen, welche die Einweihung in Eleusis suchten, waren verpflichtet, außer der Einhaltung von Fasten und anderer Prüfungen, die Kleinen Mysterienspiele in Agrae vorher zu sehen, die im Frühling abgehalten wurden. In ihnen wurde der Raub der Persephone durch Aïdoneus dargestellt und gedeutet. Erst die durch dieses Vorspiel Aufgeklärten konnten zu den Großen Mysterienspielen in Eleusis zugelassen werden, die am fünfzehnten September begannen und sieben Tage dauerten.

Der Hierophant hatte Apollonius die Aufnahme unter die Mysten, die in diesem Jahr zu Epopten geweiht werden sollten, gewährt, ohne daß er den Vorbereitungen in Agrae beigewohnt. Er hatte erkannt, daß diesem nur die stygische Vision noch fehlte, um den riesigen Ring seines kosmischen Wissens zu schließen, das bei dem Typhonspiel in Aegea begonnen hatte, sich weiter entwickelte unter des goldenen Asklepios magischer Führung und bei der Chaldäer Sterndeutung in Babylon, das sich aufgeschwungen hatte zur höchsten Höhe mentaler Schau auf dem Berg der Weisen vor Hiarchas' übersinnlicher Offenbarung und nun ins tiefste Erdengeheimnis hinabsteigend, in das Mysterium des Geschlechts und des Todes, auch dieses Arkanum durchdringen würde.

Apollonius ging seiner fünften Einweihung entgegen, als er mit den anderen Erwählten auf der Heiligen Straße von Athen nach Eleusis wanderte und dann, dem Rufe des Hierokeryx: „Ins Meer, ihr Mysten!" folgend, in den geweihten Salzsee, der vor Eleusis liegt, in „das Meer der Mysten" sprang und niedertauchte.

Damis und Menippus wurde es gestattet, Apollonius zu den ersten Weihespielen zu begleiten. Gegen Euphrates hatte sich abwehrend des Eumolpiden Hand erhoben, hindeutend auf die Inschrift, die an der Stirn des kleinen Tempels, außerhalb der eigentlichen drei Heiligtümer, stand:

„Nur reinen Seelen ist der Zutritt offen!"

Blaß vor Zorn, aber widerspruchslos, hatte sich der gelbe Magier zurückgezogen.

Damis und Menippus sahen mit Apollonius und den übrigen Mysten das heilige Drama von Eleusis, dargestellt von der Eumolpidenfamilie. Sie sahen, wie Demeter, die große Göttin, die Mutter der Welt, ihr entflohenes Kind über der Erde sucht, Kore, die wandernde Psyche, die, niedersteigend in Aïdes' Reich, den Granatapfel aß, das Gedächtnis an ihre himmlische Heimat verlor und den Gesetzen der Erde: des Geschlechts und des Todes, verfiel.

In archaischen Zeiten handelte vielleicht das ganze Mysterienspiel nur von diesem: Vom Suchen der großen Göttin nach Persephone, vom Bericht der alles erspähenden Mondgöttin Hekate, die, auch in des Aïdoneus Nacht leuchtend, die bleiche Königin der Schatten entdeckte, vom endlichen Wiedersehen der Mutter und der Tochter. Aber durch den thrakischen Orpheus zog Dionysos-Zagreus, Sohn des Zeus und der Demeter, himmlischer Bruder und äonischer Bräutigam der Kore, als dritte Hauptgestalt in das eleusinische Mysterium ein, über das uns nur abgerissene Sätze verzückter Initiierter überliefert sind, die, kaum daß sie mit ihrem Hymnos auf die Mysterien begannen, schon wieder die Lippen schlossen unter dem Gebot des Schweigens, unter der tiefen Überzeugung auch, daß nur im Schweigen die Heiligkeit ihrer Erleuchtung bewahrt werden könne.

Damis, Menippus und viele der Mysten kehrten nach Beendigung des religiösen Spiels tief ergriffen in die Stadt Eleusis zurück, die von heiterem Gepränge wimmelte und dem Teil der Feierlichkeiten entgegenwartete, der, zu einem Volksfest gelokkert, in die heilige Woche eingeschoben war.

An diesem Tage wird der kindliche Bacchos von Athen nach Eleusis getragen werden, der lächelnde, dreijährige, der, groß geworden, sich von den Titanen zerreißen und seine Glieder über die Erde verstreuen lassen wird, auferstehend in jedem einzelnen Menschen. Denn jeder Mensch ist des Gottes teilhaftig. Sein Herz aber, sein unsterbliches Götterherz, wird zurückflüchten in die Lende des Zeus, aus der es kam, um immer wieder aus ihr gezeugt zu werden.

An diesem Tage werden jauchzende Mengen, trunken von eben gekeltertem Wein den Dionysos umtoben. Zimbeln und Flöten werden gellen, das Sistrum wird rasseln, die Pauke dröhnen; denn der Bacchos des Volkes liebt den Lärm. Und die Priester von Eleusis, jetzt den verborgenen Seiten des Kultes abgewandt, werden dem Volk den Gott zeigen, den es begreift und begehrt. Denn jeder Gott hat das Janushaupt mit den zwei Gesichtern. Das eine, das offene, schön und leer, lockend und beglükkend, schlicht und trostreich, richtet sich gegen die Vielen, die an ihm ihr Genügen finden und sich an ihm begeistern. Das andere, ernst, duldend, verschleiert, enthüllt sich nur den Heiligstrebenden in den geheimnisvollen Nächten der Einweihung.

Als die Jünger Apollonius und die zur letzten Einweihung Erwählten in der Halle der Offenbarung verschwinden sahen, fühlten sie, daß alles, was ihnen dort geschähe, weit über das bisher Erlebte hinausgehen würde. Und sie hatten recht. Denn hier in den heiligen Nächten – so ahnen wir – enthüllten sich den Epopten die Geheimnisse der Cista, des verdeckten Korbes, der bei allen kultischen Handlungen in Eleusis gegenwärtig war, und von dem niemand wußte, was er enthielt.

Er barg aber die in reinem Gold geformten vier Embleme: die Schlange, den Lingam, das Ei und die Getreidekörner.

Wer deutete den Sehendgewordenen diese Symbole? Wie und durch wen wurden sie in das Mysterium des Todes und des Geschlechts, der Fruchtbarkeit und der Auferstehung eingeführt? Wir wissen es nicht. Unverbrüchliches Schweigen ruht über der „Heiligen Hochzeit", da Geist und Stoff sich vereinen, die Ewigseienden, um das Dritte zu zeugen: das Werden, in dem allein wir uns und die Welt erkennen und empfinden.

Wenn die Epopten diese Offenbarung geschaut, erlebt oder erduldet hatten, waren sie sehend geworden für die Wesen des Zwischenreiches. Die „Scheingestalten der Müden", zu flüchtiger Sichtbarwerdung aus Aïdes' Reich entlassen, lechzend nach den Ausströmungen der eingekörperten Seelen, schwebend im Gewölk der Opferflammen von Styrax und Myrrhen, Weihrauch und Manna, umschwirrten die Erwachten, die herausgetreten waren aus der Illusion der Zeit, die angerührt wurden von der Offenbarung des absoluten Raumes, die sahen und vernahmen mit Geistorganen und fühlten und wußten durch die anima mundi, die Weltseele, die in ihnen erkennbar geworden war.

*

Als Apollonius zu seinen Freunden zurückgekehrt war, sprach er zu ihnen in den gleichnishaften Worten der Eingeweihten, deren Erleben restlos nicht ausgedrückt werden darf und kann. Er sagte:

„Ich ging bis zur Grenzscheide zwischen Leben und Tod, und nachdem ich durch alle Elemente gefahren, kehrte ich wiederum zurück. Zur Zeit der tiefsten Mitternacht sah ich die Sonne in ihrem hellsten Licht leuchten. Ich schaute die oberen und die unteren Götter und verehrte sie aus der Nähe."

DER MEISTER

I

Nero ist tot.

In Gallien und Hispanien war der Aufruhr losgebrochen, der ihn vernichten sollte. Bindes', des gallischen Legionenführers Drohbriefe hatte der Augustus verlacht. Eingehüllt in den Weihrauch seiner illusorischen Triumphe in Achaja, schien er die Fähigkeit verloren haben, Wirkliches vom Eingebildeten zu unterscheiden. Der tödliche unterdrückte Haß des riesigen Reiches schwelte wie ein unterirdisches Feuer vor dem Ausbruch – er beachtete es nicht. Plötzlich loderte es auf.

Das hatte er nicht erwartet. Er taumelte wie geblendet. Auf einmal gab es nur Feinde in der Welt, Feinde in den fernen Provinzen, Feinde in Italia, Feinde in Rom, Feinde im Goldenen Haus. Schon verriet man sich flüsternd den Namen des spanischen Legionenführers Galba als den des künftigen Kaisers. Schon war in den Hofbeamten, den Freigelassenen, den Prätorianern, den Sklaven nur der eine brennende Wunsch lebendig: Fort von Nero! Dem neuen Imperator entgegen, der vielleicht – beim Jupiter, vielleicht doch! – endlich der Welt eine Entspannung bringen konnte von dem Krampf, in den sie der wahnsinnige Cäsar gezwungen hatte, er, der sein hungerndes Volk, das auf Getreide aus Ägypten wartete, mit einer Ladung Wüstensand enttäuschte, den das Transportschiff für die Arena der kaiserlichen Ringer brachte.

Nacht.

Das Goldene Haus auf dem Palatin ist totenstill – ist leer.

Einer rast auf nackten Sohlen, in flatternder Tunika, die gelben Haare feucht verklebt. Er poltert gegen verschiedene Türen. Er schreit. Er wimmert. Er brüllt. Er stürzt zurück in sein Schlafgemach. Die Kämmerer haben es verlassen. Auf seinem Lager sind Kissen und Decken durcheinander gezerrt, zum Teil geraubt. Statuen liegen gestürzt am Boden, unter seinen Füßen rascheln die welken, herabgerissenen Kränze aus Hellas.

Campagna.

Drei Reiter. Der Kaiser, nacktfüßig, den gallischen Kapuzenmantel über der Tunika, klammert sich an die Mähne seines Pferdes. Sie reiten, sie reiten.

Nero, der Freigelassene Phaon, nach dessen Landsitz sie fliehen, Epaphroditos, der Kabinettschreiber, des Kaisers Liebling Sporus.

Vor ihnen gellen Stimmen Entgegenkommender auf:

„Nichts Neues vom Nero? Verfolgt ihr den Nero? Tod dem Tyrannen!"

Sie hetzen weiter.

Landsitz des Phaon.

Er kriecht am Boden einer versteckten Sklavenhütte.

„Nicht sterben – nicht sterben –", winselt er.

„Du mußt, Cäsar, du mußt!"

„Noch ist die Stunde nicht da!"

„Sie ist da! Die Verfolger sind uns auf den Fersen! Sie schleppen dich vor das Volksgericht! Du wirst mißhandelt, geschändet! Cäsar, wisse zu sterben!"

Und wieder der Kaiser, flüsternd, zu sich selbst:

„Mut! Mut! Das Zögern ist des Nero nicht würdig! – Oh, welch ein Künstler stirbt in mir!"

Der Kabinettschreiber Epaphroditos gibt der unentschlossen tastenden Hand des Verängstigten, die den Dolch gegen den Hals richtet, einen heftigen Stoß. Tief und tödlich fährt der Stahl in die Kehle.

„Mein Kaiser, mein Freund", schluchzt eine einzige Stimme.

Auf einem Sklavenmantel röchelt der Augustus sein Leben aus.

Seine Augen – so erzählen später die drei Männer und der

verfolgende Centurio, der hinzukam – quollen wie Kugeln aus seinem verzerrten Gesicht, als sähen sie in unentrinnbares Grauen.

Als der Tod Neros bekannt wurde, brach ein maßloser Jubel aus. Die Römer durchzogen mit Freiheitsmützen die Straßen. Senat und Ritter, Freigelassene, Handwerker und Sklaven taumelten im Rausch des Erlöstseins.

Und doch bestatteten des Nero alternde Ammen Ekloge und Alexandria mit mütterlicher Sorgfalt seinen Leichnam im Verein mit Acte, seiner Jugendgeliebten. Und doch fanden sich auf seinem porphyrenen Sarg im Erbbegräbnis der Domitier oberhalb des Marsfeldes in jedem Frühling neue Blütenkränze, von unbekannten Händen dort niedergelegt. Und noch blieb um diesen entarteten Cäsaren, dessen Grausamkeit und Wollust das Blut erstarren läßt, der Schimmer einer entschuldigenden Anmut, die seine erste Jugend ausgestrahlt, die Schwermut auch eines im tiefsten Grunde enttäuschten Herzens, das um das heilige Menschheitsgut, die Kunst, mit unvollkommenen, mißverstandenen und eitlen Mitteln vergeblich gerungen hatte und dem ernstgemeintes Wollen sich immer wieder zu lächerlicher Pose verzerrte.

Wenn aber die Welt gehofft hatte, mit Neros Tod werde der zerstörerische Fluch, der auf ihr lastete, gebrochen sein, so sah sie sich von dem nun kommenden Jahr schwer getäuscht, in dem Aufstände und Bürgerkämpfe nacheinander drei Herrscher auf den Thron hoben und nach kurzer Frist wieder herabrissen und ermordeten. Dem hochfahrenden, habgierigen Galba folgte des Nero Jugendgenosse Otho, der stolzen Augusta Poppäa erster Gatte, und Otho wurde wieder durch den fetten Schlemmer Vitellius verdrängt und umgebracht. Vor Vitellius lag das Römische Reich wie ein einziges üppiges Festessen ausgebreitet, das er verschlingen wollte. Seine Galeeren fuhren über die Meere von Parthien bis zu den Säulen des Herkules zu dem einzigen Zweck, Lebern von Meerbrassen, Milche von Muränen, Gehirne von Fasanen und Pfauen, Flamingozungen auf seine Riesenschüssel zu schaffen, die er den „Schild der Minerva" nannte.

Doch während er fraß und sich an grausamen Strafvollzügen weidete, zog sich auch über ihm das Unheil zusammen. Denn die Legionäre hatten ihre Macht erkannt, das Kaiserreich zu schenken oder zu verweigern. Sie waren wie Pferde mit unfähigen Reitern geworden. Sie wußten um ihre Kraft. Sie intrigierten gegeneinander, Legion gegen Legion, Asien und Afrika gegen Europa. In Gallien und Hispanien, am Rhein und in Britannien, an der Donau und am Schwarzen Meer, in Pontus, Mösien und Judäa standen selbstherrliche Forderungen auf, richteten sich, bedrohend für das Weltreich, gegeneinander.

Die orientalische Armee widerstrebte offen der Absicht des Vitellius, sie in die transalpinen Länder, die kalten, weglosen, zu versetzen. Überall herrschte Unzufriedenheit, Parteigezänk, war Habgier und Wille zu Gewalttätigkeit. Denn nun, da das Geschlecht der Cäsaren mit Nero ausgestorben und die drei Kaiser dieses Jahres zu Abenteurern herabgesunken waren – wer hatte nun nicht Aussicht, eine neue Dynastie zu gründen? Wer war so unedel unter den Geschlechtern, daß er sich nicht zum Principat emporschwingen konnte, wenn er nur die Soldaten für sich hatte, wenn er nur verstand, zu lohnen und zu schrecken.

Aber es kam anders.

Die Legionen, die in Mösien und Judäa lagen, erwählten kühn und begeistert den Plebejer Flavius Vespasian zum Herrscher, ihn, der in keiner Beziehung zum Haus der Cäsaren stand, der auch nicht mit auswärtigen Herrscherhäusern verschwägert war, der einer tüchtigen, wenig beachteten Bürgerfamilie der kleinen Stadt Reate im Sabinergebirge entstammte, der in Germanien und Britannien siegreich gekämpft hatte und jetzt die vordringende Legion in Judäa führte. Diesen Mann, der die feste Hand und den gerechten Sinn hatte, der seine Taschen nicht in den Provinzen füllte, über die er gesetzt war, der in Strapazen und Kämpfen mit seinen Soldaten ausgeharrt und darüber sechzig Jahre alt geworden war: ihn riefen die Heere in Judäa zum Imperator aus. Und mit den Truppen forderten ihn zum Kaiser der Präfekt von Syrien Mucianus, der Partherkönig Vologeses, und selbst die schöne jüdische Königin Berenike sandte huldigende Boten an ihn.

Er aber hatte noch nicht zugegriffen. Überrascht von der stürmischen Liebe, dem weitherzigen Vertrauen, das ihm überall entgegenflammte, behielt er die Besonnenheit, die vor allem anderen immer an ihm bewundert worden war. Und während in Asien und Europa schon mit Worten und Waffen für sein Imperium gekämpft wurde, ritt er in ernster Überlegung in Begleitung einer Kohorte von Judäa nach Alexandria, wohin ihn der Präfekt der ägyptischen Provinz dringend eingeladen hatte. Und er wußte es noch nicht, ob er die Huldigungen entgegennehmen sollte, die ihn dort erwarteten.

Zwar fühlte er sich trotz seiner Jahre kräftig und entschlossen genug, die Aufgaben, die ihn als Kaiser in diesen aufgewühlten Zeiten erwarten würden, zu erfüllen. Zwar waren ihm aus seinem langen Kriegsdienst unter Claudius und Nero die Männer als untauglich genugsam bekannt, denen das Schicksal die Herrschaft zugeworfen und schnell wieder entrissen hatte. Zwar kannte er wie jeder einsichtige und kritische Mensch die Eigenschaften, die ihn selbst zur Regierung befähigten. Dennoch widerstand es ihm bis in die innerste Natur, Rebell zu sein, selbst gegen einen Vitellius die Waffen zu erheben. So wie er schweigend und trotz inneren Protestes treuer Diener des Domitius Nero geblieben war, so verlockte es ihn auch jetzt, in unanfechtbarer Reinheit zu verharren, obgleich das höhere Gebot vielleicht „Empörung" hieß.

Doch hatte er zwei Söhne. Und wenn er bedachte, daß er diesen vielleicht die kaiserliche Dynastie begründen könne, schwoll ihm das Herz in heißer Vaterliebe und schöpferischem Stolz.

Titus! Wie ähnlich war er ihm an Charakter, an Körperbildung, ausbrechend manchmal noch in jugendlichen Ausschweifungen – er zählte gerade achtundzwanzig Jahre –, dennoch so gehalten, so kühn, so bereit, sich von ihm leiten zu lassen. Titus, liebenswürdig, zum Herrscher geschaffen, jetzt sein Unterfeldherr in Judäa, dort geblieben, um die Legion nach Jerusalem zu führen. Ihn konnte er sich nur als Mitregenten vorstellen, den Sohn neben dem Vater. Die ungestüm drängende Kraft neben der reifen Einsicht. Und einst, nach seinem Tode, der vollkommene Cäsar! Stark, treu, selbstlos und gerecht. Doch Titus hatte bisher keinen Sohn. Und wenn ihm seine Gattin nach seiner Rückkehr von Judäa keinen mehr gebar, so fiel die Krone Roms an Domitian, des Feldherrn zweiten Sohn.

Und wer war dieser Achtzehnjährige? Hatte der Vater ihn je durchschaut? War er überhaupt zu durchschauen? – Leise umwölkte sich des Feldherrn Stirn. Denn Domitian war bei den flüchtigen Zusammentreffen in Rom, die zwischen des Vaters Feldzügen lagen, ihm immer als ein Undurchdringlicher erschienen: geschmeidig, frühreif, klug, versteckt. Schön war er, schöner als Titus, sehr groß, schon breit in den Schultern, der Kopf klein und rund, die engstehenden Augen von zusammengewachsenen Brauen überschattet. Sparsam in Worten, lauernd, wie sprungbereit immer, und immer wieder zum Rückzug in sich selbst bereit. So auch hatten ihn seine Erzieher geschildert. Ein unzugängliches Kind.

Maßloser Ehrgeiz wühlte wohl in dem jungen Menschen, der sich jetzt, auf das erste Gerücht hin, sein Vater solle der Kaiser werden, dem Mucianus angeschlossen hatte, der, nach Italien zurückgekehrt, den Aufstand leitete und den Vitellius bekämpfte. Der Feldherr lächelte. War Domitian vielleicht doch ein treuer und tapferer Sohn? Oder würde er – grübelte er weiter – sich auch des Vaters Feinden anschließen, wenn der Vater die angebotene Herrschaft nicht ergriff?

So näherte sich Vespasian mit einem kleinen Reitertrupp den Toren Alexandrias, wo der römische Präfekt ihn erwartete, der ganz auf seiner Seite stand. Doch dieser Präfekt, gebunden in Sonderinteressen, würde kaum der Mann sein, der ihm in seinen Gewissensfragen raten konnte. Und gab es überhaupt einen solchen Mann? Der Feldherr seufzte resigniert, schüttelte langsam den schweren Kopf, der würfelförmig auf gedrungenem Hals saß. Doch plötzlich erinnerte er sich des Ausspruchs eines orakelnden Chaldäers: Im Tempel des Serapis werde er den Weisen finden, der ihm von Jupiter zum Berater gesandt sei.

Angeregt durch das Wiederauftauchen dieser halbvergessenen Prophetie befahl er dem neben ihm reitenden Centurio Aelian, ihn zunächst zum Tempel des Serapis zu führen, um dem Gott ein Opfer darzubringen. Dies sei allen weltlichen Geschäften voranzustellen. Danach erst wolle er die Oberhoheit über die Stadt, die man „den Schlüssel zum Mittelmeer" nennt, übernehmen.

Kühle Dämmerung des riesigen Tempels umschauerte den Römer, als er, durch eine Seitenpforte eingelassen, Höfe und Vorhallen durchschritten hatte und sich nun der Cella näherte, wo des Gottes Serapis gewaltiges Bildnis stand. Vespasian hatte seine Reiter an das Haupttor des Serapeums geschickt, ihn dort zu erwarten. Er hatte sich von zwei Priestern mit glattrasierten Gesichtern und Schädeln bis hierher führen lassen. Jetzt entließ er sie, die in ihm den künftigen Cäsaren sahen, von dem in Alexandria schon alles sprach, und schritt langsam im leisen Klirren seines Panzerhemdes auf den niedrigen Altar zu, der vor dem Sonnengott aufgestellt war, von dem ein zarter Opferrauch aufstieg als immerwährende Huldigung.

Als der einsame Mann in dem leeren Raum, dessen Wände und Säulen über und über mit farbigen Darstellungen bemalt waren, die Blicke hob, trafen sie das Antlitz des steinernen Gottes, der in hieratischer Feierlichkeit auf seinem Throne saß, leuchtend in einem hellroten, geschliffenen Porphyr, in den Händen Zepter und Geißel haltend, die Insignien des Gerichts über die Lebenden und die Toten. Des Gottes langwallende Haare waren in strenge Locken geordnet und aus der Stirn gestrichen. Eng umspannte ihn, bis auf die Füße reichend, ein schmal gefaltetes Gewand. Seine Züge, zuerst fremd und abweisend erscheinend, offenbarten dem aufmerksam Schauenden bald das Geheimnis einer so tiefen Güte, einer so bezwingenden Majestät, daß der Römer staunend dachte: Ist es Jupiter, mein Herr und mein Beschützer, ist es der Zeus, den ich in Olympia verehrte, der auch aus dieser niegesehenen ägyptischen Gottheit wie ein Vertrauter auf mich niederblickt? Und der Gott Serapis erschien dem Römer nicht mehr fremd.

Vespasian stellte den Helm auf den Boden, warf von der mitgebrachten syrischen Myrrhe in die flache Opferschale, hob die erzumschienten Arme zum Standbild des Serapis empor und sprach in tiefer Versenkung das Gebet der Seele an den, der keinen Namen hat, aber unter tausend Namen erscheint, der ihn erleuchten konnte; denn er war ja die Sonne. Und weil der Römer Vespasian die Hymnen der Ägypter nicht kannte, betete er mit den Worten eines griechischen Hymnos, der so begann:

„Selbsterzeugter, der Seligen Vater
Und der sterblichen Menschen, gib
Des Opfers Gnade, schenke dem Geiste,
Alles, was ihm das Schicksal bestimmt."

„Was ihm das Schicksal bestimmt!" Hier rann des Feldherrn Gebet in eigenen Worten weiter, in der flehenden Bitte, die Weisheit des Wortes möge ihn berühren oder ihm den Mittler schicken, den Boten zwischen den Göttern und den Menschen. – Aber auch diese Worte vergingen und lösten sich in einen Zustand auf, in ein seltsames Warten, ein inneres Bereitsein, und schließlich wendete sich der Betende um, zwangsweise von einem Willen berührt.

Vespasian sah zwischen den flammend bemalten Säulen einen Menschen stehen. Oder – war es ein bläulicher Schemen? Der Schatten eines Menschen nur? Der Feldherr rührte sich nicht. Er atmete kaum. Ernst und durchdringend maß sein wachsamer Blick den lautlos Eingetretenen.

Der trug auf lichtem Haar den breiten Pilgerhut und um die hochgewachsene Gestalt den weißen Leinenrock der pythagoräischen Philosophen. An seiner rechten Hand funkelte ein wundervoller Amethyst, der Stein, der des Jupiters Strahlung auffängt und weiterleitet. In seiner Linken trug er den Wanderstab mit sieben Knoten. Überwältigender aber als alles dieses war der Blick der blauen Augen, der wie ein Blitz jäh in des Feldherrn weitgeöffnete Pupillen traf.

Vespasian erkannte am harten Schlag seines Herzens: Dieser ist der Gesandte des Gottes. Er ist der Bote des Serapis, des Jupiter. Er ist der Strahl, der mir kommt aus dem Herzen des Lichts. Schwerfällig beugte der Römer ein Knie.

„Mache du mich zum Kaiser!" bat er fromm.

Da kam der Pilger ihm näher. Er schritt nicht, er glitt wie gezogen lautlos heran. Ohne daß er die Lippen öffnete, berührte er mit dem goldgefaßten Amethyst des Knienden Haupt in kreisender Bewegung, so daß es den Feldherrn durchschauerte und er den Druck eines Reifens auf Stirn und Schläfen fühlte. –

Vespasian erhob sich. Er wollte fragen, wer der rätselhafte Fremde sei, der ihm eine so seltsame Antwort auf seine stumme Frage gegeben. Doch hatte er keinen Laut in seiner Kehle. Die Gestalt aber – schon war sie wie ein Schleier durchsichtig geworden – hob milde grüßend die Hand, zog sich verblassend zwischen dem Bunt der Malereien zurück, schimmerte bläulichweiß unter den bräunlichen Gliedern opfernder Pharaonen, entglitt, verschwand.

Erschüttert schritt der Mystischgekrönte dem Ausgang der Cella zu, wo die zwei Serapispriester ihn erwarteten und schweigend zum Ausgang geleiteten. Unter den riesigen Pylon trat Vespasian, rechts und links ein Priester. Er blickte immer noch wie im halben Traum von der Plattform hinab auf einen weiten, sonnenhellen Platz, in dem die geraden, säulenflankierten Straßen der jungen Alexanderstadt mündeten.

Links von der Treppe warteten seine Reiter. Vespasian sah die Soldaten gespannt auf die entgegengesetzte Hälfte des Platzes blicken, wohin auch das braunhäutige, enggegürtete Volk mit vielen Gesten wies. Wahrscheinlich hatten sie vor kurzem ebenso die Römer angestarrt, diese neugierigen Ägypter, wie sie jetzt einer Gruppe von Männern entgegenwarteten, die langsam durch das Licht gewandert kam. Es waren viele, weißgekleidete Gestalten; einige jedoch trugen den grauen Philosophenmantel von Athen, einer war in Safrangelb gehüllt, und statt des Pilgerhutes bedeckte die spitze Mütze des alexandrinischen Magiers seinen Kopf.

So kamen sie in leisen Gesprächen näher, und was der Feldherr, fast unbewußt, von den vorüberziehenden Wanderphilosophen erwartete, geschah: Einer löste sich aus ihrer Gruppe und richtete das Antlitz zum Pylon empor. Er trug den siebenknotigen Stab. An seiner Rechten funkelte der Amethyst. Und aus dem Schatten des breiten Hutes kam, blau und ernst und suchend auch, sein Blick und traf den – „Kaiser".

Da schwankte Vespasian. Eine Blutwelle lief über seine Stirn. Er hielt den Helm noch immer unter dem linken Arm. Mit der freien Hand tastete er an seine breite Stirn. Der Fremde aber, der vorüberging, lächelte ihn wissend an.

Da raffte sich der Feldherr zusammen und fragte leise einen seiner Begleiter:

„Wer ist der Mann, der von den anderen sich trennte und zu uns emporsah?"

Und jener antwortete:

„Es ist der Wundermann aus Kappadozien, Apollonius der Tyanäer."

„Bringe ihn morgen zu mir, vergiß es nicht!" bestimmte der Feldherr, und sich den Helm aufs Haupt drückend, schritt er entschlossen die Stufen hinab und bestieg sein Pferd.

Im Palast der Ptolemäer, der die Residenz des Landpflegers von Ägypten geworden war, hatte auch Vespasian seinen Wohnsitz, und die erste Nacht, die er nach seiner Ankunft hier zubrachte, war unruhig und ohne Schlaf. Denn diese auf das Reale gerichtete, tätige und sachliche Natur konnte mit dem Erlebnis im Tempel nicht fertig werden. Immer wieder gab sich die Sehnsucht seines Herzens willig dem geheimnisvollen Pilger hin. Vespasian erinnerte sich an kein einziges Ereignis in seinem Leben, das ihn in so nahe Fühlung mit dem Übersinnlichen gebracht hätte wie diese geisterhafte Zusammenkunft am Altar des Serapis. Denn er begriff wohl: Auch er war in einem unerklärlich gesteigerten Zustand gewesen, über sich selbst gehoben oder aus sich herausgestellt. Durch Konzentration seines inbrünstigen Gebetes? Durch Gnade? Er wußte es nicht. So sah er dem Besuch des Apollonius mit Spannung entgegen und verhehlte sich nicht, daß der bevorstehenden Unterredung eine folgenschwere Bedeutung beizumessen sei. Es kam darauf an, kaltblütig und mit scharfem Verstand zu prüfen, ob dieser Apollonius wirklich der Weise, der Einsichtige sei, als der er ihm erschienen, oder ob er – geschickter Gaukler – seine Künste zu witzigen Mystifikationen mißbrauchte, ahnungslose und unerfahrene Menschen zu verblüffen und für eigene Zwecke zu benutzen.

Aber auch Apollonius, vom Serapispriester zu Vespasian eingeladen, saß grübelnd in seiner Herberge und stellte sich immer von neuem die Frage:

Ist dieser Römer Vespasian der Kaiser, auf den ich warte? Ist er es, von dem ich einmal zu Dion sagte, daß ich in ihm das Wunschbild von Gerechtigkeit, Güte und Weisheit entzünden wolle, so daß er es dann in die Wirklichkeit seines Lebens aufrichten werde, so wie die schlimmen Kaiser ihr Wunschbild von Gewalt und Grausamkeit verwirklicht haben? Wird Vespasian, zu dem mein fluidischer Leib durch die Inbrunst meines Gebetes gezogen wurde, der *Mensch* auf dem Thron sein? Wird er nach allen Entsetzlichkeiten des wahnsinnigen Nero, nach den Bürgerkriegen des letzten Jahres die Sicherheit geben, die das Reich erretten kann? Ist er es, der den Impuls zur Tat von mir erwartet? Soll ich der Initiator dieses willigen Herzens, dieses hochherzigen Willens sein? Denn ich trat ein in das Meisterzeichen des Schützen auf meinem Sternenlauf, und Jupiter steht über meinem Scheitel. Flammen glühen zum drittenmal um den mystischen Pfad, den ich gehe.

Apollonius überdachte die zwei Jahre, die zwischen den Weihen in Eleusis und heute verstrichen waren. Mit seinen Freunden, mit einem immer größer anwachsenden Gefolge junger Griechen hatte er Hellas durchzogen, reformierend und lehrend, heilend und Seelen bezaubernd.

„Ich bringe die Weisheit des Pythagoras!" hatte er immer wieder gesagt, aber man begehrte, *seine* Weisheit zu hören. Denn er war einer der Großen vor dem Volk geworden, dessen Glanz sich nicht mehr von dem Namen des Tarentiners verhüllen ließ. Und ob er auch noch seine Meisterschaft vor Volk und Schülern zu verbergen suchte, sie fühlten ihre ausströmende Kraft und folgten ihm gläubig, wohin er auch sich wandte. So waren auch nach Alexandria außer Damis, Menippus und Euphrates viele junge Griechen mit ihm gezogen, begierig, an den Offenbarungen seiner Wesenheit, an der knappen Führung seines Worts die eigene Mentalität zu entwickeln und zu klären.

In einem Raum des Palastes erwartete Vespasian den Tyanäer. Er sprang vom Tische auf, an dem er gearbeitet hatte, als der diensttuende Offizier Aelian den Namen des Gastes nannte und ein Sklave den Vorhang hob. Die beiden Männer standen sich allein gegenüber.

Apollonius trug weder Stab noch Pilgerhut. Goldrot sträubte sich sein Haar über der hellen Stirn, die sich auch im heißesten Sonnenbrand nicht braun färbte. Die Hoffnung, den Kaiser seiner Wünsche vor sich zu sehen, trieb seinen Schritt zum schnellen Vorwärtseilen, hob ihm die Arme wie zu einer Sehnsuchtsgeste, formte um den schönen Mund ein hinreißendes Lächeln. Um so ergreifender wirkte er in seiner freudigen Erwartung, so daß von dem Feldherrn jedes beabsichtigte Mißtrauen abfiel und er ihm ebenfalls entgegeneilte.

Heute umklirrte Vespasian kein Panzerhemd. Die römische Tunika, an der zwei schmale Purpurstreifen vom Hals bis an den Saum unter den Knien liefen, umfloß bequem und häuslich einen gedrungenen, schweren Körper.

Die Hände beider Männer ergriffen einander fast unwillkürlich. Keiner von ihnen sprach. Sie blickten sich nur an. Erwartung war in beider Augen – Erwartung und ein wissendes Vertrauen.

Niemals war Vespasian etwas Ähnliches mit einem Menschen

geschehen. Denn der Dienst im Reich erzog zu Vorsicht und Zurückhaltung.

„Wunderlicher Mann", murmelte er fast verlegen, als sie in zwei Sesseln Platz genommen hatten.

Und dann sprach Vespasian.

Er sprach vom Leiden des ausgebeuteten Volkes, von der Wirrnis der Finanzen in Rom, von den Übergriffen zuchtlos gewordener Truppen, den ungerechten Rechtsansprüchen des Vitellius, von seiner Schlemmerei, seiner Trägheit, seiner wollüstigen Grausamkeit. Er sprach auch von seinem inneren Widerstreben, einen Mann zu eigenen Gunsten zu stürzen, der ja doch der Augustus sei.

Apollonius, aufmerksam zuhörend, durch seltene Fragen nur sich orientierend, erkannte, daß dieser Flavier nichts Eitles mehr erstrebte, daß er, reif und selbstlos und ernst, nur an des Reiches endliche Gesundung dachte.

Dann aber fing der Feldherr an, von seinen Söhnen zu sprechen. Weiches glitt über sein sonnengebräuntes, wuchtiges Gesicht, wenn er von Titus erzählte, der ihm, der Mensch dem Menschen, nahestand, ihm wesensgleich, aber von Natur vollkommener als er. Denn in dem Sohne Titus erblickte Vespasian das Ideal des Cäsar, wie ihn die Welt brauchte – geschult, gestählt, gefeilt, gehämmert durch ihn, den Vater, der sich mehr als Kaisererzieher denn als Kaiser zu empfinden schien.

Und Apollonius dachte: Durch diese beiden Männer könnte die Welt für lange Zeit geschützt und gut gelenkt sein.

Dann aber brach aus Vespasian die Sorge um den jungen Domitian. Und im Urteil über diesen zweiten Sohn erschien der Vater unsicher, befangen. Er tastete, er riet, er zweifelte an allem. Etwas, was wie ein Gemisch von Abneigung und Furcht wirkte, kämpfte mit dem aufrichtigen Willen, auch gegen diesen Sohn gerecht zu sein.

Apollonius' Hoffnung auf die Dynastie der Flavier verdunkelte sich. Doch raffte er sich schnell zusammen, besann sich auf die Forderung der Stunde. Denn auf Zeit ist dieses Leben aufgebaut.

In Zeit beschlossen sind die Geschicke von Menschen und Reichen. Für eine Zeitspanne nur dürfen die irdischen Angelegenheiten beurteilt werden.

Apollonius blickte auf den tatbereiten Mann, den er in seinen Vorsätzen zu stärken, in seinen großen Absichten zu unterstützen hatte, den er nicht schwächen durfte durch eine Voraussicht künftigen Unheils. So sprach er zu dem Vater wie ein beratender Freund. Er warnte ihn, sein Herz zu ausschließlich für Titus offenzuhalten, in dem er seine eigenen Charaktereigenschaften vielleicht am meisten liebe.

„Denn, Vespasian", so fuhr er fort, „bedenke, daß Domitian das gefährdete Kind ist, das deiner Fürsorge am meisten bedarf. Gib diesem Ehrsüchtigen, der neben dem Thron stehen soll, zu dem du Titus emporhebst, frühe Rechte und Pflichten. Gib ihm trotz seiner Jugend das Konsulat. Befriedige seine Ruhmbegierde, indem du ihn in den Provinzen vor kriegerische Aufgaben stellst, mag er auch jetzt, ein Achtzehnjähriger, in Gallien versagt haben. Schwer wird Domitian am Sieg des Titus über Jerusalem tragen, dem wir entgegensehen. Laß du ihn nie den untätigen Prinzen spielen! Stelle dringliche Aufgaben vor seine Jünglingsseele, daß sie sich nicht verbittert zu gefährlichen Cäsarenträumereien. Denn es ist der verschwiegene Traum im Herzen des Menschen, aus dem sein Schicksal wächst. Es ist das Wunschbild des Jugendlichen, das der Herangewachsene einmal hineindrücken wird in den gefügigen Ton der Welt, wenn dieser in seine ungeduldigen Hände gelegt wird. Wie die Götter aus dem Traum des Einen emanieren und die Menschen aus den Träumen der Götter, so spinnen sich Charakter und Tun der Menschen aus den Träumen, die sie in ihren jungen Tagen, den tatenlosen, hegten. Und was wie Spiel aussieht, wird Wirklichkeit."

Vespasian hatte schweigend zugehört. Langsam senkte er das schwere Haupt, nickte stumm. Und wie unsichtbar gezwungen, sagte er mit gepreßter Stimme noch dies:

„Ehe ich nach Judäa zog, berichtete mir sein Mentor, der Jüngling Domitian spieße in unbeschäftigten Stunden Fliege um

Fliege auf eine lange Nadel und schaue wie verzaubert der Todesqual der gefolterten Tiere zu."

Apollonius erblaßte. Er legte dem Vater die Hand auf seine Hände.

„Ich begreife, was du mir hiermit sagen willst. Doch zeigt auch dieses, daß sein Tatendrang auf Irrwegen geht, wenn er nicht angespannt wird. Gib ihm Aufgaben! Verwandle diesen Hang zur Grausamkeit in Antrieb zur heldischen Tat!"

Nach langem Sinnen hob der Feldherr das Haupt. Mit kurzer, waagerechter Handbewegung strich er gleichsam die Angst um Domitian aus dem Bewußtsein und lenkte das Gespräch auf die Frage nach dem Recht zur Rebellion zurück. Und hier vertrat Apollonius die Ansicht, daß dieses Recht bestehe. Denn wo es um das Wohl der Menschheit gehe, so sagte er, müsse selbst die Gewissensruhe des einzelnen sich zu Opfern entschließen, des Einen, der helfen könne.

„Und dieser Eine bist du!" sagte er fest. „Habe ich nicht dich von Zeus erfleht, dich, den Herrscher mit dem weißen Haar und ruhig gewordenen Blut? Bat ich den Gott nicht um den Mann mit dem weiten Vaterherzen, das alle einschließen wird, die seiner Leitung sich anvertrauen? Und hat dein Gebet nicht mich, den Berater, zu dir gezogen? Denn ich eilte mir selbst voraus in meinem siderischen Leib, um bei dir zu sein in deinem männlichen Ringen am Altar des Serapis. Oh, wir haben einander erwartet, Flavius Vespasianus! Denn du bist der Kaiser, von dem ich immer wußte, daß er kommen wird, seit ich des Nero traurige und schauerliche Gaukeleien sah. Und ich bin der Bote, der dir geschickt ist von Jupiter, deinem Gott. Soll sich das Reich weiter zerfleischen in den asiatischen Provinzen, in Gallien und am Rhein, am Wall der Alpen, in Italia selbst, ja, auch in Rom am Fuß des Kapitols? Sammle die Unmündigen, die Unentschlossenen, die Frevler in deine starke und gerechte Hand! Werde der zweite Augustus, den sie den ‚göttlichen' nennen! Werde der Kaiser über dieser Welt, der ihr den Frieden bringt!"

Nach diesen kühn gesprochenen Worten verneigte sich der

Tyanäer und bat um Urlaub. Als er ging, wie er sagte, um die Stunde seiner Versenkung einzuhalten, sah ihm der Feldherr lange staunend nach.

„Ich muß Titus über diesen Apollonius schreiben. Die nächste Stafette soll auch diese Nachricht ins Lager bringen", murmelte er und versank in planende Gedanken.

Es haben dann noch viele Gespräche zwischen Vespasian und Apollonius stattgefunden. Manchmal waren sie allein; manchmal verhandelten sie mit dem Präfekten und den Unterfeldherren, unter denen der junge Aelian den aufmerksamsten Anteil nahm. Immer dringender forderten diese, daß Vespasian die Huldigung als Cäsar Augustus im Tempel von Alexandria entgegennähme, so wie sie ihm schon in Judäa von fremden Königen und Truppen angeboten war, und schließlich erklärte er sich dazu bereit.

Als sein Entschluß in Alexandria bekannt wurde, war schon aus Rom die Nachricht eingetroffen, daß Vitellius, der mit seinen Anhängern aufs Kapitol geflüchtet war, dort angegriffen, besiegt und getötet ist. Ehe seine Anhänger dem Ansturm der Rebellen wichen, hatten sie den Tempel des Jupiter angezündet. In Feuersglut waren Säulen und Mauern und Standbilder zerborsten und zusammengestürzt.

Domitian war unter den Streitern für seinen Vater gewesen. Doch ließen die Berichte durchblicken, daß er sich immer vor persönlicher Gefahr zu schützen gewußt hatte.

So war nun auch in Rom der Flavier zum Kaiser ausgerufen, und die Einigkeit so vieler Wünsche stärkte des Feldherrn Vertrauen in seine Berufung.

II

In der ungeheuren Vorhalle des Serapeums hatten Soldaten nach römischem Vorbild eine Tribüne aufgeschlagen. Über den Fahnen mit dem Adler Roms leuchteten von Wänden und Säulen die fremdartigen Malereien der Ägypter, schon durch griechischen Einfluß gedämpft, dennoch für die Römer verwirrend. Der Augustus nahm die öffentliche Huldigung entgegen, in der Hand ein Zepter, auf dem kurzgeschnittenen, weißen Haar den goldenen Reif, der die Krone Roms symbolisieren sollte. Ihn umgaben der Präfekt von Ägypten mit der Beamtenschaft, den Unterfeldherren und Offizieren des Heeres, vornehme Ägypter, die Priester des Serapis und Apollonius im Kreise seiner Freunde und Schüler.

Den übrigen Raum, ja, den ganzen Platz vor dem Tempel erfüllte das ungeheure Gedränge des Volks von Alexandria und seiner Umgebung, in weißen Leinenschürzen die braunen Männer, in enganschließenden, langen Gewändern mit farbigen Fransen die Frauen. Sie trugen Lotusblüten in den Händen, und viele Amulette klirrten ihnen, zu Ketten aufgereiht, um Hals und Brust. Der Augustus hatte des Präfekten Rede angehört. Er hatte in griechischer Sprache, die hier jetzt jeder verstand, kurz und kernig geantwortet. Er wollte soeben die Feierlichkeit beschließen, als sich vier Männer, die eine Bahre trugen, bis an die Stufen der mit Purpurstoff ausgeschlagenen Tribüne drängten. Der, welcher auf der Bahre lag, war ein seit Jahren gelähmter Mann, den alle Welt in Alexandria kannte. Er reckte in ungeschickt schwerfälliger Gebärde die Arme wie hilfesuchend ein wenig empor. Dünn und ängstlich drang seine Stimme zum Ohr des Kaisers:

„Oh, Herr der Wahrheit", fing er jammernd an, „ich habe nie einen Menschen verleumdet! Oh, Antlitz von Flammen, ich habe niemals ein Herz verwundet! Oh, Atem des Serapis, ich habe mich nie gegen deinen Willen empört! Oh, Lenker der Welt, da ich noch gesund war, ich habe nie einen Kranken gequält! So habe nun du auch Erbarmen mit mir!"

„Was will dieser Mensch? Ich verstehe ihn nicht", unterbrach der Kaiser.

Die Priester, die es wohl gewesen waren, die dem Gelähmten das Herangetragenwerden gestattet hatten, flüsterten bittend:

„Höre ihn dennoch an, Augustus."

Der Kranke aber, im Hersagen seiner Gebete unterbrochen, fuhr hastig mit eigenen Worten fort:

„Serapis hat mir im Traum geboten, vor deinem Sonnenantlitz zu erscheinen, erhabener göttlicher Pharao. Er deutete auf dich, Löwe, der du aus dem Himmel zu uns herabsteigst. Rühre meinen Schenkel an mit deinem Fuß, durch den das Feuer des Himmels läuft. Berühre mein totes Fleisch, der du das Leben bist. Herr der zwei Horizonte, Geheimnisvoller, den kein Mensch erkennt, Meister der Flamme, heile! Serapis hat auf dich gedeutet in meinem Traum. Pharao, heile!"

Abwehrend hob Vespasian die Hand.

„Du irrst dich", sagte er fast scheu. „Du irrst dich, armer Mann. Ich bin ein alter Krieger, den das Vertrauen vieler Menschen zum Kaiser erhoben hat. Ich bin kein Gott. Die weltlichen Gebrechen hoffe ich bessern zu können. Die körperlichen zu heilen, vermag ich nicht."

Da lief enttäuschtes Murmeln von Gruppe zu Gruppe. Des Kranken Hände sanken flatternd zurück. Große Tränen standen in seinen hilflosen Augen.

„Aber – Serapis sprach", flüsterte er und schluchzte auf.

„Serapis hat es ihm befohlen! Serapis, der die Menschen und ihr Können durchschaut. Serapis, der Gott der Medizin, Serapis – Serapis."

Man hörte im riesigen Raum nur den einen Namen. Enttäuscht drängten die Menschen nach den Ausgängen, mißtrauisch geworden gegen ihn, den der Gott bezeichnet hatte und der sich nicht als der Erwählte bekennen wollte.

Kaiser Vespasian, das Kritische der Lage begreifend, wird unruhig. Der Oberpriester neigt sich gegen sein Ohr. Doch ehe er zu sprechen beginnt, steht Apollonius an des Kaisers Seite. Durchdringend blickt er ihn an. Nur ihm verständlich gebietet er:

„Gewähre, Cäsar, was dieser Mann begehrt. Du wirst ihn heilen! Der Gott, der dich vor anderen erhöhte, gibt dir die Kraft."

Vespasian wechselt die Farbe. Tief sinkt sein Blick in das saphirne Feuer. Der Funke springt.

Vespasian steigt langsam die Stufen hinab, bleibt auf der untersten stehen, sieht den Kranken, diesen lautlos weinenden, auf der niedergesetzten Bahre zu seinen Füßen mitleidsvoll an. Totenstille ist in dem heiligen Raum, herzbeklemmendes, gespanntes Erwarten.

Wenn ich versage? denkt der Kaiser. Du versagst nicht! antwortet geisterhaft der Tyanäer.

Da setzt der Augustus seinen Fuß auf des gelähmten Mannes Schenkel. Er betet wie im Traum – zu Jupiter – zu Serapis – zu Gott.

Die atemlos Schauenden, die Priester und Soldaten, die Beamten und die armen Ägypter, alle sehen den Kaiser, der die Augen geschlossen hält, einige Minuten in dieser seltsamen Stellung verharren. Was zwischen ihm und dem Gelähmten vor sich geht, das können sie nicht sehen.

Aber als der Kaiser seinen Fuß zurückgenommen hat, rührt sich der Kranke. Noch liegt er auf dem Rücken ausgestreckt, doch zögernd, versuchend zieht er die Beine, eines nach dem anderen, empor. Über sein dunkles Gesicht rinnen unaufhaltsame Tränen. Jetzt schiebt er die Knie über den Rand der Trage. Jetzt berühren seine Füße den gemusterten Boden. Jetzt – jetzt richtete er sich zitternd und schmal und steil empor. Jetzt – geht er.

Ein gellender Schrei aus unzähligen Kehlen zerreißt die Stille.

„Serapis! – Serapis!"

Das braune Volk hebt die Arme, stürzt in die Knie. Blumen fliegen über die Köpfe der Menge, fallen vor den Augustus nieder.

Der Kaiser ist wieder einige Stufen der Tribüne emporgestiegen. Seine Umgebung weicht ehrfürchtig vor ihm zurück – auch Apollonius. Die Einsamkeit des Wunders umschauert ihn. Er hört das entzückte Volk ihn mit Namen ehren, die er nicht kennt. Er fühlt sich mit dem fremden Gott verbunden, in dem er seinen eigenen Gott begriffen hat. Er hat vollbracht, was über sein Vermögen geht, und was er nie wieder vollbringen wird – er weiß es.

Gütevoll schweift sein Blick über die erschütterte Menge. Öffnet er die Lippen? Will er sprechen? Sie bemerken es sofort. In wenigen Minuten herrscht Stille bis in den entferntesten Winkel der Tempelhalle.

Und Kaiser Vespasian, hingerissen von der Weihe der Stunde, vom Strömen unbekannter Kräfte in sich, breitet mit einer umfangenden, väterlichen Gebärde die Arme aus und sagt zu den Ägyptern, die heute auch zu seinen Kindern wurden:

„Wie aus dem Nil, so schöpft auch aus mir!"

III

Als Kaiser Vespasian nach Rom gesegelt war, verließ auch Apollonius Alexandria, um ins Innere Ägyptens zu reisen. Die junge Hafenstadt vermochte seinen Forschertrieb nicht zu befriedigen. Was ihm hier entgegentrat, war griechische Kultur. Auch die Priester des Serapeums waren den Geheimnissen ihrer alten Kaste entwachsen, unterschieden sich nur wenig von den Flamines des Jupiter in Rom, von den Dienern des Zeus in Olympia. Prunk war an Stelle des tiefsinnigen Sonnen- und Totenkults getreten, und Apollonius wünschte, das zwiefache Arkanum des Osiris dort zu ergründen, wo es von Hermetikern gehütet wurde: in Mittel- oder vielleicht nur noch in Oberägypten.

Denn die zurückgedrängte und zurückgezogene Priesterschaft des Osiris und der Isis hob nur vor wenigen geprüften Fremden den Schleier vom Antlitz ihrer Gottheiten, und diese wenigen Eingeweihten blieben dann selbst als Priester in den Felsentempeln, für immer abgeschieden vom Leben der Zeit, oder sie zogen wieder zurück in ihre Heimatländer, geschult, die Lehre von Osiris, Isis und Horus, der ewigen Dreieinigkeit von Geist, Substanz und Wort, in kleinen Gemeinden auszubreiten. Denn wenn auch Ägypten seine politische Selbständigkeit eingebüßt hatte, seine religiösen Gedanken lebten unter fremden Völkern fort.

So trat denn Apollonius seine Reise im Oktober an, im höchsten Stadium der Nilüberschwemmung.

Makellos und glänzend blau wie Emaille spannte sich der Himmel über dem steigenden Fluß. Der wälzte seine algengrünen Wogen schwer über das Land, Fruchtbarkeit bringend mit Schlamm und Erde, er, des Landes einziger verehrter, vergöttlichter Strom. Sah er nicht aus wie die See, lange schon, ehe er sich in sie ergoß in seinen mächtigen Mündungsarmen? Schwankten nicht wie ferne, richtunggebende Wasserzeichen einsame Kronen gefiederter Dattelpalmen am ungeheuer geweiteten Horizont seiner grünwallenden Fläche?

Lautlos glitt die Barke dahin. Ihr Segel aus gestreiftem Byssus blähte sich im kühlenden Nordwind. Der Pilot am erhöhten Hinterteil des Schiffes lenkte das Steuer und überschaute ruhevoll die flutenden Gewässer. Er beobachtete die fernen Konturen der Städte, die am Himmel auftauchten und verschwanden, und folgte, durch sie geführt, dem nur selten fahrbaren Weg.

Denn die Barke segelte nicht mehr im Flußbett des Nils. Sie hatte, nachdem sie Naukratis, die griechische Kolonie in der Nähe Alexandrias, verlassen, den Kurs auf Memphis genommen. Sie zog über eine Gegend hin, die sich, ehe die Überschwemmung einsetzte, in abgeernteten Getreidefeldern ausgebreitet hatte. Sie segelte über das zu einem riesigen See gewordene Land.

Vor dem Sonnenzelt saß Apollonius mit seinen Freunden und Schülern. Euphrates fehlte. In der Heilung des Gelähmten im Serapeum hatte er die erste Wirkung des Schützen erkannt, in dessen mystische Strahlung Apollonius jetzt eingegangen war. Noch unter dem Zeichen des Skorpions hatte er es gewagt, sich mit Apollonius zu messen; denn er war erfüllt von Wissen um dieses gefährlichste Sternenbild. Geschlagen vom Lichtprinzip des werdenden Meisters, war er ihm dennoch gefolgt, sklavisch, wild, geheimnisvoll, um nun plötzlich in Alexandria von ihm zu weichen. Suchte er Schutz in dunklen Zaubereien? War sein Gehen endgültige Flucht?

Damis und Menippus atmeten erleichtert auf, als der Alexandriner nicht mehr unter ihnen war. Sie fühlten die gereinigte Atmosphäre und zogen beglückt mit ihrem Führer und Freund dem heiligen Ägypten entgegen. Denn heilig gesprochen hatte Apollonius dieses uralte Land. Heilig erschien es ihm und schwermütig auch, wie eine beraubte Frau, die ihrer Vergangenheit staubgewordene Reste in formschöner Urne barg, über die sie sich trauervoll neigt.

Es war Spätnachmittag. Über den Wassern begann ein unwahrscheinlicher Himmel in dreifarbiger Orgie zu brennen: golden, orange, azur, um dann diesen Dreiklang zu erweitern in die sieben Farben des Prismas. Vor der also lohnenden Aura des sinkenden Gestirns ragten drei gleichmäßig umrissene Berge, einer neben dem anderen, ihre stumpfen Spitzen in den metallischen Dunst erhebend, ihre Basis breit gelagert auf fahlem Sand.

Die Pyramiden!

Die Reisenden versanken in Träumerei vor diesen ungeheuren Dreiecken, emporgewachsen aus dem Grundriß der Quadrate, architektonische Symbole der siebenfachen Offenbarung des Seins.

Doch hinter den in unerschütterlicher Feierlichkeit Ragenden erblickten sie staunend ein zweites Meer. Das warf sich empor in malvenfarbenen, rötlichen und bleichgrünen Wellen. Es hatte Abgründe voll dumpfer, purpurner Schatten. Es war geheimnisvoll und schien unzugänglich – die Wüste, die libysche Wüste!

Sie war das ewig trockene Meer, das dennoch wandert, dennoch heran sich wälzt, das mit der Langsamkeit von Jahrtausenden schleierdünne Wellen über Tempel, Paläste und Städte wirft, so daß sie unter ihnen verschwanden und verschwinden werden unter diesen spielenden Sandwellen, unter diesem unbarmherzig mordenden Staub.

Ein uralter Priester aus Memphis führte Apollonius eines Nachts vor das Haupt der Sphinx. Und es war umhangen von den Schatten der Dämmerung und starrte aus nieschlafenden Augen über die Wüste hin. Der Priester hatte den Sklaven mit den Eseln, die sie hergetragen, zu der großen Pyramide geschickt, sie dort zu erwarten. Über den nachtgekühlten Sand hatte er ein Tuch aus Byssus gebreitet. Auf dieses lagerte er sich mit dem Tyanäer, und beide versanken in das langsam sich enthüllende weiße Gesicht der steinernen Chimäre. Nachdenklich begann der Priester:

„Du, Apollonius, bist als ein vielgepriesener Weiser zu uns gekommen. Wochenlang haben wir uns bemüht, dir die verborgenen Schätze von Memphis zu zeigen, seine Metropolis, seine tausend Grabkammern, zu denen wir den Zugang wissen. Du nennst dich einen Verkünder der Lehre des Pythagoras. Pythagoras — so steht es in unseren Papyri — war eingeweiht in die Mysterien von Memphis. Du begehrst das gleiche. Oh, Apollonius, Memphis hat keinen Einweihungstempel mehr. Memphis hat Erinnerungen, hat wenige alte Priester gleich mir, die seine heiligen Zeichen noch zu lesen verstehen, seine großen Symbole zu deuten. Apollonius, du ziehst durch ein gestorbenes Land. Sieh den Sphinx! In das bleiche Morgengrau reckt sich sein Haupt, Sinnbild des Geistes, der nicht im Staube untergehen will. In Staub begraben aber liegt sein riesiger Tierleib.

Ich, der Priester des Amon-Ra, den sie in Alexandria Serapis nennen — im übrigen Ägypten aber heißt er Osiris —, ich habe beschlossen, dir das Geheimnis des Sphinx zu erklären. Denn das Wissen um ihn darf nicht untergehen. Es soll weiterleben in den Völkern, zu denen du ziehen wirst, wenn auch nur wie eine Legende, eine Legende aus sehr alter Zeit. Sieh auf den Boden, Apollonius! Vermagst du den Sand zu durchdringen, als sei er alexandrinisches Glas? Ich habe unsere Stelen so lange studiert, bis mein Geist es lernte, die unterirdischen Wege zu gehen, die heiligen, die verschütteten Wege — so sicher wie den Weg von Memphis, auf dem wir hergekommen sind. Erblickst du den Sphinx? Vermagst du ihn körperlich zu erkennen, Apollonius, von dem sie sagen, daß du ein Seher bist? Siehst du den Menschen mit dem Leib des Tieres?"

Und Apollonius sah. Aber der wissende Priester schwieg.

Im Morgendämmern reckt auf rötlichem Sand das Ungeheuer seinen steinernen Leib, aus dem lebendigen Felsen der Urzeit gehauen. Treppen führen zu ihm empor, umfassen, zu mächtigen Stufen getürmt, seinen Hals. Zur Seite gebreitet liegen Tempel, schwingen Säulengänge in weitem Bogen. Aber noch keine der Pyramiden ragt zu dieser Morgenstunde der Menschheit neben dem Sphinx. Ungegliedert dehnt sich vor ihm die Ebene gegen die arabische Hügelkette im Osten aus. Nach Osten blickt der Sphinx. Kühn wölben sich seine Brauen, sphärische Halbkreise, über den weitgeöffneten, ewig schauenden, niemals ermüdenden Augen. Auf seinem Scheitel über der breiten Klaft steht mattschimmernd der Diskus aus reinem Gold.

Und zum Wächter der aufgehenden Sonne, empor über die gewaltigen Treppen, steigen weißgekleidete Priester, das Sistrum schüttelnd und singend.

Da erwärmt langsam die kühlbleiche Scheibe über der Stirn des Sphinx. Erster Strahl von den Hügeln Arabiens trifft den harrenden Schild. Er glüht auf, er brennt, er zuckt wie ein Gestirn, golden auf fahler Blässe des westlichen Himmels, emporgehalten über die Erde, Abbild des Lichts, Sonnenspiegel der Sonne.

Die Priester aber singen das Preislied des Morgens:

„Du erhebst dich in Wohltat, Amon-Ra!
Du erwachst in der Wahrheit, Herr der zwei Horizonte.
Du erstrahlst und du flammst auf.
Du trittst hervor — du steigst.
Du gehst durch den Mittagskreis, ein Wohltäter.
Die Götter und die Menschen knien nieder vor dieser Form,
Die dein ist, oh, Herr der Formen!
Komme zum Pharao!
Gib ihm seine Tugenden im Himmel und seine Macht auf Erden,
Heiliger Habicht mit den funkelnden Flügeln,
Phönix mit den mannigfaltigen Farben,
Renner, den man nicht einholen kann am Morgen seiner Geburten."

Der Seher erwacht zur Gegenwart. Sand bedeckt wieder den Leib des Sphinx. Die immerwachen Augen starren schwermütig in die Ferne. Auf seinem Scheitel fehlt der Sonnendiskus.

„Der Pharao ist Horus, die wandernde Seele", flüstert Apollonius, als träume er.

„Du sagst es", antwortet der alte Priester.

Auf die Trümmerstätte des einstigen Tempels in Memphis rieselten unaufhörlich rosa und weiße Blütenblätter von schwankenden Akazienzweigen. Rosen quollen über gestürzte, reich ornamentierte Kapitäle, über abgebrochene und bemalte Säulen, über Pylonenstümpfe und brüchige Mauerreste. Abgenutzt und angestaubt von Jahrhunderten oder von Jahrtausenden schimmerten durch das Gestrüpp von Lorbeergebüschen und Rosen schmalgliedrige, knappgegürtete Gestalten mit üppig getürmtem Kopfschmuck, in den streng nach einem verlorenen Rhythmus geordneten Händen seltsame Embleme haltend. Immer wieder kehrte das Kreuz mit dem Ring, welches das Leben gibt, immer wieder auch Zepter, Stab und Geißel, die Insignien für Herrschaft, Weisheit und Gericht.

Oft aber fügte sich an den schlanken Menschenleib das Haupt eines Tieres, eines Widders oder einer Katze, eines Sperbers oder eines Stiers, am häufigsten des Schakals scharfes Profil. Und dieser schakalköpfige, mystisch aussehende Gott stützte manchmal den Sarg mit dem bemalten Gesicht des Toten, der zum Gericht erschienen war.

Der Grieche Menippus, nachdem er lange zwischen den Ruinen umhergestreift war, warf sich plötzlich ungestüm auf den weißrosa Grund, und, die Augen mit den Händen bedeckend, rief er in angstvollem Zorn:

„Oh, Aphrodite!"

Apollonius lächelte. Er setzte sich zu ihm auf ein gestürztes Kapitäl, an dessen feingemeißelten Lotosblumen seine Finger fühlend auf und nieder tasteten.

„Bist du schon müde geworden an diesen schwerbegreiflichen

Gestalten? Sehnst du dich nach den klaren Götterbildern von Hellas? Magst du nicht weiter mit mir vordringen in diese geheimnisvolle Welt, für die das irdische Leben, so scheint es, nur ein Sichbereiten zum jenseitigen ist? Fürchtest du dich vor der Amentet, Menippus, die hier überall geisterhaft und drohend hinter dem Leben steht? Sich in alle Angelegenheiten einmengt? Oh, Menippus, glaube mir: Auch in diesem Lande werden wir die Auferstehung erleben."

Menippus hatte seine goldbraunen Augen geöffnet und blickte aufmerksam zu Apollonius empor.

„Hier quält mich alles", gestand er, „diese endlosen Grabkammern in den Felsen, diese einbalsamierten Priester und Pharaonen. Ach, sie haben den Tod schon in das Leben gelockt, noch ehe sie gestorben sind! Wo ist bei den Ägyptern die Schönheit dieser Welt? Wir Griechen aber" – hier wurde seine Stimme seltsam zart – „wir ahnen das Geheimnis, das um die Gottheit webt und von ihr sich in unsere Welt senkt, das Geheimnis, das sich offenbart, wo der schöpferische Eros niedersteigt. Erinnerst du dich, Apollonius, an das, was Platon von ihm sagt? ‚Der Heiland ist in der Mitte, und er füllt die Kluft zwischen den Unsterblichen und den Sterblichen. Durch ihn kommt alles Schauen den Sehern. Durch den Heiland gehen die Opfer und Weihen. Es mischt sich ja nie der Gott mit dem Menschen: durch den Daimon verkehren Götter mit Menschen'."

Menippus schwieg, und Apollonius sagte:

„Du hast recht mit allem, was du von Eros gesagt hast. Aber weißt du nicht, was Platon weiter behauptet? Ich will dich daran erinnern. Er schreibt: ‚Es gibt der Heilande viele, und sie sind vielfacher Art, und einer von ihnen ist Eros'."

Menippus stutzte.

„So wäre Eros ein Bruder von diesen hier? Nur schöner gestaltet?"

„Schöner nur für deine griechischen Augen. Doch auch die Griechen erfanden ein Fabelwesen, als sie ‚den Boten' darstellten. Sie schufen den Menschen mit den Flügeln des Vogels. So drückten sie das Zwiespältige in ihm aus. Auch sie. Denn des Gottes Gestalt sah keiner. Er aber bleibt der Immergleiche im Sein. Wir suchen ihn unter tausend Offenbarungen in dieser Welt. Denn Eros – er wird auch Dionysos genannt, und in Ägypten, so sagen die Priester, heißt er Horus – erleidet freiwillig unzählige Verwandlungen, körpert sich ein in den Stoff der Welt. Oft sahst du ihn durch die Materie leuchten. Oft verbirgt er sich tief in ihr. Dir, Menippus, ist er hier unsichtbar geworden, so schwer lastet der Stoff auf ihm, so starr ward er in jahrtausendalter Gebärde."

„Starr, ja!" seufzte Menippus und fuhr begierig fort: „Du aber, Apollonius, fühlst das klopfende Herz des Eros selbst in diesen Gespenstern?"

„Ich erkenne den Mittler auch hier", antwortete Apollonius bedeutsam.

Inzwischen waren Damis und die griechischen Jünglinge hinzugekommen, hatten sich gelagert, das Gespräch mit Menippus aufmerksam verfolgt. Jetzt schwiegen alle und sannen den Worten des Apollonius nach.

Da erhob sich plötzlich in der tiefen Stille der Mittagsstunde eine junge, helle Stimme. Apollonius und seine Freunde blickten suchend über das Gewirr der Rosen zum kleinen, erhöht gelegenen Haus des alten Priesters hinüber, der hier mit den Göttern des Landes auf ihrer Trümmerstätte wohnte. Denn von dort her ertönte das Lied.

Und zwischen den niedrigen Säulen, die wie gebündelte Rohrschäfte gegliedert waren, trat ein weißgekleidetes Mädchen, halb verdeckt von Blattwerk und Geäst. Die junge Sängerin konnte die Fremdlinge nicht sehen. Unbefangen war sie ganz dem freudigen Lauschen ihrer eigenen süßen Stimme hingegeben. Die klang wie Lerchentriller und war doch gehalten von der Strenge eines hymnischen Rhythmus. Die Worte waren griechisch, aber ein ägyptischer Text mußte ihnen zugrunde liegen, denn sie waren wie die lautgewordene Stimme all der in Staub zerfallenden Götterbilder dieses verschwiegenen Gartens.

„Ich bin ein reiner Lotus,
Steigend aus leuchtenden Fluten.
Ich wache über dem Atem Ras
Und über dem Atem der Großen Mutter.
Ich folge der Botschaft des Sohns!
Ich bin ein reiner Lotus
In den Gefilden der Sonne."

Menippus war blaß geworden. Wie ein plötzlich Verzauberter starrte er wortlos auf die schmale Gestalt zwischen den Säulen, zu deren Füßen die Rosen aufschäumten, auf deren Scheitel die Akazienblüten flatterten. Lange nachdem die Stimme verstummt war, wandte er sein erschüttertes Gesicht Apollonius zu. Doch dieser hatte die Augen geschlossen, sich jeder Frage entziehend. Da senkte Menippus die Stirn.

Und sehr leise, sehr zart tönte es noch einmal über Zerfall und Geblüh:

„Ich bin ein reiner Lotus."

Von diesem Tage an folgt Menippus den Schritten des jungen Mädchens. Sie ist des alten Priesters Enkelin, durch ihn in die Bedeutung der Hieroglyphen eingeführt, von ihm vor der jungen Welt von Memphis mit der Eifersucht des Alters in dieser Einsamkeit verborgen.

Sie ist süß und frisch und jung. Sie träumt von Göttern und Sternen. Sie steigt in die bemalten Grabkammern von Memphis hinab hinter dem alten Mann, tief in die Schächte der Felsen, ohne Grauen, ohne Scheu, als besuche sie Freunde. Mit ihrer kleinen Lampe, in der ein wenig trübe das Palmöl brennt, leuchtet sie die bilderbedeckten Wände ab, indessen der Großvater altertümliche Schriften zu entziffern sucht und das Enträtselte sorgfältig in eine Wachstafel einritzt. Merit, gelenkig wie ein Knabe, braun wie der Kern einer reifen Mandel, blickt zutraulich auf die feierlichen Gebärden der strengen Gottheiten. Sie sieht, wie der Abgeschiedene, zögernd und hoffend, an der Hand des Boten vor

Osiris tritt, hinter dessen Thron Isis steht, die gute Göttin, die Fürsprecherin der Menschen. Sie betrachtet nachdenklich die Waage, auf deren eine Schale sein Herz gelegt ist, sein tränenschweres und wonnebebendes, sein sündendunkles und nach Licht ringendes Menschenherz, indessen auf der anderen Schale das Maß der Gottheit steht: eine aufgerichtete Feder. Eine Feder aus den Flügeln, die den Sonnendiskus über die zwei Horizonte der doppelten Erde tragen, durch den Gestirnenkreis, durch das Weltall. – Ach, ist das Maß der Götter so leicht wie eine Feder von der geflügelten Sonnenscheibe? denkt das erschrockene Herz. Wie könnte ich ebenso schwebend werden wie sie? Wie kann es sein, daß ich nicht hinabsinke, indessen sie emporschwebt, die leichte Sonnenfeder, ich, mit allen schwülen und schweren Wünschen behaftet, ich, voll Lieblosigkeit und Ungeduld, ich, voll Zorn und Gier und Härte? Wie kann ich so leicht werden wie diese Sonnenfeder, ich armes, beladenes, ich steingewordenes Menschenherz? Aber da spricht Horus, der den Kopf eines Sperbers hat, des Sonnenvogels, und tröstet das Herz. „Fürchte dich nicht", sagt Horus, „du armes Herz! Denn was in dir vom Feuer der Sonne war, dein Auftrieb und deine Sehnsucht, dein Mitleid und deine Begeisterung, die haben das Schwere in dir fortgebrannt. Fürchte dich nicht, du armes Herz, hoffe auf Osiris!" – Und die Waage steht still, und ihre Schalen sind im Gleichgewicht. Der Gott prüft den Zeiger. Und das Herz ist leicht wie die Feder aus dem Sonnenfittich.

Wovon sollte es auch so schwer werden? sinnt Merit, so schwer, daß es dem ungeheuren Krokodil in den Rachen geworfen werden müßte, das die Herzen verschlingt, die es nicht wert sind, wiedergeboren zu werden? Wovon sollte ein Herz so böse werden, daß es nicht wieder leben darf? Wie müßte denn die Sünde aussehen, die nicht vergeben werden kann vom guten Osiris? Merit weiß es nicht. Sie hat schon viel darüber nachgedacht in ihrem stillen Leben.

Nun aber ist einer hinzugekommen: Menippus, der junge Grieche, und auch er steigt in die Tiefe der Gräber hinab und schaut und staunt und läßt sich die Bilder deuten. Und auf einmal sind die Gottheiten der Ägypter andere geworden als sie ihm zuvor erschienen waren. Auf einmal haben sie ihr Grausiges verloren. In ihrer starren Bewegung erkennt er Treue, in ihren ernsten Blicken Verheißung und Gerechtigkeit. Der vieltausendjährigen Götter Seelen tauen vor ihm auf, weil er sie ansieht mit den Augen dieses Mädchens.

Menippus, bebend in seiner jungen Liebe, fragt sich scheu: Darf ich Merit berühren, ich, der ich mit den Hetären von Korinth verkehrt, ich, der ich der Liebling korinthischer Jünglinge war, der ich das Bild der Aphrodite mit den Phantasien meiner Brunst entheiligt habe? Darf ich nach diesem Kinde greifen? In seiner Not geht er zu Apollonius.

„Meister", beginnt er zögernd und wird sicherer, indem er weiterspricht, „du selbst hast uns bewiesen, daß die Liebe zwischen zwei Menschen nicht ein Verwerfliches ist, wie die Asketen und manche Philosophen meinen. Du hast uns unterscheiden gelehrt zwischen der Begierde des Leibes und der himmlischen Ekstase, die Leib und Seele zu einem Gipfel trägt. Du, ein Erleuchteter, wagtest zu leben, was auch Pythagoras gelebt hat: die eine, die kühne, die erfüllte Liebe. – Dann aber ließest du die Frau von dir gehen, die du so sehr geliebt hast, weit über die Grenzen dieser Erde hinaus. Denn du liebtest sie mehr als die Menschen, die du heiltest, mehr als deine Jünger, mehr als Dion, deinen Jugendfreund. – Ach, auch Dion mußtest du hergeben! – Du ließest Latifas Opfertod zu, der über alles Begreifen groß ist. Vielleicht konnte sie nur so sich von ihrem früheren Leben reinigen. Vielleicht konnte sie nur durch die Liebestat sühnen, auf daß du deinen heiligen Pfad gingest. Vielleicht wurde sie dadurch heilig wie du. – Aber du selbst, Apollonius, du leistetest den großen Verzicht. Wie ich dich beklage! Du littest den Gram wie jeder andere Mensch. Du leidest noch. Ich weiß es."

Apollonius, der nie von Dion und Latifa sprach, blickt ihm ergriffen in die golden schimmernden Augen.

„Viel hast du gedacht. Viel hast du verstanden. Ein Kind führte dich durch die Grabkammern, die du verachtetest, und erzählte dir fremdartige Göttergeschichten. Da wurdest du sehend, auch über mich. – Du, unter der Aphrodite Geborener, habe ich dir nicht einmal gesagt: Die Liebe ist dir noch fremd, trotz deiner vielen Leidenschaften. Aber sie wird über dich kommen. Bereite dich vor. – Nimm nun die Liebe auf dich, wie dein Gestirn es will."

„Aber – muß ich mich von dir trennen?" fragt Menippus, plötzlich schwankend zwischen Beglückung und Angst.

„Du verlierst mich niemals mehr!" antwortet Apollonius ernst. „Höre noch dieses: Schwer zu leben, schwer zu verstehen ist das ionische Geheimnis der Evolution, das ich euch lehrte. Schwerer noch ist das andere Arkanum zu begreifen, das die Dorer in ihren Mysterien andeuten, die Involution. Die Inder aber wissen von beiden. Wer diese beiden Bewegungen der Schöpfung in seiner eigenen Seele erlebte, ist reif, in alle Tiefen des Gewordenen zu steigen, auch in das gefahrenvollste für den Jünger der Weisheit, in das Geheimnis der geschlechtlichen Liebe."

IV

Durch den verwilderten Tempelgarten von Memphis dröhnen schwere Tritte eisengeschienter Legionäre, Boten von Titus.

Titus war nach der Eroberung Jerusalems gen Alexandria gezogen, ließ sich dort als Sieger huldigen, bereitete seine Heimkehr nach Rom vor. Aber nun sollte Apollonius zu ihm kommen. Nun wollte er den Mann kennenlernen, von dem sein bewunderter Vater ihm so ergriffen geschrieben hatte. Und Apollonius bestieg die kaiserliche Barke und fuhr mit den Gesandten des Titus wieder den Nil hinab nach Alexandria. Seine Schüler ließ er unter Damis' Leitung in Memphis.

Über ihm flatterte die Fahne mit dem Adler Roms. Braune Ruderer brauchten sich kaum zu regen. Glühend strich der Samum über den Strom, trieb die Barke nach Norden. Wie Feuer rührte er an Glieder und Gesicht. Aber das Zelt, unter dem der Gast des Kaisersohnes saß, war aus dichtem Stoff, die Früchte waren erlesen, und das Brot war weiß, das ehrfürchtig dienende Hände ihm boten. Denn war er nicht schön, wie man sich Horus vorstellt, der da goldhaarig auf der Barke des Pharao fuhr?

Im Dämmern landete das Schiff aus Memphis in Alexandria. Bei lohendem Fackelschein betrat Apollonius den Festsaal im Palast der Ptolemäer, wo Titus Tafel hielt.

„Apollonius von Tyana!" meldete der Aufseher.

Da verstummte die lärmende Unterhaltung. Und wie vor Monaten Vespasian, so streckte jetzt sein Sohn dem Gast beide Hände zu freudiger Begrüßung entgegen.

Wie Titus seinem Vater glich, als er sich von dem Pantherfell erhoben! Stark und gedrungen war auch seines Körpers Bau, klug und gesund und gütig sein kräftig geformtes Gesicht. Aus dem Saum der weißen Tunika wuchs gewaltig sein stierhafter Nacken, bereit wie der des Atlas, eine Welt zu tragen. Kriege und Sorgen einer Welt, ihr Glück und ihr Wagnis – auch ihre Tränen? Ja, auch ihre Tränen.

„Gut, daß du da bist!" rief Titus, „Zauberer, der du selbst meinen nüchternen Vater dazu gebracht hast, mir einen Brief ins Lager zu schicken, der noch anderes enthält, als nur strategische Weisungen und Nachrichten über die Ereignisse in Rom. Nun gib auch mir deinen Rat, Apollonius aus Tyana! Denn ich brauche ihn mehr als mein Vater. Ich bin erst halb so alt wie er. Ich habe heißes Blut und bin noch gar nicht weise."

Apollonius lächelte. Nein, „weise" war dieser Titus nicht. Das sah er wohl. Aber aus seinen lachenden Augen brach ein Strahl von Wärme und Zuverlässigkeit. Sein Mund war fest gezogen, sein Kinn entschieden, kühn und milde sein Blick. Und Apollonius dachte, indem er sich neben dem Feldherrn zum Nachtmahl niederließ: Tyrannen und Komödianten haben die Welt zerrissen. Ein gelehrter Mann, der sie nach Theorien regieren wollte, würde an ihren Realitäten zerbrechen. Diese Flavier aber, die Krieger sind und geborene Könige, die den Willen zur Gerechtigkeit haben, sie werden dem gequälten Reich das Höchstmaß des irdischen Glückes geben. Und Apollonius sprach zu Titus vom Staat, den das Recht regiert. Um sie waren die Kerzen erloschen. Die Gäste hatten auf einen Wink des Feldherrn schon lange den Saal verlassen. Apollonius schloß mit den Worten:

„Dein Vater sprach von dir als seinem Mitregenten. Wenn sich dem tiefen Reifsein seiner Jahre die drängende Kraft deiner Jugend harmonisch eingliedert, kann nahezu Vollkommenes durch euch gestaltet werden. Denn ihr werdet den Cäsarenwahn, als sei der Staat für die Bedürfnisse des Herrschers da, umwandeln in das göttliche Gesetz vom Kaiser, der für die Bedürfnisse des Staates von den Göttern berufen ist."

Titus war den Ausführungen des Tyanäers mit Aufmerksamkeit gefolgt. Er hatte sich bereit erklärt, Demetrius aus Korinth, den Freund des Apollonius und des Thrasea, zu seinem Ratgeber in Rom zu machen. In Titus vibrierte wie eine gedämpfte Trunkenheit sein Sieg über Jerusalem. Er brannte der Zukunft mit jener ungeduldigen Spannung entgegen, wie sie Menschen durchzittert, denen nicht sehr viele Jahre für ihre Taten gegeben sind.

„Oh, ich muß eilen, nach Rom zu kommen", sagte er und strich gedankenvoll über sein kurzes, krauses Haar. „Denn schneller, als ich sein kann, sind Intrige und Klatsch. Es wird meinem Vater berichtet werden, daß mir in Jerusalem das alleinige Imperium angeboten ist. Er wird durch die Verleumdung beunruhigt werden, als sei ich halb und halb schon darauf eingegangen."

„Das wird er nicht!" rief Apollonius mit Bestimmtheit. „Dein Vater, Titus, glaubt fest an dich. Schlimm aber stände es um deinen jungen Bruder, wenn solche Gerüchte über ihn vor Vespasians Ohren kämen."

„Sie kamen zu ihm, schon als er noch beim Heere war", erwiderte Titus ernst. „Ich suchte ihn zu beschwichtigen. Doch kenne ich meinen Bruder kaum. Domitian ist zehn Jahre jünger als ich und wuchs unter Fremden auf, indessen ich dem Vater in die Feldlager folgte. Aber vielleicht weiß er trotz seiner Jugend schon um die Lockung, die vom Imperium ausströmt. Vielleicht liebt er das Leben so heiß wie ich – all seine kühnen Möglichkeiten. Denn ich – ich liebe das Leben, Tyanäer! Sage nun du mir – denn das ist meine dringendste Frage an dich –, ob ich es lange besitzen werde, dieses Göttergeschenk. Die an der Spitze der Welt stehen, sind mehr gefährdet als andere Menschen, und die ein Reich zu behaupten haben, sind immer umlagert vom Mord."

Apollonius wandte sich von ihm ab und versank in seine innere Schau. Doch was er sah, hat er vor Titus nicht bekannt. Denn es ist für Menschen von der Art Titus nicht gut, um die kurze Dauer ihres Lebens und um ihren Tod zu wissen. Und wer unter den Menschen ertrüge es? Es lähmte ihnen die Herzenskraft zur Tat. Titus, der königliche, aber sollte dem Reich ein Segen werden! Daher sagte Apollonius nur:

„Solange dein Vater lebt, sind seine Feinde auch die deinen. Wenn du aber einst alleiniger Kaiser sein wirst, ist unter deinen Nächsten dein Feind."

Und Titus, zögernd: „Wie werde ich sterben?"

„Aus dem Wasser wird dir der Tod kommen", antwortete Apollonius ausweichend.

Titus sah lange grübelnd vor sich hin. Orakel sind dunkel. Alle Orakel reden gleichnishaft. Man denke an die von Delphi und Dodana. Er hätte es wissen sollen. Apollonius konnte da keine Ausnahme machen – oder er wollte es nicht. Doch selbst, wenn er mehr wissen sollte, als er verriet – er, Titus, mochte nicht mehr fragen. Eine Unlust zu wissen kam über ihn. Er schüttelte sich heftig, als würfe er eine Last ab. Ein anderes ging ihm durch den Sinn. Er sagte:

„Weißt du übrigens, Apollonius, daß du selbst in Alexandria einen Feind hast? Er kam und warnte mich vor dir. Er behauptete, daß er dein Jünger sei."

„Trug er eine gelbe Magiermütze?" fragte Apollonius. „Dann war es Euphrates, der Bildgießer. Ja, dieser kam mit mir nach Alexandria, wo er geboren ist."

Titus staunte.

„Ich wollte es meinen Leuten nicht glauben, daß sie dich mit ihm gesehen hätten. Er ist nicht ungefährlich, dieser Euphrates. Er schwärzte dich gewaltig an."

„Was antwortetest du ihm?"

„Ich lachte", rief Titus. „Was anderes hätte ich denn tun sollen?"

„Nun siehst du selber, Titus, wie wenig gefährlich dieser Euphrates für mich ist", meinte Apollonius und lächelte auch.

Aber der Feldherr wurde ernst.

„Ja, ungefährlich vor mir und Vespasian! Doch wenn ein anderer Kaiser wird —" Er stockte, blickte verwirrt umher. Doch Apollonius rief ihn mit starker Stimme an. Da zerrann wohl ein quälendes Bild vor seinem inneren Auge; denn er sagte verwundert:

„Ich kenne solche Gaukeleien sonst nicht. Du hast mich angesteckt mit deinen Hellgesichtern."

„Das könnte wohl sein", sagte der Seher, „das könnte sein."

Titus fragte weiter:

„Wie kommt es, Apollonius, daß du die Dinge, die an anderen Orten geschehen oder — was noch seltsamer ist — in der Zukunft, ohne Vorbereitungen erkennst? Die Magier brauchen sonst viele Beschwörungen und Opferzeremonien für ihre Prophezeiungen."

Und Apollonius antwortete dem Sohn des Vespasian so offen, wie er nur zu wenigen Nichteingeweihten über diese Fragen gesprochen hat:

„Ich vermag das Gegenwärtige an entfernten Orten und Ereignisse der Zukunft in einem klaren Spiegel zu schauen. Der Weise wartet nicht auf den Dunst der Erde und die Verderbtheit der Lüfte, um Ereignisse vorauszusehen. Meine streng geregelte und enthaltsame Lebensweise bewirkt solche Feinheit der Sinne und erweckt die geheime Kraft des Zweiten Gesichts in mir.*)

---

*) Überliefertes Wort des Apollonius von Tyana.

Götter sehen die Zukunft, Menschen die Gegenwart, der Meister sieht vieles von dem, was sich naht."

V

Wieder stand über Ägypten der laue, frühlingshafte Winter, und die Zeit der großen Nilüberschwemmungen war vorüber.

Apollonius hatte Damis und die griechischen Neophyten aus Memphis geholt und war mit ihnen nilaufwärts gezogen ins obere Ägypten zur „Insel des Endes", zur heiligen Philae. Denn dort – so hatte ihm der alte Priester des Amon-Ra gesagt – hatten sich die Hermetiker zurückgezogen. Dort feierten sie das große Fest der Isis, dem Gäste aus der ganzen Welt beiwohnen durften, dort auch führten sie die Auserwählten in das Arkanum der Guten Göttin ein.

Menippus aber war in Memphis geblieben, und Apollonius hatte es gebilligt. Der alte Priester, zuerst mißtrauisch gegen den werbenden Mann, staunte bald über das Wunder seiner Bekehrung zu den Göttern Ägyptens und ließ ihn in Merits Gesellschaft, so viel er mochte.

Merit, der Isis inbrünstige Dienerin, erzählte dem Freund all die tiefsinnigen Legenden, die sie von ihrer Herrin wußte. Sie sah ihm zu, wenn er mit leichter Hand ihre Geschichten aufschrieb, um sie später den Griechen vorzulesen.

„Und wirst du mit mir in Hellas sein, Merit, wenn ich dort von deiner Göttin spreche?" fragte Menippus, und seine Augen flehten.

„Vielleicht –", antwortete das Mädchen scheu, noch schwankend zwischen schwärmerischer Treue zu ihrer Gottheit und aufblühender Frauensehnsucht. Menippus legte die Papyrusrolle zur Seite. Zart umschlang er die schmalen Schultern. Sie saßen in einer kleinen Barke und ließen sich treiben von den träge fließenden Fluten des abendlichen Nils.

Über der libyschen Gebirgskette stieg es noch einmal wie ein

Gebirge empor, getürmt aus Wolken, grau, von orangefarbener Glut durchzuckt, an den Gipfeln geöffnet mit kreisrunden Mündern, golden gegen den bleiernen Himmel. Die Häuser aber, die dem aschengrauen Gebirge mit der trügerischen Aureole angeschmiegt lagen, geisterten in einem unwirklichen, kreidigen Weiß, so wie die einsamen Palmen kohlschwarz erschienen und ihre Büschel emporreckten an langen Stämmen.

Merit und Menippus in ihren weißen Leinenkleidern hatten seltsam fahle Gesichter und Arme von einem matten, erloschenen Braun, und nur ihre Augen glommen lebendig in die furchtbare Melancholie der Landschaft hinaus. Merit sagte sehr leise:

„Ägypten leidet mit Isis. Weißt du es, Menippus? Heute ist die erste heilige Nacht, in der sich die Gute Göttin aufmacht, um des Osiris zerstückelten Leichnam zu suchen. Heute sehen deine Freunde auf der Insel Philae die Ausfahrt der Isis. Isis hat einen schönen Sarg in die Barke stellen lassen. Er ist bemalt mit Göttern und heiligen Tieren. Alles, was es in der Welt gibt, ist auf den Sarg gemalt. Denn, siehst du, Menippus, nur die ganze Welt ist imstande, den Leichnam des Osiris aufzunehmen."

Menippus nickte und fragte dann:

„Wer aber hat den Osiris getötet, Merit? Wer hob die Hand wider den Geliebten der Isis?"

„Oh, das ist eine sehr traurige Geschichte", antwortete Merit kummervoll. „Habe ich sie dir noch nie erzählt? Nein? Siehst du, vor vielen tausend Jahren ist Osiris der König von Ägypten gewesen, und Isis war die Königin. Später hat man gemerkt, daß beide Götter waren. Denn sie haben den Menschen am Nil, die damals noch wild und dumpf waren, gezeigt, wie man Kanäle bauen muß, um das Nilwasser überall hinzuleiten, und wie man Getreide sät in den kostbaren Schlamm, und wie man Trauben zieht, und wie man Byssus webt, und wie man die Schriftzeichen in Stein meißelt und auf Papyros malt. Das alles haben Isis und Osiris den Menschen gezeigt. Und deshalb, das kannst du dir wohl denken, liebten die damaligen Ägypter sie sehr und bauten ihnen mit Freuden schöne Paläste in Theben. Denn Theben war ihre Königstadt. Aber als sie den Leuten am Nil alles gezeigt hatten, was sie wußten, sagte Osiris: ‚Es gibt noch viele andere Menschen auf der Welt jenseits des Sinai und hinter der libyschen Wüste. Soll ich zu ihnen reisen und sie belehren und auch sie zahm und gut machen? Denn sie sind noch böse und wild. Du aber müßtest während meiner Abwesenheit in Ägypten allein regieren.' Da umarmte ihn Isis und drückte ihn fest an sich und konnte zuerst nicht sprechen, so erschrocken war sie darüber, daß sie ihren lieben Gatten fortziehen lassen sollte. Aber sie dachte daran, wie elend die Menschen am Nil gewesen waren, ehe ihnen die Hilfe kam, und daß sie wohl das Opfer für sie bringen müßte, Osiris gehen zu lassen, damit die Menschen auf der ganzen Welt glücklich und friedlich würden. So zog denn Osiris fort, und er nahm eine Flöte mit. Und wenn die Wilden seine Worte nicht hören wollten, blies er so schöne und zarte Weisen, daß sie ganz bezaubert wurden und sich zu seinen Füßen niederlegten, die Syrer mit den langen schwarzen Bärten, die klugen Menschen aus dem Stromland und auch die Nubier, die schwarz sind und krause, wollige Haare haben. Sie alle gehorchten Osiris, wenn er auf seiner Flöte blies. In einigen unseren Schriften steht sogar, daß auch Löwen und Krokodile sich an ihn schmiegten. Aber, weißt du, Menippus, das kann ich mir nicht vorstellen."

„Oh, doch!" sagte Menippus. „Die Wesen, die eine solche Ausstrahlung haben, wie Apollonius, können sogar Tiere bannen. Das habe ich selbst gesehen."

Und nun war er es, der erzählte, wie Apollonius einmal in Ephesos durch seine magische Kraft einen tollwütigen Hund gezähmt und geheilt hatte. Merit hörte ihm gespannt zu. Erleichtert sagte sie:

„Wenn dein Weiser das konnte, so war es erst recht dem Osiris möglich. Ich freue mich, daß ich auch dies nun von ihm glauben kann."

Süßes, süßes Herz, dachte der Grieche.

„Aber nun kommt das Traurige", erzählte Merit weiter. „Ich vergaß dir zu sagen, daß Osiris und Isis eigentlich Geschwister waren, in der anderen Welt, wo Amon-Ra thront und die zweiundvierzig Götter der Amentet und Thot, der die Abgeschiedenen führt. In dieser Welt, die ein Mensch nur nach seinem Tode betreten kann, hatten Osiris und Isis noch zwei Geschwister, die ebenfalls auf die Erde gestiegen waren. Sie hießen Set und Nephtis und waren auch Mann und Frau geworden. Set aber war böse. Er liebte die Menschen nicht, und er ärgerte sich über Osiris, weil er sie so wissend gemacht hatte. ‚Warum läßt er sie nicht dumm bleiben?' sagte Set. ‚Warum macht er aus diesen Staubgeborenen halbe Götter? Sie wissen – und wissen doch nicht genug. Sie sind äußerlich gezähmt und innerlich aufrührerisch geblieben. Doch sie gehören nicht nur dem Osiris und der Isis. Sie sind auch unser! Sie gehören auch dir und mir! – Wenn aber Osiris fortfährt, sie mit der Sonne des Geistes zu erleuchten, so werden sie der Finsternis ganz entwachsen, und wir, du und ich, genießen nicht mehr die Komödie ihrer lächerlichen Leidenschaften und werden nicht mehr mit Opferdämpfen und rauchendem Blut erfreut. Das aber tut uns wohl. Du, die Grausamkeit, und ich, die Wollust, wir wollen den Osiris umbringen und wollen ihn in vierzehn Stücke zerschneiden und diese in den Nil werfen, jedes an eine andere Stelle. Dann werden die Ägypter wieder in ihre Dumpfheit zurückfallen, und du und ich, wir herrschen über sie. Horus, den Sohn des Osiris, werde ich im Kampfe besiegen, und du, Nephtis, magst sehen, wie du mit deiner Schwester Isis fertig wirst.'

Nephtis zögerte mit ihrer Zustimmung. Aber sie fürchtete sich vor Set und wagte nicht, sich ihm zu widersetzen. Denn er konnte sich in einen gräßlichen Drachen verwandeln, der Feuer spie und sie umzüngelte und würgte. Wenn sie ihm aber in allem zu Willen war, küßte er sie.

Und Set kundschaftete aus, daß Osiris von den Barbaren nach Theben zurückkehren würde, und daß er am Nil heraufzog vom Delta aus. Da sagte Set: ‚Nun geh und stiehl deiner Schwester Isis den Schleier, in den die Geschicke aller Menschen gewebt sind vom Anfang her und alle Schönheiten der Erde, Blumen und Vögel, Berge und Sterne. Hülle dich in den Schleier, Nephtis, in den Schleier der Isis und erwarte den Osiris in der reizenden Bucht, die dir bekannt ist. Er wird dich für Isis halten. Er wird dich umarmen. – Wenn er aber müde geworden ist, dann sollst du sein Haupt in deinen Schoß legen und mit dem Schleier der Isis bedecken. Dann werde ich kommen und ihm den Kopf abschlagen. Und ich werde seinen Leib in Stücke schneiden und sie verteilen über den Nil.' Da raubte Nephtis den Schleier; denn sie war begierig nach der Umarmung des schönen Osiris, und jede mitleidige Regung verstummte, als sie erfahren hatte, was Set von ihr verlangte. – Und alles kam, wie der Böse es gewollt. Des toten Osiris Teile trieben über die Wellen hin, und die Geister der Natur – ihr Griechen nennt sie Satyrn – schrien auf, als sie des ermordeten Gottes Glieder erkannten. Ihr Schrei und ihre Botschaft kamen vor Isis. – Oh, lieber Menippus, ich kann es dir nicht beschreiben, wie traurig Isis da wurde! Denke doch, sie hatte ihr Liebstes gegeben, um den armen Menschen zu helfen –, und nun wurde ihr das Liebste getötet und auf so gräßliche Weise! Menippus, ich habe oft über den Schmerz der Isis nachgedacht, wie sie durch ihren Palast in Theben raste, von einem Saal in den anderen und verzweifelt seinen Namen rief und weinte und sich auf den harten Boden warf, die Stirn gegen den Stein schlug und den Schmerz nicht fühlte vor Schmerz. Ach, daß sie dies erdulden mußte, die arme, gute Göttin!"

Merit saß zusammengekrümmt und verbarg ihr Gesicht in den Händen. Zwischen ihren Fingern rannen Tränen, lautlos und heiß. Da sprach Menippus dicht an ihrem Ohr, und seine Stimme war ganz dunkel vor Eindringlichkeit:

„Hast du es noch nie bedacht, Merit, daß ich dich ebenso lieb habe wie Isis den Osiris, und daß ich ebenso leiden müßte wie sie, wenn du nicht bei mir bliebst?"

Merits Tränen stockten, aber sie blickte nicht auf. Dachte sie nach? Begriff sie ihn endlich?

„Merit, o Merit!" flehte er, „höre mich an! Versteh mich doch!"

Langsam nahm sie die Hände vom Gesicht. Im Mondlicht sah es ganz bleich aus.

„Merit", sagte er leise, „du deutest mir das Geheimnis einer fremden Liebe. Aber die Liebe, die nahe bei dir ist, die fühlst du nicht."

„Doch, ich glaube, ich fühle sie jetzt", sagte Merit beklommen. „Laß mir noch ein wenig Zeit, Menippus."

Er nickte ergeben. Dann bat er:

„Erzähle weiter vom Schmerz der Isis. Kommt nun ihre Fahrt über den Nil mit dem bemalten Sarg in der Barke?"

„Ja, nun zog Isis über den Nil, und überall fragte sie die Menschen: ‚Habt ihr nicht ein Stück vom Leichnam des Königs gesehen?' – Und wo man eines gefunden hatte, brachte man es ihr, und sie legte es in den schönen Sarg. Lange, sehr lange hat die Göttin gesucht. Kein anderes Ziel hatte ihr Leben. Denn ihr Knabe Horus wuchs, behütet von Priestern, in Abydos auf. Als Isis nach Theben zurückkehrte, waren alle Teile des Gottes und auch sein totes Haupt liebevoll im Sarge zusammengelegt."

Merit schwieg. Dann fragte sie gepreßt:

„Glaubst du, daß ein Toter wieder lebend werden kann durch die Liebe?"

Quälerin, unschuldige Quälerin, dachte Menippus. Traurig sagte er:

„Ich weiß es nicht, Merit. Auch Apollonius, der schwere Krankheiten geheilt und in Ephesos die Pest ausgetrieben hat, auch er hat noch keinen Toten erweckt."

„Vielleicht liebte er keinen Menschen so tief, daß er es konnte", wandte Merit zögernd ein.

„Oh, doch, er liebte", antwortete Menippus mit seltsam dunkler Stimme.

Merit sah ihn verwirrt an. Dann flüchtete sie wieder in ihre Erzählung: „Isis und Horus standen am Sarg des Osiris, als er geöffnet wurde mitten im Heiligtum von Theben. Es steht geschrieben, daß Horus groß und stark geworden war und daß er siegreich mit Set-Typhon gekämpft hatte, um das Reich seines Vaters zu verteidigen. Aber nun war die Stunde der Erweckung gekommen. Isis und Horus hielten das Henkelkreuz in der einen Hand und berührten mit der anderen den Leichnam des Osiris, der zusammengefügt und unverwest in dem geöffneten Sarg lag. Und Isis betete zu ihrem Bruder, Gatten und Gott:

„Geliebter des Amon-Ra, Herr der Entzückungen!
Jetzt beglückst du die Herzen der Götter,
Du erleuchtest ihr Haus mit deiner Schönheit.
Aber die Erde lebt in Angst ohne dich.
Ich bin das Weib, das deine geschändeten Glieder gesammelt,
Die Schwester, die dich in deinem Sarg behütet hat.
Oh, Zwiegestaltiger, Geheimnisvoller,
Der du als Kind aus meinem Schoß getreten bist in Horus unserem Sohn,
Herr meiner Liebe, laß mich dich wiedersehen!
Städte und Länder weinen um dich.
Die Erde und der irdische Horizont weinen um dich.
Steige herab in deinen Tempel – fürchte dich nicht!
Dein Sohn Horus rächte deinen Mord an deinem Feinde.
Dein Sohn Horus umspannt den Umkreis des Horizontes.
O du Gewaltiger, der du Furcht erregtest, fürchte dich nicht!
O mein Herr, überströme mich mit deinem Glanze!
Laß mich den Duft deines Fleisches riechen, der süß ist wie die Gerüche von Pontus!
Angebeteter aller liebenden Frauen! Entzücken aller Gottheiten,
Kehre zu deinem Weibe zurück!
Mein Herz flattert in Angst, denn noch bist du fern.
Ich will dich umarmen und nie mehr von dir lassen,
Denn mein Herz ist krank vor Sehnsucht nach dir.
Nun ist deine Auferstehung vorbereitet.
Nun ist der Schmerz aus deinen Gliedern gedrängt und die Schwäche aus ihnen vertrieben.

Isis weint vor Glück, denn du bist die Grenze all ihrer Wünsche.
Isis atmet dich an mit dem Atem ihres Mundes.
Isis umarmt dich, Auferstandener."

Als Isis dieses Gebet gesprochen hatte, was meinst du wohl, Menippus, was da geschah? – Ach, stelle dir vor: da wurde Osiris lebendig! Feierlich richtete er sich in seinem wunderschönen Sarg empor. Er trug die Krone beider Ägypten auf seinem Haupt, und die Uräus-Schlange über seiner Stirn schien sich zu bewegen.

Nun stand Osiris zwischen seiner Gattin und seinem Sohne Horus, den er als Kind verlassen hatte, damals, als er zu den Barbaren zog. Und Osiris blickte sie an und war sehr glücklich. – Isis aber brachen vor dem Blick des Gottes zwei große, blaue Flügel an den Schultern hervor und wuchsen – und wuchsen –. Die Mauern wichen vor ihrem Wachsen auseinander, und die Winde legten sich vor ihrem Rauschen nieder. Sie aber dehnten sich bis in den Himmel, bis zur Sonne, bis zur Wohnung des Amon-Ra.

Isis umschlang Osiris, und die blauen Flügel bedeckten beider Leib, und es heißt, sie sind mit ihnen emporgeflogen in das andere Reich. – Horus blieb in Ägypten. Er war König und Priester. Er war Gott und Mensch, Geist und Leib. In ihm waren beide: Isis und Osiris, und er wußte um die Liebe der Götter und um die Liebe der Menschen, denn er war der Sohn."

Merit schwieg, und Menippus sagte ergriffen:

„Kleine Priesterin! Wer hat dich deine wundervollen Märchen so tief deuten gelehrt?"

„Ich weiß es nicht", meinte sie nachdenklich, „vielleicht der Großvater. Aber eigentlich glaube ich, die Gute Göttin sagt es mir auf unmerkliche Weise, was alles zu bedeuten hat. Denn wenn ich von ihr spreche, so fühle ich sie immer über mir."

Unwillkürlich blickte Menippus empor. Weißes Mondlicht floß still vom beruhigten Himmel herab. Das Gestirn der Isis leuchtete blendend über Wasser und Land.

Schweigend lenkte der Liebende die Barke an das Ufer.

Als sie sich trennten, schlang Merit zum erstenmal die Arme

um seinen Hals und küßte ihn – scheu, zärtlich und schnell. Wie ein Reichbeschenkter suchte der Verwöhnte sein Lager auf.

„Kleine Merit – süße, kleine Merit", flüsterte er.

Indessen waren die Pilger an den Trümmerstätten von Dendera und Theben vorübergewandert, hatten der Memnonsäule geheimnisvolles Tönen bei Sonnenaufgang vernommen, hatten den Riesentempel der Ptolomäer in Edfu besucht und waren nun in der letzten Stadt des ägyptischen Reiches, in Syene, angelangt. Sie hatten ihre Becher in den Brunnen hinabgelassen und betroffen in seiner tiefsten Tiefe keine Dunkelheit mehr gesehen, nur eine gelbblendende Scheibe, Widerschein der Sonne, die senkrecht über ihm stand. Sie hatten ihre Schatten verloren und waren wie Gespenster über die hellen, glühenden Plätze geschritten. Kleine Äthiopierkinder, nackt und tierhaft anmutig, hatten sie im Verein mit niedlichen Äffchen zutraulich umdrängt. Schwarz war die Haut der Menschen, die ihnen den Weg wiesen und ihnen üppig reife Datteln von den schlanken Palmen herabholten.

Und dann waren sie auf der alten heiligen Straße der Insel des Endes entgegengewandert. Wüstenweite und Felsgezack wechselten an ihrem Wege. In diesem Gebiet hatten seit Tausenden von Jahren die Pharaonen die Blöcke gebrochen, aus denen ihre Pylonen und Säulen, ihre Obelisken und ihre gigantischen Bildnisse gemeißelt waren. In diesen Steinbrüchen ragten scharfkantige Riffe von schwarzem Porphyr, durchflammt mit gelbem Geäder. Es türmten sich hier phantastische Kuppeln aus Fels, Nadeln aus Fels – von jenem unwirklich roten Syenit, der manchmal aufglüht wie Alpenrosen, manchmal im zarten Lila der gefiederten, duftenden Bergnelke spielt, um dann tief hinabzusinken auf der Skala der Farbentöne bis ins dunkelste Veilchenblau.

Wo das Geklüft ihn nicht verdeckte, sahen die Pilger den Nil, schmaler, schäumender und schneller fließend im verengten Bett, herabstürzend in seinen ersten brausenden Fall, um Felsen sich wälzend, durch Schluchten sich bohrend, den segenbringenden, unermüdlichen Strom, der die Insel der Isis ehrfürchtig umarmte, sie behütete vor dem grünlichroten Felsengeringel, das wie ein Riesendrache an den Ufern hinkroch, gleißend und drohend – Set-Typhon, besiegt und verborgen, erstarrt und doch voll heimlich klopfenden Lebens, der Böse vor der Schwelle des Heiligtums.

Und eines Morgens treten die Pilger in den Vorhof des Tempels.

Isispriester haben sie am Fuß der Treppe, die aus dem Nil steigt, empfangen.

Apollonius schreitet mit ihnen zwischen einer der Säulenreihen, die den Vorhof begrenzen. Kühle umfängt ihn. Über seinem Haupt dunkeln schwarze Sterne im glänzenden Blau der Decke.

„Hier geht das irdische Licht unter, aber das geistige Licht geht auf", sagt erklärend der Priester, der seinen fragenden Blick versteht.

Apollonius nickt, und sie durchschreiten, feierlich gestimmt, den ungeheuren Pylon, der von steinernen Löwen bewacht wird, und treten in den zweiten Hof. Der Priester weist auf einen Seitenraum.

„Dort", sagt er, „verehren wir das Mysterium von der Entbindung der Isis. Dort gebar sie Horus, ihren unsterblichen Sohn."

Doch nun betreten sie das Wunderwerk des dritten Raumes, den man die Parodos nennt, den Säulenwald, in dessen verdämmernder Höhe blaugestreifte Lotuskelche zwischen grünen, auseinandergefalteten steinernen Palmblättern blühen. Aber vor dem Adyton machen die Priester halt.

„Dort", sagen sie, „thront das verschleierte Bild, und nur der Geweihte darf es sehen und anbeten."

In der Parodos warten noch andere Gäste, und immer neue kommen hinzu. Denn es sollen ja die Mysterienspiele beginnen, die Griechen und Römer, Babylonier und Syrer nach Philae locken.

In derselben Mondnacht, in der Merit ihrem Freunde die Geschichte von Isis und Osiris erzählt, gleitet über den heiligen See vor dem Tempel in Philae die blaue Barke der Königin, und an den Ufern lagern die Gäste der Priester und sehen wie im Traum den Mythos sich entfalten.

Auf der blauen Barke steht der Sarg, und die klagende Isis lenkt das Steuer. Die klagende Isis fährt suchend über die Wasser, die den Nil darstellen. Sie entschwindet langsam in Dunkel und ungewisses Mondgeflimmer. Vor den Zuschauern aber kämpft Horus, der Sohn, mit den Dämonen. Nackte Ägypter mit Helm, Schild und kurzem Schwert folgen dem Königssohn. Spukhafte Schemen mit den Köpfen von Krokodilen und Schweinen unterstützen Set. Doch Set wird bezwungen, und Horus fesselt ihn. Da aber kehrt die Barke zurück, und die selige Isis spricht:

„Ich habe alle Teile des Osiris gesammelt. Osiris liegt in seinem Sarge. Osiris erwartet seine Auferstehung!"

Doch Horus wirft das gefesselte Bündel des Set vor die Füße der Mutter und ruft:

„Ihn habe ich bezwungen! Richte du ihn jetzt!"

Da neigt Isis gedankenvoll ihr Haupt, das die Doppelkrone beider Ägypten trägt, und lange schweigt sie. Es warten Horus, der siegestrunkene Sohn, es warten Thot, die anderen Götter und die Krieger auf den Richtspruch. Es warten die Zuschauer in atemloser Spannung. Was wird Isis nun sagen, welche die Gute Göttin heißt? Wird sie Horus befehlen, das Haupt des Set von seinem Rumpf zu schlagen? Wird sie den Bösen in magische, unlösbare Bande legen, in die Tiefe eines Felsengrabes versenken? Alle fordern die härteste Strafe. Apollonius allein erkennt, daß die Göttin sich anders entscheiden wird. Denn Isis ist wissend. Isis weiß, daß Set nicht zu vernichten ist. Daß er ein Teil ist vom Bau der Welt, er, der Zerstörende, der Irrende, der Antrieb, die Folter, der Zorn, der Widerstand. Tausendfach würde aus dem gerichteten Leichnam der Same des Set aufschießen, wuchern und wachsen, durch Rachegedanken gestärkt. Denn unüberwindlich, selbst für den Gott, ist das Böse in dieser Welt. Erst jenseits, jenseits der Maja endet die Macht des Bösen. Dies aber weiß nur Apollonius.

Die anderen schreien auf vor Empörung, als Isis ein Messer aus dem Gürtel zieht und die Stricke des Set durchschneidet. Sie schreien auf mit dem Schrei des Horus, der zornbebend auf seine Mutter zuspringt und ihr die Krone vom Haupt reißt. Dann aber, vom Entsetzen über seine Tat gebannt, in Scham vor der Erniedrigten steht, vor der Mutter, vor der Liebenden über alles Maß, vor der Verzeihenden über alles Begreifen, vor der Sehenden, die den Schleier durchdrang. Ehrfürchtig, fast scheu, schmückt Thot das nackte Haupt der Entkrönten mit einem Reif, der die Scheibe des Mondes trägt.

Isis aber hat keinen Vorwurf für Horus, den sie in dieser Welt gebar. Da erhebt er schweigend das Henkelkreuz, und die Verwandlung des gemordeten Osiris in den lebendigen vollzieht sich vor den Verstummten.

Die übrigen Gäste haben Philae verlassen. Des Apollonius junge Neophyten durchstreifen die heilige Insel in seliger Bewegtheit. Sie haben das Mysterienspiel von der Liebe der Isis, von der Auferstehung des Osiris mit glaubendem Herzen erlebt. Sie sind trunken von seiner Schönheit und Verheißung.

Sie sind im Stande der ersten Weihe.

Aber die reifen Männer suchen den Sinn. In langen Gesprächen enthüllen die Isispriester den Erwählten die Geheimnisse des Geistes, der sich zerteilen muß, um in die Materie, das ist die Ewige Mutter, einzugehen, der sich wieder sammelt und aufglüht als Sonne in der Finsternis der Mitternacht. Die Isispriester wissen viel, jene letzten Nachkommen der hermetischen Bruderschaften von Memphis und Theben. Sie wissen vom zyklischen Steigen und Vergehen der Menschenrassen, vom Untergang entarteter und vom Auftauchen jungfräulicher Kontinente. Sie kennen die Namen der Planetengeister. Sie wissen um die Hierarchien im Kosmos. Aber sie haben sich so tief in die Bildersprache ihrer Jahrtausende alten Kultur vergraben, daß sie die nackten Namen für Dinge und Begriffe, für Menschliches und Göttliches vergessen haben. Sie erfanden die Hieroglyphe, um mit ihr die Geheimnisse zu verdecken, aber die Hieroglyphe ist über sie hinausgewachsen, streng, unveränderlich, und sie ist manchmal undurchdringlich geworden, selbst für sie.

Zwei Männer haben sich zu kurzer Erholung aus der Parodos entfernt, treten zwischen den Säulen hinaus auf die Plattform am Ufer des heiligen Sees und schauen über die Insel. Es ist Damis, ernst und schweigsam, und der junge Ägypter Nilus, der in diesen Tagen und Nächten der Unterredungen kein Auge von Apollonius gewandt hat, und der jetzt dem Jünger folgt in der Begierde seines Herzens, ihn auszufragen über den blonden Meister aus Tyana. Über der Insel liegt die kurze Dämmerung, die gleich in tiefe Nacht eingehen wird. Es ist noch hell genug, um zu erkennen, wie sie in goldenem Rausche steht. Denn aus dem Blaugrün zackiger Agaven schwingt sich das Gelb der Mimosen über schwarze und rötliche Granitblöcke, Katarakte aus Gold, Springbrunnen aus Gold, Zelte aus Gold und zitterndem Blattgeriesel. Der See, über den vor Tagen die blaue Barke der Isis glitt, liegt regungslos, und in ihm spiegelt sich die Schönheit der blühenden Insel mit ihren unzähligen weißen Tempeln, etwas bleicher noch als die Wirklichkeit, schon ungewiß schwankend im scheidenden Licht.

Damis wendet langsam das Gesicht und blickt auf Nilus, der in diesen Tagen die letzten Weihen als Isispriester empfangen soll. Nilus ist von fremdartigem Reiz, lendenschmal, dunkelfarbig und zart. Seine vollen Lippen öffnen sich leicht wie eine Frucht, die aufbricht über kleinen, weißen Zähnen. Um sein herzförmiges Gesicht sproßt erster, weicher Bartflaum. Tiefschwarz brausen die Haare um seine breite Stirn, aber seine großen Augen sind sanft wie die Augen einer Antilope. Nilus sagt scheu zu Damis — und er spricht leise und wie aus einem Traum:

„Ist Er Osiris?"

Und Damis antwortet ohne Befremden:

„In Indien meinten sie, daß er Krischna sei, aber in Griechenland hielten ihn viele für Apollon oder Dionysos. Da mag er dir wohl für Osiris gelten. Denn es nimmt der wirkende Geist das Bildnis an, unter dem der Mensch ihn begreift."

„So ist er wahrhaftig einer der Götter?"

Damis lächelt.

„Sagten dir deine Priester nicht, daß die Seele des Menschen Osiris wird, wenn sie den jenseitigen Pfad betritt?"

Nilus schweigt betroffen. Dann meint er nachdenklich:

„Die Priester haben von so vielem gleichnishaft gesprochen und so viele Hieroglyphen erklärt, daß ich den lebendigen Kern manchmal verlor. In deinem Meister aber faßt er mich so glühend an wie die Sonne in der Mitternacht, die mir nun bald nach all den schweren Prüfungen, durch die ich als ägyptischer Neophyt gegangen bin, aufleuchten soll." Und nach einer Weile fährt er leise, im Ton geheimnisvoller Erzählung fort: „Es hat vor langen Zeiten, vielleicht vor eineinhalb Jahrtausenden, in Ägypten ein Pharao gelebt, der war müde an den zahllosen Göttern und Gleichnissen geworden, müde wie ich. Er war ein Eingeweihter von Heliopolis, und was ihn dort die Adepten gelehrt — das hinter allen Göttermythen nur Ein Gott stehe, nur Einer —, das hatte ihn so erschüttert und beglückt, daß er das Wissen von dem Einen Gott, das geheim bleiben sollte, nun allen Menschen zu erschließen sich bereitete. Dieser Pharao bestimmte: Die Sonne allein solle das Symbol für die göttliche Schöpferkraft werden, und er nannte seinen Sonnengott: Aton. Dem Gott Aton baute er einen herrlichen Tempel und sich selbst und seinem Hof und vielen Ägyptern eine glänzende Stadt um den Tempel herum. Er nannte sie Lichtberg des Aton. Aber als dieser Pharao gestorben war — man sagt, er habe nur vierzehn Jahre regiert —, zerstörten die Priester des Amon-Ra alles, was er gebaut hatte, und löschten den Namen des Pharao aus den Papyri der Zeit und schliffen ihn fort von Obelisken und Stelen. Da ist des Pharao Name, der den alleinigen Gott geliebt, untergegangen. Ich fand nur einen unvollkommenen Papyros über ihn. Auf einem Fetzen stand: ‚Echn-Aton', das heißt: ‚Der, welcher dem Aton wohlgefälligt ist.' Ob das des Pharao Name war? Dieser Unbekannte ist der Traum und die Sehnsucht meines Lebens gewesen. Vielleicht, daß dein Weiser aus Tyana sich auch zu Aton bekennt?"

Damis blickt den jungen Ägypter lange nachdenklich an.

„Vielleicht hast du recht, Nilus, vielleicht hast du recht."

Und er denkt verwundert: Dieser Ägypter hat ja Apollonius tiefer erkannt als einst Dion, der sein Jugendfreund war.

Dann kehren sie zu Apollonius zurück, der inzwischen durch den Hierophanten und die übrigen Priester innerhalb der Mauer der Parodos die Treppe zum kleinen Osiristempel hinaufgeführt ist. Es sieht so aus, als habe sich dieser kleine Tempel auf das Dach des großen Isistempels geschwungen, um dem Himmel noch näher zu sein. Auf die eine seiner Wände ist die Auferstehung des Gottes gemalt, und jetzt ist dieses Bild überströmt vom weißen Mondlicht, das zwischen den in Säulen aufgeteilten übrigen drei Seiten hereinbricht. Aus seinem goldenen Sarg erhebt sich Osiris, weil Horus, der Mittler, sein Herz mit dem Kreuz des ewigen Lebens berührt, weil die blauen Fittiche der liebenden Isis, die von der Erde zum Himmel reichen, über ihn ausgebreitet sind.

Nilus, der das Gemälde kennt, blickt wie ein Verzauberter nur auf Apollonius, der vor dem Hierophanten steht. Der uralte Mann sitzt zusammengesunken am Fuß einer Säule und stützt sein glattrasiertes welkes Gesicht in die durchsichtige Greisenhand.

Apollonius sagt – und es hat den Anschein, als habe er schon lange so zu den Priestern gesprochen:

„Darum seid nicht traurig, liebe Brüder, wenn ihr auch in einem untergehenden Reiche lebt. Wir, die wir eingeweiht sind in die Geheimnisse des Gebundenen und Gelösten, wir wissen, daß alles Erschienene wieder vergehen muß, daß selbst die erhabenste Kultur der Blüte und dem Verfall unterworfen ist. Ägypten zerfällt. Schon sind seine Tempel Ruinen. Ihr flüchtet in seine letzte heilige Stätte auf die Insel des Endes. Hier hütet ihr die Geheimnisse des Hermes, welche die Geheimnisse aller weißen Bruderschaften der Erde sind. Auch ich besitze den Schlüssel zum Mysterium des Osiris. Ihr habt mich als den euren erkannt. Das Geheimnis des Geistes, der sich opfert, um sich der Materie zu geben und die Materie zu vergeisten: ich habe es in den Adyten aller Tempel der Erde gefunden. Und es wird weiterleben in neuen Religionen, die in der Zukunft sein werden. Denn das Arcanum von der Erlösung durch die Liebe ist das Erlebnis der einzelnen Seele wie das Erlebnis der Menschheit. Darum seid nicht traurig, ihr Priester, daß die Zeit, die ihr prophetisch sahet, wirklich heraufziehen wird, da Unverständige in die Bibliotheken und Tempel eures Landes einbrechen werden und eure Heiligtümer rauben oder verbrennen oder zerschlagen. Denn die Menschheit sucht eine neue Glaubensform. Doch wenn sie auch eure Schriften vernichtet – den Mythos von Isis und Osiris werden wir hinaustragen in unseren Herzen, ich und meine Jünger, und wir werden ihn verschmelzen mit der Legende, die in Eleusis lebt, von der Göttin mit dem Namen Demeter, der nur ein anderer für Isis ist, und mit dem Opfer des Dionysos-Zagreus, der sich zerstückelte wie euer Gott Osiris und wieder ganz wurde in der Auferstehung des Geistes. Denn in allen ist nur ein Gott, ein einziger ewiger Lenker.

‚Der in der Erde wohnend, von der Erde verschieden ist, den die Erde nicht kennt, dessen Leib die Erde ist, der die Erde innerlich regiert – der ist deine Seele, der innere Lenker, der unsterbliche.

Der in der Sonne wohnend, von der Sonne verschieden ist, den die Sonne nicht kennt, dessen Leib die Sonne ist, der die Sonne innerlich regiert – der ist deine Seele, der innere Lenker, der unsterbliche.

Der in allen Wesen wohnend, von allen Wesen verschieden ist, den alle Wesen nicht kennen, dessen Leib alle Wesen sind, der alle Wesen innerlich regiert – der ist deine Seele, der innere Lenker, der unsterbliche.

Er ist sehend nicht gesehen, hörend nicht gehört, verstehend nicht verstanden, erkennend nicht erkannt. Nicht gibt es außer ihm einen Sehenden, nicht gibt es außer ihm einen Hörenden, nicht gibt es außer ihm einen Verstehenden, nicht gibt es außer ihm einen Erkennenden. – Er ist deine Seele, der innere Lenker, der unsterbliche.‘ Er ist Osiris. Er ist du!“

Die Worte, schwer von Wissen, verhallen in der Nacht. Des auferstandenen Gottes Antlitz scheint zu lächeln. Der Isis blaue

Flügel bewegen sich leise im Mondlicht. Der Gottmensch Horus hebt kaum merklich das Kreuz. Die Priester verharren stumm.

Da tritt Nilus vor Apollonius – tief erblaßt und bebend. Er beugt ein Knie vor ihm und spricht leise und fest:

„Du gleichst, o Meister von Tyana, dem Guten Führer im Totenbuch, der in der Barke steht und vorwärts blickt. Der schlechte Führer aber ist mit zurückgewendetem Haupt dargestellt. Apollonius, ich erkenne in dir meinen Guten Führer. Laß mich mit dir fahren über alle Ströme in dieser und in jener Welt."

Der Hierophant blickt schweigend auf den Abtrünnigen, schweigend auf Apollonius, der seine Entscheidung erwartet. Der Hierophant hebt seine uralte Hand und sagt mit schwermütiger und milder Stimme:

„Nimm ihn mit dir, Apollonius! Du vermöchtest Erfahrenere als diesen Jüngling zu betören, großer Verführer! Nimm ihn mit dir in die Zeit, die kommen wird!"

Dann winkt er den anderen Priestern. Und sie steigen müde und entsagend hinunter in ihre Tempelhallen und Bibliotheken, in ihre Grüfte und zu ihren Hieroglyphen.

VI

Die Pilger fuhren den Nil hinab. Langsam ging ihre Reise. Denn wo Ruinen standen, oder wo die Ptolomäer neue Tempel errichtet hatten, machten sie halt, und Nilus war ihr Führer. Aber als sie an einem Tage wieder anlegen wollten, um Abydos zu besuchen, und der Laufsteg vom Schiff zum Ufer schon ausgelegt war, griff sich Apollonius plötzlich ans Herz. Sein Gesicht wurde starr, und seine Augen waren groß und entsetzt geöffnet. Erschrocken sprangen die Jünglinge hinzu, um zu fragen, um zu helfen. Aber Damis wehrte ihnen und sagte leise:

„Seht ihr nicht, daß er entrückt ist? Schweigt und wartet!"

Da, nach wenigen Minuten, wandte Apollonius dem Lande den Rücken, gebot durch eine Bewegung den Ruderern, weiter zu fahren, setzte sich unter das kleine Zelt der Barke und versank in tiefe Meditation.

„Er wird gerufen", flüsterte Damis, und verwirrt ließen sich auch Nilus und die Griechen nieder. Die Barke aber glitt den Nil hinab, getrieben von Strömung und Rudern, von Wind und Wunsch.

Im kleinen Haus des alten Amonpriesters in Memphis klagen die Frauen. Oh, nicht der Greis ist abgeschieden, hat die weite, lange vorbereitete Reise ins Land der Amentet zu Osiris' Richterstuhl angetreten. Nein, Thot hat das junge Mädchen geholt, die süße kleine Dienerin der Isis, die Deuterin aller Bilder in den Grüften, des schönen Menippus liebliche Braut.

Wehe um deine junge Liebe, armer Korinther, der du nur Abenteuer und Lüste gekannt! Wehe um deine Seele, Menippus, die soeben aufbrach im heiligsten Mysterium der Erde und dem Wunder einer reinen Liebe entgegenwuchs! Wehe dir, verarmter Menippus!

Wie bleich er aussieht, wie zerfurcht seine Züge, wie erloschen die hellen Goldaugen! Tagelang, nächtelang sitzt er in der kleinen Kammer und bewacht die Tote. Der Großvater kommt oft und redet ihm sanft zu, ins Freie zu gehen. Er schüttelt schweigend den Kopf.

„Sündige nicht wider die Götter, an die du zu glauben begannst", sagt der Großvater. „Merit wandelt vorbereitet zu Isis und Osiris. Sie kennt alle Sprüche, die die Dämonen besänftigen. Ihr wird nichts Hartes zustoßen. Du aber verlasse sie nun. Rufe sie nicht an mit deiner wilden Klage auf dem Weg in die Amentet. Oh, Menippus, halte ihr Herz nicht fest! Bringe keinen Zwiespalt über ihren Pfad dort unten."

Aber Menippus blickt auf den alten Mann mit zorniger Angst. Er bricht nicht sein entschlossenes Schweigen, und er bleibt.

Oh, Menippus weiß, wenn er Merit verläßt, die bleich und eisig und fremd vor ihm auf dem schmalen Mädchenbett liegt, wenn er nur einige Minuten hinaus in den Tempelgarten gehen würde, dann übergäbe der Priester die Leiche den Einbalsamierern, und sie würden sie zerschneiden und entweihen. Sie würden Hirn und Eingeweide herausziehen und die Höhlungen mit Spezereien füllen und sie in ein Natronbad legen, das sie ausdörren wird siebzig Tage lang. Dann werden sie sie in leinene Binden wickeln und in den bildergeschmückten Sarg stellen, der schon wartet, der schon lange im Haus des Großvaters steht. Denn dies ist die Sitte bei den Ägyptern, die den Tod mehr lieben als das Leben. Immer wartet der Sarg auf sie. Und Merits einbalsamierter und ausgetrockneter Leib wird aufrecht im vergoldeten Gehäuse stehen, vielleicht Jahrhunderte lang, vielleicht Jahrtausende. Wer kann das wissen? Doch dann ist es nicht Merit mehr. Dann ist es eine schauderhafte Mumie, eine seelenlose, häßliche Hülle. Er aber will Merits Leib schützen vor solchem Geschick, ihren süßen Leib, den er liebt, wie nur ein Grieche den Leib lieben kann – nur ein Grieche.

Ja, erst wenn die Balsamierer den Leib in die Hände bekommen, stirbt Merit wirklich. Menippus weiß es. Denn noch lebt Merit, ob sie gleich tot erscheint. Aber niemand will es ihm glauben. Noch ist die Seele nicht fern. Noch umschwebt sie den holden Leib, aus dem sie sich nur für kurze Zeit verirrt hat. – Menippus weiß es.

Menippus hat Merits Seele gesehen in der ersten Nachtwache. Sie sah wie ein Vogel aus, und sie sank flaumweich und lautlos auf Merits Brust. Sie weilte da lange und sah aufmerksam in Merits bleiches Gesicht. Der Vogel hatte einen kleinen Mädchenkopf, genauso gebildet wie Merits Kopf. Und immerfort sahen sie einander an – der Vogel und das Mädchen. Denn auch sie hatte nun die Augen geöffnet. Menippus erkannte es, erstarrt in Grauen und Hoffnung. In der ersten Nachtwache hatte er dieses gesehen. Und dann wartet er, daß die Seele noch einmal kommen solle – aber er sieht sie nicht wieder. Da schreit es plötzlich in ihm auf in seiner bittersten Not:

„Einer ist, der kann die Fliehende bannen! Einer ist! – Ihn rufe ich. An ihn glaube ich. Ihm ist die Macht gegeben, zusammenzufügen, was sich scheiden will, aufzuhalten, was entweicht. Ich wußte es früher nicht. Jetzt aber weiß ich es. Einer ist! An ihn glaube ich! Ihn rufe ich! Er wird mich hören."

So sitzt Menippus vier Nächte und drei Tage lang, und alles in ihm ist Glaube, ist Liebe, ist magisch wirkendes Gebet.

Und plötzlich tritt Apollonius in den Raum! Ihm folgen der alte Amonpriester und die Jünger. Damis hält sie mit gebietender Gebärde im Rahmen der Tür zurück. Sie warten in herzbeklemmender Spannung.

Apollonius geht an des Mädchens Lager und beugt sich tief über sie hinab. Menippus, auf den Knien, hebt die Hände in einer sonderbaren Gebärde empor. Er sieht aus wie ein Besessener oder wie einer, der im Gebet versteint ist. Apollonius beachtet ihn nicht. Er sieht nur die Entschlafene. Er spricht zu ihr – leise Worte, die niemand versteht. Dann haucht er sie an, ihren Mund, ihre Nüstern. – Er wartet.

Da steigt ein feiner bläulicher Dampf über der Stirn des Mädchens empor und kaum wahrnehmbares Zittern rieselt durch ihre Glieder.

Apollonius legt ihr die Hände zart auf Herz und Scheitel und flüstert wieder – beschwörend, langsam.

Da gehorcht die Gebannte seiner Stimme und öffnet mühsam die Lider. – Sie erkennt Apollonius, der starr in ihre Pupillen blickt und mit leisem Ton befiehlt:

„Bleibe bei uns, Merit!" Sie lächelt ihn an, als wäre sie aus einem tiefen Schlaf erwacht.

Aus Menippus' Brust stürzt ein röchelndes Ächzen. Ungeschickt tasten seine Hände nach Merit – nach Apollonius. Immer noch kniet er vor dem Lager der Braut. Tränen rinnen unaufhaltsam über seine abgezehrten Wangen.

„Dein Bräutigam wartet auf dich, liebe Merit", sagt Apollonius sanft.

Die Lauscher an der Tür ziehen sich zurück, auch der taumelnde Greis, den die Jünglinge fast tragen müssen.

Apollonius aber legt Menippus' und Merits Hände ineinander.

„Liebet euch, meine Kinder", sagt er weich und wehrt Menippus' ausbrechendem Dank, mit mahnend erhobenen Brauen auf die Erweckte deutend. Menippus versteht. Als er seinen Arm vorsichtig unter Merits Nacken schiebt, verläßt auch der Meister den Raum.

APOLLONIUS VOR KAISER DOMITIAN

I

Seit dem Ereignis in Memphis war es, als bestände um Apollonius ein luftleerer Raum, den niemand zu durchbrechen wagte. Nah aber blieb ihm Damis. Er hatte ihn langsam in seine Meisterschaft hineinwachsen sehen, die sich nun, im Zeichen des Schützen, in ihrer höchsten Möglichkeit entfaltet hatte. Er hatte das mystische Urfeuer, das diesem Sternbild entspricht, schon einmal über Apollonius glühen sehen, damals, auf dem Berg der Weisen, da Hiarchas den siebenknotigen Stab in des Eingeweihten Hand gelegt und ihn auf die Wanderschaft gesandt hatte über die weite Erde. So wurde Damis nicht vom Ungeheuren der Totenerweckung wie die anderen Menschen geblendet. Denn immer lebte er in dem zutraulichen und erwartungsvollen Glauben an Apollonius' übernatürliche Kräfte.

Aber in ganz Ägypten redete man von des Priesters Enkelin, die vier Nächte und drei Tage lang tot gewesen und wieder lebendig geworden war unter der Hand des Tyanäers.

Euphrates fand sich wie selbstverständlich wieder unter den Jüngern ein, als Apollonius nach Alexandria kam. Das „Wunder von Memphis" zog ihn von neuem in des Meisters Bann. „Geglückte Zauberei", nannte er es vor neugierigen Fragern, die Tatsache anerkennend, aber ihr die höhere Bedeutung nehmend.

Vor Apollonius schwieg er eingeschüchtert. Und Apollonius duldete ihn um sich und nahm ihn mit auf das Schiff, das nach Griechenland segelte.

Damis und Menippus seufzten, weil dieser verschlagene Mann nun wieder mit ihnen zog. Nilus aber beobachtete ihn gespannt und aufmerksam und sagte:

„Er ist Set. – Erinnerst du dich an das Mysterienspiel in Philae, Damis? Set muß sein. Wie Isis den Set nicht töten kann, so kann Apollonius den Euphrates nicht verstoßen. Denn er ist ein Teil von Apollonius, wie Set ein Teil von Isis ist, unzerstörbar in dieser Welt. Isis und Apollonius sind Wissende."

Menippus nickte gedankenvoll, der vielen Weisheiten der Isis gedenkend, von denen Merit erzählt hatte. Damis aber fragte bekümmert:

„So wird denn dieser Verräter immer unter uns sein?"

„Ich fürchte es", antwortete der kluge Ägypter.

In Korinth trennte sich Menippus von dem Meister. Er wollte hier der Isis eine Kultstätte errichten. Er wollte Jünglinge um sich versammeln, wie es einst sein Lehrer Demetrius getan hatte. Doch eine Philosophenschule im alten Sinn sollte es nicht werden. Vielmehr sollte die innere Schau der Schüler gesteigert, der magische Mensch in ihnen geweckt werden. Er und seine junge Frau Merit wollten den Korinthern die Gute Göttin offenbaren, die bei den Ägyptern Isis heißt und bei den Hellenen Demeter. Sie würden unter diesen beiden Gestalten die eine Urkraft ahnen, die beide ins Dasein rief: des Pythagoras mystische Eins, aus der die Zwei und die Drei und die Zehn emanieren, die ihre Teilung sind und ihre Sichtbarwerdung.

Der Meister aber zog mit Damis und Nilus, mit Euphrates und vielen jungen Neophyten von neuem auf die Wanderschaft. Immer wenn er nach Griechenland kam, umfing ihn Heimat. Den Griechen gab er am freudigsten von seinem Wissen und von seiner Kraft. Er fühlte sich ihnen verwandt, wie er sich als Jüngling den Eretriern verwandt gefühlt hatte, jenen versprengten Griechen im Reich des Königs Bardanes, die er auf seiner Wanderung nach Babylon angetroffen hatte.

Und in ganz Hellas liebte man den Meister. Aus den Städten zogen ihm Sehnsüchtige entgegen. In ihren Häusern erwarteten sie ihn. Ihre Opfer sollte er prüfen, an ihren Mysterien teilnehmen.

Die Unruhe der Herzen war gestiegen, seit Apollonius zum

letztenmal durch Griechenland gereist war. Die politische Zertrümmerung, die Abhängigkeit von Rom lastete schwer auf diesem Volk, das, zur Freiheit geschaffen, der Welt die stärksten Lebensimpulse gegeben hatte in Kunst und Dichtung, in Philosophie und Religion. Immer noch lebte in ihm die geheimnisvolle Lichtsehnsucht, die einst den thrazischen Orpheus durchflammt, daß er ausbrechen mußte aus seinen wilden, dunklen Wäldern und hinabsteigen in das wasserumgürtete Land mit dem hellen Lied des Rauschgottes auf den Lippen. Aber nun war Dionysos-Zagreus im Wandel der Zeiten langsam erblaßt. Nun war er müde geworden des endlosen Wechsels vom Leben in den Tod und wieder vom Tod in das Leben. Nun war sein tiefes orphisches Geheimnis ausgelebt. – Die Griechen fühlten es und sehnten sich nach einem neuen Heiland. Und es gab viele in Hellas, die meinten, daß Apollonius dieser neue Heiland sei.

Aber im Verborgenen lebte schon lange unter ihnen der neue Gott. Noch kannten ihn nur wenige, doch die Griechen würden am neuen Gottesideal mitschaffen, das die kommenden Jahrtausende überstrahlen, aber ihnen auch viele Leiden bringen wird.

Die kommenden Zeiten fordern einen neuen Glauben, hatte Apollonius zu den Isispriestern in Philae gesagt. Osiris-Dionysos wird nicht mehr auferstehen. Der ewige Gott wird sich in einer neuen Gestalt einkörpern in dieser Welt, wird sich zum Opfer bringen, wird auferstehen, wird das Gesetz der Involution und Evolution in immer erhabenerer Form darstellen.

Welchen Namen wird der Erlöser der Zukunft tragen! Lebt er schon unter den Menschen? Oder – war er jener Nazarener, der viele Geheimnisse des Lichts enthüllte und deshalb von Menschen getötet wurde? Apollonius ahnt, daß er es war. Aber er schweigt darüber.

Verborgen und scheu sind die Christen. Es heißt, sie bilden eine Gemeinde in Korinth, die langsam wächst. Apollonius kennt sie nicht. Sie meiden ihn wohl. Denn er geht in alle Tempel. Und in allen Tempeln erkennt er unter vielgestaltigem Bild den einen Unsichtbaren, ihn, der sich ewig verhüllt und ewig offenbart im

Spiegel der Welt – in der Maja. „Er ist sehend nicht gesehen, hörend nicht gehört, verstehend nicht verstanden, erkennend nicht erkannt. Er ist deine Seele, der innere Lenker, der unsterbliche."

Die griechische Jugend umdrängt den Meister aus Tyana. Die Kranken sehnen sich nach der Kraft, die seinen Händen entströmt. Die Schuldigen treibt es, ihm zu beichten. Die Verirrten wollen von ihm zurückgeleitet werden auf den reinen Weg ihres Beginnens.

Oh, Menschen, Menschen! Wie sie sich ihm erschließen! Wie er hineingreift in ihr verschwiegenstes Leben und immer gibt und immer reicher wird! Hier, unter diesen Glaubensbereiten möchte er bleiben, Mensch unter Menschen, aber Mensch mit erwachter Seele. „Mensch, dessen Leib Licht ist, der das Licht innerlich regiert" – ganz Geist, ganz Lenker, ganz himmlisch wirkende Kraft!

So gehen ihm die Jahre hin. Er zählt sie nicht. Ihm ist, als stünde sein Leben still in all seiner drängenden Bewegung von Ort zu Ort, in all seiner Erfülltheit der Stunde.

Und einmal – man schrieb das Jahr neunundsiebzig – kam Apollonius wieder nach Korinth. Er fand die Stadt in Trauer; denn Kaiser Vespasian war gestorben, auf seinem Landsitz bei den Cutilischen Bädern durch ein Fieber hingerafft. Die Griechen hatten oft den Vespasian der Habsucht angeklagt, weil er sie mit Steuern belastet, von denen sogar Nero sie befreit hatte. Auch für Apollonius war diese kaiserliche Verfügung zuerst eine Enttäuschung gewesen. Aber in der Folge stellte sich heraus, daß Vespasian niemals für eigennützige Zwecke fremde Kassen plünderte, wie Tiberius und Caligula, wie Nero es getan, daß vielmehr alles erhobene Geld zum Besten des Volkes und des Staates verwandt wurde. Und wenn auch Vespasians Geldgier sprichwörtlich wurde, man fing doch an, ihm zu vertrauen.

Zögernd – denn man hatte es verlernt, von einem Kaiser Gutes zu erwarten – kam dieses Zutrauen, zuerst natürlich in Rom, dann auch in den Provinzen. Und schließlich liebte man den Kaiser, der wie ein vornehmer Bürger der Republik lebte, der kernig, klug und witzig war und voll tatkräftiger Güte, der seine

Türen offen hielt und keine Wachen vor seinem Zimmer duldete, der Beleidigungen übersah, solange es möglich war, der baute und rechnete und mildes und gerechtes Urteil sprach.

Doch nun war dieser väterliche Kaiser tot, und Titus trat an seine Stelle, der mit ihm schon fast zehn Jahre lang regiert hatte. Auch Titus war beliebt. Aber er war nicht so eindeutig wie Vespasian. Man kannte ihn nicht ganz. Auch verurteilte man sein dauerndes Verhältnis zu Berenike, der Hebräerin, die er nach Rom gebracht hatte, wo sie ein großes Haus führte, in dem der Princeps täglich gesehen wurde. Marcia Furnilla, seine Gattin, besaß die Sympathie des Volkes. Und Titus hatte noch immer keinen Sohn. So würde im Fall seines Todes Domitian sein natürlicher Nachfolger werden, Domitian, der einzige Mensch, den Kaiser Vespasian gefürchtet, vielleicht verabscheut hatte: Domitian, in seiner abgründigen Verschwiegenheit, in seinem bebenden Hochmut, der immer hungerte und nie gesättigt wurde.

Oh, warum schickte Vespasian den Ruhmbegierigen nicht damals zu den Parthern, als ihr König einen seiner Söhne zum Kampf gegen die Alanen erbat? Fürchtete er, daß Domitian, im Fall er kriegerische Erfolge haben würde, sich gegen ihn und Titus wenden könne? Oder hatte er den jungen Menschen zu tief durchschaut, der jede körperliche Anstrengung verachtete, der sich lieber tragen ließ, als daß er ritt, lieber quälte als kämpfte? Wußte er, daß Domitian kein zuverlässiger Vertreter für die Ehre Roms sein konnte?

Aber je mehr er den jüngeren Sohn beargwöhnte, je ungehemmter schüttete er seine Liebe über Titus aus. Titus wurde neben Vespasian auf einem Sessel getragen, wenn sie sich zu einer feierlichen Sitzung aufs Kapitol begaben. Domitian folgte in der Sänfte, hartklopfenden Herzens, gesenkten Blickes. Neben Titus saß der Augustus im Triumphwagen, als der Sieg über Jerusalem gefeiert wurde. Domitian ritt hinter den beiden, die schamrote Stirn vor dem gaffenden Volk geneigt.

Hatte Vespasian nie bedacht, daß diese Augenblicke wie eine untilgbare Schande in dem krankhaften Gemüt des jungen Prinzen dauern, daß sie sich eines Tages in Taten der Wut umsetzen würden, gegen ihn oder gegen Titus? Hatte Apollonius den Kaiser in Alexandria vergeblich gewarnt? Oder wäre ohne dessen Warnung die Zurücksetzung des jüngeren Sohnes noch unbedenklicher gewesen? Denn zum Konsul hatte ihn Vespasian trotz seiner Jugend schon im zweiten Jahr seiner Regierung gemacht, und er verlieh ihm dieses Amt immer von neuem, und Titus' Fürsprache zugunsten des jüngeren Bruders lieh er stets ein williges Ohr.

Und jetzt war Titus Kaiser, und die Welt, die ihn bewunderte, erwartete dennoch mit Unruhe seine ersten kaiserlichen Erlasse.

Ist Apollonius in Rom gewesen während dieser zwei Jahre, da Titus Kaiser war? Erschien er vor ihm in seinem siderischen Leib wie einst vor Dion, da er ihn vor der größten Gefahr seines Lebens warnte? Wir wissen es nicht. Doch die Geschichte weiß von der jähen und rätselhaften Wandlung im Leben des Titus, der sich immer hochherzig und großmütig gezeigt, der aber auch grausam, genießerisch und lasterhaft sein konnte und nun als Kaiser dies alles nie mehr war.

Dieser verwandelte Titus, so scheint es, wußte um seinen baldigen Tod. Und fast wie ein Verklärter lebte er die kurze Zeit, die ihm als Alleinherrscher zu wirken gegeben war. Hatte ihm Apollonius jetzt enthüllt, was er in Alexandria noch vor ihm verborgen gehalten?

Geheimnis liegt um den Tyanäer während dieser zwei Jahre. Geheimnis umhüllt die gereinigte und erhabene Gestalt des Augustus. Übereinstimmend berichten die römischen Historiker von Titus und seiner nahezu vollkommenen Regierung, nennen ihn überschwenglich „die Liebe und Freude des menschlichen Geschlechts".

Schwere Katastrophen kamen über das Reich: der Ausbruch des Vesuvs, der zweite große Brand von Rom.

Titus, in überströmendem Erbarmen mit den Obdachlosen und Verarmten, gab mehr fast, als seine Mittel erlaubten. Er wies jede persönliche Erbschaft, jedes Geschenk zugunsten der Betroffenen zurück. Dies schrankenlose Geben erwarb ihm wohl am entschiedensten die schnelle, ungestüme Liebe des Volks.

In einer den Hofleuten unbegreiflichen Unnahbarkeit wich er vor Berenike zurück, verbannte sie schließlich aus Rom, sie, die sich schon als Augusta an die Stelle der Marcia Furnilla geträumt hatte.

Seine Gespräche mit dem Bruder aber wurden zu inbrünstigen Beschwörungen, zu einem Werben um sein endliches Vertrauen. Aber der Finstere blieb unzugänglich, verharrte in seiner verschlossenen Abwehr.

Zwar zu seinem Mitregenten machte Titus ihn nicht. Und das allein hätte den Bruder vielleicht gewonnen. Aber das gleiche Mißtrauen, das der Vater nie überwand, hielt auch Titus von dem dämonischen Menschen zurück, dessen bloße Gegenwart seltsam lähmte, dessen dunkelgerötetes Gesicht irgendeine fürchterliche Absicht zu verbergen und anzudrohen schien.

Eine Verschwörung gegen Titus kam ans Licht. Hatte Domitian seine Hand im Spiel gehabt?

Titus verurteilte die Rebellen nicht. Vielmehr ließ er sie, deren Absicht auf sein Leben nicht öffentlich bekanntgeworden war, im Schauspiel in seiner Nähe sitzen, reichte ihnen zur Prüfung der Schärfe das Schwert eines Gladiatoren. An des einen Mutter, die auf einem entfernten Landsitz wohnte, soll er einen Boten geschickt haben, der sie wegen des Schicksals ihres Sohnes beruhigte.

Das war Titus, der nur zwei Jahre Kaiser war, und am Abend eines Tages, der ihm keine Gelegenheit zu einer hilfreichen Handlung gegeben, schwermütig zu seinen Tafelgenossen sagte:

„Freunde, ich habe einen Tag verloren."

Das war Titus, der dann – im tiefsten Herzen Römer – seinem Volk ein hunderttägiges Festspiel gab, durch das er das Kolosseum einweihte – maßloser Verschwender auch hier.

Tierhetzen, Kämpfe, Wagenrennen, ein Seegefecht in der wasserüberfluteten Arena, eine Schlacht zwischen Athenern und Syrakusern blendeten und berauschten das staunende Volk. Die Gladiatoren fochten in einer nie erlebten Gloriole von Ehrgeiz und Begeisterung, im Fall ihres Unterliegens auf Begnadigung hoffend, die das Volk zu gewähren hatte, dieses von seinem Herrscher besänftigte Volk.

Und kleine hölzerne Kugeln schwirrten am hundertsten Tage über die Köpfe hin, fielen den Begünstigten in den Schoß, Lose enthaltend, die Geschenke des Augustus versprachen: Kleidungsstücke und silberne Becher, ein Rind oder Geld.

„Vivat Cäsar Augustus!“

Der Kaiser war aufgestanden, sah über das ungeheure Amphitheater hin, sah es überfüllt von glücklichen Menschen bis zum letzten Platz seiner zu schwindelnder Höhe getürmten Kreise. Er hob die Hand, als wolle er sprechen. Aber von seinen Lippen kam nur in unbeschreiblicher Zärtlichkeit ein einziges Wort, kaum verständlich den Nächsten: „Römer.“

Des Kaisers Lächeln war sonderbar – weh und ekstatisch. Rätselhaft war auch die stürmische Gebärde, mit der der Kaiser die Arme ausbreitete und wieder, als sei er völlig ermattet, fallen ließ.

Die Senatoren und Tribunen waren betroffen. Hatten sie richtig gesehen? Glänzten Tränen in des Kaisers Augen? Doch warum sollte der Kaiser weinen?

Wie konnten sie ahnen, daß dies des Kaisers Abschied an sein Volk gewesen war!

Denn kurze Zeit hiernach legte auch Titus sich zum Sterben nieder in demselben Landsitz bei den Cutilischen Bädern, in dem sein Vater verschieden war. Anzeichen seiner Krankheit deuteten auf Gift. Man flüsterte von einem Fisch, den ihm sein Bruder hatte vorsetzen lassen.

Titus, von Fieber gequält, sprach nicht mehr zu seinen Freunden, zu seiner Gattin. Seine erweiterten Pupillen starrten in eine Ferne, in die ihm niemand folgen konnte. Um seine Lippen glitt von Zeit zu Zeit ein wissendes Lächeln, bitter und erlöst zugleich. Doch plötzlich fuhr er mit letzter Kraft empor und flüsterte erregt:

„Eines nur reut mich! Eines!“

Dann sank er erschöpft und röchelnd zurück.

Die Anwesenden rätselten am Sinn dieses Wortes. Titus erklärte es nicht mehr. War es die Reue darüber, daß er Domitian nicht zuvorgekommen, dessen Mord er durchschaute, dessen Opfer er war? Er und das römische Volk, das er so heiß geliebt hatte. Oder galt dieses Wort ganz anderen Menschen und Ereignissen in des Kaisers Leben? Berenike? Apollonius?

Wir wissen es so wenig wie die Freunde, die es hörten, wie die Historiker, die es uns übermittelten.

Als das Fieber die Sinne des Kaisers verwirrte und seinen Atem mühsam rasseln ließ, sandte Domitian den Befehl, ihn in einen Kasten mit Schnee zu legen.

„Um die Fieberhitze zu kühlen", beeilte sich der Freigelassene hinzuzufügen, dem die Sklaven mit dem Schnee auf dem Fuße folgten. Aufschluchzend knieten des Titus Diener an seinem Lager.

Seine Freunde erblaßten, wichen aus dem Raum, schwiegen.

Dem Befehl widersetzte sich keiner, gelähmt vom Willen dessen, der, während Titus noch atmete, auf jagendem Pferd nach Rom raste, ins Lager der Leibwache stürmte, die Prätorianer mit Sesterzen überschüttete – und sich zum Kaiser ausrufen ließ.

Domitian, der über der Welt wie ein todbringendes Gestirn stehen sollte, fünfzehn Jahre lang, von denen die letzten drei die schwersten Entscheidungen brachten!

II

„Die Nacht ist für den Herrscher das Ende des Richtens und Strafens und der Genuß der gesicherten Gewalt. Ein Herrscher, der nicht zu schrecken weiß, hat keinen Schlaf", sagte der Kaiser, der die Sentenz liebte, im Kreis seiner Tafelgenossen und räkelte die mächtigen Glieder auf weichen Lamafellen. Quintilian rief entzückt:

„Herr, du denkst scharf wie Aristoteles, und du formst deine Gedanken knapp wie Cicero!"

Der Kaiser lächelte nicht. Er bohrte den Blick in die kassettierte Decke des Tricliniums und fuhr grübelnd fort:

„Ich, als Pontifex Maximus über alle Tempel in Rom durch die Götter eingesetzt, habe zu wachen über der Sittenreinheit der Priesterschaft, insbesondere die der vestalischen Jungfrauen. Unsere Zeiten sind zu milde geworden. Was war die Folge davon, daß die zwei unkeusch befundenen Vestalinnen sich selbst die Art ihres Todes wählen durften, anstatt nach dem Gesetz des Numa lebendig begraben zu werden?" Fragend blickte der Kaiser von einem seiner Gäste zum anderen.

Und wieder war es Quintilian, der bereitwillig antwortete:

„Was daraus wurde, mein Herr und mein Gott? – Zuchtlosigkeit und Frechheit! Die hochmütige Oberpriesterin Cornelia verhöhnte das Gesetz im schamlosen Umgang mit dem Ritter Celerius. Du, Augustus, reinigtest den befleckten Tempel, indem du den Celerius auf dem Comitium zu Tode peitschen ließest, indem du über Cornelia das Todesurteil nach der Väter Sitte sprachst."

„Ist unser priesterliches Urteil vollzogen?" fragte der Kaiser, lauernde Wollust im Blick.

Und Quintilian:

„Es ist vollzogen, göttlicher Augustus. Dein Knecht, der dir Hände und Füße küßt, bewachte die Hinrichtung auf dem Campus sceleratus. Befiehlst du seinen Bericht?" – und verräterisch zuckte seine widerlich hängende Unterlippe.

Doch ehe Domitian ihm antwortete, überblickte er die Lagernden schnell und aufmerksam.

Sein einziger Verwandter, Konsul Flavius Clemens senkte erblassend die Stirn, schloß wie in Schwäche die Augen, nachdem er verstohlen zu seinem Hausintendanten hinübergeblickt, zu Stephanus dem Freigelassenen, der kaum merklich die Schultern bewegte und gleichmütig seine ungewöhnlich starken Glieder reckte. Parthenius, des Kammerherrn, undurchdringliche Maske log nichtssagende Höflichkeit. Aelian, der als Centurio den Vespasian nach Ägypten begleitet hatte und nun Polizeipräfekt geworden war, sah in undurchdringlicher Gelassenheit vor sich nieder. Nervas alternde Züge allein drückten gequälten Widerstand aus. Regulus, der gefürchtete Ankläger, grinste belustigt.

Domitian beobachtete alles, behielt alles, jeden Zug in jedem Gesicht, jedes noch so leise Zeichen der Abwehr.

Nun erst forderte er den Bericht, schloß die Augen, unterbrach mit keinem Wort den Erzähler.

Und was für ein Erzähler! Denn Quintilian verstand es meisterhaft, Spannung und Lüsternheit, Grauen und Grausamkeit wechselnd zu reizen, hier etwas in seiner Darstellung hervorhebend, dort ein anderes fallen lassend.

War sie „schuldig" gewesen, diese Vestalin Cornelia? Kein Beweis für ihren Umgang mit Celerius wurde erbracht. Auch beteuerte dieser bis zum letzten Augenblick seiner entsetzlichen Hinrichtung ihre Unschuld. Aus Wahrhaftigkeit? Aus Ritterlichkeit? Doch dies gehört vor das Gericht des Kaisers.

Quintilian schildert den Vollzug. Da war das unterirdische Grab, in das eine Leiter führte, die man nur einmal hinab, niemals wieder emporsteigt. Da war der Wagen, auf dem die große Vestalin herangefahren wurde. Da waren die Priester, die das Urteil vollstreckten, die Prätorianer, das mühsam zurückgehaltene gaffende Volk. Fiebergerötet war das Gesicht der Cornelia, die man als die stolzeste Frau von Rom gekannt, wenn sie, vor sich den Liktor mit dem Rutenbündel, zum Vestatempel schritt. Glücklich der Verurteilte, der ihr so begegnete! Wenn er den breiten Purpurstreif ihres weißen Gewandes küßte, war er begnadigt. Vor ihr verneigte sich jeder hohe Beamte Roms. Das Theater bot ihr den Ehrensitz. Für den Kaiser brachte sie das Opfer am nieerlöschenden Feuer dar.

Nun aber stand sie entehrt vor ihrem entsetzlichen Grabe, qualvollem langsamem Tod entgegensehend, geschüttelt von der Angst des gefolterten Fleisches, voll brennender Begierde, dennoch als „Römerin" zu bestehen. Und plötzlich, ausbrechend aus langem erstarrtem Schweigen, schrie die Vestalin:

„Und mich verurteilt der Cäsar als eine Unzüchtige, mich, die ich die Opfer für ihn verrichtete, während er siegte!"

Hier öffnete der Kaiser unbemerkt einen Spalt zwischen den Lidern, zückte den Blick auf Quintilian. Wagte der einen Spott? Oh, Domitian wußte wohl, man verlachte heimlich seine kriegerischen „Erfolge", man durchschaute den „Triumph über die Markomanen", den er in Rom aufführte, zu dem er großgewachsenen Italern gelbe Perücken, wie sie die Recken am Rhein hatten, aufstülpen ließ, um doch einmal – einmal doch! – dem Sieg des Titus über die Juden etwas Ebenbürtiges an die Seite stellen zu können – und wäre es auch nur zum Schein.

Domitian entdeckte kein Zeichen von verstecktem Hohn in Quintilians Zügen. Er schloß die Augen, gab sich genießerisch dem perversen Reiz der Erzählung hin.

Die düsteren Zeremonien waren vorüber. Die Priesterin schwankte, als sie den Fuß auf die erste Sprosse der Leiter setzte. Der Henker wollte sie stützen. Sie wich schaudernd vor der Berührung mit der schweißigen Hand des Unreinen zurück, raffte ihr Gewand zusammen, stieg erhobenen Hauptes hinab, Stufe um Stufe, vom Modergeruch der Tiefe angeweht. Sie wandte den Blick ein letztes Mal lechzend zur Sonne, versank wie in die Gewässer des Styx.

Der Kaiser vernahm – denn meisterhaft erregte Quintilian der Hörer Ohr – das Schurren der fortgezogenen Leiter, das Knirschen der steinernen Platte auf Sand und Geröll. Er belauschte, wie sie über das Loch geschoben wurde, langsam, dumpfkreischend. Er wußte mit verzücktem Schauder: Noch lebt Cornelia, noch, in dieser Stunde! – da Quintilian von ihr als wie von einer Toten spricht.

Er aber weiß um ihre wühlende, hoffnungslose Angst, um ihr Rasen mit wunden Händen an feuchter Wand, um die Schreie des gemarterten Tieres – jetzt, da kein Zeuge sie mehr in schamvollen Schranken hält. Er hört den klatschenden Schlag ihres Körpers auf dem steinernen Boden, sieht das priesterliche Gewand besudelt, zerfetzt, sieht weiße, nackte, blutende, oh, vielleicht nie berührte Brüste und Schenkel in zuckender Pein, fühlt ein tränennasses Gesicht, fühlt stöhnende, erkaltende, wehrlose Lippen auf seinem Mund, greift in halblanges, knabenhaft krauses Haar – umklammert, Leib an Leib, die Sterbende – seufzt gesättigt. – Hat die vestalische Jungfrau einmal des Kaisers Begehren zurückgewiesen? Ist dies des Kaisers Rache?

Quintilian schwieg lange. Da erst schlug Domitian die Augen auf, verträumte Augen, Augen, deren Weiß mit Blut gefüllt war, Augen eines Trunkenen, der leichenschänderisch geschwelgt.

Domitian streckte einen seiner Arme dem Zwerg entgegen, der zu seinen Füßen kauerte, aufgeputzt mit purpurner Tunika und zottigem Bocksbart. Der streifte auf seinen Wink den goldenen Reif ab, warf ihn mit zynischem Grinsen dem Quintilian in den Schoß.

„Die Nacht", deklamierte der Zwerg – und ahmte des Kaisers pathetische Gebärde in lächerlicher Winzigkeit nach –, „die Nacht ist für den Herrscher das Ende des Richtens und Strafens und der Genuß des – Mordes!"

Domitian lachte zum erstenmal roh auf und zerrte den quiekenden Zwerg am Bart.

„Göttlicher Augustus", stammelte Quintilian und küßte den schweren Goldreif, „du überschüttest mich mit Gnaden, mein Herr und mein Gott."

Die anderen Männer schwiegen, lagen mit undurchdringlichen Gesichtern, spielten mit ihren Bechern oder Halsketten. Nerva nur hatte sein Antlitz verhüllt. Domitian bemerkte es, behielt es – und schwieg.

So lag nun wieder seit dreizehn Jahren die schwere Hand eines Tyrannen über dem Römischen Reich, schwerer noch als die des Nero. Denn Nero hatte Launen gekannt, und seine Grausamkeiten und Erpressungen wurden durch eitle, aber mildere Einfälle abgelöst. Nero schlug zu wie der Blitz, ohne den Schein des Rechts zu beachten. Domitian lauerte im Hinterhalt, seine Bosheit kannte die Dauer. Er war rachsüchtig und vergaß nichts. Der Ausgang eines Gerichts – und er hielt oft Gericht – war immer nach vorgefaßten Zwecken bestimmt. Doch immer auch suchte er, den juristischen Schein zu wahren.

Er spielt den Sittenstrengen, indessen er sich selbst alles erlaubte – das machte ihn widerwärtig.

Er quälte aus Lust – das machte ihn furchtbar.

Er wollte schrecken, weil er für sich fürchtete – das machte ihn unberechenbar für den vertrautesten Höfling.

Verschwörungen wiederholten sich, Sterndeuter warnten, Philosophen drohten. Er vertrieb die Astrologen und Stoiker aus Rom, aus dem Reich. Sie flohen bis in die Länder der Kelten, Libyer und Skythen. Nur Demetrius, des Tyanäers Freund, der ehemalige Ratgeber des Titus, wagte es, sich in Puteoli, nördlich von Neapel, zu verbergen, bessere Zeiten abwartend.

Im Amphitheater strömte wieder das Blut. Des Kaisers Gladiatorenschulen waren überfüllt mit Gefangenen und Verurteilten.

Der mächtige Kaiser gab seine Spiele zur Nacht. Lichtkeile aus riesigen Fackeln zerrissen rot und wild die Finsternis des ungeheuren Kraters. Gellend stiegen die Schreie der Opfer über die erstarrte Menge. Blutdunst lagerte schwül unter den Sternennächten.

Neros Zeiten waren zurückgekehrt. Nero und Tiberius waren des Kaisers bewunderte Heroen.

Langsam, wie man in der Provinz des Vespasian und Titus kluge und menschliche Regierung erkannt, kamen auch die Nachrichten über den dritten Flavier nach Griechenland, Ägypten und Asia. Die Domitianstatuen, in allen großen Städten des Weltreichs aufgestellt, zeigten den Untertanen sinnfällig, wer jetzt der Herr der Erde war. Denn seine hochmütige, herrische Gestalt milderte keine Geste der Anmut. Um sein finsteres Haupt ballte sich die unsichtbare Wolke herzbeklemmender Schrecknisse, die man sich flüsternd zu Hause erzählte. Römische Sykophanten trieben sich in allen Küstenstädten umher. Die Bürger wagten kein offenes Wort mehr auf der Agora, in den Vorhallen der Tempel. Denn in zahllosen Fällen waren Unvorsichtige als Verräter aufgegriffen, vor das Gericht nach Rom geschleppt, verurteilt und in die Arena vor die wilden Tiere getrieben worden.

Die Angst des Kaisers vor Verschwörern wurde die größte Gefahr für das Volk. Schon war ein Flavier dieser Angst zum Opfer gefallen. Flavius Clemens drohte das gleiche Geschick. Wer war noch sicher? Immer leidenschaftlicher wurden Haß und Freiheitsdrang in der Aristokratie, im Volk. Des Kaisers Furcht vor Ermordung war nicht unberechtigt. Sein Abwehrmittel: immer neue Blutgerichte, war falsch. Er wähnte sich zu schützen und drängte sich nur dichter an sein Verhängnis heran.

Die schlauen Priester von Ephesos mißbrauchten die Angst des Kaisers vor Verschwörungen dazu, seinem Gericht Leute zu überliefern, die ihnen unbequem waren. War nicht schon vor Zeiten jener Christianer Paulus aus Tarsus, der die große Diana verflucht hatte, in Rom zum Tode verurteilt worden? Konnte das gleiche Schicksal nicht auch Apollonius treffen, der wieder in Ephesos aufgetaucht war und nun hier, wie schon einmal vor etwa dreißig Jahren, die Einwohner, besonders die zahlreichen Griechen der Metropole von Asia, gegen die Priester empörte? Dieser Zauberer, der ihnen trotzte! Aber wenn es gelänge, ihn vor des Kaisers Tribunal nach Rom zu bringen, so würde wohl auch er verloren sein. Denn wer dem richterlichen Vollzug durch irgendeine Machenschaft zu entgehen vermochte, erlag dem Gift.

Die Priester des Artemisions konnten es nicht mehr wagen, den Tyanäer auf noch so geheime Weise beiseite zu bringen. Zu tief war das Mißtrauen gegen sie in das Volk eingedrungen, zu fanatisch liebten die Behexten den Wundermann aus Kappadozien.

Die Priester hatten Euphrates bei sich aufgenommen, als er, vor Jahren schon, Apollonius verlassen. Euphrates wußte von allem in seinem Leben, er konnte ihnen nützlich sein. Er verabscheute den Meister, eben weil er der „Meister“ war. Er haßte ihn mit dem grundlosen Haß des Gegensatzes, mit der Vernichtungswut des Niedrigen gegen das Hohe.

Apollonius aber hatte es nach drei Jahrzehnten wieder nach Ephesos getrieben, der Stadt, in der zuerst sein magisches Können sich im Großen offenbart, der Stadt, in der er Dion wiedergefunden hatte, den er dann doch verlor. Apollonius war vierundsiebzig Jahre alt, als er wieder nach Ephesos kam, und man schrieb das Jahr 94. Seine beiden alten Sklaven waren lange nicht mehr am Leben. Neue dienten ihm mit Eifer und freiwilliger Hingegebenheit. Damis war um ihn, ungebeugt, jung in seinem unbezwinglichen Herzen. Immer blieb Damis der Mensch, der den Führer braucht. Nilus verehrte in Apollonius, was er in Philae vergeblich gesucht hatte: die immer neu aufquellende Kraft, den Blick für die Zeitwende. Und viele, viele junge Griechen zogen wie stets dem Tyanäer nach.

Über Apollonius' golden flimmernde Haare war es wie Schnee gefallen. Noch glomm es wie ein verborgener Brand unter den silbernen Locken. Sein Körper aber, gestählt durch Wandern, Gymnastik und sparsame Kost, war aufrecht und federnd wie in den Tagen seiner Jugend, war schön, daß sich die Menschen immer von neuem verwunderten. In seine Augen zu blicken scheuten sich, die etwas zu verbergen hatten. Die es aber konnten, fühlten sich seltsam bewegt durch ihren blaubrennenden Blick.

Apollonius ist nicht wieder in Rom gewesen. Jetzt kam er aus Tarent. In Tarent hatte er eine Zusammenkunft mit Nerva gehabt, den Domitian ohne ersichtlichen Grund dorthin verbannt hatte, es sei denn um jener kleinen Gebärde des Entsetzens willen, die ihm beim Nachtmahl vor des Kaisers spürenden Blicken entschlüpft war.

Nerva hatte Apollonius in Hellas kennengelernt. Er nannte ihn seinen Freund. Apollonius hat die gefährlich gewordene Freundschaft nicht verleugnet. Auf Nervas Ruf ist er nach Tarent gesegelt. Denn Nerva wußte keinen Boten, dem er das Geheimnis anvertrauen konnte, das er jetzt Apollonius zu enthüllen im Begriff stand, flüsternd, als lausche hinter der Tür seines Hauses der Sykophant, ratlos auch, ohne Ehrgeiz und ohne Überzeugung von seiner eigenen Wichtigkeit.

Da aber hatte der Meister gesagt:

„Ich kenne dein Horoskop, mein Freund. Was du auszusprechen dich scheust, ich weiß es lange. Ja, du wirst Kaiser werden, und du – fürchtest dich." Nerva hatte den Blick gesenkt.

„Du weißt es also", sagte er schlicht und heimlich schon beruhigt.

„Ich weiß es; deshalb steh ich hier. Nach Domitians Tod wirst du der Kaiser sein."

„Doch in bin alt", hatte Nerva geklagt. „Ich kann die Last einer solchen Regierung nicht mehr tragen."

Apollonius hatte seine schmalen, edelgeformten Hände ergriffen. Sanft sagte er:

„Du wirst sie auch nicht lange tragen, Nerva. Du wirst das Tor nur sein, durch das ein Stärkerer als du die Bühne der Welt betritt. Weigere dich nicht, wenn der Ruf an dich ergeht."

Nerva hatte lange und tief betroffen geschwiegen. Dann, das Gesicht erhebend, hatte er wiederholt:

„Ein Tor, sagst du, für einen Stärkeren? Oh, Apollonius, ich weigere mich nicht, wenn ich den Thron für einen großen Kaiser auf kurze Zeit verwalten soll. Doch bete nun mit mir zu den Schicksalsgöttinnen; denn ohne die himmlische Hilfe vermag ich nichts."

Und Apollonius war mit dem frommen Nerva vor seinen Hausaltar getreten, der den Moiren geweiht war. Er hatte Gewürze in die Flamme geworfen und hatte mit des Nerva Gebet seiner Gottheit gehuldigt. Da war über Nerva die Kraft des Glaubens gekommen, daß er stark sein würde für die Zeit, die Starkes von ihm verlangte.

Dies alles lag nun hinter Apollonius, als er in Ephesos den sonnendurchfluteten Hain Ortygia betrat, von einer weichen Erinnerung getrieben, einer Erinnerung an Dion, den Jugendfreund.

Immer seltener kamen in dem Meister die Stunden, in denen er sich mit dem Persönlichsten seines eigenen Lebens beschäftigte. In Tyana, Aegea und Tarsus hatte er solche Stunden gehabt, als er vor kurzem erst die Städte seiner Kindheit und Jünglingsjahre wieder besuchte, wo niemand mehr lebte, der ihn früher gekannt. Wohl aber bestaunte man in ihm auch dort den „Wundermann". Dion, den er in heimlicher Hoffnung auch dort gesucht, war niemals wieder in Aegea und Tarsus gewesen. Das wußten ihm die Einwohner zu sagen.

Als Apollonius nun wie vor dreißig Jahren den Hain Ortygia durchstreifte, wo der leise Tritt der heiligen Hirsche das Unterholz knistern machte, wo fremdländische Vögel wie einst in den Volieren schrien, da war es ihm, als müsse Dion zwischen den Bäumen heraustreten, fremd und vertraut zugleich, im blumigen ephesischen Gewand, und als müsse er selbst mit ihm und den Ephesern zur silbernen Artemis beten, der griechischen Verkörperung mondlicher Kraft.

Apollonius hatte zu diesem Gang Damis und Nilus zurückgelassen. Er, der schon fast die Wandlung bestanden, die den Meister vom Werden ins Sein führt, er ging noch einmal in seltsam schwingender Erregung seines klopfenden Herzens durch die einsamen Alleen des Parks – Sehnsucht nach einem Menschen leidend, er, der seit vielen, vielen Jahren nur für der Menschen geistiges Bedürfen gelebt hatte.

Und über ihn, der von Tausenden verehrt, geliebt, vergöttert wurde, der immer nur der Gebende war, heilend und lehrend, leitend, erschütternd, erhebend und besänftigend, kam der alte Zauber dieses Hains, kam glückliches Gleiten ins Unerschöpfte seines Herzens, in dem liebende Freundschaft und vergessengebende Frauenliebe nur aufgeklungen waren, um wieder zu vergehen.

Lange schon war Apollonius ins Zeichen des Steinbocks eingetreten, nachdem die Lohe des Schützen, des Meisterzeichens, ihn in Ägypten umflammt. Wieder hatte ihn Erde berührt. Doch nicht die Erde des Stiers, jung und duftend, war unter seinem Tritt und nicht die Erde der Jungfrau in kommender Fruchtbarkeit.

Die prima materia fügte sich seiner Hand – erster Formung zu Gutem oder Bösem gleich bereit –, seinen schöpferischen Griff erwartend, drohend mit dem zweideutigen Blick der Moiren, die er am Altar des Nerva verehrt, die rätselhaft sind und voller Abgrund, entscheidend über der Seelen ewiges Leben oder ewigen

Tod, und gefährlicher, als jener wußte, dessen einfachem Gebet er sich angepaßt.

Da diese mystische Erde seinen bildenden Willen erwartete, da Saturn die Sense über dem Steinbock schwang, da die Welt verdunkelt wurde von der Tyrannis des dämonischen Kaisers, da entzog sich das Herz des Meisters für diese Stunde dem schweren Sternenzwang, dem er sich unterworfen, und wanderte ein letztes Mal träumend und wehmütig, menschlich erregt die Wege seines Mannesalters, da Dion ihm für kurze Zeit wiedergegeben wurde, da Latifa in der Zukunft lockte, in der Zukunft seines persönlichen Lebens, die ihm verschleiert war wie anderen Menschen.

Hatte er die Stelle wiedergefunden, wo er vor dreißig Jahren zu den Ephesern sprach, wo er sie mit dem Gespenst der Pest entsetzte, um sie zu warnen, zu retten?

Ja, es war dieser sanft ansteigende Grashang gewesen, überschattet von den Kronen der alten Steineichen, wo er mit ihnen zur griechischen Artemis gefleht, wo zwischen den hängenden Zweigen der Ulme gegenüber Dions Gesicht ihn angeschaut hatte!

Apollonius lächelte beklommen. Er setzte sich auf den alten Platz. Es war die Stunde Pans. Er legte den siebenknotigen Stab neben sich auf den Boden. Er lehnte das Haupt gegen den Eichenstamm.

Und über ihn kam die Entrückung der Mittagsstunde. Sein Körper schlief, aber sein höherer Sinn erwachte. Die weitgeöffneten Augen in die Ätherbläue jenseits des Eichenwaldes gesenkt, sah er – Blau in Blau – eine Traumlandschaft entstehen: Berge: ungewiß sich formend über leise klingender Flut, sanfte Täler, durchsichtige Baumkronen, schwankend im zartesten Wind, ruhende Seen. Und stille Menschen wandelten über die einsamen Wege, priesterlich wie einst die weißen Brüder auf jenem Berg in Indien, den er so inbrünstig gesucht, so sehnsuchtsvoll erstiegen hatte, Heimat des Meisters Hiarchas, geisterhafte Stätte der Einkehr in seinen irdischen Leib.

Und einer ging unter dem bläulichen Licht, er, selber blauschwankende Lufterscheinung. Er hatte schlichte, weiße Haare, die im Windhauch sich aufrichteten, wie einst die Haare Dions es getan, die braun waren und weich. Er hatte Dions anmutigen Schritt und sein erwartungsvolles In-die-Ferne-sehen. Er war ein Greis, war alt wie Apollonius.

Indessen Apollonius im Zauber der Mittagsstunde diese Vision erlebte, war vorsichtig ein Mann unter die Ulme getreten, die Dion einst verbarg. Aber dieser Mann war nicht Dion. An ihm sah man kein Altgewordensein. Ölglänzend fielen schwarze Lokken auf den orangefarbenen Magiermantel herab. Spitzig ragte die Mütze. Behutsam schlich Euphrates über den Platz, stand vor dem Entrückten, betrachtete ihn aufmerksam.

Unergründlicher Haß, übersinnliche Gebundenheit brannte gleicherweise in seinen grübelnden Augen. So stand er lange, und sein Blick glitt von Apollonius zu dem Stab zu seinen Füßen. Seine Hand tastete am Gehänge des Gürtels, griff nach einer kleinen Phiole, ließ sie wieder fahren. Er starrte und seufzte schwer.

„Latifa starb, als sie ihn so gesehen. Zauber, größer als jeder, den die Priester des Artemisions kennen, ist um diesen Schlafenden, ewigwährender Schutz."

Sind Euphrates' Glieder gefesselt? Kann er nicht mehr gehen? Ist der Pilgerstab angeschwollen, als wäre er ein lebendiger Leib, eine Schlange, ein Drache, ein sich ringelnder Wurm, der den Kreis um den Meister schließt? Euphrates vermag die Füße nur nach rückwärts zu bewegen. Unsichtbares stemmt sich gegen seine Brust.

„Wundermann, immer noch stärker als ich, trotz all meiner Kenntnis der geheimen Kräfte", murmelt er erblassend, „schlafend selbst bestehst du den Angriff des Überwachen."

Euphrates zuckt zusammen. Hat sich der Entrückte bewegt? Hat er ihn schon entdeckt?

Ehe er es selber weiß, flieht Euphrates, flieht unter die Ulme, flieht weiter durch Buschwerk und Wald, erreicht die Seitenpforte des Tempels, verschwindet im Artemision, fühlt sich gerettet.

Apollonius aber, zurückkehrend aus der prophetischen Schau, sieht bösglimmendes, rötliches Gelb hinter Dions Ulme verschwinden und weiß: Noch findet er Dion nicht. Hier nicht und jetzt nicht. Unter dem Steinbock nicht. Denn Dion ist vom Element Erde gelöst. Er schwimmt in den Wassern der Höhe. Erst unter dem Zeichen des Wassermanns werden sie einander in dieser Welt noch einmal begegnen.

Apollonius hat noch ein Werk zu tun im Element Erde, unter dem Zeichen des Steinbocks, dessen Herr der Saturn ist, Gebieter über Kerker und Tod. Er richtet seinen altgewordenen Leib zu diesem letzten Kampf empor gegen den Dämon in Rom, der nur Erde ist, dumpf fühlende, zerstörungssüchtige, triebgebundene, angstgepeinigte Erde, Erde in Chaos.

Apollonius erhebt seine Stimme in Ephesos. Er redet gegen den Kaiser in Rom. Will er ihn herausfordern? Ist es nicht eine Selbstverständlichkeit, daß seine Worte von geschäftigen Sykophanten aufgefangen und vor das Ohr des Augustus gebracht werden? Will er gerade das?

Euphrates ist unter den Hörern, als der Tyanäer, am Sockel der goldenen Domitiansäule lehnend, zu den Ephesern über den Kaiser spricht. Er verbirgt sich vor dem Meister und seiner Freunde Augen, liegt ausgestreckt in einer Barke, die auf dem Wasser des großen Hafens schaukelt. Euphrates erlauscht jedes Wort. Und von der nie ruhenden, elementaren Begierde, Apollonius zu erniedrigen, gefoltert, schleicht er zu den Priestern.

Die Priester des Artemisions haben auf viele Opfer und Tribute vergeblich gewartet, seit der Tyanäer wieder in Ephesos ist. Denn er verurteilt öffentlich ihre heimlichen Laster, und die Epheser glauben ihm. Die Priester, kaisertreu und haßerfüllt, beglaubigen Euphrates als ihren Gesandten an den römischen Hof. Und Euphrates, als hätte er kein anderes Ziel auf dieser Welt, als Apollonius zu verfolgen, bricht auf und segelt nach Antium und kommt nach Rom.

Einst kam er dorthin, um durch Latifa Nero zu umgarnen. Doch Latifa, von Apollonius bezaubert, versagte im großangelegten Spiel. Heute kommt er allein.

Seine Beschwörung ist die Gefahr – Gefahr fürchtet der Cäsar.

Seine Verlockung ist Blut – Blut zu sehen, liebt der Cäsar.

Seine Schmeichelei ist ein imposantes Gericht – Gericht zu halten, Unschuld in Schuld zu verwandeln, Moral als Schwert zu zücken – berauscht den Cäsar.

Euphrates' Gaben sind wohlberechnet. Er ist zufrieden. Apollonius scheint in Ephesos bleiben zu wollen. Die Priester werden sich still verhalten. Mag er sich sicher glauben! Nichts soll ihn schrecken und stören, bis die Schergen des Kaisers ihn greifen werden.

Euphrates mußte es sich gefallen lassen, von den Vertrauensmännern des Domitian bis auf die Haut untersucht zu werden. Als man ihn aufs peinlichste geprüft und betastet hatte und man dem Kaiser über keinen verdächtigen Befund berichten konnte, ließ Domitian ihn vor sich führen.

Der Kaiser empfing ihn allein; denn Euphrates kam als Geheimsekretär der ephesischen Priesterschaft. Der Kaiser ging in einem großen, leeren Saal auf und nieder. Weiße, seltsam leuchtende Wände von jenem Stein, den man wegen seiner Durchsichtigkeit Lichtstein nannte, ermöglichten es, daß niemand sich ihm nahen konnte, ohne von ihm bemerkt zu werden. Diese Wände belichteten von allen Seiten die große Gestalt in scharlachner Tunika, deren Gesicht jetzt gelb erschien, von jenem faden, lederfarbenen Gelb, in das das Blut mit schweren Wellen steigt, um es aufbrennen zu lassen wie rotes Kupfer.

Der Kaiser blickte prüfend auf den Gesandten, der in ehrfürchtiger Haltung vor ihm stand. Als er sich aufrichtete und das Wort erhielt, sagte er, die marmorartigen Wände mit dem zarten, gelblichen Geäder betrachtend:

„Du umgibst dich, o göttlicher Augustus, mit dem lapis phengites aus Kappadozien. Möge alles, was aus Kappadozien kommt, dir gleicherweise unschädlich sein!"

Domitian wurde aufmerksam.

„Was soll das heißen? Droht mir aus dieser Provinz eine Gefahr?"

„Oh, mein Herr und Gott, die größte Gefahr", klagte Euphrates. „Solltest du nie von jenem Wundermann aus Kappadozien gehört haben, der seine geheimen Kräfte jetzt gebraucht, um gegen dich die Leute zu empören?" Des Kaisers Gesicht überflammmte dunkle Röte. Sein Herzschlag setzte aus.

„Sprichst du von jenem Apollonius, der in Alexandria mit meinem Vater zusammentraf? Mein Vater schilderte ihn als einen Freund der Flavier."

„Er war ein Freund des Vespasian und des Titus", antwortete Euphrates bedeutungsvoll und schwieg mit quälender Zurückhaltung.

Der Kaiser wurde ungeduldig.

„Also der Tyanäer wird zu meinem Feind erklärt? Vor ihm sollst du mich warnen? Wenn dieser Magier nur nicht ein Feind der Priester ist, den ich ihnen aus dem Wege räumen soll!"

Euphrates wagte ein vieldeutiges Lächeln.

„Unverhüllt liegen vor dem durchdringenden Blick des Augustus die verborgensten Zwecke! Gewiß, es mag auch der Haß der Priester hinter ihrer Botschaft stehen. Wahr aber bleibt, was ich selbst gehört, als Apollonius zu den Ephesern sprach zu Füßen deines goldenen Götterbildes, das am Hafen aufgestellt ist."

„Was hörtest du?" fragte der Kaiser, noch schwankend zwischen Vertrauen und Zweifel, das verschlagene Gesicht des Gesandten mißtrauisch beobachtend. Da näherte sich Euphrates behutsam des Kaisers Ohr. Er hielt die Hände auf dem Rücken verschränkt; denn er hatte die unterdrückte Furcht bemerkt, mit welcher der Kaiser seiner Hände Spiel verfolgte. Er flüsterte eindringlich an des Kaisers Ohr:

„Apollonius, den sie in Griechenland den ‚neuen Gott', den ‚Heiland' nennen, hob seine Hand auf gegen dein goldenes Bildnis und rief: ‚Du Tor, wie wenig begreifst du die Moiren! Der Mann, der den Erdkreis von deinen Blutgerichten reinigen wird, er ist da, er wartet! Selbst wenn du ihn tötetest, würde er wieder lebendig werden!'" *)

Der Kaiser starrte den Sprecher mit seinen großen Augen an. Etwas in des Euphrates' Ton sagte ihm mit untrüglicher Sicherheit: Diese Worte waren gesprochen worden.

„Weißt du, wen Apollonius mit diesem Mann gemeint hat? Nannte er ihn dem Volk?" fragte er mit heiserer Stimme.

„Er nannte ihn nicht. Doch ich weiß ihn: Nerva!" antwortete der Alexandriner.

Der Kaiser wich einen Schritt zurück, nickte vor sich hin.

Euphrates fuhr fort, Boden unter den Füßen fühlend, des Kaisers Angst aufstachelnd:

„Göttlicher, es war gut, daß du den Greis aus Tarent verbanntest, der dir vielleicht nicht sehr gefährlich erschien, den du großmütig allzu lange in deiner Nähe geduldet hast. Denn dieser Nerva hat den Tyanäer nach Tarent gerufen, und vor dem Altar der Moiren opferten sie zusammen und flehten auch dort die Rachegöttinnen an, dich zu vernichten. Es wird gesagt, daß sie einen Knaben aus Arkadien geschlachtet haben und aus seinen Eingeweiden die Zukunft prophezeiten. Dies aber vermag ich nicht zu glauben."

Domitian fuhr auf.

„Ob du es glaubst oder nicht: sag deine Anschuldigungen dem Ankläger Regulus, den ich dir schicken werde. Apollonius, der Tyanäer, komme vor mein Gericht! Du aber, Euphrates, bleibst im Palast, bis das Gericht über den Magier gesprochen ist."

Der Kaiser erhob flüchtig die Hand. Euphrates war entlassen.

Sklaven führten ihn in ein Gemach, das er bewohnen sollte. Er hieß sie gehen, war allein, kauerte in einem Winkel.

Warum nur fiel jetzt diese heimlich würgende Melancholie über sein Herz, so daß er sich nicht zu freuen vermochte, weil um den Tyanäer sich die Schlinge gelegt, die ihn erdrosseln konnte, die ihn erdrosseln würde nach menschlichem Ermessen? Hatte

*) Überlieferter Ausspruch des Apollonius.

er dies alles im Grunde doch nicht gewollt? Die Erniedrigung des Apollonius, seine Vernichtung, seinen Tod?

Rausch war es gewesen, zu fühlen, wie des Kaisers Seele flügelschlagend in seinen Händen lag! Rausch, den Immerquälenden zu quälen, Sieg, den Gefürchteten fürchten zu machen! Ach, Lust war das, betörendes Spiel! Denn groß war der Gegner. – Aber zu schnell verflog ihm dies Glück. Ward ihm der Sieg zu leicht gemacht? Geduld! Noch war der Tyanäer nicht bezwungen – er, in tausend Geheimnissen erfahren –, von unbekannten Mächten beschirmt.

III

Da fuhr das Schiff aus Ephesos in den Hafen von Puteoli ein, feierlich wie ein ziehender Schwan, aus weißblauem Byssus die Segel. Da stieg der Meister mit Damis ans Ufer – Nilus hatte er in Griechenland zurückgelassen –, und er fragte die Hafenleute, wo Demetrius', des Gärtners Haus liege. Denn als „Gärtner" lebte der verbannte Philosoph am zerklüfteten Berghang. Da stiegen Apollonius und Damis den schmalen Pfad hinan, der mit Bimsstein und Lavakies bedeckt war, auf dem kleine Aschenhügel sich manchmal kaum merklich bewegten, gehoben vom Feuer der Tiefe, an dessen Felsenwandung dünne Wasseradern rieselten und tropften, Dampf über ihrem kochenden Quell.

Apollonius und Damis fanden das bezeichnete Haus. Sie sahen den Garten, in Terrassen gestaffelt, mühevoll mit Erde belegt. Sie erkannten Demetrius, den Gärtner, wie er zwischen den Oliven hin und her ging und seine Bäume goß.

Apollonius sah ihm lange schweigend zu, dann erst rief er seinen Namen. Demetrius entsetzte sich, daß Apollonius nach Italien gekommen war, daß er nach Rom gehen wollte.

„In kurzem würde mich doch ein Befehl vor das Tribunal des Kaisers fordern", sagte der Meister, als sie zusammen unter einer Platane saßen, und Früchte, Wasser und Brot vor ihnen auf dem steinernen Tische standen. „Ich komme diesem Befehl zuvor, den ich herausgefordert habe."

Demetrius erbleichte. Bestürzt sah er auf Apollonius, auf Damis, der hilflos die Schultern bewegte und schließlich einen Scherz versuchte:

„Es sieht aus, als sei Apollonius in den Tod verliebt!"

Demetrius blieb ernst und sah sorgenvoll und düster in die Ferne.

Es war ein sonnenloser Tag, ohne Horizont, ohne Wolken. Wasser und Himmel verschwammen ohne Grenzen in ödem Grau. Wie getuscht ragten die Masten, schaukelten die Rümpfe unzähliger Galeeren. Lärm des Hafens drang schwach zu ihnen herauf. Da legte Demetrius seine Hand auf die des Tyanäers und sagte:

„Mein Ausharren in der Nähe Roms beweist dir, daß ich für meine Person nicht ängstlich bin. Doch ich stehe unter dem besonderen Schutz des Polizeipräfekten Aelian, der meinen Schlupfwinkel kennt und meine Gärtnermaske, an die hier jeder glaubt. Du aber, Apollonius, wirst schon bei deiner Landung von Sykophanten des Kaisers erkannt worden sein. Daß du erscheinst, ehe du vorgeladen bist, daß du also die Absicht des Kaisers voraussahst, wird deinen Ruf als Zauberer verstärken, wird deine Lage verschlimmern. Domitian fürchtet die Zauberer."

Damis wurde immer unruhiger. Apollonius fragte gelassen:

„Weiß der Polizeipräfekt von dem Haftbefehl gegen mich, der vielleicht gerade heute in Ephesos eingetroffen ist?"

Der Stoiker nickte.

„Er sprach von ihm. Aelian hält sich gerade jetzt in Puteoli auf. Er will mich noch einmal besuchen, ehe er nach Rom zurückkehrt. Bei Dunkelwerden erwarte ich ihn. Er trägt des Kaisers Schwert. Wenn er dich beschützte!"

„Das wäre wohl möglich", antwortete Apollonius. „Aelian war des Vespasian bevorzugter Centurio in Ägypten, und von Ägypten her kenne ich ihn."

Demetrius atmete auf, und Damis fragte:

„Ist es jener Aelian, dem der achtzehnjährige Domitian die Gattin raubte, die heute die Augusta ist?"

„Derselbe", antwortete Demetrius.

Als es dunkel geworden war, kam Aelian, vermummt im gallischen Kapuzenmantel und nur von einem alten Sklaven begleitet.

Auch Aelian erschrak über die Anwesenheit des Tyanäers.

„Seit etwa zehn Tagen ist ein geheimer Gesandter aus Ephesos beim Cäsar", sagte er. „Es scheint, daß dieser dich bei ihm verklagt hat. Schwer ist des Kaisers Zorn gegen dich erregt. Vorsichtig müssen wir dich schützen, damit sein Mißtrauen nicht rege wird und das des ephesischen Gesandten, der dich zu hassen scheint."

„Euphrates!" rief Damis. „Sagte ich es nicht immer, daß der Entsetzliche dir einmal furchtbar schaden würde? Nilus nannte ihn Set. Set-Typhon, das bedeutet: der Böse."

Demetrius sprach eindringlich:

„Als wir vor bald dreißig Jahren zum erstenmal miteinander auf der Via Appia nach Rom wanderten, du, Damis und ich und viele andere Freunde, da warnte dich beim Tempel der Diana Philolaos, nach Rom zu gehen. Die Philosophen waren vertrieben wie heute. Wie heute herrschte ein Tyrann. Damals aber warst du in Rom noch wenig bekannt. Heute umklingt dich Weltruhm. Domitian haßt jeden Mann, der vor dem Volke gerühmt wird. Damals kamst du als wandernder Pythagoräer. Heute bist du ein Angeklagter. Im Hafen liegen viele Schiffe. Oh, Apollonius, besteige eine Galeere! Fliehe noch jetzt vor Domitian! Warum willst du noch einmal das Spiel mit dem Tode versuchen? Dein Leben ist wertvoller als dein Bekennertod. Erhalte dich für uns!"

Damis flüsterte und rang verstohlen die Hände.

„Hätte ich ihn in Ephesos halten können? Ich folgte ihm williger, als man sich selber folgt."

Apollonius lächelte seltsam in all die Aufregung der Männer hinein. Die Stirn gesenkt, fragte er leise:

„Nero wußt ich zu zähmen. Was fürchtet ihr heute für mich?"

„Domitian ist nicht Nero", warnte der Präfekt. „Nero war anzurühren, wenn man die weiche Stelle in seinem Herzen fand. Zu Domitians Herzen hat noch kein Mensch den Weg gefunden. Vielleicht, daß er kein Herz hat, wie man es schon bei der Eingeweideschau der Opfertiere als ein böses Omen gefunden hat."

Da erst hob der Meister den Blick, ließ ihn prüfend über die Verzagten gleiten. Und sie erbebten unter seinem brennenden Antrieb, wie sie es in den Tagen ihrer Jugend getan, da dieser Blick sie hingerissen zu bedingungsloser Gefolgschaft.

Obgleich er noch nichts erwidert hatte, schwiegen Damis und Demetrius in der jähen Erkenntnis, daß hier nichts für sie zu entscheiden war. Der Mann, der des Kaisers Schwert führte und der den Vespasian geliebt hatte, strich mit der Hand über sein schmales, strenges Gesicht und sagte abschließend:

„Da du einmal gekommen bist und vor des Kaisers Richterstuhl geführt werden willst, Apollonius, so besteht deine einzige Rettung darin, daß ich dich in Gewahrsam nehme und geheim verhöre. Nur mir kann es vielleicht gelingen, dem Kaiser zu beweisen, daß es sich nicht lohnt, einen Wanderprediger zu verurteilen, den Nero zu verfolgen unter seiner Würde hielt. – Ich reise auf der neuen Straße, die der Kaiser gebaut hat, noch heute Nacht nach Rom zurück. Wenn du auf dem Seeweg in einigen Tagen in Ostia eintreffen wirst – bist du bereit, dich dort als Gefangener mir zu übergeben?"

Ohne Bedenken reichte Apollonius dem Präfekten die Hand.

„Sei es, wie du sagst, Aelian! Uns verbindet die gleiche Treue mit den zwei ersten Flaviern. Du begreifst vielleicht, daß ich auch diesen dritten mir gewinnen muß."

Der Präfekt blickte ihn lange mitleidvoll und grübelnd an. Dann sagte er kurz – und suchte seine Rührung zu verbergen:

„Ich habe nie den Augenblick vergessen, Apollonius, als du in Alexandria ins Zimmer des göttlichen Vespasian getreten bist und ihr euch entgegeneilt, als wäret ihr Brüder."

Als Aelian gegangen war, sagte Apollonius zu Damis, der ihn nach Rom begleiten wollte:

„Du wirst die pythagoräische Tracht ablegen müssen, mein Freund, die dich zu leicht verriete. Mir, so glaube ich, wird nichts durch Domitian geschehen. Ob ich dich aber immer schützen könnte, der du von mir getrennt sein wirst, das weiß ich nicht."

So segelte Apollonius mit Damis nach Ostia und ließ sich von den Prätorianern des Aelian gefangennehmen und nach Rom bringen. Damis folgte mit gestutztem Haar und Bart im griechischen Pallium.

Im Gefängnis fand er Apollonius zwischen denen, über die bis zum Verhör die leichte Haft verhängt war. Sie durften Besuche empfangen und hielten sich in einem großen gemeinsamen Raum auf.

Demetrius war in Puteoli geblieben.

„Ich warte", hatte er gesagt, Apollonius umarmend. Dann war er in seinen einsamen Garten emporgestiegen mit gebeugtem Rücken und sorgendem Herzen. Warten, ohne handeln zu dürfen, ist schwer.

VI

Es konnte nicht anders sein, als daß Apollonius seinen fünfzig Mitgefangenen Freund und seelischer Retter wurde. Die aber krank geworden waren in langer Haft, pflegte er mit Damis, und vielen nahm der Meister den körperlichen Schmerz.

In die Atmosphäre des Grauens, in der nachts die Träume von Folter und Arena, tags hoffnungslose Gespräche über die Gerichte des Kaisers die Seelen ängsteten, drang seine warme Stimme, verheißend wie aus einer anderen Welt. Und eine andere Welt brachte er ihnen, von welcher die meisten noch nichts geahnt hatten.

Ihnen, die wegen wirklicher Verbrechen auf ihren Urteilsspruch warteten oder von Sykophanten schuldlos aber unrettbar verleumdet waren, diesen langsam Absterbenden, enthüllte Apollonius das Mysterium vom ewigen Leben der Seele, von ihrer Befreiung durch den leiblichen Tod, von ihrer Wanderung durch tausend Gestalten, ihrer irdischen Wiederkehr, ihrem endlichen Aufstieg in den Götterhimmel – und darüber hinaus.

Klein wurde da vor den Gefangenen ihr gegenwärtiges Elend, und wenn sie auch nicht gleich mit vollen Segeln des Glaubens Meer befuhren: die Neuheit des Gedankens war schon Glück, war sieghafte Erhebung über die Qual der Stunde. Und schon das Denken ward selbstbefreiende Tat.

Aber es waren auch solche unter ihnen, die vermochten es, sich über das Denken hinauszuschwingen, vom magischen Strom seiner Seele mitgerissen, und diese erlebten die höchste Steigerung ihres Daseins in dem äußerlich tiefsten Verfall.

Am fünften Tage seiner Gefangenschaft, wo Tag und Nacht ihm mit Taten der Liebe hingegangen, wurde Apollonius in den Palast geholt. Domitian wollte ihn kennenlernen, ehe das große Gericht begann, das er über ihn abzuhalten gedachte als furchterregendes Beispiel für alle Zauberer und Propheten, die die Person des Cäsar anzutasten wagten, als Beweis auch für die hochverräterische Schuld des verbannten Nerva, dessen Todesurteil der Senat mit einem letzten angstvollen Protest zu verhindern suchte. Denn Nerva war auch Senator, und was ihm drohte, konnte jeden treffen, hatte einige unter ihnen schon vernichtet.

Ein Offizier und vier Soldaten begleiteten Apollonius auf seinem Weg vom Kerker zum kaiserlichen Palast. Seine Mitgefangenen hatten ihn mit heißen Wünschen überschüttet. Viele weinten in verzweifelter Furcht, ihn niemals wiederzusehen. Damis in seiner griechischen Verkleidung folgte von weitem. Er ging wie im Traum.

Der Kaiser empfing Apollonius im Adonisgarten, wo er sich im Schießen übte. Die Wache war am Eingang zurückgeblieben.

Er tat, als bemerke er den Nahenden nicht gleich, hob den riesigen thrazischen Bogen, spannte ihn, zielte und schoß. Surrend fuhr der Pfeil zwischen den gespreizten Fingern eines Sklavenknaben hindurch, ohne ihn zu verletzen. Das Kind stand wie eine Statue, regungslos und totenbleich, erstarrt in Angst. Es lagen schon viele Pfeile hinter ihm am Boden.

Apollonius trat schnell zwischen den Kaiser und seine lebendige Zielscheibe. Er verneigte sich und sagte in sehr ruhigem Ton:

„Hier bin ich, Cäsar, und erwarte deine Anklage gegen mich."

Domitian stützte sich auf den zurückgeschnellten Bogen. Seine Hand tändelte mit dem Pfeil.

„Da also bist du, tapferer Tyanäer. Geduld! Um Gericht zu halten, rief ich dich nicht hierher. Gericht halten wir später vom kurulischen Sitz. Dieser Garten ist meinen Spielen gewidmet. Hier spiele ich mit allen – auch mit dir."

Pause.

Prüfend sah Apollonius den Kaiser an, der vor ihm in seiner versteckten Wildheit stand und an ihm vorbei die Schußlinie zu dem Knaben maß.

„Geh zur Seite, Tyanäer, damit ich meinen letzten Pfeil versende", forderte er.

Apollonius trat zur Seite.

Aber als Domitian den Pfeil auf die Sehne gelegt hatte, langsam und umständlich zielend im vollen Bewußtsein, das mitleidige Herz eines Schwärmers hierdurch zu quälen, da sank ihm plötzlich der linke Arm herab in unerklärlicher, lebloser Schwere, und auch der rechte konnte die Sehne nicht völlig spannen. Ziellos taumelte der Pfeil zu Boden.

Domitian untersuchte die Waffe, blickte verwundert auf seine nackten Arme, begriff jäh, starrte Apollonius mißtrauisch an.

„Zauberer!" schrie er wütend.

Eilig entwich auf einen Wink des Apollonius das geängstigte Kind. Der Kaiser beachtete es nicht, festgehalten vom Blick des Meisters.

„Frage mich, was du zu fragen hast, Augustus", sagte dieser sanft, aber doch so, als habe er dieses Gespräch zu leiten.

Der Kaiser überhörte den Ton. Von etwas Neuem gefesselt, fragte er barsch:

„Woher hast du den Ring an deiner rechten Hand? Du scheinst ein wohlhabender Philosoph zu sein. Warum nahm man ihn dir nicht, ehe du hierher geführt wurdest?"

Apollonius betrachtete nachdenklich den planetarischen Ring mit dem Amethysten, zog ihn langsam vom Finger, versenkte ihn in eine Tasche seines Leinenrockes.

„Du hast recht, Cäsar", sagte er leise und traurig, „er gehört nicht zwischen uns. Diesen Ring trug ich, als ich deinen Vater im Serapeum von Alexandria weihte, ehe er von den Vertretern des Reichs den Kronreif empfing."

„Oh!" stieß Domitian unwillkürlich hervor, und gereizt fuhr er fort: „Die Zeiten haben sich geändert, Tyanäer. Es wird sich in kurzem erweisen, daß du heute nicht mehr die römischen Kaiser ein- und absetzen kannst. Heute hält der Imperator den Wundermann fest in der Faust. So!" Und er öffnete die Hand, schloß sie wieder mit harter, würgender Langsamkeit. Dann, Apollonius dicht in die ruhigen, mitleidigen Augen sehend, fragte er drohend:

„Fürchtest du den Tod nicht, Tyanäer?"

„Wie könnte ich fürchten, was jedes Wesen erwartet?" antwortete lächelnd der Meister.

„Du bist also sterblich? Hast kein Mittel gegen den Tod gefunden?" fragte der Kaiser dringend.

„Ich habe nie ein solches Mittel gesucht. Mein Körper wird sterben, wie deiner sterben wird, Flavius Domitianus."

Der Kaiser wich einen Schritt zurück, und Apollonius fragte:

„Hast du denn keinen anderen Gedanken in deiner Seele als den Tod? Cäsar, du entgehst dem Tode nicht, wenn du ihn auch in anderen verhundertfältigst. Cäsar, dein Tod ist dir gewiß, wie mir der meine gewiß ist. Warum fürchtest du ihn?"

Domitian war außer sich. Wagte es dieser Kappadozier, die Fetzen loszureißen, mit denen er die abgründige Qual seiner Seele verhüllte, die nie schlafende Todesangst, die Furcht vor dem Mord – sein tiefstes und, wie er glaubte, unerkennbares Geheimnis?

Da sprach die gelassene Stimme wieder:

„Du wirst die Angst nicht los, indem du sie auf andere Seelen lagerst. Es ist *deine* Angst, Cäsar, die nur in dir selbst du überwinden kannst. Denn jeder Mensch stirbt seinen eigenen Tod. Es stirbt nicht einer für den anderen."

„Wache!" schrie wütend der Kaiser. Und zu den Prätorianern:

„Ich verfüge über diesen Kappadozier die schwere Haft. Legt ihn in Ketten!"

Eisern schloß sich der Ring der fünf geharnischten Männer um Apollonius. Nach einem langen Blick auf den Kaiser verließ er den Garten.

Domitian, allein geblieben, fuhr aus dumpfem Sinnen empor und rief nach Euphrates, der sich auf seinen Befehl versteckt gehalten und das Gespräch verfolgt hatte.

„Dieser Apollonius ist nicht so harmlos, wie Aelian mich glauben machen will", grollte der Kaiser.

Euphrates zuckte die Achseln, griff dann gewandt den Punkt auf, der den Kaiser befriedigen mußte:

„Du hörtest sein Bekenntnis zur Sterblichkeit, göttlicher Augustus. Auch Apollonius von Tyana hat nicht das Elixier des ewigen Lebens entdeckt. Mag er ein noch so geschickter Zauberer sein, er muß sterben. Sterben durch deinen gerechten Spruch."

„Sterben oder nicht", fauchte der Kaiser, „er soll sich fürchten! Furcht soll in seine unbändige Seele kommen. Todesfurcht! Was kümmert mich sein Tod oder sein Leben? Ich habe zu viele Leute sterben sehen."

Und Euphrates schmeichlerisch:

„Du hast die feinste Form des Genusses gefunden, mein Herr und mein Gott, die Qual der Seele, die über der Qual des Fleisches steht. Ich weiß ein Spiel, Cäsar, ich weiß ein Spiel –"

Der Kaiser strich sich über die Stirn, die mit kaltem Schweiß bedeckt war. „Mach mich vergessen!" flüsterte er in plötzlicher Schwäche.

In einem Vorraum des Domitianpalastes auf dem Palatin, der erst vor wenigen Jahren vollendet worden war, trafen des Nachts sieben Männer zusammen, von Palastdienern hereingeführt, die schwarz gekleidet waren.

Flavius Clemens blickte beunruhigt umher. Die plötzliche Einladung des Cäsars zu dieser Stunde hatte ihn tief erschreckt. Er und seine Gattin Domitilla, heimlich im Bann des neuen Glaubens aus Galiläa, fürchteten täglich, entdeckt, gefangengenommen, verbannt oder getötet zu werden. Er legte zitternd den Mantel ab, sah sich nach den übrigen Gästen um, die zu verschiedenen Türen auf die gleiche geheimnisvolle Art hereingeleitet wurden.

„O Stephanus!" sagte Clemens erleichtert, dem Freigelassenen seiner Gattin die Hand reichend, „du bist also auch zu diesem nächtlichen Gastmahl beim Cäsar geladen?" Stephanus nickte stumm.

Stumm war auch der Gruß des Kammerherrn Parthenius und des Polizeipräfekten Aelian. Voll Laune allein schien Quintilian, aber wer wußte nicht, daß Quintilians Laune am lebhaftesten sprudelte, wenn des Kaisers Bosheit am heimlichsten wütete!

Martial, der Epigrammatiker, hielt sich an seinen Freund Quintilian, seine Unruhe durch nervöse Witze verschleiernd.

Ein Gast allein war allen unbekannt. Und dieser eine, hoch gewachsen, im weißen Leinenrock, verneigte sich flüchtig und schwieg. Weiß schimmerte sein Haar über der klaren Stirn. Sein Schritt klirrte leise, als trüge er eine Kette.

Palastdiener forderten die Gäste auf, ihnen zu folgen. Im langsamsten Tempo schritten sie ihnen voran, durch endlose Gänge, die von Fackeln erleuchtet waren, viele Treppen hinab. Schließlich öffneten sich vor ihnen zwei Torflügel, und sie traten in einen Saal, den keiner von ihnen zu kennen meinte. Denn er war schwarz und höhlte sich vor ihnen niedrig und tief, gleich einer ungeheuren Gruft. Mit schwarzen Stoffen bespannt waren Decke und Wände, mit schwarzen Marmorplatten gedeckt der Boden. Schwarze Bänke mit schwarzen Kissen belegt standen wie um eine Tafel geordnet, aber statt des Tisches ragte vor jedem Lager eine niedrige schwarze Säule, wie sie in den Grüften der Via Appia den Verstorbenen zum Gedächtnis gesetzt sind. Auf jeder Säule stand der Name eines der Gäste eingemeißelt. Über jedem Platz hing von der Decke herab eine trübe brennende Grablampe.

„Unser Herr und Gott bittet seine Gäste, sich zu lagern", verkündete feierlich der oberste Schenk und brachte Wein in schwarzen Krügen.

Beklommen nahmen die Männer Platz. Quintilian versuchte einen Scherz, schwieg dann in plötzlichem Begreifen, daß diese makabre Stimmung Absicht des Kaisers sei, die nicht gestört werden durfte.

Im tiefsten Innern zitterte auch er. Denn was konnte es bedeuten, daß er nicht zum Eingeweihten dieses unheimlichen Scherzes gemacht worden war, er, des Kaisers Vertrauter?

Und nun, da ihre Augen sich etwas an das Halbdunkel gewöhnt hatten, erkannten die Gäste im Hintergrund auf schwarzem Thron den Augustus, aufrecht sitzend in schwarzer Tunika, wie man sie zu Bestattungen trug, in einer Hand zusammengerafft Zepter und Geißel haltend nach Art der ägyptischen Pharaonen, auf dem Haupt die Krone mit Götterbildern, die nicht deutlich zu erkennen waren.

Die Geladenen wollten sich grüßend erheben, er aber winkte ab und sagte mit seiner rauhen Stimme, die keinen milden Ton hergab, auch wenn er es gewollt hätte:

„Ich lud euch ein, meine Freunde, nach Art der Platonischen Symposien mit mir einen Gott zu preisen. Aber Eros soll es nicht sein. Dem lüsternen Knaben ist schon zu viel gehuldigt worden unter den Menschen. Wir ernsten Männer opfern dem ernsten Gott. Erhebt eure Becher! Sprengt das Weiheopfer für Pluto, den Herrn der Schatten – und der Lebendigen, die bald zu den Schatten hinuntersteigen."

Leise klirrten die Becher, als die Gäste sie ergriffen und nach der Spendung des Opfers nur zum Schein an die Lippen zu setzen wagten, den Inhalt heimlich verschüttend.

Von unsichtbaren Stimmen gesungen klang düster ein hellenischer Hymnos, und man wußte nicht, richtete er sich an den Gott oder an des Kaisers vermummte Majestät.

„Kühnbeherzter, der da wohnt
In dem unterirdischen Haus,
In der Tartarusgäste
Tiefschattiger, grauenblickender Au,
Zepterträger, des Erdreichs Zeus,
Nimm in Gnaden das Opfer auf!"

Die Eingeladenen saßen in gespannter Unsicherheit, was sie aus dieser Szene machen sollten, und erst jetzt entdeckten sie zu Füßen des Kaisers eine zweite schwarze Gestalt mit schwarzer Maske. Etwas Helles blitzte in ihrer Hand. Ein Ring? Ein Dolch? Wer war dieser Reglose? Des Kaisers Henker? Der Mann aus Ephesos?

Quintilian raffte sich zusammen. Seine Stimme schmeichelte durch den Raum, das Ohr des Kaisers umwerbend, das sich ihm zu jeder Zeit geöffnet hatte, auch dann, wenn es anderen sich versagte.

„Göttlicher!" seufzte Quintilian, „befiehl – und deine Knechte werden mit Zungen reden! Frage – und sie werden ihre Antworten wie Blumen vor deinem Throne niederstreuen!"

Domitian lachte grimmig.

„Du raubst deinem Freunde die poetischen Wendungen. Bescheiden, guter Quintilian, bescheiden! Martial, beginne du damit, den Herrn der Unterwelt zu besingen!"

Schnell entschlossen wagte Martial eine ausweichende Improvisation:

„Durch eine allzu strenge Pflicht
Verlangest du, daß jeder Gast,
Den du zu dir geladen hast,
Bei Tafel mache ein Gedicht.
Es ist stets eine schlimme Sache,
Wenn man so schnell was dichten soll.
Doch, Cäsar, du gestattest wohl,
Daß man auch schlechte Verse mache?"

Domitian verbarg, daß er die Schlagfertigkeit dieser Stegreifverse zu würdigen wußte. Seine Gäste, die befreit auflachen wollten, wurden durch sein Schweigen eingeschüchtert, wagten kaum ein Lächeln.

Plötzlich traten lautlos und wie aus dem Dunklen geschnitten, völlig nackte, schwarzgefärbte Knaben vor die Gäste hin und drückten ihnen Kränze aus Mistelzweigen und weißen Wasserrosen aufs Haupt. Jeder unwillkürlichen Abwehrbewegung widersetzten sie sich mit ruhiger Entschiedenheit.

Wer wüßte nicht, was die Mistel, die die Pforten zum Hades öffnet, was die Nymphaea alba bedeutet? Wollte der Kaiser sie prüfen, quälen, ihren Mut abschätzen, sie verspotten? Oder war dies das Vorspiel zu ihrem wirklichen Tod?

Die nackten Knaben verbanden sich zu einer Kette. Düstere Musik ordnete ihre Glieder in rhythmische Bewegungen ein. Sich an den Händen haltend umringten sie die Tafelrunde, von welcher der kaiserliche Thron ausgeschlossen war, so daß Domitian und sein rätselhafter Vertrauter von erhöhtem Sitz auf das Schauspiel herabsahen.

Zuerst war der Reigen der schwarzen Genien ein feierliches Schreiten, löste sich bald in wildere Rhythmen, lockte und schreckte mit ungewissen Beugungen, wandelte sich zu unzüchtigen Gebärden, wurde zur frechen Parodie eines sakralen Tanzes, brach in zynischer Ruchlosigkeit jäh ab. Zu Füßen jedes Gastes lag ein ebenholzschwarzer Ephebe. Seine Glieder schimmerten wie poliert, seine Augen verführten und drohten.

Andere Knaben brachten auf schwarzen Schüsseln schwarz angerichtete Speisen. Zagend griffen die Gäste zu. Ihre Herzen schlugen in steigender Furcht. Der Kaiser ermunterte sie:

„Eßt, meine Freunde! Trinkt, meine Lieben! Und wenn ihr euch erholt habt – und ich sehe, einige unter euch sind bleich geworden, warum? –, so sprechen wir weiter über den Gott, dem wir diese Nacht geweiht haben, über Pluto, den Herrn der Toten und der Lebendigen, die dem Orkus zueilen, und wer täte das nicht? Wer, meine Freunde, hat ein Mittel gegen den Tod gefunden? Selbst die, welche sich ‚Meister' nennen, entdeckten es nicht. Ihr seid wortkarg, meine Lieben. Nun, etwas zur Unterhaltung beitragen müßt ihr doch auch. Wie wäre es, mein treuer Vetter Flavius, wenn du das Wort ergriffest und uns erzähltest, was du über den Tod denkst? Oder meinst du, es sei gefährlich, den Tod an die Wand zu malen? Sei ruhig, er würde sich in diesem Raum nicht abheben, wo alles schwarz ist. Oder fürchtest du, ein kränklicher Mensch wie du sei der dunklen Pforte zu nahe? Ein anderer solle sprechen? O Clemens, auch dem Gesunden winkt der Gott mit der finsteren Braue. Wer weiß, ob er nicht zuerst deinen Stephanus ruft, der wohl der kräftigste von uns allen ist!"

Der Kaiser schwieg und blickte Flavius Clemens wartend an. Der öffnete den Mund, bereit zu reden.

Betäubte ihn die mondgeliebte Blume auf der Stirn, daß er seine Gedanken nicht zusammenhalten konnte? Warum sprach er von dem, was als tiefste Hoffnung in ihm lebte? Wußte er nicht um die Gefahr, in die er wie im Traume ging? War ihm die Kraft genommen, sein Geheimnis länger zu bewahren? Oder wollte er ein Zeugnis ablegen für den Gott, den er erkannt?

Fremdartig und nie gehört klangen seine Worte, und der Kaiser neigte sich nach vorn, begierig ihren Sinn erforschend.

„Möchte aber jemand sagen: Wie werden die Toten auferstehen, und mit welcherlei Leib werden sie kommen? Du Narr, was du säest, wird nicht lebendig, es sterbe denn. Es wird gesäet verweslich und wird auferstehen unverweslich."

Flavius Clemens schwieg. Es schwiegen die erstarrten Gäste. Klangen diese Worte nicht nach dem Mann aus Tarsus, der unter Nero getötet wurde, dessen Lehre nicht starb? Verfolgte der Kaiser nicht die Nazarener? War Flavius Clemens ein heimlicher Christ?

Über Domitians Stirn stieg triumphierende Röte. Doch ließ er sich nicht zu heftigem Wort verleiten. Mit hinterhältiger Freundlichkeit sagte er:

„Ein vieldeutiges Wort hat unser Vetter da gesprochen. Meinte er mich mit dem ‚Narren'? O Clemens, ich habe nie geglaubt, daß die Leichen wieder lebendig werden, die ich zum Orkus gesandt!"

Flavius Clemens erblaßte. Begriff er jetzt, wie sehr er sich enthüllt hatte?

Quintilian erbat das Wort, und der Kaiser gewährte es ihm, froh, daß noch jemand zu reden wagte.

„Ich habe den Sinn von Clemens' Worten nicht ganz verstanden", begann Quintilian treuherzig. „Zu fern liegen mir die wunderlichen Lehren fremder Gottheiten. Ich weiß allein vom ewigen Leben der römischen Götter und der göttlich gewordenen Kaiser, die sie in ihre himmlische Mitte aufnehmen. Deshalb kann man nach meiner Ansicht auch nur beim Kaiser fragen: Mit welcherlei Leib wird Er dereinst kommen? Denn nur dem Cäsar unter allen Menschen ist ein ewiges Leben gewiß. Sagte nicht Kaiser Vespasian kurz vor seinem Tode fast erschrocken: ‚Weh mir, ich glaube, ich werde ein Gott!' – Ein Gott zu werden ist dem Cäsar beschieden. Darum haben wir schon jetzt seinem Leib göttliche Ehren zu erweisen, ihm, dem Augustus, dem Erwählten des Jupiter, dem Geliebten der Minerva, dem mystischen Herrn."

Diese Worte Quintilians lösten den Bann, der über den Männern gelagert. In seine verwegenen Behauptungen mischten Parthenius und Aelian, Martial und Stephanus huldigende Lobpreisungen.

Einer nur schwieg, der Fremde, und auf ihn richtete Domitian seinen stechenden Blick. Gebietend hob er die Hand. Die Gäste schwiegen sofort. Aelian verbarg mühsam seine heimliche Angst.

„Tyanäer!" rief Domitian, und alle erhoben erschrocken die Blicke. Denn konnte es etwas Bedrohlicheres für sie geben, als daß der Kaiser sie, die römischen Ritter, mit dem Mann aus dem Kerker geladen hatte, dessen öffentliches Verhör und dessen wahrscheinliche Verurteilung ganz Rom in lüsterner Spannung erwartete?

„Tyanäer", wiederholte Domitian, „deute du uns das Wort des Flavius Clemens, der – ein heimlicher Christ ist!"

Flavius Clemens sank zusammen. Nun war der Tod ihm gewiß.

Apollonius erhob sich.

Leuchtete es um seine Gestalt? Keiner hatte zuvor bemerkt, daß ein nebelhaftes Licht ihn umwallte, über seinem Scheitel am hellsten schwebend, die Dunkelheit des stygisch dekorierten Raumes geheimnisvoll zerteilend.

Apollonius blickte nur den Kaiser an, beachtete keinen der anderen Männer. Er sprach langsam und eindringlich:

„Voll Weisheit, o Kaiser, ist dieses Wort: ‚Es wird gesäet verweslich und wird auferstehen unverweslich.' Wie denn könnte das Leibliche auferstehen? Das Geistige aber, das wird auferstehen. Der Leib ist nur der Kerker der freien Seele. Die freie Seele geht nach dem Tode in das Reich ein, das ihr gemäß ist. Denn was sie hier liebte, das ist sie dort. Liebte sie die Himmlischen, so geht sie mit den Himmlischen. Liebte sie die Dämonen, so ist sie unter diesen. Denn der Seele Neigungen sind die gleichen, ob sie eingekörpert ist oder nicht. Die Seele ist das Unverwesliche, was der Spruch des Clemens meint. Die Seele ist das, was nach einer Zeit der Ruhe wieder nach einem neuen Körper verlangt. Höre dieses Gleichnis: Die Seele gleicht einer Raupe, die an der Spitze eines Blattes angelangt ist und über einen Abgrund hinübertastet, um ein neues Blatt zu ergreifen. Ist sie von geringer Art, so haftet sie an Geringem. Hat sie reine Strebungen, so findet sie das Reine. Sie ist das Unvergängliche, das sich selbst sein Schicksal baut.

Wer dieses Unvergängliche nicht erkannt hat und aus dieser Welt abscheidet, der ist der Notgebundene. Wer aber dieses Unvergängliche erkannt hat und aus dieser Welt abscheidet, der ist der Gottgebundene, so sagte mir in Indien ein Weiser."

Domitian saß wie in Erz gegossen. Sein kupfernes Antlitz glühte. Etwas wie fassungsloses Staunen hatte seine Züge verwandelt. Noch schwieg er wie gelähmt.

Aber der Schattenhafte zu seinen Füßen erhob sich und flüsterte an seinem Ohr:

„Er ist sterblich, Göttlicher! Er gestand es selbst. Was kümmert dich sein Sing-Sang von der Seele?"

Da feixte der Kaiser. Mit spöttischer Feierlichkeit sprach er: „Wir danken dir für deine Belehrungen, Weiser aus Tyana. Wir werden deine Philosophie in wenigen Tagen prüfen, vor allem Volk, vom kurulischen Stuhl. Heute bist du des Kaisers – Gast!"

Zitterte die Stimme des Fürchterlichen in rauher Heiserkeit? War in seinen Blicken verstecktes Grauen, als sie scheu über die ruhigen Züge des Apollonius strichen?

Traurig sagte der Meister:

„Du bedrohst mich mit dem leiblichen Gericht. Ich aber warnte dich vor dem Gericht über die Seele."

Noch einmal bändigte der Kaiser seine Wut.

„Bist du ein Christ?" fragte er tückisch.

Und Apollonius:

„Ich verkünde die Lehren des Pythagoras und der indischen Weisen. Meinst du aber, daß sie der Religion der Christen gleichen? Das könnte wohl sein, Augustus, das könnte wohl sein."

„Wache!" zischte der Kaiser.

Zwischen den schwarzen Vorhängen, die sich hinter Apollonius auseinanderschlugen, traten zwei Prätorianer und stellten sich links und rechts von ihm auf.

„Führt den Rebellen in den Kerker zurück", befahl Domitian und – nach einem Augenblick des Schwankens – „aber in leichte Haft!"

Das düstere Fest wurde bald beendet. Der Kaiser war zerstreut, entließ die Gäste ohne Abschiedswort.

Sie fanden im Hof nicht ihre eigenen Sänften und Diener. Palastsklaven trugen sie hinaus. Sie wußten nicht, wohin sie gebracht wurden. Ungewisses umlauerte sie, bis sie sich dann doch in ihren eigenen Häusern wiederfanden und endlich aufzuatmen wagten.

Im ersten Morgengrauen schreckten ihre Diener sie aus fiebrigem Schlaf: „Botschaft von Augustinus!"

„Das bedeutet den Tod!“ rief Flavius Clemens und faßte nach den Händen seiner Frau.

Aber Domitilla flüsterte ekstatisch:

„Es wird gesäet in Schwachheit und wird auferstehen in Kraft!“

Doch diesmal brachten die Gesandten des Kaisers Geschenke statt des gefürchteten Haftbefehls – die schwarze Schale, von welcher des Gast gespeist, die Gruftlampe über seinem Sitz, den Knaben, der die entartete Pantomime getanzt, von der schwarzen Farbe gereinigt und in kostbarer Tracht.

„Er spielt mit uns. Er will uns sicher machen. Er droht noch immer!“ murmelten die Beschenkten, und die Angst wich nicht von ihnen.

V

Ehe der große Gerichtstag kam, hatte Apollonius von Damis Abschied genommen und ihn nach Puteoli geschickt, denn er befürchtete, Damis nicht vor dem Kaiser schützen zu können.

„Erwarte mich bei Demetrius“, hatte er gesagt, und Damis hielt in seinen Bitten, bleiben zu dürfen, freudig betroffen an, begriff die Verheißung, die in des Meisters Worten lag, beugte sich schweigend über seine Hände, küßte sie ehrfürchtig, wie er sie in den Tagen seiner Jugend geküßt hatte. Apollonius lächelte – Ferne im Blick. An seinen Füßen klirrten leise die Ketten. Damis' Stirn zog sich schmerzlich zusammen.

„Sieh auf meine Füße!“ sagte Apollonius.

Und wie Damis den Blick auf sie gerichtet hielt, öffneten sich die eisernen Ringe, die sie umschlossen, schwebten einen Augenblick in der Luft, sanken auf den steinernen Boden. Apollonius bewegte die freigewordenen Füße, schob sie wieder in den Kettenring, der sich um die Gelenke schloß. Da stammelte Damis – und die Seligkeit des Beruhigten leuchtete aus seinen Augen:

„Nun weiß ich, daß du nie gefesselt werden kannst!“

„Wußtest du das nicht lange, mein Damis?“ fragte der Meister.

Der Jünger sprach:

„Jetzt sah ich es!"

Apollonius nickte gedankenvoll. Er sagte nichts mehr.

Dann ging Damis und nahm den Landweg nach Puteoli; denn ein Schiff zu besteigen, hatte Apollonius ihm verboten. Und wirklich wütete in diesen Tagen ein Sturm an der Küste, der viele Fahrzeuge zum Sinken brachte.

Vom frühen Morgen an strömten die Römer zum Forum. Sie besetzten die breiten Treppen der Basiliken und Tempel. Sie kletterten auf die Sockel der Statuen von Kaisern und Göttern. Sie richteten sich wie zu einem Zirkusspiel ein.

Denn vom Tribunal aus wollte der Augustus eine außerordentliche Gerichtssitzung über den Wundermann aus Kappadozien halten, der furchtbarer Verbrechen angeklagt war, nicht nur der Zauberei und Sterndeuterei, und von dem man dennoch immer wieder hörte, daß Vespasian und Titus den Herrlichen zum Freund gehabt hatten. Konnte es ein anziehenderes Schauspiel geben, als diesen Tyanäer vor dem Herrn des Erdkreises erscheinen zu sehen? Die Römer erwarteten Ungewöhnliches. Wie ein dumpfes Brausen lief das Gespräch über den weiten, vom Prunk der Tempel umschlossenen Platz. Prätorianer sperrten eine breite Straße für den Zug des Kaisers ab.

Schon saßen Ädilen und Senatoren, die Tribunen und Konsuln versammelt, schon saß der Ankläger Regulus wartend auf dem Stuhl des Richters. Schon harrten auf flüchtig gezimmerten Bänken die vornehmen Römer auf den Beginn der Sitzung. Schon vernahm man von fern die Tubabläser, die am Eingang des Forums aufgestellt waren. Schon nahte der Augustus.

Lähmende Stille fiel über die Menge. Jeder, so begierig er auch war, diesem Ereignis beizuwohnen, hätte sich jetzt am liebsten unsichtbar gemacht, da in wenigen Minuten die wild und kalt blickenden Augen des Kaisers über ihn hinstreichen würden, scheinbar keinen einzelnen fassend, dennoch jeden durchdringend. Man fürchtete seinen „bösen Blick" und suchte ihn dennoch in krankhafter Sucht nach Gefahr.

Domitian hatte sich auf vergoldetem Prunksessel vom Palatin

herabtragen lassen. Vierundzwanzig Liktoren, die Rutenbündel in den Händen, schritten vor ihm her. Auf griechische Art geordnet, fielen die starren Falten der blutroten, goldgestickten Toga bis zu des Kaisers Füßen herab. Auf kurzgeschnittenen Haaren trug er die goldene Krone, und die Masken von Jupiter, Juno und Minerva starrten streng und unbeteiligt über seiner zerklüfteten Stirn. Sein Gefolge bildeten Prätorianer, die Aelian führte, der blaß war und auf Entsetzliches gefaßt.

Der Zug ging schweigsam. Man hörte nur den schweren Tritt der Leibwache und das Rasseln ihrer Panzer und Waffen. So betrat er die Via Sacra.

Vor dem Triumphbogen des Titus ließ der Kaiser halten. Scheu und zornig glitt sein Blick über die im Relief geformten Gestalten der Hebräer hin, die, tributpflichtig, Bundeslade und siebenarmigen Leuchter vor den Cäsar schleppten, deren Rücken gebeugt, deren Gebärden die von Erniedrigten waren.

Dunkel stieg das Blut in des Kaisers Schläfen. Oh, dieser Triumphbogen des toten Bruders zu Füßen des Palatin, zu Füßen seines neuen Palastes – wie er ihn haßte! Könnte er ihn doch vernichten, so wie er die Namen des Vespasian und Titus an den Schwellen der Tempel vernichtet hatte, um nur den seinen einmeißeln zu lassen, nur den seinen. Könnte er aus den Herzen der Römer diese versteckte Liebe zu den toten Flaviern reißen! Könnte er sie zwingen, ihn anzubeten, wie sie jene angebetet hatten – oder ihn zu fürchten, wie sie Tiberius und Nero gefürchtet hatten.

Fürchten machen – und selber furchtlos sein!

Heftig schüttelte der Kaiser die qualvolle Grübelei ab, die ihn immer häufiger in klammernder Schwermut, fast wie Besessenheit überfiel.

Auf hochsohligen Halbschuhen, die ihn noch größer erscheinen ließen, als er ohnehin war, betrat der Kaiser das Forum. Und aus unzähligen Kehlen gellte der Huldigungsruf ihm entgegen:

„Salve Cäsar Augustus!"

Oh, nur ein Tier brüllt so auf, ein tausendköpfiges Tier, das die Peitsche fürchtet, wenn es nicht brüllt. Sie fürchteten ihn also doch, diese Römer. Mochten sie rasen aus Furcht, wenn sie es nicht aus Begeisterung taten! Der Lärm war gut, die lautlose Angst der schlaflosen Nacht zu betäuben, die immer noch in seinen Adern vibrierte.

Domitian hatte den kurulischen Sitz eingenommen. Der Gerichtshof, die Ritter und Senatoren hatten sich tief verneigt. Regulus stand auf den Stufen, die zum Richterstuhl führten, nachlässig mit einer Schriftrolle spielend. Den Angeklagten sah man nicht.

Denn erst – so hatte es Domitian bestimmt – wenn die Geladenen und das Volk sich am Anblick seiner entschlossenen Majestät gesättigt hatten, sollte der Tyanäer vor die Schranken treten. Er selbst wollte das Zeichen hierzu geben.

Und als ob er es hinauszuschieben strebte, schweifte sein Blick zögernd über das Forum, vorbei am Tempel der Dioskuren, an der Basilica Julia, über welcher der Tempel des Jupiter Capitolinus in blauer Höhe zu schweben schien, streifte flüchtig den Triumphbogen des bewunderten Tiberius, glitt über die Fassade des Saturntempels, strebte gequält am Tempel der Concordia vorbei, den Vespasian vollendet hatte, ruhte erst aus, als er sein eigenes Standbild traf, in gebietender Haltung zu Pferde sitzend, den Feldherrnstab erhoben: Kaiser Domitian als „Sieger" über die Markomannen und Dazier, Traumbild seiner Knabentage, das nur in Erz, nie im Fleisch Wirklichkeit geworden war – „Sieger"! Wagte jemand, heimlich zu grinsen? Unmerklich zuckte der Kaiser zusammen.

„Führt den Angeklagten vor!" gebot er rasch.

War bisher noch hier und da in seiner Umgebung ein Wort geflüstert worden, so wurde es jetzt totenstill, und jeder blickte in höchster Spannung auf die weiße Gestalt, die, von Prätorianern begleitet, zwischen der Basilika Julia und dem Dioskurentempel hervortrat und langsam dem Tribunal entgegenschritt.

Auf dem kurulischen Sitz im blutroten Gefält seiner Toga wartete der Augustus.

Um ihn schloß sich der dichte Halbkreis des Senats, der Ädilen und Konsuln, der Prätorianerführer und Flamines. Bis in unerkennbare Ferne dehnte sich die Masse des römischen Volkes.

Aber der Angeklagte war allein. Nicht einen der weißgekleideten Jünger bemerkte man in der Menge.

Er war allein, und er war ein Greis, dem silbern das Haar auf den weißen Leinenrock fiel, dessen Gesicht in der Kerkerluft bleich geworden war. Doch trug er sich aufrecht, und sein Schritt war elastisch wie der eines Mannes, der es gewöhnt ist zu wandern, ohne müde zu werden. Die seine Augen zu erkennen vermochten, erschraken vor ihrer blaubrennenden Tiefe.

Auch Domitian unterdrückte dieses Erschrecken. Hatte er anderes getan, als heimlich das Erschrecken vor diesen Augen bekämpft, von der Stunde im Adonisgarten an, da sie ihm, dem Kaiser, furchtlos entgegenzublicken gewagt?

„Regulus, verlies die Anklage!“ befahl er kurz, und Regulus las.

Er begann in seiner scheinbar nachlässigen Art, belanglose Punkte voranstellend, die Hörer fast enttäuschend, dann doch in kleinen, aufspringenden Drohungen ihre Neugier reizend, auf Gefährliches vorbereitend.

Warum der Tyanäer sich in Leinen kleide? Warum er die Nahrung anderer Menschen verschmähe? lauteten die zwei ersten Fragen. Apollonius wurde ungeduldig.

„Nennst du dies Anklagen? Und erwartest du, daß ich hierauf antworten soll, Flavius Domitianus? Wer wüßte nicht in Rom und in Hellas, daß die Pythagoräer tierische Kost vermeiden, weil sie der Tiere Leben nicht zerstören wollen, das ein Gott auch ihnen gab, und weil die reine Nahrung der Pflanzen die Entwicklung geistiger Kräfte fördert? Wen vermöchte ich hierdurch zu schädigen? Oder wem könnte mein leinener Rock ein Ärgernis sein?“

Apollonius blickte um sich. Auf seinen Lippen lag lächelnder Spott. Sein Lächeln sprang auf andere Gesichter über, lief weiter wie ein kleiner Sonnenstrahl.

Der Kaiser wurde unruhig. Er gab das Zeichen, fortzufahren. Regulus, der bisher nur gespielt hatte, erhob lauter die Stimme:

„Zum dritten, Apollonius von Tyana, bist du angeklagt, die göttliche Person des Kaisers mit dem Fluch der Moiren bedroht zu haben, in Ephesos, vor allem Volk am goldenen Standbild unseres Herrn und Gottes."

„Oh!" fuhr es von vielen Lippen. Dieses hätte der Kappadozier gewagt und stand noch hier, stand gelassen vor dem Tribunal, wenn auch jetzt nachdenklich und tief ernst? Regulus fuhr fort:

„Du hobest, Apollonius, deine Hand wider des Kaisers Bild und drohtest dem Erhabenen mit lästerlichen Worten. Wir kennen diese Worte. Wir wiederholen sie hier vor dem Gerichtshof und dem römischen Volk. ‚Du Tor', riefest du, ‚wie wenig begreifst du die Schicksalsgöttinnen! Der Mann, der den Erdkreis von deinen Blutgerichten reinigen wird, er ist bereit, er wartet! Selbst wenn du ihn tötetest, würde er wieder lebendig werden!'"

Vor diesen laut und deutlich gesprochenen Worten entsetzten sich alle. Niemals war vor dem Gericht des Kaisers eine Herausforderung von solcher Frechheit gehört worden! „Freimut" nannten es heimlich viele.

Der Kaiser aber dachte gequält: Man hätte diese Worte hier nicht wiederholen sollen. Man hätte nicht zugeben dürfen, daß ein Sterblicher es zu sagen wagte. Nun aber war es geschehen. Wieder packte ihn die sinnlose Vorstellung, als gehe nicht der Tyanäer Schritt für Schritt in die gestellte Falle, sondern als zöge er ihn, den Kaiser, in eine magische Verstrickung hinein.

Streng fragte er:

„Angeklagter, gibst du zu, diese Worte gesprochen zu haben?"

Er war auf eine umständliche Ableugnung gefaßt.

Apollonius antwortete:

„Ja!"

Ja, antwortete er? – Mit rasender Geschwindigkeit wurde das Wort von Mund zu Mund geflüstert. Bis in die hintersten Reihen des Volkes wiederholte es einer dem anderen, dieses kurze, unbegreifliche, selbstzerstörerische Wort, dieses einzige Wort, das keiner erwartet hatte. Regulus sogar schien es zu verwirren. Suchend blickte er in die Anklageschrift.

„Weiter!" befahl der Augustus, die Stirn mit perlendem Schweiß bedeckt. Regulus las:

„Zum vierten, Apollonius, bist du angeklagt, mit des Kaisers Feinden verkehrt zu haben. Man hat dich in Tarent bei dem verbannten Senator Nerva gesehen. Man belauschte, wie du in ihm den künftigen Kaiser begrüßtest. Welche Antwort hast du auf diese Beschuldigung?"

Diesmal zögerte der Tyanäer länger mit seiner Erwiderung. Aelian, der hinter unbeweglichen Zügen steigende Angst barg, erwog: Endlich begreift Apollonius, daß durch ihn auch Nerva in Gefahr kommt. Vielleicht, daß dies ihn vorsichtiger macht.

Da sprach Apollonius:

„Wenn es die Moiren bestimmten, daß Nerva dir als Kaiser folgen soll, wie könntest selbst du, Augustus, ihren Willen brechen? — Nerva strebt nicht nach dem Imperium. Ich weiß es. Doch wenn ihn seine Sterne dorthin führen, muß er, der immer ein frommer Mann und kein Empörer war, dann nicht Folge leisten?"

„Astrolog!" schrie Domitian wütend, als hätte er mit dieser Bezeichnung den größten Schimpf gefunden. „Hab ich nicht die Sterndeuter und Wahrsager aus Latium verjagt? Wie konntest du es wagen, inmitten meines Reiches einem verbannten Rebellen das Horoskop auszulegen?"

Und Apollonius sehr ruhig:

„Warum fürchtest du die Sternensprache, Kaiser Domitian? Der Vater und dein Bruder fürchteten sie nicht."

Apollonius war, da er das letzte leise sprach, dem kurulischen Sitz näher getreten, blieb aber stehen, als er des Kaisers rückweichende Bewegung bemerkte.

Die Blicke des Kaisers forschten um Rat auf den betroffenen Zügen der Senatoren und Konsuln, griffen nach Halt in Euphrates wildem Vogelgesicht. Aber aller Augen waren wie verhängt. Nicht eines erschloß sich dem Kaiser mit helfender Kraft.

Da richtete sich Domitian in seiner schwerfälligen Größe im Sessel auf und sagte kalt:

„Du hast in vier Punkten deine Schuld zugegeben, Tyanäer. Vernimm nun die zwei letzten. Danach verkünden wir das Urteil."

Erwartete der Kaiser eine Entgegnung? Apollonius schwieg. In statuengleicher Unbeweglichkeit stand er vor dem Tribunal, vor dem kurulischen Sitz.

Wer von den Tausenden, die diesem Gericht beiwohnten, begriff, was hier vorging? Wer ahnte etwas vom Geheimnis der Zwiesprache zwischen den zwei Mächtigen im blutfarbenen und im lichthellen Gewand? Befanden sie sich nicht – Richter und Angeklagter – wie auf einer Insel inmitten menschlicher Brandung, Blick in Blick verankert, Wort in Wort verstrickt, dennoch aneinander vorüberziehend, Berührung suchend und niemals findend im Überweltlichen, wo es keinen Leib mehr gibt? Vielleicht, daß in einigen Köpfen die Vorstellung aufdämmerte von den zwei Gipfeln der Menschheit, die sich hier gegeneinander aufrichteten zu einem entscheidenden, ungeheuren, heroischen Kampf?

Apollonius war bleich geworden. Blaues Geäder schimmerte ihm an Schläfen und Stirn. Aber des Kaisers Gesicht glühte wie Kupfer. Seine Augen waren wie Augen des Wolfes, bluthungrig, lüstern und feige.

Vielleicht, daß Aelian, der den Vespasian geliebt hatte, die Bedeutung dieser Stunde ungewiß ahnte. Vielleicht, daß Martial, der Dichter, sie visionär ermaß. Vielleicht!

Doch Euphrates, der um der Vernichtung des Apollonius willen nach Rom gekommen war, erkannte mit entsetzter Hellsichtigkeit, daß diese Vernichtung eine andere Richtung einschlug, als er und die ephesischen Priester errechnet und gewollt hatten. Ins Abgründige seiner Seele griff jäh und unwiderstehlich eine verheerende Kraft. Ihm schwirrten die Gedanken haltlos durcheinander, obgleich des Tyanäers Blick über ihn wegstrich, als habe er ihn nicht erkannt, ja, nie gesehen.

Und neben dem aushöhlenden Verfall in seiner Seele fühlte er schaudernd, wie er auch körperlich erlosch und ergraute – Haar und Hände, Gesicht und Leib. Warum nur hab ich diesen Magier verfolgt? fragte sich Euphrates müde und betrachtete angstvoll seine greisenhaft faltigen Hände. Was wollte ich nur von ihm? Was war mein Ziel? Gibt es überhaupt ein Ziel? Nein, es gibt nur einen Weg, sagt der Meister. Weg? Ich hatte nie einen Weg. Ich ging im Weglosen, ging und ging –. Und wohin gehe ich jetzt? – Euphrates wußte es nicht. Öde glotzte ihn an, weglose, langweilige Öde.

Regulus hatte von neuem die Stimme erhoben. Jetzt klang sie wie Metall, an das man schlägt, aufreizend und scharf. Regulus war feinfühlig, wenn es galt, die Wirkung seiner Worte abzuschätzen. Er merkte beunruhigt, daß er seine Hörer nicht in die Hand bekommen konnte. Die beispiellose Bedrohung des Kaisers durch Apollonius, dessen Beziehung zu dem verdächtigen Nerva hätten genügen müssen, Gesellschaft und Volk – wenigstens unter den wachsamen Blicken Domitians – gegen Apollonius zu entflammen. Statt dessen lähmte dieses gläserne Schweigen selbst ihm beinahe das Selbstvertrauen. Regulus sprach mit gesteigerter Energie, und bis weit auf das Forum hinaus verstand man jedes seiner Worte:

„Zum fünften, Apollonius, bist du angeklagt, am Hausaltar des Nerva einen arkadischen Knaben geschlachtet zu haben. Nicht aus den Sternen, wie du deinem allzu geduldigen Richter, dem göttlichen Augustus, glauben machen willst, o nein, nicht aus den Sternen hast du des Nerva Zukunft prophezeit! Du, Mystagoge in den dunklen Bezirken der Natur, rissest die rauchenden Eingeweide des Kindes auseinander, und wie der Augur Herz und Leber des Opfertieres prüft, prüftest du Herz und Leber eines Menschenopfers. Aber deine Tat blieb nicht in der Düsternis der Nacht verborgen. Die frommen Priester von Ephesos, in deren Heiligtum du schon vor Jahren gewaltsam eingedrungen bist, um die große Diana zu schänden, sie behielten dich im Auge, Apollonius, ihr Abgesandter beobachtete deinen verruchten Dienst am Altar der Moiren. Apollonius von Tyana! Du bist des Mordes an einem unschuldigen Kinde, du bist der Entheiligung eines göttlichen Altars beschuldigt!"

Schneidend fiel ihm der Kaiser ins Wort:

„Apollonius, wirst du auch diese Anklage mit einem Ja beantworten?"

„Nein!" antwortete die Statue vor dem kurulischen Sitz. Keine Silbe mehr.

Durch die Menschen, die dieses Nein! vernahmen, ging es wie ein Stoß. Wohin führte dieses Gericht? Wohin konnte es führen? Wiederholte nicht eine geheimnisvolle Stimme in jeder Brust dieses Nein, schrie sie nicht: Dieser Mann ist unschuldig! Aber der Kaiser will seine Schuld, will sie und kann sie nicht finden, fand sie in Zugegebenem und kann sie nicht bestrafen. Was ist um diesen Angeklagten, in dem Griechenland einen Heiland sieht? Ja, einen Heiland nennt man ihn dort — so wußten sie alle plötzlich wieder.

In des Kaisers Blicken loderte es auf, doch sagte er mit erzwungener Ruhe:

„Du magst dich verteidigen, Apollonius. Das ist römisches Recht. Dein Recht wollen wir dir nicht nehmen."

„Wie mild und gnädig der Kaiser ist", flüsterte Quintilian deutlich genug, um von vielen verstanden zu werden.

Und Apollonius, auf dessen Antwort alle in äußerster Gespanntheit warteten, sagte traurig:

„Und ihr meint wirklich, die Schicksalsgöttinnen nahmen das ruchlose Opfer an und dankten mir durch ihren Spruch? O Menschen, Menschen! Merkt ihr nicht, daß ihr die Götter anklagt? Die Götter, die ein solches Opfer zuließen?"

„Du schweifst ab, Tyanäer", fiel ihm der Kaiser ins Wort. „Erkläre uns das Opfer, das du begingest."

„Das Opfer, das ich nicht beging, Kaiser Domitian. Aber weißt du nicht, daß nur bei einem Wesen, das vom Sterben nichts ahnt und es daher nicht fürchtet, die inneren Teile nach dem Tode in jener Ruhe bleiben, die eine Schau ermöglicht? Weißt du nicht, daß die Auguren der Tiere Frieden vor dem Opfertode schonen, damit nicht aufspringende Angst den Gang des Blutes wirrt? Ein Mensch weiß um den Tod. Ihn zu opfern wäre sinnlos. Die Angst zerstörte die Harmonie in seinen Eingeweiden. Herz und Leber verkrampften sich, kein Aufschluß wäre aus ihnen zu gewinnen, kein Schicksal offenbarte sich im verstörten Organ. Das wissen die Flamines und Auguren. Das weiß auch ich. – Auf das Empörende dieser Tat aber" – und hier verließ den Meister auf einige Augenblicke die steinerne Ruhe, und seine Stimme bebte in heiligem Zorn –, „auf das Empörende dieser Anklage gehe ich niemals ein. Wie könnte ich mich eines Mordes wegen verteidigen, der ich soeben erst erklärte, daß selbst der Tiere Leben als gottgewollt mir unantastbar ist und ich es nie mißbrauche, weder zu meiner Ernährung noch zur Bekleidung. Dieses bestimmte Pythagoras, und ich erklärte es für gültig in meinem Leben. – Ich opfere Gott mit Gebet und schweigender Andacht, und wenn ich mit den bedürftigen Menschen an ihre Altäre trete, werfe ich Styrax und Weihrauch in ihre Feuer. Denn dies sind Sinnbilder des Herzens, das sich den Göttern hingibt, und solche Opfer beflecken den Menschen nicht."

Niemand, auch die drohend blickenden Prätorianer nicht, können verhindern, daß sich beifälliges, teils sogar begeistertes Murmeln erhebt.

„Der Wundermann aus Kappadozien! Der Freund des Vespasian! Der Erwartete in Hellas!"

Dröhnend hallt ein Posaunenstoß über das Forum, Schweigen gebietend. Regulus spricht. Schwer beherrscht er die flackernde Stimme.

„Gotteslästerlich ist auch die sechste Schuld, deren du angeklagt bist, Apollonius! Und wenn der milde Kaiser dir alle anderen Verbrechen vergäbe, dieses zu löschen vermöchte er nicht. Denn dann verstießen ihn selbst die Götter. Dann stürzte Minerva vom Sockel in seiner Hauskapelle. Dann drohte Jupiter seinem geliebten Sohn mit düsterer Braue.

Du, Apollonius aus Tyana, Wanderprediger, Zauberer und fragwürdiger Arzt, ließest dich einen Gott nennen, wohin du kamst. Hierfür steht nicht ein Zeuge, der gekauft sein könnte. Hier steht Achaja, das dich lasterhaft vergottet. Hier stehen die Genossen aus deiner Kerkerhaft und die Wärter, die euch belauschten. Horus nannte man dich in Ägypten, wo du dich als Totenerwecker bewundern ließest. Als Heiland, wie den himmlischen Sohn der Ceres und des Jupiter umschwärmten dich die Griechen. Auch an verborgenen Plätzen Roms preist man dich als heimlichen Gott. Die widersprachst dem nicht. Du ließest es geschehen. Einer nur wird zu den Göttern einkehren unter sterblichen Menschen: der Kaiser, den Minerva uns gesandt, Titus Flavius Domitianus! Dein maßvoller Richter!"

Als Regulus diese letzte Anklage beendet hat, bleibt es still. Kein Wort wird mehr geflüstert. Angst lähmt Hoffnung und Widerspruch.

Und der Kaiser, der sich gefaßt hat, fragt mit beißendem Hohn:

„Bekennst du, Wundermann, daß du dich einen Gott nennen ließest? Wer unter Menschen und Unsterblichen gab dir ein Recht hierzu?"

Der Meister schweigt.

Tiefblau glüht der mittägliche Himmel, in den träumend sein Auge versinkt. Er hat das Forum vergessen, auf dem er steht. Er hat das Volk vergessen und den Richter auf dem kurulischen Sitz.

Denn in ihm klingt eine Stimme auf. In seiner Jugend hat er diese Stimme gehört. Da war er ihrem geheimnisvollen Locken nachgezogen, bis in die Regionen des ewigen Schnees, bis zum Tempel der Weisen, der silbern leuchtet vom Dach der Welt.

Und wieder hinab war er gestiegen ins Menschenland, wohin die heilige Stimme ihn wies, die ihm dann nicht mehr ertönte. Denn er war nun selbst ein Erleuchteter geworden und ging, vom inneren Lenker geführt, durch die Labyrinthe der Erde und des Herzens, und was er berührte, verwandelte sich in Geist.

Er ging, von Liebenden, Verstehenden und Verehrenden gefolgt, ging endlich durch Kerker und Schande, ging bis vor die Stufen dieses richterlichen Stuhles, auf dem der Feind ihn erwartete, der mystische Feind.

Aber in dieser Stunde wird die Stimme vom Himavat von neuem in ihm laut, und sie spricht aus Tiefen der Erinnerung: „Auch du wirst wie einer der Götter verehrt werden, Apollonius! Weigere dich dem nicht!"

Da blickt Apollonius dem Kaiser ins Auge und scheint nur ihn zu sehen. Und mit einer bezwingenden und wundersam schlichten Gebärde sagt er:

„Du willst von mir hören, wer ich bin? – So höre, mein Kaiser!

‚Den Menschen bin ich in allem nützlich gewesen, worin sie meiner bedurften. Was sie aber bedurften, war dieses: Von Krankheiten befreit zu werden, wenn sie litten. Die Weihen und Opfer mit größerer Heiligkeit zu begehen. Ungerechtigkeit auszurotten. Den Gesetzen Kraft zu geben. – Und mein Lohn war, daß sie besser und glücklicher wurden.' *)

Gaben sie mir darum in ihrer Dankbarkeit den Namen eines Gottes oder Heilands – wie durft' ich ihren frommen Glauben stören! Denn viele hält dieser Glaube vom bösen Tun zurück. Doch will ich dir ein Geheimnis sagen:

‚Der höchste Gott ist ohne Weltberührung. Ihm dient der Wissende ohne Gebet, in heiligem Schweigen, geistig, in Heiligkeit des Wandels, in Reinheit des Leibes.' *)

Die Götter der Menschheit aber sind vielgestaltig, und vielgestaltig sind die Boten, die der Unerkennbare sendet. Denn, so spricht Platon: ‚Es mischt sich ja nie der Gott mit dem Menschen. Durch den Heiland redet Gott zu den Menschen'." *)

Mühsam fragt der kaiserliche Richter:

„Und für einen solchen ‚Boten' zwischen der Gottheit und den Menschen hältst du dich?"

Leise antwortet der Meister:

---

*) Überlieferte Worte des Apollonius von Tyana.

„O Kaiser, hast du tief in deinem Herzen den Boten, der ich bin, nicht schon erkannt?"

Dieser Frage ist Domitian nicht gewachsen. Er schweigt und blickt den Angeklagten hilflos an, unfähig, ihn mit hochfahrendem Wort zu zerschmettern. Abergläubische Angst vor Zauberei durchschauert ihn, Angst auch vor den drohend wartenden Menschen, die er auf der Seite des Tyanäers fühlt, in deren Mitte vielleicht schon der Mörder die Hand um den Dolch krampft, der ihn vernichten soll.

Aber noch etwas anderes rührt den fürchterlichen Unglücklichen an, etwas, das er in frühester Jugend nur kannte, etwas, das Verborgenes in ihm mit flehender Bitte beschwört. Wie könnte man dieses nennen, das ihn so tief erschüttert, das Aufwühlende, das von dem Tyanäer kommt?

Domitian weiß es nicht. Wie könnte ein Domitian vom Geheimnis der Liebe wissen? Sein unterdrücktes, mißgestaltetes Herz wehrt sich gegen das Eindringende und fühlt dennoch – heiß, süß und unverstanden – eine brünstige Sehnsucht, eine Sehnsucht, zu wachsen über alles Gewesene hinaus, eine Sehnsucht, in den Ring einzutreten, der alle Wesen verbindet. Ausbrechen will er aus ihm wie aus einem Kerker – alles zurücklassen, was geworden ist bis zu dieser Stunde, da die unwiderstehliche Stimme ruft, die lockende, die Vespasian betört hat und die ihn nun selber mit sich reißen will. Weiß er, wohin?

Nachtwandlerisch richtet der Kaiser sich auf. Bleich ist jetzt sein Gesicht über der blutigroten Toga, unter der Krone aus Gold. Schwer und bedeckt ist des Kaisers Stimme. Er sagt:

„Ich spreche Apollonius ‚den Tyanäer' frei von allen sechs Punkten der Anklage! Der Meister aus Kappadozien gehe, wohin er mag."

Niemals ist ein solches Wort vom Tribunal gehört worden, seit Domitian Gericht hält. Sofort begreift ihn das Volk. Sein Schweigen löst sich in einem einzigen ekstatischen Schrei.

„Heil Cäsar Augustus!"

Langsamer versteht der Gerichtshof das Wort der Gnade. Auf

einen Wink des Präfekten öffnen Prätorianer dem Freigesprochenen die Fesseln.

Er steht schweigend unter dem brausenden, jauchzenden Ruf des römischen Volkes, den Blick in des Kaisers Augen gesenkt.

Und während er so regungslos verharrt, wird seine weiße Gestalt lichter und lichter.

Allen, die mit stockendem Herzschlag auf ihn blicken, erscheint er durchsichtig, wird zum Phantom, das sich auflöst, als sei es aus Wolken gebildet. Ohne daß einer ihn fortgehen sah, ist Apollonius unsichtbar – vor ihnen geworden.

Durchdrang ihn der Äther? Trank ihn das Licht? Der Platz, auf dem er vor Minuten noch stand, von dem seine bezwingende Stimme tönte, ist leer.

War er denn wirklich unter ihnen gewesen, er, der Bote, der Wundertäter, der Heiland an jedem einzelnen, auch am verschütteten Herzen des Kaisers, oh, auch an ihm!?

Domitian sinkt in plötzlicher Schwäche auf dem kurulischen Sitz zusammen. Er verhüllt sein Gesicht in den Falten der Toga.

Männer schweigen bestürzt. Frauen weinen auf. Im Volke schluchzen Fassungslose.

Zauberer? – Heiliger? – Halbgott? – Wer stand vor des Kaisers Gericht?

Domitian verläßt das Tribunal, besteigt den Tragsessel. Vierundzwanzig Liktoren mit Rutenbündeln schreiten vor ihm her. Die Leibwache folgt im ehernen Takt ihrer Tritte, geführt von Aelian, der wie im Traume geht. Höflinge beschließen den Zug. Sie flüstern kaum, unfähig, das Geschehene zu deuten. Manche fürchten des Kaisers verhaltenen Zorn. Aber der Kaiser zürnt nicht.

Über der Via Sacra steht glühend die Stunde des Pan.

Im Palast angekommen, fragt Domitian nach Euphrates.

Niemand hat bemerkt, wann er sich vom Forum fortstahl. Niemand weiß, wo er ist. Ein Sklave eilt nach seinem Gemach.

Zitternd kehrt er zurück, wirft sich dem Kaiser zu Füßen, jammert:

„Am Balken der Decke hängt der Gesandte von Ephesos. Göttlicher, habe Erbarmen mit dem Elenden, der dir dieses Unglück melden muß!"

Domitian nickt, als habe er dies erwartet. Er schickt alle Menschen fort. Viele Stunden bleibt er allein.

Aber in diesen Stunden rätselt er kaum am übernatürlichen Verschwinden des Apollonius.

In diesen Stunden sucht er das flüchtige heiße Gefühl von neuem in sich lebendig zu machen, das aufquoll unter Apollonius' seltsamer Frage, jener Frage, auf die er keine andere Antwort hatte als den Akt der Gnade. Oh, Domitian begreift zum erstenmal, warum sein Vater und sein Bruder von diesem Mann sich inspirieren ließen.

Widerstrebend, sich selbst verspottend, heimlich doch beglückt erkennt er, daß auch er durch Apollonius' seelische Zauberkraft aus seiner Sphäre gerissen wurde, zu minutenlangem Einswerden mit dem Volk, zum Eintritt in den Ring, der alle Menschen verbindet, zu einem kurzen Rausch auflodernder Liebe. Denn auch ich habe den Boten gefühlt, gesteht sich der Kaiser, auch ich.

Von diesem Bekenntnis aber erfährt kein Mensch.

Nicht lebensfähig ist die fremdartige Erleuchtung in des Kaisers Herzen. Beißenden Hohn schüttet er im Kreise seiner Freunde über die rätselhafte Sitzung auf dem Tribunal aus, nennt des Tyanäers Verschwinden eine „witzige Hexerei". Geschickt sind ja die Zauberer aus dem Osten.

Zaghaft nur regt sich in einsamen Stunden die immer vager werdende Erinnerung an des Meisters Worte. Doch Einsamkeit ist selten um den Kaiser. Vor der Welt bleibt Domitian, der er gewesen ist: der Furchterweckende aus nie schlafender Furcht, seiner Katastrophe entgegentreibend, die er durch mörderische Taten selber heranzieht, dennoch heimlich von einem Erlösungsweg träumend, der erst in einem neuen Leben für ihn beginnen kann.

Im Nymphaeum am Strand von Puteoli, dort, wo der Sage nach Kalypso den Odysseus in Liebesbanden hielt, saßen Damis und Demetrius und erwogen zum hundertstenmal alle Möglichkeiten des Gerichts, das heute in Rom stattfand.

Schräg schossen die Strahlen der Abendsonne zu ihnen herein, und das Wasserbecken der Nymphen, das immer randgefüllt blieb und niemals überfloß, leuchtete wie ein rotgoldener Schild, kaum merklich bewegt von Zustrom und Abfluß in seiner dunklen Tiefe.

Und als die Jünger noch zu errechnen suchten, wann frühestens Apollonius bei einem glücklichen Ausgang des Gerichts in Puteoli sein konnte, und Demetrius meinte, vor morgen abend sei dies nicht zu erwarten, wurde der Ausgang der Grotte durch einen ziehenden Schatten verdunkelt, der in seinem Fortschreiten plötzlich anhielt, das zurückgebogene Profil vor dem brennenden Himmel.

„Der Meister“, flüsterte Damis und blieb regungslos sitzen. Demetrius stieß einen kleinen Schrei aus. Dann schwiegen beide. Denn etwas Fremdes war um Apollonius, der, wie es schien, mühsam sein Auge vom Zenith löste und langsam in die Grotte trat. Noch immer sprach er nicht, und Damis dachte in aufjagendem Schrecken: Ist dies nur sein siderischer Leib, wie er ihn einst zu Dion sandte, durch den er auch – so ahnen wir – mit Titus oft verkehrte? Da lächelte Apollonius und blickte von einem der Freunde zum anderen.

„Fasse mich nur an, mein Damis! Zerrinne ich nicht unter deinem Griff, so bin ich es auch leibhaft und kein Phantom.“

Da berührte Damis klopfenden Herzens des Meisters Hände und fühlte sie warm und stark und körperlich in seinen Händen ruhen. Er atmete tief auf. Er schwieg noch immer. Demetrius aber rief erregt:

„So bist du doch vor dem Gericht in letzter Stunde geflohen? Dank sei Zeus, der dich errettet hat! Nun aber, Apollonius, widerstehe mir nicht länger! Besteige ein Schiff! Viele ja liegen im Hafen von Puteoli. Fliehe nach Ägypten oder ans Schwarze Meer, in irgendein Land, wo dich die Sykophanten des Kaisers nicht erreichen! Ein zweites Mal entrinnst du ganz gewiß dem Tyrannen nicht."

Apollonius sah Damis an. Sein Blick hatte sich verschleiert.

„Glaubst du auch, Damis, daß ich vor dem Gericht des Kaisers floh?" Damis schüttelte ungestüm den Kopf.

„Du vermochtest im Kerker deine Ketten zu lösen. Du besitzest den Stab, der alle Tore öffnet. Leicht hättest du zu jeder Stunde fliehen können. Aber du flohest nicht. Du stelltest dich dem Kaiser. Du hast ihn durch dein Wort bezaubert und besiegt. Wie es dir aber gelang, schon heute hier zu sein, das weiß ich mir nicht zu erklären."

„Alles sollst du erfahren, vom Gericht und von meiner Freisprechung. Erst aber muß ich schlafen. Sehr lange entbehrte ich die Ruhe. – Euch wundert meine schnelle Wanderung hierher? Denn heute mittag erst schloß das Gericht des Kaisers. Oh, es sind viele Geheimnisse um den, der bei den Weisen vom Himavat gewesen ist und der die Schwerkraft überwinden und den Atem beherrschen lernte."

Die Männer schwiegen scheu. Auch Demetrius, in dem immer wieder der Skeptiker erwachte, beugte sich vor Kräften, die nur der begreifen kann, der sie beherrscht.

V

Apollonius hat noch einmal Trinakria besucht, ehe er von neuem nach Griechenland segelte. Und er hat die beiden Freunde – denn auch Demetrius hielt es nicht mehr in seinem Olivengarten – in Tauromenium zurückgelassen. Allein, wie er damals den Hain Ortygia in Ephesos durchschweifte, ist er zu dem verborgenen Park hinaufgestiegen, in dem das kleine griechische Haus mit weißen Säulen stand, auf dessen See die weißen Schwäne noch heute schweigsam ihre Wasserlinien zogen, während die mystische Blume seiner Geburt und seiner Liebe, die Narzisse der Persephone, in tausend milchweißen Sternen mit purpurgoldenem Kelch aus jungem Grase leuchtete.

Niemand hat Apollonius' Abschied von diesem Ort belauscht. Wer etwa dem hochgewachsenen Greis mit dem seltsamen Wanderstab begegnete, grüßte ihn ehrfurchtsvoll und belästigte ihn mit keiner Frage.

Er aber schenkte seinem Herzen süße Erinnerung, dies letzte Abschiednehmen von dem Tal, wo er die leiblich-seelische Liebe genossen, wo er hinabgestiegen war in den Schoß der Erde, sich wissend senkte in den Schoß der Frau, Bote des Gottes auch hier, Erlöser ihrer sündenvollen, suchenden Seele, in glühender Umarmung Erwecker ihres Geistes!

Und auch ich, sann Apollonius weiter, auch ich erfüllte in dieser Liebe den Sternenlauf. Nicht im Ausweichen der Skorpionkraft, wie die Asketen meinen, liegt für den Mysten der Sieg. Denn wer vom Lichte zeugen soll, muß in jede Tiefe gedrungen sein. Wissen jene Verneiner der Liebe nicht, daß Osiris als Sonne erst aufleuchtet in der Mitternacht, nachdem er Isis umarmt? Daß Dionysos in den Acheron steigt, die äonische Braut, die wandernde Psyche zu umarmen?

Und Apollonius, der alt geworden ist, segnet mit seinem tiefen Herzen die Stätte, wo ihn Latifa erwartete.

Als er mit seinen Freunden in Griechenland ankam – und diesmal wohnte er im Tempel des Zeus in Olympia –, da war die Kunde von seiner Errettung ihm schon vorangegangen. Nie vielleicht ist in den griechischen Provinzen eine so ungeheure, einheitliche Bewegung der Freude gewesen, den Peloponnes durchbrausend, den Isthmus erschütternd, Athen mit jubelnder Begeisterung entflammend.

Denn ungezählte Schreckenskunden über seinen vermeintlichen Tod waren verbreitet worden; von Pferden sollte er geschleift, vom tarpejischen Felsen hinabgestürzt sein, unter die Erde sollte man ihn lebendig begraben, durch Feuer ihn vernichtet haben.

Und nun war nichts von diesem allen geschehen! Nun war er wieder bei ihnen, unwiderstehlicher, unantastbarer denn je. Nun hatte er sich in den Schutz des olympischen Zeus gestellt, und die dorischen Säulen des ehrwürdigen Tempels schlossen das Geheimnis seines geheiligten Lebens ein.

In jünglingshafter Hingerissenheit umschwärmten ihn die hellenischen und ionischen Neophyten, viele noch vom Gebot des pythagoräischen Schweigens gebunden, das mehrere Jahre dauerte. Menippus und Merit hatten Korinth vorübergehend verlassen und hingen an seinen Lippen. Nilus aber befragte ihn wieder und wieder nach allen Umständen seiner Errettung in Rom, am Tod des Euphrates rätselnd, von dem man jetzt erfahren hatte. Zögernd bat er:

„Meister, erlaube mir noch eine Frage, die mir die Ruhe nimmt."

„Frage", antwortete Apollonius.

„Meister, du riefest vor meinen Augen die junge Ägypterin ins Leben zurück. Kannst du auch Lebende in den Tod schicken?" Nilus' Stimme klang heiser, beklommen sah er vor sich hin.

Lange schwieg Apollonius. Schließlich erwiderte er:

„Habe ich euch je gesagt, daß Merit wirklich tot war? Ich rief sie an auf der Scheide zwischen den zwei Reichen. Sie war sehr weit. Doch hörte sie mich noch. Wer aber unter allen Menschen vermöchte diesen Unterschied zu verstehen? Für euch besteht nur Tod und Leben. Von allem, was dazwischen liegt, begreift ihr nichts. Nein, Nilus, ich habe Euphrates nicht in den Tod geschickt. Nicht befahl ich seinen Gliedern, einzudörren, noch gebot ich seinen Händen, den Strick zu knüpfen. Dennoch, Nilus, starb Euphrates an mir. Kannst du mich verstehen? Tief ja bist du durch deine Priester in die Geheimnisse des Lichtes eingeweiht. Widersetzt sich ein Mensch unbezwingbar den heilenden Strahlen, so muß er an ihnen sterben. Es gibt ein Neinsagen, an dem die Seele stirbt, nicht nur der Leib. Mehr darf ich nicht enthüllen.

Nilus schwieg lange, dann fragte er zögernd:

„Und – Domitian?"

„Domitian ließ sich anrühren", antwortete der Meister fest. „Er hat die Stunde der Erweckung erlebt, ob sie auch schnell erlosch. Und wenn er einst vor unseren Augen stirbt, so wird er dennoch leben. – Dies aber ist ein Geheimnis zwischen ihm und mir. – O Nilus, ich bin nicht in die Welt geschickt, als Wächter bei den Irrenden zu stehen. ‚Ich bin ein Stern, der durch euch seine Wandelbahn zieht und aufleuchtet aus der Tiefe.' Ich bin der Wanderer durch den Zodiakus, der Strahl, der des Menschen kosmisches Herz durchzuckt. Ich bin der Ziehende, der nirgends verbleiben darf."

Apollonius hatte seine letzte Reise durch Griechenland beendet, in allen größeren Städten lange verweilend: Arzt und Prediger, Prophet und Initiator. Und als ein Jahr nach dem Gericht vor Domitian vergangen war, traf er wieder in Ephesos ein.

Diesmal begleiteten ihn alle seine Jünger. Wer hätte sich zurückhalten lassen? Damis und Demetrius, Menippus mit Merit, Nilus und immer neue Neophyten, so daß sein seltsamer Zug einer Gemeinde glich, die auf der Wanderschaft begriffen war.

Wer sich bisher in Ephesos ablehnend oder gleichgültig gegen den Meister verhalten hatte, suchte sich ihm jetzt zu nähern. Wer ihn schon früher verehrt hatte, liebte ihn jetzt. Denn er unter allen Sterblichen hatte dem Kaiser standgehalten, und erst, als er ihn durch das Wort bezwungen hatte, war er vor ihm durch die Macht der Magie entwichen. In Apollonius verkörperte sich der Sieg des Hohen über das Niedere, der Sieg des Geistigen über die weltliche Macht. Er war den Glaubenden die Bestätigung ihres Glaubens. Er war die Hoffnung der Suchenden.

Die ephesischen Priester staunten ihn heimlich an. Ihr Gesandter Euphrates war an ihm zerbrochen. Der Kaiser, anstatt ihn wie unzählige Verdächtige zu töten, begnadigte ihn. Ihn allein. Denn außer diesem einen Gnadenakt hörte man nur von neuen Blutgerichten und heimlichen Mordtaten aus Rom. Flavius Clemens ward auf verschwiegene Weise ums Leben gebracht, seine Gattin Domitilla, des Domitian Nichte, als Christin nach Pontia verbannt. Apollonius blieb der einzige, den der Kaiser verschonte. Ja, nicht einmal von nachträglichen Verfolgungen vernahm man etwas. Die Priester wurden immer unruhiger. Was plante Apollonius, als er aufs neue nach Ephesos kam? Was suchte er im Tempel, den er häufig mit seinen Jüngern betrat?

Nie hatte man von Apollonius gehört, daß er die Götter angriff, ihre Gegenwart in den Tempeln verneinte, wie jene Christen es taten, die nur dem einen unsichtbaren Gotte huldigten, in Korinth und in Athen, in Rom und auch in Ephesos. Ehrfurcht vor allen Gottheiten empfahl Apollonius seiner Gemeinde; denn in jeder, so lehrte er, verkörperte sich ein Strahl des Urlichts.

Still wohnten die Apollonier dem Erntedankfest im Artemision bei, da Landleute der Großen Göttin Früchte und Getreide darbrachten und die Priester mit Weihrauch und Gebeten vor ihrem Bildnis in der Cella amtierten.

Morgenlicht fiel auf das dunkle Antlitz der Artemis Ephesia, das unter dem schweren Mauerkranz der Krone mit seelenlosen Edelsteinaugen ins Leere starrte. Aus ihrem zur Herme geformten Gewand quoll es von unzähligen Geschöpfen: Bienen und Löwen, Widdern und Affen, Wesen ihres ewig gebärenden Schoßes.

Unter ihren vielen Brüsten, die wie Fruchtkränze übereinander lagen, schimmerte ein Gürtel, aus silbernen Zeichen gebildet, Talismane, die nur des Priesters Hand berühren, die nur sein Wille wirken lassen durfte. Das Licht, das träge über die archaische Gestalt geglitten war, schäumte auf im prunkvollen Vorhang, der hinter der Göttin die Wand bedeckte. Goldgestickte asiatische Embleme glitzerten und brannten von einem Grund, der mit phönizischem Purpur gefärbt war, und Mondsteine und Goldtopase tropften und sprühten gleich Tränen oder Sternen zwischen rätselhaft verschlungenen Arabesken.

Als die Darbringung des Opfers vorüber war und die Landleute und Epheser zögernd die Cella verließen, so, als hätten sie auf eine Äußerung des Tyanäers an dieser Stelle vergeblich gewartet, wandte auch der Meister sich zum Gehen, und die Priester blickten ihm verstohlen nach, fast enttäuscht, daß er sie so wenig beachtete, er, den sie nicht mehr anzugreifen wagten, seit er auch des dritten Flaviers Freund geworden war.

Apollonius aber trat mit seinen Jüngern in die Pronaos hinaus, und er war überrascht, die riesige Säulenhalle mit Menschen angefüllt zu sehen, die ihn erwarteten. Er hatte auf der Agora und in den Gymnasien fast täglich zu den Ephesern gesprochen. Nun aber baten sie, er möchte es auch hier tun, in der kühlen, feierlichen Tempelhalle der Artemis. Und bereitwillig setzte sich Apollonius auf den Fuß einer Säule, indessen alles Volk sich lagerte und das Summen von tausend Stimmen verstummte.

Sanft und feurig, herzbezwingend und geisterweckend hallte des Meisters Stimme durch den steinernen Wald, und vielleicht war unter seinen Hörern keiner, der sich in dieser Stunde nicht überwinden ließ, der sich nicht hingerissen zu seiner Welt bekannte.

Draußen glühte der Mittag. Heißer Wind strich vom Pilgerhafen herauf, brachte aus befrachteten Kähnen den Geruch von Früchten und Getreide, brachte Düfte von Blumen und bitterem Lorbeer aus den ephesischen Gärten.

Die Priester waren leise aus der Cella getreten, lehnten mit undurchdringlichen Gesichtern an den Sockeln der Monolithen, und über ihren Köpfen regten im scharfen Gegensatz von Licht und Schatten Götter und Heroen ihr gemeißeltes Scheinleben.

Da plötzlich stockte der Redner. In seinen Augen erlosch der lebendige Glanz. Starr wurden die Züge. Sein Blick hing regungslos an einem Punkt zwischen den Säulen, festgesogen von einem Bild, das keinem anderen Menschen sichtbar war. Apollonius erhob sich langsam, streckte die Hand vor sich aus mit einer Gebärde der Abwehr, schwieg noch immer, verharrte ohne die geringste Bewegung gleich einem steinernen Bild, herabgestiegen vom Säulenschiff, unter die lebendigen Menschen getreten, furchterweckend und großartig.

Damis erblaßte. Beschwichtigend flüsterte er:

„Der Meister schaut!"

Nilus gedachte der Fahrt auf dem Nil vor Abydos, da Apollonius gerufen wurde durch die Herzensangst des Menippus. Wer aber rief ihn jetzt?

Und schon begann der Seher, über dessen Stirn sich steil die weißen Haare aufrichteten, zu sprechen. Erst flüsternd, dann durchdringend hell rief er mit fremdgewordener Stimme:

„O Stephanus, ich erkenne, was du unter dem Verband an deinem linken Arm verborgen hast! – Du also trägst den Dolch in das Gemach des Kaisers? – Wittert der Immerfurchtsame nicht die Gefahr? – Er beugt sich über eine Liste, die du ihm vorgelegt hast. – Was flüsterst du in des Kaisers Ohr? – Verschwörung? – Der Kaiser zuckt zusammen. Da – blitzt dein Dolch! – Oh, hättest du doch des Kaisers Herz getroffen, Stephanus! Du trafst ihn in den Leib. – Wie er aufbrüllt, der verwundete Löwe! – Er schreit nach der Wache. – Keine Wache gehorcht! – Da – wie ein Raubtier springt der Kaiser dich an! – Stephanus, er zerfleischt dein Gesicht! – Er bohrt die Finger in deine Augen – oh! – oh! – Die Tür springt auf! – Parthenius! – Der Kammerherr schwingt ein nacktes Schwert! – Mit jauchzendem Aufschrei wirft er sich auf den Cäsar! – Genug, Parthenius! Genug! – Er ist der Kaiser! – Er ist ein Mensch!! – Immer neue Gesichter! Immer mehr Mörder! – Ein Gladiator! – Er kommt zu spät. – Oh, durchbohrt nicht mit dieser wütenden Lust den zerrissenen Körper! – Kaiser, ich halte meine Hände über dich, daß du die Stiche nicht mehr fühlst. – So – so – haltet in eurem Rasen ein! – Seht doch, ein Sterbender wälzt sich im Blut, der letzte Flavier – der Sohn des Vespasian. Römer! Römer! – Schändet den Leichnam nicht! – Oh! – Oh!"

Der Seher keucht. Schweiß strömt von seinen Schläfen. Dann schweigt er jäh.

Entsetzen lähmt die Hörer – und die Schauenden. Denn sahen sie nicht alles wie mit eigenen Augen, was dort geschah im Palast des Cäsaren auf dem Palatin in Rom?

Ist er nun tot, der fürchterliche Kaiser? Ist er nun wirklich tot? – Vorsicht! Haltet den Jubel zurück! Umklammert eure Herzen mit unerbittlicher Faust! Preßt eure Lippen fest aufeinander! Schreit die Befreiung nicht hinaus! Zeigt keinem eure taumelnde Freude! – Denn wenn er dennoch lebte?

Geistesgegenwärtig schleichen die Priester in die Cella zurück, den Ausbruch des Volkes fürchtend. Nichts haben sie gehört. Nichts wollen sie gehört haben. Wer weiß, ob sich der Seher nicht getäuscht hat?

Wehe den Priestern von Ephesos, wenn der Kaiser wirklich ermordet wäre! Wer wird dann Kaiser werden? Ein Freund des Tyanäers?

Die Jünger umringen den Meister. Damis trocknet ihm zitternd die Stirn. Nilus küßt seine Hände. Menippus fährt wie aus einem Traum, rührt die Schulter Merits an, die leise weint.

Da endlich spricht der Meister. Seine Stimme, ob auch schwach, klingt wieder altvertraut:

„O meine Freunde, o Epheser, in dieser Stunde hat Kaiser Domitian vieles von seinem schlimmen Karma abgebüßt. Betet für seine irrende Seele in der Amentet. – Geht nach Hause, Epheser. Bleibt gelassen. Vergeßt euch nicht!"

Still entfernen sich die Menschen aus der Pronaos. Sie flüstern kaum.

Apollonius zieht sich zu langer Meditation zurück.

Im römischen Senat zertrümmert man mit Hämmern und Äxten die Marmorstatuen des Domitian. Sein verhaßtes Gesicht zerstampft man mit Füßen. Seine goldenen Bildnisse schmelzt man ein. Man schleift seinen verruchten Namen von den Schwellen der Tempel. – Vergessen, vergessen, daß dieser der Augustus war!

Nerva wird zum Kaiser ausgerufen. Er beugt sich dem einmütigen Willen. Er als einziger unter den Römern weiß: Bald wird ihm der Berufene folgen: Trajan, den er zu seinem Adoptivsohn erwählt, der kühn und stark und größer ist als er, und den die Weltgeschichte den Edlen Kaiser nennen wird.

PATMOS

I

Nachdem sich vor Apollonius die Ereignisse in Rom im Ferngesicht enthüllt hatten, und noch ehe sie in jeder Einzelheit als richtig bestätigt worden waren, verließ er Ephesos.

Durch seine Bindung mit den Flaviern war er dem Element Erde noch verhaftet gewesen. Die letzte Tat unter dem Steinbock war geschehen.

Jetzt stieg im Zeichen des Wassermanns über seinen Scheitel der Mysterienplanet empor, den spätere Geschlechter den Uranus nennen sollten, und die Schwingungen des Weltäthers, der Luft, im Sinne des fünften Elements, durchströmten ihn.

Zu leicht war Apollonius' Leib geworden zum mühevollen Wandern im irdischen Staub. Er hatte eine Barke bestiegen und griff nach dem Steuer, das Antlitz nach vorn gerichtet wie das Antlitz des Guten Führers im Totenbuch der Ägypter, als den ihn Nilus erkannt hatte.

In dem Fahrzeug saßen außer ihm nur Damis und Nilus. Sie wunderten sich, daß er die Kunst des Seefahrens verstand. Er aber sagte nachdenklich:

„Indem ich zurückblicke auf die vielen Daseinsformen, durch die ich in früheren Einkörperungen ging, finde ich mich als Kapitän eines Schiffes unter dem Pharao Sesostris. Möglich, daß mir von dort die Kunst des Steuerns kommt. Die Küste, zu der wir fahren, kann keiner finden als ich."

Die Jünger schwiegen. Sie glitten wie im Traum dahin.

Nicht lange. Denn im goldenen Glanz des Nachmittags stieg aus der See die Insel auf, hoch und schmal, nackt und weiß, von blauen Schatten vertieft die Spalten der Riffe, die jäh hinabstürzten in die ruhelose Brandung.

Breitästig klammerten sich Eichen und Kiefern an den kreidigen Fels. Gleich einer Wasserburg ragte das geheimnisvolle Eiland, unzugänglich und schroff, und weitete dennoch gastfreundlich einen natürlichen Hafen den Nahenden entgegen.

Lautlos glitt die Barke hinein. Dürftiges Uferland mit wildwachsenden Oliven und wenigen Feigenbäumen umschlang den kleinen Meerbusen. Schafe weideten hier, Ziegen klommen am Felsen hinauf, um spärliche Kräuter zwischen dem Gestein zu rupfen.

„An welche ärmliche Küste bringt er uns?" fragten sich die Jünger befremdet. Er achtete ihrer nicht.

Jetzt bemerkten sie, ins Innere der Insel führend und an den Schroffen empor sich schlängelnd, schmale Pfade. Und jetzt entdeckten sie auf verschiedenen Vorsprüngen kleine Hütten, wie Schwalbennester an den Felsen geklebt, nicht größer, als um einem einzigen Menschen zur Wohnstätte zu dienen, Klausen einsamer Eremiten, wie Apollonius und Damis sie in Indien gesehen hatten. Sie betraten das Ufer, und Damis fragte:

„Wie heißt diese Insel? Ist sie nicht eine der geringsten im Ägäischen Meer?"

Und Apollonius:

„Den Namen weiß ich nicht. Doch sah ich sie schon oft im wachen Traum."

Da trat ein Klausner aus dem kargen Schatten der Oliven, ging auf sie zu, als habe er sie erwartet. Das Kleid war weiß, das schlicht auf seine nackten Füße fiel, und weiß war auch das glatte Haar, das im Wind wehte. Er hob die Hand mit einer seltsamen Gebärde gegen die Gäste, mit einer Gebärde, die feierlich, zart und schön war, und von seinen Lippen kam dieser Gruß:

„Das Geheimnis dessen, der da zwischen Erde und Himmel hanget, sei mit euch!'"

„Dion –", flüsterte Apollonius.

Und wie in Ägea in den Tagen ihrer Jugend, wie später im

Hain Ortygia sank Dion an sein Herz, und Apollonius' Arme schlossen sich fest um ihn.

So standen sie in langer, schweigender Umarmung, und die Jünger warteten ehrfürchtig. Dann wandte Apollonius sich ihnen zu:

„Da wir Dion bei den Nazarenern finden, so fragt nun ihn, wie diese Insel heißt."

Und Dion, den Freunden die Hand reichend, sprach mit seltsam vibrierender Stimme:

„Dieses ist Patmos, die arme und selige Insel, von der die frohe Botschaft ausgehen wird über die Erde."

„Steht hier ein Tempel deines Gottes?" forschte Damis und spähte in die dunkelschattende Schlucht.

„Ja, ein Tempel", antwortete Dion, „aber er ist nicht aus Stein gebaut. Denn so schrieb Paulus in einem Brief an die Gemeinde in Rom, den ich las: ‚Wisset ihr nicht, daß ihr Gottes Tempel seid und der Geist Gottes in euch wohnet?'"

Und Damis, unruhig und fast drohend:

„Hat das nicht Apollonius uns auch gelehrt? Nur den Bedürftigen sind die Tempel und Götterbilder errichtet, nur ihnen, damit sie im Erkennbaren das Unerkennbare ahnen."

Beschwichtigend sprach Apollonius:

„Wohl, Damis, so lehrte ich euch. Und dies ist aller Einweihungen letzter Sinn: Die Menschen vermögen den Gottesbegriff nur in einem geistigen Leib zu schauen. Das höchste Wesen ist ohne Leib. Um es zu erkennen, müssen wir aufhören, in Körpern zu denken. Wir müssen uns verwandeln in das, was jenseits ist. Der Weg zu diesem höchsten Ziel ist weit, kann durch Tausende von Inkarnationen führen. Aber alle Stationen, die er durchläuft, alle frommen Versuche, Gott im Symbol des Leibes zu schauen, sollen uns heilig sein. Duldung jeder Form des Glaubens, sofern er den geistigen Pfad beschritten hat, das, meine Lieben, sei euch und mir das innerste Gebot! — Auch die Christen werden der Gleichnisse bedürfen, um des Unnennbaren Sinn zu fassen. Wir sind gekommen, zu suchen, was uns mit den Nazarenern eint, nicht, was uns scheidet."

Damis schwieg. Doch Dions Stirn hatte sich jetzt umwölkt.

„Dennoch", flüsterte er tastend, „dennoch ist es ein anderes um unseren Glauben. – Höre erst ihn!"

„Wen soll ich hören?" fragte Apollonius sanft.

Und Dion erregt:

„Höre den Jünger, der nicht sterben wird, ehe der Herr wiederkehrt, ihn, den Kaiser Domitian hierher in die Verbannung geschickt: Johannes, der uns das Lichtreich verkündet."

„Führe mich zu ihm, mein Freund!"

Da sagte Dion feierlich:

„Ich darf dich jetzt nicht zu ihm bringen, Apollonius. Denn heute nacht begehen wir im Herzen der Insel das hochheilige Mysterienspiel. Johannes aber betet den ganzen Tag vor dem Kreuz, damit er der Worte würdig sei, die er an Stelle des Herrn zu den Neophyten sprechen wird. In allen, die heute zu dieser Küste finden, erblickt der Apostel solche, die der Herr uns gesandt, um Teil am Mysterium zu haben."

Apollonius neigte dankend die Stirn. An Dions Seite betrat er den Weg, der ins Innere der Insel führte. Damis und Nilus folgten.

Ein Tal tat sich vor ihnen auf, kreisförmig, von Zypressen umstanden. Zwei junge Hirten, bräunlich und nur mit einem Schurz aus Fell bekleidet, bestreuten den Boden mit goldenen Blüten. Sie sahen kaum zu den Fremden auf.

Dion führte die Freunde zu einer Laubhütte, bat sie, sich an Früchten zu erfrischen, von ihrer Reise auszuruhen. Dann sagte er:

„Ich gehe zurück zum Hafen, um noch einige Mitglieder unserer Gemeinde von den anderen Inseln zu empfangen, Fischer und Hirten."

Apollonius legte sich auf eine Rasenbank. Damis und Nilus suchten sich ähnliche Plätze, und beglückend umfing sie der Friede dieses Tals.

Manchmal hörten sie aus der Höhe eine vereinzelte Stimme singen, hymnische Melodien, deren Worte sie nicht verstanden. Dann wurde es wieder still, und nur die Grillen zirpten, und in den Zypressen rauschte es leise auf.

Dion kehrte zurück. Mit ihm kamen die erwarteten Gäste, arme Leute in Lumpen oder Fellen, die Augen brennend vor Erwartung. Einige Frauen trugen Kinder an der Brust. Jünglinge stützten Schwache und Kranke. Auch sie grüßten Apollonius und seine Freunde mit dem Spruche Dions.

Es wurde Dämmerung, es wurde Nacht. Über dem Tal flammten in unerhörtem Glanz die Gestirne. Der Mond war unsichtbar. Dennoch glänzten die Felsen in alabasternem Weiß.

Die Hirten und Fischer hatten sich schweigend gelagert. Schweigend auch warteten die Apollonier.

Da erhob sich, von fernher tönend, dann näher kommend, aus etlichen Männerkehlen der Hymnos, dessen verwehte Klänge sie schon von einzelnen Stimmen gehört hatten. Und jetzt verstanden sie die schlichten Worte.

„Dir, Vater, sei Ruhm – Amen.
Wir preisen dich, Vater,
Wir danken dir, Licht,
In dem keine Finsternis wohnt! – Amen."

Und während die Hirten und Fischer auf den Knien lagen, betraten die Anachoreten das silberne Tal, hintereinander wandelnd und singend. Einer von ihnen – es war Dion – trug ein großes hölzernes Kreuz.

Johannes führte den Zug, der Lieblingsjünger des Herrn, der einzige unter ihnen, der ihn gekannt: Jesus von Nazareth, den Meister.

Johannes war von zarter Gestalt und erschien trotz langer, weißer Locken noch heute jünglingshaft. In einem Gewand von seltsam leuchtendem Rosenrot schritt er den Weißumhüllten voran – er allein schweigend, das Haupt zurückgelegt, als tränke er mit dem Sternenlicht überirdischen Wein.

Inmitten des Zypressenkranzes hemmte er den Schritt. Im Kreis umgaben ihn die Eremiten.

Doch aus der Schar der armen Männer und Frauen löste sich ein jugendlicher Hirt, trat zagen Schrittes vor den Apostel, kniete demütig zu seinen Füßen hin. Verwirrte Locken dunkelten um seine Stirn. Mit beklommener Stimme begann er zu flüstern:

„Ich möchte errettet werden!"

Und wie die Stimme des unsichtbaren Gottes kam von Johannes' Lippen die feierliche Antwort:

„Und ich möchte erretten!"

„Amen!" sang der Chor.

Weiter begehrte der Neophyt:

„Ich möchte erlöset sein."

Der Initiator:

„Und ich möchte erlösen."

Der Chor:

„Amen!"

Der Neophyt (zitternd):

„Ich möchte durchbohret werden."

Der Initiator (stark):

„Und ich möchte durchbohren."

Der Chor:

„Amen!"

Der Neophyt:

„Ich möchte geboren werden."

Der Initiator:

„Und ich möchte die Geburt bewirken."

Der Chor:

„Amen!"

Der Neophyt:

„Ich möchte essen."

Der Initiator:

„Und ich möchte gegessen werden."

Der Chor:

„Amen!" . . .

Hier bedeckte der Neophyt mit beiden Händen sein Gesicht. Wie durch Tränen klang seine Stimme, in der Hoffnung mit jäh aufspringender Furcht stritt:

„Ich möchte fliehen."

Der Initiator:

„Und ich möchte dich bleiben heißen."

Der Chor:

„Amen!"

Der Neophyt:

„Ich möchte bekleidet werden."

Der Initiator:

„Und ich möchte dich bekleiden."

Der Chor:

„Amen!" . . .

(Dann schnell, mit fliegendem Rhythmus):

Der Neophyt:

„Ich habe kein Haus."

Der Initiator:

„Ich habe Häuser."

Der Neophyt:

„Ich habe keinen Ort."

Der Initiator:

„Ich habe viele Orte."

Der Neophyt:

„Ich habe keinen Tempel."

Der Initiator:

„Ich habe viele Tempel."

„Amen", sangen die Anachoreten und umschritten die zwei, welche die Zwiesprache hielten zwischen der Seele und dem Gott, der in ihr laut wurde. Aber Johannes' Stimme wurde gewaltig wie Wellenbrausen, und der Jüngling beugte sich unter ihr wie ein junger Baum im Sturm:

„ ‚Ich bin eine Leuchte für dich, der du mich siehst.
Ich bin ein Spiegel für dich, der du mich betrachtest.
Ich bin eine Tür für dich, der du bei mir anklopfest.

Ich bin ein Weg für dich, du Wanderer.' "

Hier traten die Anachoreten in das Zentrum. Dion legte das Kreuz auf den Boden. Sie banden den Jüngling daran mit ausgebreiteten Armen. Sie richteten das Kreuz in die Höhe und stellten es in eine vorbereitete Vertiefung im Erdreich.

Da hing er unter den Sternen, die Blicke in zeitlose Ferne versenkt, schauend und erleidend, begreifend und erlöst.

Und während der Hirte am Kreuz seiner Einweihung hing, umschritten die Anachoreten wiederum feierlich singend den Mittelpunkt.

Aber die armen Männer und Frauen weinten; denn sie wußten: Nun schaute einer von ihnen die Passion des Gottmenschen, zu dem sie sich bekannten.

Apollonius und seine Freunde verfolgten Wort und Handlung in schweigender Ergriffenheit. Nilus flüsterte einmal wie unbewußt:

„Osiris."

Johannes blickte unverwandt auf den ans Kreuz Gehefteten, und als er in seinen Zügen eine Veränderung, eine Wiederkehr in die Wirklichkeit der Stunde wahrnahm, winkte er den Eremiten, und sie legten das Kreuz nieder und lösten ihn vom Holz.

Sie bekleideten ihn mit dem weißen Gewand, und er war nun einer von ihnen und stand vor dem Apostel, sein letztes Wort zu empfangen.

Und noch einmal sprach aus Johannes der Christus:

„Du hast mich zum Ruhebette. Ruhe du auf mir. Ich bin dein höheres Selbst. Ich ward vom Vater gesandt!"

Hiernach wandte sich Johannes von ihm ab. Wie eine Morgenwolke im ersten Grauen des Tages zog er schwebenden Schrittes den Anachoreten voran, die mit dem Kreuz folgten, Hymnen singend – als letzter unter ihnen der junge Hirte im Lichtkleid der Einweihung.

So wandelten sie den Weg zurück, den sie zur Mitternacht gekommen waren, entschwanden den Blicken der Apollonier und der armen Christen, und bald tönte von fern ihr Psalmodieren, bald sah man sie hoch oben an einem Vorsprung des Felsens vorüberziehen, zu ihren Klausen emporsteigend, um sich der Betrachtung hinzugeben – bis die Welt sie rufen wird zur Führerschaft in das begonnene Jahrtausend.

II

Im Glanz der Morgensonne stieg Apollonius den Felsenpfad hinan, der in steilen Kehren an den Kreidewänden der Insel emporführte, tief unter sich das Meer in weißschäumender Unruhe. Klare, blaue Luft umspielte den Wanderer. Der breite Pilgerhut überschattete sein sinnendes Gesicht. Bei einer plötzlichen Wendung des Steiges erblickte er über sich die Klause des Anachoreten, sah er Johannes am steinernen Tisch schreibend sitzen.

Apollonius hemmte den Schritt. Auf seinen Stab gelehnt, betrachtete er gedankenvoll und lange den Apostel des neuen Glaubens, der mit der Wende des Zeitalters heraufgestiegen war, verkannt noch und verfolgt, tief und verheißungsvoll, erfüllt von den Mysterien uralter Kulte, offenbart in Leben und Opfertod des neuen Weltheilandes.

Und Apollonius gedachte eines Wortes, das Krishna im heiligen Gedicht der Inder zu Ardshuna, dem Menschen, spricht:

„Obgleich ich ungeboren und ewig und der Herr aller Geschöpfe bin, werde ich dennoch, indem ich meine Natur nach meinem Willen beherrsche, durch meine Kraft in der Körperwelt geboren."

So stieg er langsam höher, der großen Zwiesprache entgegen, die von den Strahlen des Uranus beleuchtet sein wird, des Mysterienplaneten, der das Gestirn des Johannes ist.

Tiefer unten aber im Schatten einer natürlichen Grotte saßen Dion und Damis in heißen Gesprächen, und der Ägypter hörte ihnen aufmerksam und schweigend zu.

„Oh, Damis," rief Dion erregt, „du vor allem weißt es, wie

sehr ich Apollonius geliebt habe, wie ich ihn heute noch liebe. Dennoch gibt es ein Gebot, das reißt uns vom verehrtesten Menschen fort, und wenn uns auch das Herz darüber bricht: Wir müssen dem Ruf folgen. Denn der Gott hat uns ergriffen, die Wahrheit hat sich vor uns aufgetan! – Du bist bitter gegen mich, Damis. Ich fühle es, auch wenn du wenig sprichst. Oh, wolltest du doch begreifen, daß ich ihn damals in Rom verlassen mußte – und dennoch an ihm hänge mit unzerstörbarer Liebe."

Einfach erwiderte Damis:

„Nein, ich begreife es nicht. Da ich Apollonius einmal als meinen Führer erkannt, trat nie ein anderer an seine Stelle."

„Vielleicht bist du glücklicher als ich; denn du wurdest durch den gestillt, den du liebtest. Ich aber mußte weiter suchen, immer weiter, mußte durch schwere, herzzerreißende Kämpfe gehen. Doch schließlich fand ich Ihn, bei dem der Friede ist, und der allen Menschen die Erlösung bringen will, die andere Religionen den Eingeweihten vorbehalten. Denn eben in Seiner Liebe, die auch den geringsten unter allen Menschen umfängt, erhebt sich der Christus über alle Offenbarer mystischer Gottverwirklichung. Und ich bete inbrünstig, daß auch Apollonius Ihn erkennen möge; denn Er allein kann erlösen. Er allein ist der Meister."

In Dions Augen glomm ein Feuer, das Damis und Nilus nicht verstanden, das sie noch nie bei einem Jünger der Weisheit gesehen hatten. Später sollte dieses Feuer in vieler Christen Augen brennen.

Ernst sagte Damis:

„Auch Apollonius ist ein Meister, ist fünfmal eingeweiht."

Beschwörend griff Dion nach seinen Händen, fragte dringend:

„Und diese Nacht? – Und das Mysterienspiel?"

Damis zögerte mit seiner Antwort, und leise fuhr Dion fort:

„O Damis, die Einweihungen des Herzens sind niemals abgeschlossen auf dieser Erde."

Hier mischte sich der Ägypter zum erstenmal in das Gespräch.

„Du sagst es, Dion, die Einweihungen des Herzens sind niemals abgeschlossen. Könnte da nicht auch Patmos eine Einweihung unter allen denen sein, die waren und die sein werden?"

„Die Einweihung auf Patmos ist die endgültige!" rief Dion mit Nachdruck. Sein Blick, sonst sanft, bekam diamantenen Glanz. Nie war um Dion so viel Entschiedenheit gewesen.

Die Apollonier schwiegen befremdet. Unvereinbares richtete sich zwischen ihnen und Dion auf.

Der Kampf? Sie wollten nicht kämpfen. Sie schwiegen unbekehrt. Denn Duldsamkeit war ihnen höchstes und heiligstes Gesetz.

„Ihr wißt noch nicht um die Geheimnisse des Lichtreiches", flüsterte Dion. Dann verstummte auch er.

Der Apostel löst seinen Blick von den Pergamentblättern, die vor ihm liegen; denn ein Schatten ist über den steinernen Tisch gefallen.

„Weiser aus Tyana, kommst du zu mir?"

Und er erhebt sich und spricht eindringlich den Gruß der ersten Christen:

„Das Geheimnis dessen, der da zwischen Erde und Himmel hanget, sei mit dir!"

Apollonius neigt die Stirn.

„Johannes", sagt er, „dein Feind auf Erden, der Kaiser Domitian, ist tot. – Ich schaute seine Ermordung im Ferngesicht, da ich zu den Ephesern im Artemision sprach. Nerva wird Kaiser des Römischen Reiches werden. Nerva ist milde. – Willst du zurückkehren nach Ephesos, wo deine Gemeinde wartet? – Meine Barke liegt drunten im Hafen. Ich bin bereit, dich hinüberzuschiffen."

Staunend blickt der Apostel den Sprechenden an.

„Bist du mein Freund, Apollonius von Tyana, den sie einen Hüter der alten Götter nennen?"

Apollonius:

„Ich bin dein Freund. Denn ich erkenne Gott in jedem seiner Boten! Ich bin der, welcher am Ausgang der erloschenen Sternenperiode steht. Das Zeitalter des Widders und das Zeitalter der Fische, beide haben an mir geformt. – Wir alle, die wir in der großen Zeitwende leben, die mehrere Jahrhunderte dauert, haben teil am Vergangenen und teil am Zukünftigen. Aber die Seelen der einen neigen mehr zum Erfüllten, die der anderen mehr zum Erwarteten.

Ich bin der letzte Eingeweihte der alten Götter. Ich bin erleuchtet von der Weisheit vieler Jahrtausende. Ich wurde reif. Ich wurde alt vor Wissen. Du aber, Johannes, bist jung trotz deiner Jahre. Denn du steigst herauf mit dem Zeitalter der Fische, dem Jesus von Nazareth sein Siegel aufgedrückt.

Vor dir liegt das Dunkel kommender Jahrtausende, die du aufhellen sollst mit der Fackel, die dein Meister in deine Hand gegeben hat. Du Dunkler, in den das Licht von oben kam, du Getriebener von deines Gottes Willen! – Vor mir liegt die Zukunft ausgebreitet, wie die Vergangenheit sich mir enthüllt hat. Ich sehe Wahn und Irrtum und Verbrechen auch um die reine Lehre wuchern, die du bringst. Ich sehe Zwiespalt. Ich sehe Zerrissenheit. Ich sehe – zu – viel."

Johannes:

„Ich glaube, daß der Herr die Welt selig machen wird, wie er verheißen."

Apollonius:

„Du bist der Glaubende.

Ich bin der Seher.

Ich wanderte in meinem langen Leben von Land zu Land, von Altar zu Altar, von Stern zu Stern. Ich suchte die Einheit hinter der Fülle, die Flamme über dem Funken, den Vater in dem Sohn. Ich fand den Unerforschlichen wirken in tausend Gestalten. Ich sah in allen Göttern und Boten den einen Gott.

Ich sah, wie er als Osiris seine Glieder in die Welt ausstreute, die nur die Liebe sammeln konnte, so daß er wieder heil wurde. – Ich sah, wie er sich als Dionysos von den Titanen zerreißen ließ. Sein unsterbliches Herz aber flüchtete zurück in die Lende des Zeus, um neu aus ihr gezeugt zu werden, den Menschen zum

Heil. – Ich hörte Krishna zu Ardshuna sprechen: ‚Jedesmal, wenn die Gerechtigkeit unter den Menschen erschlafft und die Ungerechtigkeit überhand nimmt, erzeuge ich mich in einem irdischen Leib.' – Ich vernahm von Jesus von Nazareth, daß er der Christus sei."

Johannes (geheimnisvoll):

„Eines Nachts lag ich in einem Hause in Genezareth in einer Kammer mit ihm. Doch schlief ich nicht. Ich stellte mich nur schlafend. Und ich erblickte einen anderen, ihm völlig gleich, herabkommen und zu meinem Herrn sagen: Jesus, glauben die, welche du erwählt hast, immer noch nicht an dich? Und mein Herr antwortete: Du sagst es. Sie sind Menschen."

Apollonius:

„Es war der Christus, der zu ihm sprach:"

Johannes:

„Er war es."

Apollonius:

„Denn das All ist durch den Heiland gebunden. Es mischt sich ja nie der Gott mit dem Menschen. Durch den Heiland verkehrt Gott mit den Menschen."

Johannes:

„O Heiland, du erhebst unsere Seelen, so daß sie zum Pfad werden, auf dem wir wandeln, um zu dir zu gelangen; denn sie stammen von dir."

Apollonius:

„Auf dem Berg der Weisen im fernen Indien senkte sich einst vor meinen sehenden Augen das göttliche Wort in den toten Leib eines Heiligen, den fromme Mönche vor der Verwesung hüteten, und offenbarte mir das kosmische Geheimnis der Involution."

Johannes:

„Weiser aus Tyana, ich will dir das seligste Geschehnis aus meinem Leben berichten. Denn du wirst es verstehen.

Als der Herr drunten in Jerusalem am Kreuze hing in der Wirklichkeit seines Fleisches und ich, seine Mutter und die zwei anderen Marien seine Marter und seinen Tod angeschaut und miterlitten hatten, entfloh ich auf den Ölberg und verbarg mich in einem unterirdischen Gewölbe und weinte sehr. –

Da stand mein Herr inmitten des Raumes und erfüllte ihn mit Licht und sprach: ‚Johannes! Für die Menschen in der irdischen Welt bin ich gekreuzigt, mit der Lanze durchbohrt, und Galle und Essig ist mir zu trinken gegeben; zu dir aber rede ich nun in einem geistigen Leib, und achte du auf mein Wort. Ich war es, der es dir ins Herz gab, auf diesen Berg zu steigen, auf daß du hören mögest, was der Jünger vom Meister lernen muß und der Mensch von Gott.‘ – Und als er so gesprochen hatte, zeigte er mir ein aufgerichtetes Lichtkreuz und sprach: ‚Johannes! Dieses Lichtkreuz wird manchmal um euretwillen das Wort von Mir genannt, manchmal der Geist, manchmal Jesus, manchmal Christus, manchmal das Tor . . . , manchmal die Auferstehung. – Dieses ist nicht das Kreuz aus Holz, das du erblicken wirst, wenn du wieder hinabsteigst, noch bin ich der, der an dem Kreuze hängt. – Du sahest, daß ich litt – doch litt ich nicht. Daß ich nicht litt – und doch habe ich gelitten. Daß ich durchbohrt ward – und ich ward nicht verwundet. Daß ich gehängt ward – und ich war doch nicht gehängt. Daß mein Blut vergossen ward – und doch war es nicht vergossen. – In einem Wort: Die Dinge, die sie von mir sagen, erlitt ich nicht! Und was sie nicht sagen, das erlitt ich!‘“

Apollonius:

„Siehe das große Geheimnis: *‚Der Geist ist der Träger von allen Dingen – aber er ist nicht in ihnen eingeschlossen‘.*“

Abends, da die Jünger vor der Felsengrotte warteten, steigen die Meister herab vom Berg. Hinter ihnen, ein einziger Heiligenschein, steht brennend der Sonnendiskus.

Der Apostel spricht:

„Gott hat uns von der Geißel des Kaisers Domitian befreit. Ephesos steht uns offen, und die Gemeinde wartet. Apollonius wird uns hinüberschiffen; denn er und ich – wir fanden den gleichen Pfad!“

Damis blickt mit weitgeöffneten Augen auf Apollonius, der ihm sanft entgegenlächelt.

Dion — totenblaß — stammelt erschüttert:

„Den — gleichen — Pfad?"

Da spricht Apollonius und schaut dem Jugendfreund tief in die hilflosen Augen:

„O Dion, du konntest nie begreifen, daß alle, die erleuchtet sind, auf dem gleichen Pfad wandeln."

Freudig sieht der Ägypter von einem der Weisen zum anderen.

„Der Gute Führer", flüstert er und gedenkt des Bildes im Totenbuch, auf dem er Apollonius als den erkannt hat, der die Barke der Seelen über den Lebensstrom lenkt — das Antlitz nach vorn gerichtet.

LEGENDE VOM TOD

Wohin und wann entschwandest du der liebenden Verehrung deiner Jünger, dem suchenden Blick der Forscher alter und neuer Zeiten, Weiser aus Tyana? Gingest du, nachdem du Damis mit einem Brief an den Kaiser Nerva nach Rom gesandt und deine Schüler an die Stätten ihres Wirkens, wieder unter die Menschen, die deiner am meisten bedurften, die Gramvollen, die Kranken, die Namenlosen?

Reichtest du deinen wundertätigen Stab dem Apostel der Zukunft, damit er nun diesem alle Tore der Welt öffne?

Oder legtest du ihn, Geheimnisvoller, in die Hände dessen zurück, der ihn dir einst gegeben? Erstiegest du noch einmal, Unermüdlicher, das Dach der Welt?

Wir wissen es nicht.

Doch immer von neuem — bald im Abendland und bald im Morgenland — klingt ein Raunen auf, das von dir flüstert, wie du die Leidenden angerührt mit heilender Hand und die Suchenden und Verirrten mit dem Gebot deines Blickes gelenkt. Aber

Worte, die du gesagt, vernehmen wir nicht mehr. Dein beredter Mund ward stumm.

Du Ehrfürchtiger vor allen Altären, du schwiegest von den alten Göttern. Doch von dem Gott der kommenden Zeiten sprachest du auch nicht.

Es scheint, daß du ein zweites Schweigen auf dich nahmst, endgültiger als das erste in Aegea, da sich die Kräfte in dir sammelten zu deiner Pilgerfahrt, süß und tief im verschlossenen Raum deines Herzens.

Was aber reifte in dir, Verschwiegener? War es dein Tod?

Denn auch dein Tod, Apollonius von Tyana, ist von Geheimnis umhüllt, so wie die Stunde deiner Geburt nur im Symbol der Legende aufbewahrt ist – ein Juwel.

Ja, es war wohl der Tod, der in dir reif wurde, da du im letzten Sternbild des Zodiakus wandeltest, dem rätselhaften Doppelzeichen der Fische, in dem Idee und Gestalt, unlösbar aneinandergebunden, sich in die Augen blicken unter den Strahlen des Neptun, den deine Zeit noch nicht kennt.

Und vielleicht war es nicht mehr dein leiblicher Körper, den die Begnadeten sahen, wenn du vor ihnen erschienst, Segnender, der nur im Wohltun sich noch den Menschen neigte.

Vielleicht hatte sich, was stofflich an dir war, schon von dir gelöst, Atom um Atom, und war der Erde zurückgegeben, die es zum Bauen neuer Formen und Wesen verwenden wird, Stein und Blume, Tier und Mensch.

Du aber, Apollonius, zogest in deinem fluidischen Leib, wie einst zu Dion und dem Kaiser Titus, noch eine Weile über die Erde, die du so sehr geliebt, und trenntest dich nur zögernd wie ein Sommerabend, immer noch einmal über die Felder blickend, im Scheiden sie vergoldend mit deinem reinsten Gold.

Großes und Bedeutsames ist von dir überliefert, Apollonius! Heidnische und christliche Chronisten berichten mit freudiger oder widerstrebender Bewunderung deine Taten und Gesichte. Von deinem Tod weiß nur die Legende. Andächtige fanden nicht dein Grab.

Du hinterließest keinen verwesenden Leichnam, und kein Feuer zehrte deine Glieder auf, Wanderer, den niemand bis ans Ende begleitet hat, Preiser des verborgenen Sterbens.

Es heißt, du verschwandest in Lindos im Heiligtum der Athene. Seine Tore schlossen sich hinter dir, und die dich hineingehen sahen, Hochgewachsener, Schweigsamer, sie sahen dich nicht wieder aus dem Tempel treten. Aber aus seinem Innern drang eine Stimme zu den Wartenden, hoch wie die Stimme einer Frau, unsinnlich wie eines Cherubs Stimme:

„Dies ist der Lichtfunke, der den Kampf um das All führte!"

Die solche Worte vernahmen, erbebten. Und es gab viele unter ihnen, die schworen, sie hätten eine steile Flamme aus dem offenen Dach des Tempels fahren sehen – langsam im Blau der mittäglichen Himmelskuppel verschwebend und entschwindend.

Apollonius hatte die Wanderung durch den Sternkreis vollendet. Und der Weltgeist, welcher die „Botin" schickt, nahm ihn zurück in sein Herz.

ANMERKUNG

Im Verlauf des Romans sind häufig Worte aus antiken Texten den auftretenden Personen in den Mund gelegt worden, insbesondere Apollonius selbst, Hiarches und dem Apostel Johannes. Es mußte darauf verzichtet werden, die Quellen dieser Zitate in Fußnoten anzugeben, da dies den dichterischen Fluß des Romans störend unterbrochen hätte. Es sei daher an dieser Stelle darauf hingewiesen, daß die betreffenden Aussprüche in der Hauptsache aus folgenden Werken stammen: Philostratus: Leben des Apollonius von Tyana – Orphische Hymnen, altgriechische Mysteriengesänge (übertragen von J. O. Plassmann) – Platon: Das Gastmahl – Upanishaden – Bhagavad Gita – Strophen des Dzyan (mitgeteilt durch H. P. Blavatsky in der Geheimlehre, Bd. I) – Totenbuch der Ägypter – Apokryphes Leben des Apostel Johannes (Leopold Feiler: Die Entstehung des Christentums aus dem Geiste des magischen Denkens) – Pistis Sophia – Bibel.